W0378420

Hans-Dieter Mutschler

Physik und Religion

Hans-Dieter Mutschler

Physik und Religion

Perspektiven und Grenzen eines Dialogs

Wissenschaftliche Buchgesellschaft

Einbandgestaltung: Peter Lohse, Büttelborn.

Lektorat: Dr. Bettina Kratz-Ritter

Die Deutsche Bibliothek verzeichnet diese Publikation
in der Deutschen Nationalbibliografie;
detaillierte bibliografische Daten sind im Internet über
http://dnb.ddb.de abrufbar.

Das Werk ist in allen seinen Teilen urheberrechtlich geschützt.
Jede Verwertung ist ohne Zustimmung des Verlages unzulässig.
Das gilt insbesondere für Vervielfältigungen,
Übersetzungen, Mikroverfilmungen und die Einspeicherung in
und Verarbeitung durch elektronische Systeme.

© 2005 by Wissenschaftliche Buchgesellschaft, Darmstadt
Die Herausgabe des Werkes wurde durch
die Vereinsmitglieder der WBG ermöglicht.
Gedruckt auf säurefreiem und alterungsbeständigem Papier
Printed in Germany

Besuchen Sie uns im Internet: www.wbg-darmstadt.de

ISBN 3-534-15735-4

Inhaltsverzeichnis

Vorwort

Ein Titel wie 'Physik und Religion' mag sich vielleicht etwas merkwürdig anhören, weil er die Frage provoziert, was diesen beiden Begriffen wohl gemeinsam sein könnte. Er klingt ein wenig wie 'Kolibris und Leitzordner' oder 'Bahnhöfe und Cumuluswolken', in welchen Fällen man ebenfalls in Verlegenheit geriete, eine gemeinsame Gattung für so disparate Begriffe zu finden.

Viel einfacher wäre es vielleicht, wenn dieses Buch 'Theologie und Physik' hieße – dann hätten wir zwei Theorieformen, die wir leidlich miteinander vergleichen könnten. Solche Vergleiche gibt es. Arthur Peacocke stellt es in seinem Schriften so dar, als seien Theologie und Naturwissenschaft etwas ganz Ähnliches, insofern beide „nach Erkenntnis streben und versuchen, ihre durch Experimente und Erfahrung gewonnenen Daten in einen möglichst schlüssigen Zusammenhang zu bringen." Die Theologie müsse „die selben allgemeinen Kriterien für Vernüftigkeit anwenden" wie die Naturwissenschaft. Beide suchten nach der besten Erklärung" der Phänomene, „beide bedienen sich einer metaphorischen Sprache und beschreiben die Wirklichkeit mit Hilfe von Modellen, die schließlich in übergeordnete Begriffssysteme (Theorien oder Lehren) integriert werden können", derart, daß man vom „Mythos einer Kluft zwischen der christlichen Theologie und den Naturwissenschaften" sprechen könne.[1]

Solche Versuche, den Graben zwischen Glaube und Wissenschaft über eine gemeinsame Theorieform zu vermitteln, verharmlosen das Problem. Es ist nämlich keinesfalls so, daß die Kluft zwischen Naturwissenschaft und christlicher Theologie inzwischen verschwunden wäre, wie ein Blick in die heutigen Diskussionen um Hirnphysiologie, Kognitionspsychologie oder Soziobiologie zeigt. Versuche, das Verhältnis Naturwissenschaft und Glaube auf der Theorieebene zu behandeln, haben das Mißliche, daß sie die Bedeutung des Reflexiven für den Glaubensakt überschätzen. Der religiöse Mensch ist nicht primär reflektierend, sondern sein Glaube wurzelt, wie Wittgenstein sagen würde, in einer 'Lebensform', d.h. er ist primär von der Praxis, nicht von der Theorie her geprägt. Ohne Zweifel durchdringen

[1] Peacocke (1998), S. 7; 27f.; 91f. Obwohl dieses Vorgehen verbreitet ist, gibt es Autoren wie Jan Barbour, die nicht nur die Gemeinsamkeiten, sondern vor allem die Differenzen zwischen Religion und Naturwissenschaft herausarbeiten: Barbour (2003), S. 194.

sich im konkreten Fall Theorie und Praxis bis zur Ununterscheidbarkeit, aber die Akzente liegen im Fall eines religiösen und eines wissenschaftlichen Weltverhaltens doch ganz anders.

Um dies zu verdeutlichen, ließen sich die Grenzfälle eines Physikers, der nichts von Praxis, und eines religiösen Menschen denken, der nichts von Theorie versteht. Solche Fälle hat es gegeben. Albert Einstein z. B. führte weder jemals ein Experiment durch, noch hatte er das geringste Interesse an technischen Nutzanwendungen, ja er war im Gegenteil stolz darauf, Physik als eine Art von Kunst um ihrer selbst willen zu treiben. Heute, im Zeitalter der Globalisierung, hätte man Probleme, ihn zu finanzieren, weil bei seiner Art von Forschung nichts praktisch Verwertbares 'herauskam'. All dies würde uns aber nicht daran hindern, Einstein für einen großen Physiker zu halten, weil der technisch-praktische Nutzwert niemals ein hinreichendes Kriterium für gute Wissenschaft sein kann. Umgekehrt halten wir auch keinen Physiker allein deshalb für hervorragend, weil er technisch begabt ist, wie z. B. Richard Feynman. Feynman war – eher ein Einzelfall in der Theoretischen Physik – sehr an technischen Nutzanwendungen interessiert und mischte sich in viele technisch-praktische Fragen ein. Den Nobelpreis für Physik erhielt er aber trotzdem – und zu Recht – nicht aus diesem Grunde.[2]

Auf der anderen Seite gab es schlichte, charismatisch begabte Christen von Franziskus bis Therese von Lisieux oder Padre Pio, denen alles Intellektuelle fremd war. Diese Charismatiker waren sicher keine 'Theologen'. Doch das mindert unsere Bewunderung für sie nicht, ganz im Gegenteil. Wir finden es zwar interessant, wenn ein Mystiker wie Meister Eckhard über seine spirituellen Erfahrungen theoretisch-philosophisch reflektiert, aber wenn er es nicht getan hätte, wie Johannes vom Kreuz oder Therese von Avila, wäre dies kein Grund für uns, ihn deshalb für minderwertig zu halten.

Das Verhältnis von Theorie und Praxis ist also in Religion und Physik gegenläufig. Aus diesem Grunde würde ein Titel wie 'Theologie und Physik' eine Vergleichbarkeit auf der Theorieebene unterstellen, die es gerade *nicht* gibt. Der Titel dieses Buches, 'Physik und Religion' ist also bewußt so gewählt, als sollten Kolibris mit Leitzordnern verglichen werden.

Aber wenn dies so ist, was nötigt uns dann überhaupt dazu, derart disparate Größen ins Verhältnis zu setzten? Niemand könnte daran zweifeln, daß es sinnvoll wäre, Religion und Moral oder Theologie und Philosophie in ein nachvollziehbares Verhältnis zu bringen, denn man sieht mit bloßem Auge, daß Religion direkt mit Moral zu tun hat (ohne mit ihr identisch zu sein) und daß dasselbe auch für Theologie und Philosophie gilt. Wenn dies

[2] Vgl. dazu die Biographie über Richard Feynman von James Gleick (1993).

aber bei Religion und Physik *nicht* der Fall ist, wozu dann dieses Buch? Es gibt ja auch keine Bücher 'Mengenlehre und Eiskunstlauf' oder über 'Seiltanz und Sinn', ohne daß wir etwas vermissen würden, abgesehen davon, daß man bei der heutigen Überproduktion froh um jedes Buch ist, das erst gar nicht geschrieben wurde, so daß wir nicht in die Verlegenheit kommen, es lesen zu sollen.

Der Grund, Physik und Religion ins Verhältnis zu setzen, liegt für mich nicht in einer wie auch immer gearteten 'Natur der Sache', die es hier wohl nicht gibt, sondern in dem historisch kontingenten Faktum, daß die Frage nach ihrem Verhältnis insbesondere von Seiten der Physiker seit Jahrhunderten und verstärkt in den letzten Jahrzehnten behandelt wird und daß ihre Überlegungen eine beträchtliche Resonanz in der Öffentlichkeit finden. Die Kirchen werden zwar immer leerer, aber wenn ein Physiker über Gott spricht, hat er volles Haus und seine Bücher verkaufen sich gut, ob er viel davon versteht oder nicht.[3]

Was hinter dieser Buchproduktion und ihrer öffentlichen Wirksamkeit steckt, ist eine Art von Intuition, die sich vor der philosophischen Analyse in nichts auflösen wird, die sich jedoch zunächst einmal aufdrängt: Religion ist derjenige Bereich, wo die Menschen ins Innerste ihrer Existenz und damit zugleich ins Innerste des Seins vordringen, und das ist es, was – so scheint es – die Physik ebenfalls tut. Sie geht dabei nicht den Weg über das Innere und die konkrete Existenz, sondern über das Äußere und die experimentelle, reproduzierbare und quantitativ bestimmte Erfahrung, aber auch dann scheint sie in die Tiefen des Seins vorzudringen und würde im Grenzfall dort ankommen, wo die Religion schon immer war.

Liest man z.B. die Schriften von Max Planck zur Religion, so beruhen sie ganz auf dieser Intuition, daß nämlich religiöses und wissenschaftliches Transzendenzbestreben einen gemeinsamen Zielpunkt haben, der sich mit dem wissenschaftlichen Fortschritt als identisch herausstellen wird. Eine ähnliche Intuition liegt auch dem Werk Carl Friedrich von Weizsäckers zugrunde. Danach trennt sich die Physik in ihren Anfängen erst einmal von der Religion, führt aber im Fortschreiten zu ihr zurück.[4]

Solchen Vorstellungen liegt eine platonistische Vorstellung zugrunde, wonach die Physik auf das 'Sein an sich', d.h. auf die 'Idee', geht und wonach diese 'Idee' der Welt Erkennbarkeit und Bestand verleiht, wobei sie im Letzten als Gedanke Gottes den Überstieg in die religiöse Sphäre ermöglichen würde.

[3] Ich denke in diesem Zusammenhang an Bücher wie: Paul Davies, GOTT und die moderne Physik.

[4] Ich werde Plancks und von Weizsäckers Platonismus in den beiden folgenden Kapiteln kritisieren.

Solche metaphysischen Spekulationen sind ziemlich riskant. Es gibt keine guten Gründe, den Fortschritt der Physik mit einem Eindringen in die 'Tiefen des Seins' gleichzusetzen und mit religiösen oder metaphysischen Vorstellungen zu identifizieren. Vielmehr befriedigt sich hier ein Sinnbedürfnis am falschen Ort, und es ist ein wesentliches Ziel des vorliegenden Buches, solche verqueren Formen von Metaphysik zu kritisieren.

Der Glaube, mit Hilfe der Physik könne man in die 'Tiefen des Seins' vordringen, erzeugt eine Art 'Incognito-Metaphysik'. Viele wohldefinierte wissenschaftliche Begriffe, wie 'Information', 'Selbstorganisation', 'Ordnung' oder 'Chaos' reichern sich in einem wenig durchschauten Prozeß hermeneutisch an und erzeugen den Schein eines auf das Wesenhafte gehenden Tiefsinns, der mehr Dichtung als Wahrheit und vor allem keine empirische Wissenschaft mehr ist.[5]

Die meisten Brückenschläge zwischen Religion und Physik verdanken sich solchen Hybridbildungen, die mehr dem Bedürfnis als der Vernunft gehorchen. Von daher ist die folgende Untersuchung im Wesentlichen kritisch und destruktiv gegenüber solchen voreiligen Synthesen. Religion und Physik lassen sich schwer vermitteln, und wenn, dann nur über verschiedene Zwischenstufen, die einzeln gerechtfertigt werden müssen, ein eher mühsames Geschäft und sicher nicht so publikumswirksam wie Fritjof Capras „Tao der Physik", wo in den Atomen die Götter tanzen und die Un- oder Schwerverständlichkeit der Quantentheorie mit der Un- oder Schwerverständlichkeit der heiligen Sanskrittexte eine postmoderne Synthese des wechselseitigen Mißverständnisses eingehen.[6]

Fritjof Capra stammt zwar aus Wien, hat dort auch eine gewisse christliche Erziehung genossen, aber in seinen Extrapolationen aus der Physik spielt das Christentum praktisch keine Rolle. Ganz allgemein kann man bei Physikern, die sich für Religion interessieren, eine deutliche Affinität zum Buddhismus oder Hinduismus feststellen. So schätzte z.B. Erwin Schrödinger die Upanishaden und David Bohm war Schüler des Hinduweisen Jiddu Krishnamurti. Solche Affinitäten haben einen einfachen Grund: Ostasiatische Religionen sind häufig kosmologisch ausgerichtet und apersonal, während das Christentum, wie auch schon das Judentum, die kosmologischen Religionen ablehnten, um das Personale in den

[5] Ich denke dabei an Schriften wie die des Göttinger Biochemikers Friedrich Cramer. Cramer geht davon aus, dass „jede Materie a priori ideenträchtig ist", daß zwar die Materie nicht ohne Idee, die Idee aber ohne Materie existieren" könne, daß die physikalische Selbstorganisation ein „metaphysisches Element" in der Evolution sei, und all dies soll Ergebnis der positiven Wissenschaft sein: Cramer (1993a), S. 229f.

[6] Vgl. meine Kritik an der New-Age-Physik in Mutschler (1992).

Mittelpunkt zu stellen. Damit verwandt ist die Betonung des Geschichtlichen in der jüdisch-christlichen Offenbarung und im Gegensatz dazu die des Naturalen als eines Kreislaufphänomens in den östlichen Religionen, man denke nur an das 'Rad der Wiedergeburten' bei Gautama Buddha.

Andere Entsprechungen kommen hinzu. Wenn die Welt nur Illusion oder 'Maya' ist, dann tragen eventuelle innerweltliche Qualitätsunterschiede nichts Substantielles zur Erlösungsvorstellung bei. Der Mensch mag z.B. in gewisser Hinsicht über den Tieren stehen, man kann aber nicht sagen, daß sich das Nirvana in ihm stärker ausdrücken würde als in ihnen, denn das Nirvana drückt sich überhaupt nicht aus – es ist das 'ganz Andere' gegenüber allem Endlichen. Mit anderen Worten: Die 'scala naturae' hat in diesen Religionen keine Heilsbedeutung. Deshalb kann sich z.B. der Gott Shiva ebenso leicht in einem Elefanten wie in einem Menschen verkörpern. Die Wertunterschiede in der 'scala naturae' sind für den religiösen Akt ohne Belang.

Jesus Christus auf der anderen Seite hätte niemals Affe werden können, eine Vorstellung, die jeder gläubige Christ als lästerlich empfinden wird, während sie einen Hindu nicht weiter stören würde, schließlich gibt es auch heilige Kühe. Die Ursache für diesen Gegensatz liegt darin, daß auch die Bibel von einer Art 'scala naturae' ausgeht. Zwar nicht so ausgefeilt wie in der griechischen Metaphysik, aber doch merkbar. Tiere *sind* mehr als Pflanzen und der Mensch *ist* mehr als das Tier. Von daher haben die Wesen – auch unter religiöser Rücksicht – verschiedenen Seinsrang und es ist kein Zufall, daß in der Verkündigung Jesu anthropologische Vorstellungen zentral sind und Naturvergleiche sekundär. In der mittelalterlichen Theologie hat man dies so ausgedrückt, daß der Mensch Bild Gottes ('imago Dei') und die anderen Geschöpfe nur Spuren Gottes ('vestigia Dei') seien. Zwar gibt es radikale protestantische Theologen, die jede Werteordnung in der Natur ablehnen, aber mir scheint, daß sie die Bibel gegen sich haben.

Die moderne Naturwissenschaft andererseits räumt mit der Vorstellung einer 'scala naturae' auf. Physikalisch gesehen gibt es keine Wertunterschiede in der Natur aus dem einfachen Grunde, weil es für die Physik überhaupt keine Werte auf der Objektebene gibt, also auch kein Maß für ihre eventuellen Unterschiede. Auch in dieser Hinsicht sind ostasiatische religiöse Vorstellungen der modernen Physik näher als dem Christen- oder dem Judentum.

Man würde also erwarten, daß in einer Untersuchung über 'Physik und Religion' die ostasiatischen Religionen eher im Zentrum stehen als die jüdisch-christliche. Ich werde mich jedoch ausschließlich auf das Christentum beschränken. Dies liegt nicht nur an mangelnder Fachkompetenz, sondern an der Überzeugung, daß all die genannten Affinitäten zwischen ostasiatischen Religionen und moderner Physik zwar existieren, daß sie aber bei näherem Zusehen radikal ins Leere laufen, so daß man eher von einer Mode als von einer tragfähigen Grundlage für den Dialog sprechen könnte.

Insofern nämlich solche Religionen den Seinsgrund aus der Rationalitätsdefinition herausnehmen (und das scheint sehr häufig der Fall), können sie der Mathematisierung der Welt keinen Ort zuweisen. Die 'Mathematisierung der Welt' ist aber gerade die Pointe an der modernen Physik.

Es ist mir kein praktizierender Physiker bekannt, der darauf verzichten würde, seine Wissenschaft mit einem Wahrheitsanspruch zu versehen, um etwa im Sinn der Konstruktivisten damit zufrieden zu sein, Kochrezepte für die technische Praxis zu liefern, so daß die Sinnspitze der Physik etwa darin läge, Atomkraftwerke, Handys oder Waschmaschinen zu bauen.[7] Ich hatte oben Einstein als Paradebeispiel eines Physikers erwähnt, der einen dezidierten Wahrheitsanspruch stellt, der sich gerade nicht auf praktische Weltbewältigung zurückführen läßt.

Ein solcher Wahrheitsanspruch geht ins Leere, wenn die Welt nur Illusion, also 'Maya' ist und wenn der Weltgrund aus der Rationalitätsdefinition herausgenommen wird. Dann bleibt für die Wissenschaft nur noch Effizienz als Kriterium. Wissenschaft geht dann nicht mehr auf Wahrheit, sondern sie ist bloßes Mittel im Kampf ums Überleben.

Eine solche Position vertritt der Hindumystiker Jiddu Krishnamurti, der Guru des bekannten Physikers David Bohm: „Denn Wahrheit liegt nicht in den Denkvorstellungen oder darin, was das Denken zusammengesetzt hat und Wahrheit nennt. Die vollkommene Verneinung dieser ganzen Denkstruktur ist das Positive der Meditation." Oder noch schärfer: „Das Denken macht nichts als Qualm."[8]

Von hierher gab es einen unüberbrückbaren Gegensatz zwischen Bohm und Krishnamurti.[9] Bohm versuchte immer wieder, seinen Guru davon zu überzeugen, daß die Wissenschaft nicht nur qualmt und stinkt, sondern daß sie auf Wahrheit ausgerichtet ist und daß es nicht ihr ausschließlicher Sinn sei, der Weltbewältigung zu dienen. Aber Krishnamurti ließ sich nie auf diesen Gedanken ein. Er hätte sonst seine gesamte Weltanschauung auf den Kopf stellen müssen.

Bohm hat selbst versucht, seine ostasiatisch geprägte Religiosität mit der Quantentheorie in Übereinstimmung zu bringen, aber was dabei herauskam, sprengt den Ansatz seines Gurus, denn er faßt das Geistige als

[7] Obwohl die 'Erlanger Konstruktivisten' eine solche instrumentalistische Auffassung von Physik vertreten. Vgl. dazu Peter Janich (1992).

[8] Krishnamurti (1988), S. 37/8; 102f.

[9] Das Gespräch zwischen beiden findet sich in: Krishnamurti (1988), S. 215–251.

„implizite Ordnung“, die sich in der expliziten Ordnung der physikalischen Welt widerspiegelt, eine Vorstellung, die eher ins Christentum oder in einen christlichen Platonismus hineinpaßt als in seine ostastiatische Mystik.[10]

In der Tat wird mir die von der Physik beschriebene Ordnung der Natur einsichtig, wenn der ‘Logos’ die Welt durchdringt, wobei der biblische Logosbegriff zwar nicht identisch mit dem der ‘Vernunft’ ist, ihn aber impliziert. Die vom Gott des Christentums erschaffene Welt hat prinzipiell Sinn, und dieser Sinn trägt auch eine mathematisch beschreibbare Ordnung der Natur. Auf diese Art wird mir verständlich, weshalb wir sie berechnen können und warum wir imstande sind, mit unseren Berechnungen einen Wahrheitsanspruch zu stellen, jenseits aller Effizienz und technischen Verwertbarkeit. Im Alten Testament heißt es von Gott, daß er alles „nach Maß, Zahl und Gewicht geordnet“ hat.[11]

Es dürfte daher auch kein Zufall sein, daß sich die moderne Physik gerade im christlichen Abendland entwickelt hat und daß ihr Hervortreten bei Galilei und Newton eng verknüpft war mit Platonischen Ontologievorstellungen von einer Intelligibilität der Seinsgründe der Natur, die sich dann mit einer christlichen Schöpfungsvorstellung verband.

Ohne Zweifel gibt es eine große Variabilität in den ostasiatischen Religionen, und das Gesagte gilt daher nur cum grano salis, aber insofern solche Religionen anti-intellektualistisch sind, gibt es keine Brücke von ihnen zur modernen Physik.[12]

Das Mißliche am Eindringen ostasiatischer Vorstellungen in den europäischen Kulturkreis seit den Chinoiserien des 18. Jahrhunderts und seit Schopenhauers Hinduismusrezeption ist das Synkretistisch-Willkürliche, das Exotisches häufig mit sich führt. Was bei uns ankommt, ist in der Regel nicht der ursprüngliche Sinn solcher Religionen, sondern ein Amalgam aus Wunschvorstellungen und Realität. Nur wenige haben, wie der Jesuitenpater Ennomiya-Lassalle, wirklich aus den primären Quellen geschöpft[13], während jene Physiker, die ein „Tao der Physik“ erdichteten, sich am Exotismus bedienen, um den heimischen religiösen Supermarkt anzureichern.

Ich sehe also nicht, wie bei allen auf der Hand liegenden Affinitäten eine Brücke zwischen einem so dezidiert intellektuellen Unternehmen wie

[10] Vgl. Bohms Buch über die „Implizite Ordnung“ (1985).

[11] Sap. 11, 21.

[12] Erwin Schrödinger war ein großer Bewunderer der ostasiatischen Religionen. Daß sie lehren, die Welt sei bloßer Schein oder ‘Maya’, störte ihn dann doch. Die Welt sei in der Tat nur ‘Maya’, „… wenn auch sehr gesetzmäßige und interessante Maya“: Schrödinger (1961), S. 146.

[13] Vgl. das Buch von Ursula Baatz über Pater Lassalle.

der modernen Physik und einer Religion geschlagen werden könnte, die den Intellekt beiseite schiebt. Wenn z.B. die Zenbuddhisten durch ihre 'Koans', ihre Riten, ihre Kultur des Gartenbaus oder auch des Teetrinkens eine Spiritualität pflegen, die jeder religiös Sensible hochschätzen wird, so kann doch eine solche Spiritualität nicht dazu dienen, die Brücke zur Physik zu schlagen, und ein kultivierter Zenbuddhist wird dies auch nicht tun. Nur in heruntergekommenen Modeprodukten, wie Robert Pirsigs Bestseller „Zen und die Kunst, ein Motorrad zu warten", wird die Religion – typisch westlich – dazu instrumentalisiert, das Diesseits effizienter zu gestalten.[14] Pirsigs Buch ist offenbar dem älteren von Eugen Herrigel über „Zen und die Kunst des Bogenschießens" nachempfunden. Der Unterschied ist freilich, daß Herrigel kein Easyrider war, sondern daß er hart an seiner meditativen Ausbildung arbeitete und daß er keine wohlfeilen Ratschläge für alles und jedes gab.

Brückenschläge zwischen Physik und Religion sind, wie ich sagte, an sich schon riskant, weil die Bereiche zu weit auseinanderliegen. Wenn sie sich überhaupt überbrücken lassen sollten, dann nur von einer Religion her, die der 'Idee', dem 'Logos' oder allgemein einem intelligiblen Weltprinzip eine zentrale Rolle zugesteht, was im Christentum der Fall ist.

Freilich haben wir es auch hier mit verschiedenen Schulen und Konfessionen zu tun, so daß man Hemmungen hat, das Wort 'Christentum' im Singular zu gebrauchen. Ein zum Fideismus neigender Protestant und ein vom Thomismus überzeugter Katholik werden nicht nur einen jeweils anderen Begriff vom 'Christentum' haben, sie werden sich insbesondere zur Physik auf völlig verschiedene Weise ins Verhältnis setzen (falls überhaupt). Wenn man dann noch berücksichtigt, daß es insbesondere im Protestantismus eine unglaubliche Variabilität der theologischen Positionen gibt, dann möchte man daran verzweifeln, einen gemeinsamen Nenner für sie zu finden.

Aber vielleicht gibt es trotz aller Unterschiede etwas strukturell Vergleichbares. So sind alle Auslegungen des Christentums auf Jesus Christus als ihren zentralen Inhalt hin festgelegt, d.h. das Christentum ist und bleibt eine personale Religion, für die das Kosmologische jederzeit sekundär sein wird. Damit hängt zusammen die Betonung des Geschichtlichen gegenüber dem Wiederholbaren, Zyklischen. Und schließlich, wiederum damit zusammenhängend, ein Primat des Sinns vor dem Sein. Ein Physika-

[14] Pirsig hat keinerlei Hemmungen, sich zu allem zu äußern, ohne irgendetwas gründlich studiert zu haben. Ob in der Politik, in der Erziehung oder in der Wissenschaft, überall glaubt er mit seiner vorgeblichen Zenerfahrung den Schlüssel zur Lösung der Probleme in der Hand zu haben. Der ursprüngliche Sinn des Zenbuddhismus wird auf diese Art schwerlich erreicht (Pirsig 1995).

list mag das Sein rein wert- und sinnfrei konstruieren. Er mag davon ausgehen, daß Sinn sich nur subjektiv konstituiert oder vielleicht eine bloße Illusion ist, hervorgerufen durch gewisse Neuronenzustände im Gehirn, das Christentum geht dennoch vom Primat des Sinnes vor dem Sein aus, wenn wir unter 'Sein' das neutrale Gegebensein von Gegenständen verstehen, wie das in der Naturwissenschaft heute üblich ist.

Von daher ergibt sich eine Spannung, die im Zentrum der folgenden Untersuchung stehen wird. Religion lebt von Sinnunterstellungen, Physik negiert sie. Soll sich dies nicht verhalten wie A und non-A, d.h. soll dies kein glatter Widerspruch sein, der uns dazu nötigen würde, zwischen wissenschaftlich aufgeklärtem Atheismus und wissenschaftsfeindlich-konservativem Glauben zu wählen, dann sind einige schmerzhafte Hürden zu überwinden, die diesen Gegensatz als relativ erscheinen lassen.

Schmerzen, Brüche und Ausweglosigkeiten werden auch sonst in diesem Buch eine wichtige Rolle spielen. In den meisten Untersuchungen zum Thema 'Physik und Religion' findet man dazu nichts. Viele Autoren lassen sich die Objektivität der Physik vorgeben und stilisieren die Religion nach ihrem Bilde. Ich werde mich nicht an diese Vorschrift halten, denn der religiöse Akt ist nicht aus einem intellektuellen Ungenügen an dieser Welt entstanden, nach dem Muster: Die Griechen wußten noch nichts von Elektrodynamik, deshalb glaubten sie an den Blitze schleudernden Zeus, oder sie kannten leider die Gesetze der Hydrodynamik noch nicht und glaubten deshalb an die Existenz von Quellnymphen und Pansgöttern.

Der Kern aller Religion ist nicht die Frage nach der Natur physikalischer Prozesse, sondern die Frage nach Erlösung. Tod, Schmerz, Leiden oder die Sehnsucht nach Gerechtigkeit sind auch heute noch die bedrängenden existentiellen Fragen, auf die die Religion eine Antwort gibt. Dies ist auch der einfache Grund, weshalb sie alle Phasen der intellektuellen Aufklärung überstanden hat und auch in Zukunft überstehen wird. Die Alternativen, die uns angeboten werden, von der klassenlosen Gesellschaft bis zum platten Hedonismus oder zum geklonten Einheitstyp, sind nicht sehr überzeugend.

Es ist aus diesem Grunde ganz unangemessen, wenn Autoren wie Arthur Peacocke es so darstellen, als biete das Christentum eine intellektuell befriedigendere Version von der Natur als die Naturwissenschaften an. Das mag in gewissem Sinne *auch* der Fall sein, aber es ist nicht der entscheidende Punkt. Das Christentum ist eine Antwort auf die Grundfrage nach Sein und Nichtsein, Sinn oder Sinnlosigkeit. Ich werde deshalb in diesem Buch auch existentielle und biographische Daten heranziehen und die wissenschaftliche Redeweise in der dritten Person Singular mit ihrem päpstlichen Objektivitätsanspruch meiden. Wo von Religion die Rede ist, kann von der persönlichen Betroffenheit nicht abstrahiert werden, wenngleich man sich hüten sollte, sie darin aufgehen zu lassen. Insbesondere im Dialog zwischen dem Psychologen Carl Gustav Jung und dem Physiker Wolfgang Pauli wird deutlich werden, daß es in der Religion primär nicht um intellektuelle, sondern um existentielle Fragen geht. Für die Religion ist alles Intellektuelle zweitrangig, so zweitrangig wie alles Existentielle für die Physik.

1. Max Planck und die Religion

Sich der Gestalt Max Plancks zu nähern, erfordert besondere Behutsamkeit: Er hat bei aller Größe etwas Zerbrechliches. Photographien zeigen ihn als einen zurückhaltenden, feinsinnigen Gelehrten mit Nickelbrille, dem es nicht eingefallen wäre, viel Aufhebens um sich zu machen. Schüler berichten, daß er in seinen Vorlesungen die eigenen, durchaus epochemachenden Entdeckungen so darstellte, als hätte ein anderer sie gemacht. Das später nach ihm benannte 'Plancksche Wirkungsquantum' brachte er z.B. nie mit seiner eigenen Person in Zusammenhang. Während Albert Einstein auf Photographien meist sehr selbstbewußt, um nicht zu sagen, genialisch dreinblickt, sieht Max Planck immer so aus, als wäre er zufällig oder besser erst gar nicht ins Bild geraten.

Als Physiker stand er ganz oben auf dem Parnaß, als Mensch war er eine tragische Figur. Seine Biographie war innig verwoben mit den dramatischsten Wendungen der deutschen Geschichte. 1858 in Kiel geboren, erlebte er mit der Gründerzeit den Aufstieg des Kaiserreiches zur höchsten Machtentfaltung und mit dem Ersten und Zweiten Weltkrieg den Ruin deutscher Kultur. So muß er es empfunden haben, denn als politisch Konservativer glaubte er an Deutschland, an die traditionell preußischen Tugenden der Pflichterfüllung und des Gehorsams; Tugenden die wir heute nicht mehr so nennen würden, weil uns die Katastrophe des Dritten Reiches den Zugang zur eigenen Vergangenheit zerstört hat.

Bei Max Planck ist zunächst einmal noch alles im Lot: Der Glaube an die sittliche Substanz preußischer Pflichterfüllung verbindet sich für ihn mit einem aufgeklärten Kulturprotestantismus und mit dem Vertrauen in eine Wissenschaft, die nach seiner Meinung im emphatischen Sinne auf 'Wahrheit' ausgerichtet war, fernab von allen Nützlichkeitserwägungen. Man hat im Zeitalter der Globalisierung, Funktionalisierung und Verzweckung aller Lebensbereiche große Mühe, sich einen solchen Gelehrten vorzustellen, dem es einfach nur um Wahrheit, nicht um Nutzen, Ruhm, Ehre, Geld oder Macht ging und der die empirische mit der religiösen und diese mit der metaphysischen Wahrheit identifizierte, so daß sie für ihn zugleich eine Quelle von Moralität darstellte.

Eigentlich gehört Max Planck eher in die Goethezeit als ins 20. Jahrhundert. In einer Epoche, die durch den Verlust aller traditionellen Werte gekennzeichnet war, hielt er am 'Wahren, Schönen und Guten' fest. Während sich in der Politik der Umschwung von den Monarchien zur Demokratie vollzog, in der Kunst der Übergang von der figürlichen zur abstrakten Malerei oder von der tonalen zur atonalen Musik, beharrte Planck auch dort noch auf dem traditionellen Denken, wo das neue sein eigenes Gebiet, die Physik, ergriffen hatte. Ja mehr noch: Er, der die Quantentheorie mit seiner Entdeckung des diskontinuierlichen Charakters der Materie auf den Weg gebracht hatte, wehrte sich schließlich – wie auch sein Freund Einstein – gegen die nächste Physikergeneration und vor allem gegen den Indeterminismus der Quantentheorie, weil dieser die traditionelle Weltordnung aufzuheben schien, die auf dem Kausalitätsprinzip beruhte.

Ich möchte im folgenden das Scheitern von Plancks Weltanschauung nachzeichnen. Mit ihr ging nicht nur eine bestimmte Verbindung von Preußentum und Protestantismus zugrunde, der wir nicht nachtrauern werden, sondern auch eine Seinsphilosophie, die die moderne Physik mit der alten Metaphysik und dann auch mit der Religion verband.

Es ist dieser Verlust an metaphysischer Gewißheit, der mich hier besonders interessiert. In der Gestalt Plancks zerbricht ein altes, von der Antike herrührendes Denkschema, das bis heute fortwirkt, das wir aber werden aufgeben müssen: Wissenschaft, Metaphysik und Religion sind heute keine Instanzen mehr, die in prästabilierter Harmonie und in demselben Sinne auf Wahrheit ausgerichtet wären.

Die Weltanschauung Max Plancks ist im Prinzip ziemlich einfach, aber von großer suggestiver Kraft, so daß solche Anschauungen bis heute lebendig sind. Planck verlegt den Ursprung aller physikalischen Erfahrung in die Sinnesempfindung. Daher habe es zunächst nahe gelegen, die physikalischen Disziplinen gemäß der Ordnung der Sinne aufzuteilen in Akustik, Optik, Wärmelehre oder Mechanik, entsprechend dem Gehör, Gesicht, Gefühl oder Getast. Diese Disziplinen habe man daher zunächst wie getrennte Gebiete behandelt. Erst später habe man gesehen, daß sich hinter diesen Trennungen etwas physikalisch Gemeinsames verberge, so etwa durch die Entdeckung, daß sich akustische und haptische Phänomene aufgrund derselben Partikelmechanik erklären ließen, oder daß beides, Wärmestrahlung und Licht, elektromagnetische Wellen seien, obwohl sich diese Phänomene unseren Sinnen zunächst als etwas ganz Verschiedenes zeigen. Von daher erscheint wissenschaftliche Entwicklung für Planck als Prozeß fortschreitender 'Desanthropomorphisierung': „Ja man wird geradezu sagen dürfen, daß erst mit der bewußten Abwendung von der egozentrischen oder anthropozentrischen Betrachtung jede eigentliche Wissenschaft beginnt.“[1]

Der Forschungsprozeß geht also von der „Sinnenwelt“ aus, erzeugt eine sich immer weiter verfeinernde „physikalische Welt“ und nähert sich dann

[1] Planck (1983), S. 152; 288.

im Sinne eines Grenzprozesses der „realen Welt“ an, ohne sie jemals zu erreichen. Das zugrundeliegende Schema ist also ein platonisches: Der Welt liegt ein ideales Prinzip zugrunde, das ihr Sein und Erkennbarkeit verleiht und das der Wissenschaft die Richtung vorzeichnet. Wie bei Plato ist auch bei Planck der Übergang von den wechselnden Erscheinungen zu den ewigen Ideen mit einer Negation des Werdens, der Geschichte und des Individuellen verbunden: „Indem wir bei jeglichem Naturgeschehen von dem Einzelnen, Konventionellen und Zufälligen dem Allgemeinen, Sachlichen und Notwendigen zustreben, suchen wir hinter dem Anhängigen das Unabhängige, hinter dem Relativen das Absolute, hinter dem Vergänglichen das Unvergängliche.“[2]

Das „Unvergängliche“ findet Planck insbesondere in den physikalischen Konstanten wie etwa der Lichtgeschwindigkeit oder im Wirkungsquantum: „Die universellen Konstanten sind nicht aus Zweckmäßigkeitsgründen erfunden worden, sondern sie haben sich mit unwiderstehlichem Zwang aufgedrängt durch die übereinstimmenden Resultate sämtlicher einschlägiger Messungen, und, was das Wesentliche ist, wir wissen im Voraus genau, daß alle künftigen Messungen auf die nämlichen Konstanten führen werden.“[3]

Man sieht an diesen Überlegungen das Gekünstelte eines solchen Platonismus. Daß die Konstanten konstant und nicht etwa veränderlich sind, sagt schon ihr Name. Das ist nicht weiter geheimnisvoll und braucht auch nicht als Präsenz des Absoluten im Relativen gedeutet zu werden. Es ist zwar erstaunlich, daß sich das Licht, unabhängig vom Bewegungszustand der Lichtquelle, immer mit derselben Geschwindigkeit ausbreitet, aber das verleiht ihm noch nicht den Charakter des Absoluten, schließlich ist es auch erstaunlich, daß Menschen trotz ihrer sich ständig wandelnden sozialen Natur und körperlichen Verfaßtheit doch mit sich identisch bleiben, aber auch dies betrachten wir normalerweise nicht als Hinweis auf das Absolute. Auch der Mensch ist nur relativ zu seinem physischen und sozialen Werden konstant, an sich entsteht und vergeht er, wie alles auf dieser Welt.

In seiner „wissenschaftlichen Selbstbiographie“ bezeichnet Planck „das Suchen nach dem Absoluten“ als die schönste wissenschaftliche Aufgabe, die ihn schon immer beseelt habe: „Denn alles Relative setzt etwas Abso-

[2] Planck (1983), S. 181f.; 208. Planck hat sich selbst oft als Kantianer bezeichnet, aber das sollte man nicht so ernst nehmen. Er ist Kantianer, was seinen ethischen Rigorismus betrifft. Von der Erkenntnistheorie und Ontologie her ist er Platoniker. Ich kann daher der Deutung von Cornelia Liesenfeld nicht zustimmen, die Plancks vorgeblichen Kantianismus wörtlich nimmt. Bei Kant gibt es keinen Ausdruck der Idee in den Erscheinungen und daher auch kein Annähern an die Idee, was Planck aber annimmt; Liesenfeld (1992), S. 31 ff.

[3] Planck (1983), S. 327.

lutes voraus, es hat nur dann einen Sinn, wenn ihm ein Absolutes gegenübersteht."[4] Dies hört sich an wie der klassische 'Gottesbeweis aus der Kontingenz': Die Welt kann sowohl sein als auch nicht sein. Also muß der Übergang von einer bloß möglichen Welt in die wirklich existierende durch ein absolut wirkliches Wesen in Gang gesetzt werden.[5] Ob dieser metaphysische Gottesbeweis aus der Kontingenz schlüssig ist, ist strittig.[6] Als Gottesbeweis aus der Physik ist er sicher unhaltbar, denn die Physik stellt niemals die metaphysische Grundfrage 'Warum ist überhaupt etwas und nicht vielmehr nichts?', sondern sie ist gezwungen, die Existenz der Welt als gegeben vorauszusetzen, was immer einige überschwängliche Physiker dazu gesagt haben mögen, die den christlichen Begriff der 'creatio ex nihilo' mit gewissen Quantenfluktuationen des Vakuums identifiziert haben.[7] Wenn das Vakuum die Eigenschaft hat, spontan in Materie und Antimaterie zu zerfallen, dann ist es eben deshalb nicht nichts, da das Nichts auch keine Eigenschaften haben kann. Der Physiker muß also immer ein Etwas voraussetzen. Daher sind physikalische Fragen immer nur vorletzte Fragen und was die Physik hinter dem Relativen entdeckt, wird immer wieder nur ein Relatives sein, wenn auch von höherem Allgemeinheitsgrad.

Entscheidend ist jedoch, daß Planck an der zitierten Stelle die Sinnkategorie einführt: „Denn alles Relative setzt etwas Absolutes voraus, es hat nur dann einen Sinn, wenn ihm ein Absolutes gegenübersteht." Aber warum sollte es zwingend sein, daß das Relative 'Sinn' hat, denn wenn es z.B. keinen Sinn hätte, dann müsste ihm auch kein Absolutes gegenüberstehen, um ihm allererst Sinn zu verleihen.

An dieser Stelle zeigt sich, daß Planck vom traditionellen Ordo-Denken der platonisch-aristotelischen Metaphysik zehrt. Nach dieser Vorstellung war die Weltordnung ipso facto eine Vernunft- oder Sinnordnung: „Gerade die großen Geister und Bahnbrecher, Kepler, Newton, Leibniz, Faraday, wurden getrieben von ihrem Glauben einerseits an die Realität der Außenwelt, anderseits an das Walten einer höheren Vernunft in oder über ihr." Über diese Brücke ergibt sich dann für Planck ein direkter Weg zur Religion: „Nichts hindert uns also, und unser nach einer einheitlichen Weltanschauung fordernder Erkenntnistrieb fordert es, die beiden überall wirksamen und doch geheimnisvollen Mächte, die Weltordnung der Na-

[4] Planck (1990), S. 19.

[5] So die „tertia via" bei Thomas von Aquin (Sth I 2.3).

[6] Schließt es etwa einen Widerspruch ein, wenn etwas, das auch nicht existieren könnte, rein faktisch immer existiert, wie z.B. die Marxisten von der Welt angenommen haben?.

[7] So Paul Davies (1990), S. 214.

turwissenschaft und den Gott der Religion, miteinander zu identifizieren.“ Von daher gibt es bei Planck eine Gegenläufigkeit von Physik und Religion, die aber in einem letztlich Identischen aufgehoben wird: „Für den religiösen Menschen ist Gott unmittelbar und primär gegeben … Im Gegensatz dazu ist für den Naturforscher das einzig primär Gegebene der Inhalt seiner Sinneswahrnehmungen und der daraus abgeleiteten Messungen … Wenn also beide, Religion und Naturwissenschaft, zu ihrer Bestätigung des Glaubens an Gott bedürfen, so steht Gott für die eine am Anfang, für die andere am Ende allen Denkens.“ Von hier her sieht Planck eine perfekte Übereinstimmung zwischen Physik und Religion: „Wohin und wie weit wir also blicken mögen, zwischen Religion und Naturwissenschaft finden wir nirgends einen Widerspruch, wohl aber gerade in den entscheidenden Punkten volle Übereinstimmung.“[8]

Diese „volle Übereinstimmung“ stellt sich aber nur ein, wenn man eine Metaphysik zwischen Physik und Religion zwischenschaltet, die äußerst voraussetzungsreich ist. Zum einen muß Planck den Fortschritt der Physik mit einem Eindringen in die Tiefen des Seins identifizieren. Aber warum bedeutet das Eindringen in die Tiefen der Materie zugleich ein Eindringen in die Tiefen des Seins? Wäre dies nicht nur dann plausibel, wenn der Materialismus wahr wäre, d. h. das Gegenteil von dem, was Planck annimmt?

Wichtiger ist ein zweiter Punkt: Der „Gott der Religion“ vermittelt sich für Planck mit der „Weltordnung der Physik“ über die Kategorie des ‘Sinns’. So war es schon bei Plato, mit dem Unterschied, daß die platonische ‘Physik’ andere Eigenschaften hatte als die moderne, die keine Sinnkategorien mehr enthält. Planck sieht das anders. So sagt er über den Satz von der Erhaltung der Energie: „Was wir nun aber als das allergrößte Wunder ansehen müssen, ist die Tatsache, daß die sachgemäßeste Formulierung dieses Gesetzes bei jedem Unbefangenen den Eindruck erweckt, als ob die Natur von einem vernünftigen, zweckbewußten Willen regiert würde.“[9] Unabhängig davon, was er unter der „sachgemäßesten Formulierung“ versteht, wenn diese mit der gewöhnlichen logisch äquivalent ist (was sie sein muß), dann wird man die Formulierung mit den teleologischen Konnotationen streichen, da man nach dem Occamschen Rasiermesser etwas, das durch weniger und durch schwächere Prinzipien erklärbar ist, nicht durch mehr oder stärkere Prinzipien erklären sollte.

Eine solche Deutung ist schon eher möglich beim „Prinzip der kleinsten Wirkung“, über das Planck 1915 einen Artikel verfaßt hat, um antike Sinnordnung und moderne Physik in Übereinstimmung zu bringen.[10] Man

[8] Planck (1983), S. 295; 331 f.
[9] Planck (1983), S. 329.
[10] Planck (1983), S. 95–105.

sieht aber auch an diesen Überlegungen, wie sehr teleologische und nomologische Ordnungsschemata die Tendenz haben, zu dissoziieren. Ich werde im sechsten Kapitel diese Schemata 'vertikal' und 'horizontal' nennen, d. h. ich begreife sie als Ordnungsschemata die ganz verschiedenen Dimensionen angehören und deren Vermittlung ein schwieriges philosophisches Problem darstellt.

Planck möchte also die Vertikale (das Sinnhafte, Teleologische) und die Horizontale (das Mathematische, Nomologische) mit Hilfe des 'Prinzips der kleinsten Wirkung' zur Deckung bringen. Dieser Versuch steht in einer Tradition seit Maupertuis, die Wirkungsintegrale als Platzhalter einer die Natur durchdringenden Sinnordnung zu begreifen. Wirkungsintegrale sind solche, deren Dimension eine Größe der Art 'Energie mal Zeit' sein muß. Im 18. Jahrhundert hatte man entdeckt, daß viele mechanische Prozesse so ablaufen, daß das Wirkungsintegral ein Minimum wird. Man deutete diesen Sachverhalt im Sinn eines Ökonomieprinzips: Die Natur erscheint in ihrem Lichte als sparsamer Verwalter knapper Ressourcen.

Freilich hatte schon Leibniz entdeckt, daß die Wirkungsintegrale manchmal auch maximal werden. Damit war eigentlich die teleologische Deutung erledigt, denn die Natur erschien nun zugleich als ein Verschwender. Gravierender aber war die Tatsache, daß es gelang, differentielle Formulierungen derselben Zusammenhänge zu entwickeln, die man zuvor mit Hilfe der Wirkungsintegrale formuliert hatte. Diese differentiellen Formulierungen waren den integralen logisch äquivalent, hatten aber keine teleologischen Konnotationen mehr. Damit war die teleologische Deutung aufgrund des 'Occamschen Rasiermessers' überflüssig geworden. Ich glaube übrigens nicht, daß Planck diese Diskussionszusammenhänge kannte, sonst hätte er sie erwähnen müssen.[11]

Viel elementarere Überlegungen zeigen aber, daß die Wirkungsintegrale keine teleologischen Prinzipien gewesen sein können, auch nicht im 18. Jahrhundert und auch nicht bei Maupertuis, vielmehr handelte es sich schon damals um den zum Scheitern verurteilten Versuch, Sinnordnung und mathematisch-physikalische Ordnung zur Koinzidenz zu bringen, was offenbar nicht gelingt.[12]

[11] Max Born hat die Ökonomieprinzipien in der Physik als das bezeichnet, was sie sind, als bloße Erkenntnis-, nicht als Seinsprinzipien: „Nicht die Natur ist ökonomisch, sondern die Naturwissenschaft." Er macht auch zu Recht darauf aufmerksam, daß Hamiltons Formulierung der Extremalprinzipien Teleologie obsolet macht. Drückt in dynamischen Systemen die Hamiltonfunktion die Differenz zwischen potentieller und kinetischer Energie aus, so legt sie keine teleologische Deutung mehr nahe; Born (1983), S. 79ff.

[12] Klaus Mainzer zeigt in einem Artikel über das Teleologieproblem bei Maupertuis, wie dieser die Leibniz'sche Position mißverstanden und trivialisiert habe,

Es gibt nämlich fundamentale Eigenschaften des teleologischen Denkschemas, die sich im nomologischen nicht mehr wiederfinden. Jedes Telos steht z. B. für ein anzustrebendes Gut. Wenn also die Natur die Wirkungsintegrale minimiert, dann würde sie es auf die Art tun, wie ein Ökonom sparsam mit dem Geld umgeht. Er geht sparsam damit um, weil Geld für ihn ein Gut darstellt. Aber für welches Gut sollte eine Größe der Dimension 'Wirkung' stehen? Warum sollte eine Größe der Dimension Energie mal Zeit ein Gut sein? Und ist es überhaupt sinnvoll zu unterstellen, daß der physikalisch beschriebene Kosmos intrinsisch gut, d. h. von Werten durchdrungen ist?

Ferner: Jeder Zweck lässt sich durch ganz verschiedene Mittel realisieren, die in ihrer Eigenschaft als Mittel äquivalent, in ihren sonstigen Eigenschaften aber häufig ganz verschieden sind. So kann z. B. derjenige, der Geld als ein Gut ansieht, sparsam, geizig, clever, gerissen, verschlagen oder vielleicht sogar ehrlich, freundlich und gütig sein, um ein und dasselbe Ziel zu erreichen. Auch dazu gibt es bei den Wirkungsintegralen kein Pendant. Es ist im Gegenteil so, daß man mit Hilfe dieser Integrale aus verschiedenen, physikalisch möglichen Trajektorien eine ganz bestimmte herausfiltern kann, die dann in der Natur realisiert ist.

Ich fasse zusammen: Planck kennt nur eine fundamentale Wahrheit, die gleichermaßen Gegenstand der Physik und der Religion ist. Diese Wahrheit transzendiert alles Werden und verleiht der Existenz Sinn und Ordnung.

Dagegen hat sich gezeigt, daß Sinnperspektiven und mathematische Weltordnung gerade nicht identifiziert werden können. Zudem kann man nicht sagen, daß die Physik, wenn sie auf Wahrheit ausgerichtet ist, gerade jene Wahrheit anvisiert, die Zielpunkt unserer menschlichen Existenz wäre.

Bei Kant gibt es eine Analogie zwischen Natur- und Sittengesetz: So wie das Newtonsche Gravitationsgesetz die Planeten auf ihren Bahnen hält, so sollte der Kategorische Imperativ die Maximen unseres Handelns normierend ausrichten. Sein und Sollen treten allerdings antagonistisch auseinander. Was sie verbindet, ist nur noch eine vage Analogie: „Der gestirnte Himmel über mir und das moralische Gesetz in mir."[13]

Weil Planck auch hierin kein Kantianer ist, versucht er, diese beiden Ordnungen zu identifizieren. Dies führt nicht nur zu der unhaltbaren Be-

indem er Kausalität und Finalität nicht, wie Leibniz, methodisch unterschied im Sinne von 'Physik' und 'Metaphysik'. Maupertius projizierte Finalität vielmehr direkt in die Physik hinein, was schließlich bis heute dazu geführt hat, sie für überflüssig zu erklären. An diesem Ort ist sie es auch; Mainzer, in: Audretsch (1992), S. 72–95.

[13] Kant, KpV B 288.

hauptung, die Gesetze der Physik seien teleologische Gesetze, es bringt auch den Freiheitsgesichtspunkt, der Kant so teuer war, zum Verschwinden.

Planck ist nämlich nicht nur in Bezug auf die Physik, sondern auch in Bezug auf das menschliche Handeln Determinist. In diesem Zusammenhang spricht er vom „allmächtigen Weltgesetz", das auch noch die genialsten Leistungen eines Johann Wolfgang Goethe im Voraus bestimme.[14] Auch in praktischer Hinsicht stellt er also das Sein über das Werden. Geschichtlichkeit spielt daher in seinem Denken zunächst einmal keine Rolle.

In seinem Leben aber sehr. Menschliches Dasein ist geschichtlich und im Falle Plancks war es zugleich ein tragisches Dasein, das seine religiösen Grundüberzeugungen schließlich ins Gegenteil verkehrte. Diesen schmerzhaften Prozeß nachzuzeichnen ist wichtig, weil hierin echte christliche Substanz sichtbar wird, die wiederum quer steht zu Plancks metaphysischen und wissenschaftlichen Überzeugungen. Um im Bild zu bleiben: nicht nur das teleologische und das nomologische Denken stehen 'senkrecht' zueinander, auch die religiöse Erfahrung eröffnet eine dazu neuartige Dimension, die in den beiden anderen noch nicht enthalten ist.

Plancks Leben war ein Leben der Prüfungen.[15] So starb seine erste Frau, die ihm vier Kinder geboren hatte, bereits 1909. Der Tod sollte noch öfter in sein Leben eingreifen. Nachdem er 1911 zum zweiten Mal geheiratet hatte, fiel sein Sohn Karl aus erster Ehe 1916 vor Verdun. Die Töchter Grete und Emma starben 1917 bzw. 1919 jeweils bei der Geburt ihrer ersten Kinder.

In Bezug auf die Politik war Planck, wie gesagt, sehr konservativ, gleichwohl ein Gegner des Dritten Reiches. Allerdings folgte aus seinem Konservatismus ein gewisses Stillhalten und Erdulden der Diktatur. Als Humanist glaubte er an das Gute im Menschen. Daß es zur schieren Barbarei wie dem millionenfachen Judenmord kommen würde, hielt er wie viele andere Deutsche für ausgeschlossen und forderte deshalb andere Physiker, wie etwa Werner Heisenberg, dazu auf, in Deutschland zu bleiben. Rührend ist auch sein Gespräch mit Adolf Hitler, in dem er sich vernünftig argumentierend für die Juden einsetzte. Plancks Argumente prallten aber von vornherein an Hitlers Fanatismus ab, worüber er sich wunderte, weil er einfach nicht glauben konnte, daß es Menschen gibt, die sich der Vernunft prinzipiell verweigern.

Sein letzter und liebster Sohn Erwin sympathisierte mit dem politischen Widerstand gegen Hitler, ohne unmittelbar beteiligt zu sein. Irgendwann

[14] Planck (1983), S. 160.

[15] Vgl. die Biographie von Armin Hermann (1973).

wurde sein Name auf einer kompromittierenden Liste gefunden. Erwin kam ins Gefängnis und man bedeutete Planck, daß sein Sohn freikommen würde, wenn er eine öffentliche Ergebenheitsadresse an Hitler richtete. Aufgrund seines kantischen Pflichtbewußtseins lehnte er ab. Tatsächlich widerspricht eine Notlüge dem kategorischen Imperativ. Hitler ließ daraufhin im Jahr 1945 Plancks Sohn hinrichten: fiat iustitia, pereat mundus!

Was Plancks religiöse Grundüberzeugung betraf, so war sie zunächst einmal in Übereinstimmung mit seiner an antike Vorbilder gemahnenden Seinsphilosophie. Danach war Gott zwar ordnendes Weltprinzip, aber keine Person. Plancks Gott kann nicht personal sein, denn wenn Wissenschaft und Religion im Grund identisch sind und wenn Wissenschaft dem Programm der 'Desanthropomorphisierung' folgt, dann muß an beider Ende ein unpersönliches Weltprinzip stehen.

Planck ging zwar zur Kirche (er war sogar Mitglied im Vorstand seiner evangelischen Gemeinde), aber der gesamte christliche Glaube mit seinen Lehren und Riten war für ihn lediglich austauschbares Symbol der zeitlosen Weltordnung, die auch die Physik beschrieb. Aus diesem Grunde blieb ihm Jesus Christus fremd. Wo es keinen persönlichen Gott gibt, kann es auch keine Inkarnation geben. Daher sprach er niemals von 'Jesus Christus', sondern immer nur von 'Jesus'.

Die Lehre der Inkarnation beinhaltet in der Tat eine klare Kontraposition zu Plancks Ontologie: wo Wahrheit darauf hinausläuft, alles Anthropomorphe zu eliminieren, wird die Menschwerdung Christi schlicht unverständlich. Konsequenterweise spielten auch Begriffe wie 'Gebet' oder 'Gnade' in Plancks Religiosität keine Rolle.

Im Endeffekt aber vielleicht doch. Ich habe bereits erwähnt, daß Planck im Dritten Reich seinen letzten Sohn aus erster Ehe verlor, weil er sich geweigert hatte, eine Ergebenheitsadresse an Hitler zu richten. Zuvor mußte er die Zerstörung der Deutschen Kultur mit ansehen (die besten Gelehrten waren ins Ausland geflohen), sodann die physische Zerstörung seines Heimatlandes und mit ihr die Vernichtung seines Hauses in Berlin mit einer umfangreichen Privatbibliothek und all den bedeutenden Manuskripten.

In dieser furchtbaren Drucksituation, die noch durch Krankheiten, wie eine schmerzhafte Arthrose, verschlimmert wurde, brach aus dem 87-jährigen Greis ein Glaube hervor, den man nach dem Vorhergehenden nicht erwarten würde. So schreibt er 1945 in einem Brief an Alfred Bertholet:

„Sie trauen mir viel zu, wenn Sie die Meinung aussprechen, daß ich in mir die Kraft besitze, dem Schmerz nicht zu erliegen … Ich bemühe mich ernstlich, sie aufzubringen. Dabei kommt mir der Umstand zu Hilfe, den ich als eine Gnade des Himmels betrachte, daß mir von Kindheit an der feste, durch nichts beirrbare Glaube an den Allmächtigen und Allgütigen tief im Innern wurzelt. Freilich sind seine Wege nicht unsere Wege, aber das Vertrauen auf ihn hilft uns durch die schwersten Prüfungen hindurch."[16]

Hier spricht Planck nun plötzlich von 'Glaube' und 'Vertrauen', aber nicht vom Vertrauen in die Gesetze der Natur oder in das Sittengesetz, sondern vom Vertrauen darauf, daß menschliche Geschichte, auch wenn sie ausweglos erscheint, einen Sinn haben könnte. Jetzt geht es nicht mehr um das Immergleiche der Idee und die damit verbundene Negation des Werdens, sondern darum, den Sinn im Wandelbaren, Konkreten und Kontingenten zu finden. Das alte platonisch-metaphysische Schema ist zerbrochen. Im Augenblick der radikalen existenziellen Gefährdung trägt das Programm einer „Desanthropomorphisierung" nicht mehr, das Sein steht jetzt nicht mehr über dem Werden, das Allgemeine nicht mehr über dem Besonderen, die Ordnung nicht mehr über der Geschichte. Religiöse Sinnerfahrung transzendiert all diese Gegensätze und setzt sie außer Kraft.

Sehr merkwürdig oder bezeichnend ist die Analogie, die darin besteht, daß Planck in beiden Bereichen, der Physik und der Religion, schließlich gerade von der Kontingenz eingeholt wurde, die er in beiden Bereichen hatte ausschließen wollen. So wie sich auf der Ebene der Quanten der Totaldeterminismus nicht durchhalten ließ, so war Gott für Planck – jedenfalls in dieser Situation – nicht mehr das absolute, weltenthobene und geschichtsfreie Sein, sondern etwas, was sich ereignet. Dies ist auch die ursprüngliche Lehre des Christentums: das Heil ist konkret, geschichtlich, nicht abstrakte, weltenthobene Idee, sondern Epiphanie, Inkarnation, Kairos.[17]

Ich habe diese tragische Seite von Plancks Leben hervorgehoben, um deutlich zu machen, daß es in der Religion nicht um Theorien geht, sondern um die Art, wie wir mit dem Leben umgehen, insbesondere mit seinen Schattenseiten.

Akzeptiert man dies, dann gibt es keine problemlosen Übergänge mehr zwischen Physik, Metaphysik und Religion. Wir leben vielmehr in einem Spannungsgefüge, dessen Gewichtungen neu verteilt werden müssen. Wo wir dann hingelangen werden, wissen wir noch nicht, aber dieses Buch ist ein bescheidener Beitrag zu einer solchen Neuorientierung. In dieser Hin-

[16] Nach Hermann (1973), S. 114.

[17] Man muß freilich sehen, daß Planck auch in dieser Hinsicht schwankend war. So wie sich sein Denken zwischen Determination und Freiheit, Finalität und Kausalität, metaphysischer und physikalischer Wahrheit untentschlossen hin- und herbewegt, so leugnete er in einer sehr späten Phase wieder Geschichtlichkeit und Personalität Gottes; vgl. Physik. Blätter 16 (1960), S. 382–384.

sicht ist es aber zunächst wichtig anzuerkennen, daß wir nicht mehr auf die traditionellen Denkschemata zurückgreifen können, obwohl dies sehr häufig geschieht.

Ein Beispiel dafür ist nicht nur Plancks Konzept, man begegnet solchen Auffassungen auch heute überall. So etwa in der Arbeit, die der konservativ-katholische Philosoph Jean Guitton 1993 zusammen mit den beiden Physiker-Brüdern Grichka und Igor Bogdanov zu dem Thema „Gott und die Wissenschaft" vorgelegt hat. Dort heißt es: „Die Quantentheorie, wie die Kosmologie schieben die Grenzen des Wissens immer weiter vor, bis sie das fundamentale Rätsel berühren, das dem menschlichen Geist gegenübertritt: die Existenz eines transzendenten Seins, sowohl Ursache als auch Bedeutung des großen Universums. Und findet man letztlich in der wissenschaftlichen Theorie nicht dasselbe wie im religiösen Glauben? Ist nicht Gott selbst nunmehr auf dem letzten Grund des Realen, den der Physiker beschreibt, sinnlich wahrnehmbar, erkennbar, fast sichtbar?"[18]

Auch hier wieder die merkwürdige Auffassung, daß Physik als Zielpunkt dieselbe Wahrheit im Auge habe, wie Religion und Glaube, daß sich die einheitliche Dynamik beider durch Sinnkategorien vermittelt, ferner daß wir keinen existenziellen Bruch hinnehmen müssen, wenn wir von der Wissenschaft zur Religion übergehen. Auch die Idee, daß ein Vordringen in die Tiefen der Materie dasselbe sei wie ein Vordringen in die Tiefen des Seins, findet sich bei Guitton: „Führen die neuesten Erkenntnisse über die Materie auf wissenschaftlichem Wege zum Geist? Wir beginnen zu verstehen, daß es Antworten auf diese Fragen geben kann: Wir müssen sie im Herzen der Materie, in ihrem tiefsten Innern suchen." Natürlich kommt auch die Identifikation von vertikaler und horizontaler Ordnung vor: Die mathematische Ordnung der Dinge sei der Logos, der den „Kosmos reguliert, lenkt, beseelt" usw., die Ordnung im Chaos.[19] Und auch zu Plancks teleologischer Deutung des Energiesatzes findet sich ein Pendant bei Guitton. Am zeitlichen Anfang des Kosmos habe es „ein Meer unendlicher Energie" gegeben. Dieses sei „die *Vollkommenheit* am Ursprung des Universums".[20]

Was hat der physikalische Begriff der 'Energie' mit dem der 'Vollkommenheit' zu tun? Offenbar handelt es sich um eine bloße Begriffsverschleifung. In der scholastischen Philosophie war Gott der 'actus purus',

[18] Guitton (1993), S. 17.

[19] Guitton (1993), S. 81; 87.

[20] Guitton (1993), S. 45. Übrigens hat sich inzwischen herausgestellt, daß die Bogdanovs Scharlatane sind. Als oberflächliche Wissenschaftsjournalisten haben sie eine Physikpromotion eingereicht, die ursprünglich angenommen wurde, sich aber später als Machwerk erwies: ZEIT vom 7. 11. 2002.

d.h. reine unendliche Aktualität ohne Beimischung von Potenz (griech. 'energeia').[21] Weil es hier um Akt-Potenz-Denken geht und weil der Akt als Erfüllung und Zielpunkt der 'potentia' galt, war Akt = Erfüllung und 'actus purus' = 'absolute Vollkommenheit'. Mit Physik hat all dies nichts zu tun – nur die Wörter 'Energie' und 'Energeia' klingen ähnlich.

Ich erwähne das Buch von Guitton und den Bogdanovs, weil hier sehr deutlich zu sehen ist, wie erfahrungsresistent metaphysische Schemata sein können und welche Suggestivkraft sie jenseits aller Logik entfalten. Will man das Verhältnis von Physik und Religion jedoch ernstlich klären, dann sollte man sich nicht auf diesem Niveau bewegen.[22] Allerdings haben Bücher dieser Art großen Erfolg beim Publikum, wobei es nahezu gleichgültig ist, ob sie Gott beweisen oder wegerklären. Beides beruht auf demselben Missverständnis: man braucht nur statt 'Energeia' wieder 'Energie' zu setzen. Ist diese der Urstoff des Universums, dann gibt es keinen Gott, weil er in der Formel des Energiesatzes nicht vorkommt: In der Schlichtheit ihrer Argumente sind sich religiöse Fundamentalisten und szientifische Atheisten viel ähnlicher, als ihnen lieb sein kann. Ich will deshalb in den nächsten zwei Kapiteln zeigen, wie die Auffassung, man könne Gott physikalisch beweisen oder widerlegen, auf derselben schiefen Physikinterpretation beruht.

[21] Vgl. Josef de Vries (1980): „Grundbegriffe der Scholastik“.

[22] Wer die 'Szene' verfolgt, wird erleben, daß alle fünf Jahre ein Physiker hervortritt und Gott in den Quanten, dem Energiesatz oder in den Symmetrieprinzipien gefunden haben will. So hat z.B. der 'neognostische' Physiker Jean Charon 1988 ein Buch mit dem Titel „Der Geist der Materie“ geschrieben, in dem er den Geist in den Elektronen aufgespürt haben will. Diese Art von Buchproduktion wird niemals aufhören, solange das zugrundeliegende metaphysische Schema nachwirkt.

2. Der physikalische Gottesbeweis: Carl Friedrich von Weizsäcker

Es gibt ein verbreitetes Cliché, wonach Physiker Atheisten sein sollten, weil Gott in den Formeln ihrer Wissenschaft nicht vorkommt. Das ist ungefähr so, als würde man in der Trommel einer Waschmaschine den Konstrukteur suchen und, nachdem man ihn nicht gefunden hat, behaupten, das Gerät sei nicht vom Menschen gemacht.

Weil die Nichtanwesenheit Gottes in den Formeln der Physik nichts über seine Nichtexistenz sagt, gibt es viel mehr gläubige Physiker, als man zunächst denken würde. Von Galilei über Newton, Planck bis Einstein haben viele Physiker über Gott gesprochen und ihn oft direkt in den Ergebnissen ihrer Wissenschaft gesucht. Doch wenn ein Physiker gläubig ist, dann sicher nicht, weil die Physik wahr ist, sonst müßte ein physikalischer Gottesbeweis möglich sein. Einen solchen Beweis (wenn auch nicht im strengen Sinne) gab es bei Max Planck. Er las die Gesetze der Physik als Sinnzusammenhänge mit Verweischarakter auf die Transzendenz. Die nähere Prüfung hat jedoch gezeigt, daß man die Physik überinterpretieren muß, um aus ihr die Existenz Gottes abzuleiten. Es gibt immer wieder solche Versuche, die Physik mit transzendenten Ideen anzureichern, um von dort aus einen direkten Übergang zur Religion zu bewerkstelligen, aber diese Versuche sind zum Scheitern verurteilt. Um im Bild zu bleiben: Solche Physiker geben vor, den Konstrukteur aus der Trommel gezogen zu haben, was noch absurder ist, als ihn dort zu suchen.

Ich möchte in diesem Kapitel den wohl am besten ausgearbeiteten Entwurf darstellen, Gott aus der Physik zu beweisen: den Entwurf von Carl Friedrich von Weizsäcker. An seiner speziellen Variante lassen sich paradigmatisch die unüberwindlichen Schwierigkeiten erkennen, die mit solch weltanschaulicher Überhöhung der Physik verbunden sind.

Es gibt Menschen, die sehen im kategorischen Anspruch des Sittlichen eine Spur Gottes. Wenn wir im Gewissen erfahren, daß wir bestimmte Handlungen unter allen Umständen tun oder unterlassen sollten, so gilt das für solche Menschen als Hinweis auf Gott, der allein eine absolute Sollensforderung garantieren kann. Ich halte dies für ein gutes Argument, denn wenn es keinen Gott gibt, dann kann es auch keine absoluten Sollensforderungen geben.[1]

[1] Zeitgenössiche Philosophen versuchen dieses Problem oft so zu umgehen, daß

Es gibt Physiker, die sehen in der mathematisch beschreibbaren Ordnung der Welt einen direkten Hinweis auf Gott. Dieses Argument halte ich für schwach. Es ist deshalb schwach, weil die mathematischen Gleichungen der Physik zunächst einmal rein syntaktische Gebilde sind, ohne klar intensional ausweisbaren Gehalt und daher ohne Transzendenzbezug oder Ausdrucksqualität. Während das Sollen einen klaren Verweischarakter hat, können wir es natürlich als sehr bemerkenswert ansehen, daß die Natur mathematisch beschreibbar ist, daß sie relativ einfachen Gleichungen genügt usw. Aber sollte daraus die Existenz Gottes folgen? Autoren wie John Polkinghorne unterstützen dieses Argument, geben aber selbst zu, daß es ziemlich schwach ist.[2] Andere, wie Albert Einstein, schließen von der mathematischen Ordnung auf Gott, aber auf einen Gott, der nichts mehr mit dem traditionellen, jüdisch-christlichen zu tun hat. Der Gott Einsteins ist im Grunde nichts als der Garant der Berechenbarkeit von Welt. Einstein sagt: „Ich glaube an Spinozas Gott, der sich der gesetzlichen Harmonie des Seienden offenbart, nicht an einen Gott, der sich mit den Schicksalen und Handlungen der Menschen abgibt."[3] Wenn man das 'Gott' nennen will, mag man es tun, man sollte dann aber offen eingestehen, daß dieser 'Gott' nichts mit den traditionellen religiösen Vorstellungen gemein hat, was durchaus Einsteins Meinung war. Steven Weinberg vertritt die Auffassung, daß man in diesem Fall lieber gleich Atheist werden sollte, als an ein solches unpersönliches Weltprinzip zu glauben, das keine Sinnperspektiven eröffnet.[4]

sie die Ethik zu tief hängen oder ihre metaphysischen Implikationen einfach nicht deutlich herausarbeiten. In seinen „Vorlesungen über Ethik" eliminiert z.B. Ernst Tugendhat den kategorischen Anspruch des Sittlichen, wohl gerade, um theistischen Konsequenzen auszuweichen: Tugendhat (1995). Der Entschluß zu einer sittlichen Existenz sei in dem Sinne 'frei', daß er nicht unter einem vorgängigen, kategorischen Sollensanspruch stehe. Ist dies richtig, dann werden moralische Fragen zu Fragen des Geschmacks. Es war dann z.B. einfach geschmacklos von Hitler, sechs Millionen Juden umzubringen – *so etwas tut man nicht.* Wie auf diese Art der Ernst des Sittlichen gerettet werden könnte, bleibt unerfindlich. Andere Autoren, wie Gerhard Gamm, halten den „kategorischen Sinn moralischer Verpflichtungen", geben aber vor, ihn im Rahmen einer „nachmetaphysische Ethik" einlösen zu können. Man sieht nicht recht, wie das gehen sollte; Gamm (2000), S. 258ff. Nur wenige Philosophen, wie z.B. Franz von Kutschera, vertreten klar einen „Normenrealismus" und zahlen dann auch den metaphysischen Preis für die kategorische Geltung sittlicher Normen; Kutschera (1999), S. 298.

[2] Polkinghorne spricht verschiedentlich von den „pale reflections" die die Naturgesetze in Bezug auf den göttlichen Schöpfer darstellen: Polkinghorne (1988), S. 55; (1991), S. 57. Polkinghornes Ansatz wird im sechsten Kapitel näher dargestellt.

[3] Nach Jammer (1995), S. 31.

[4] Weinberg (1992), S. 254.

Mir scheint, daß es, vorausgesetzt, man akzeptiert die Frage nach der Existenz Gottes als eine sinnvolle Frage, verschiedene Erfahrungsbereiche gibt, die direkter oder nur sehr indirekt auf Gott verweisen. Bei Kant drückt sich dieser Sachverhalt so aus, daß er einen Gottesbeweis aus der theoretischen Vernunft (= Physik) ablehnt, aus der praktischen Vernunft (= Ethik) aber akzeptiert.

Prüft man die Versuche, Gottes Existenz aus der Physik wahrscheinlich zu machen – strenge Gottesbeweise gibt es in der Moderne kaum mehr[5] –, so folgen sie immer dem Schema, die Physik unter der Hand ideell anzureichern, bis das herauskommt, was herauskommen soll. So überinterpretiert Planck die Extremalprinzipien als Ökonomieprinzipien, um auf Gott als einen sparsamen Hausverwalter zu schließen.

Der ausgereifteste Versuch, die Physik ideell zu bestimmen, um einen Übergang zur Religion zu schaffen, stammt also von Carl Friedrich von Weizsäcker. Weizsäcker war zunächst Physiker, dann Philosoph und von Hause aus schon immer ein religiöser Mensch. Überdies hat er Begabungen und Interessen auf allen Gebieten, so daß man in seinen Werken ebenso Überlegungen zur Kunst wie zur Politik, zur psychosomatischen Medizin wie zur formalen Logik, zur Baghavadgita und Bergpredigt wie zur Biologie oder Kybernetik finden wird.

Ich möchte im folgenden seine physikalische Ideenlehre scharf kritisieren. Sie scheint mir von Grund auf mißlungen, und dies auf eine so lehrreiche Weise, daß es schon wieder bemerkenswert ist.

Es gibt zwei Sorten fehlerhafter philosophischer Schriften, die entweder ziemlich unsinnig oder höchst interessant sind. Die erste Sorte ist einfach nur schlecht durchdacht und deshalb fehlerhaft. Solche Schriften sollte man sofort zur Seite legen. Die andere Sorte besteht aus Schriften, deren Fehlerhaftigkeit sich einem konsequent durchgehaltenen, aber undurchführbaren Prinzip verdanken. Solche Schriften sind oft sehr lehrreich – man liest sie mit großem Gewinn, auch wenn man in allen Punkten das Gegenteil für wahr hält. Von dieser Art scheint mir Weizsäckers physikalistische Ideenlehre. Ich stelle sie relativ ausführlich dar, weil in ihr alle Themen angesprochen werden, die in Bezug auf das Verhältnis von Physik und Religion von Bedeutung sind, wie z.B. das Spannungsverhältnis zwischen Theorie und Praxis, Form und Formel, Gleichnis und Gleichung, Symbol und Zeichen, Geschichte und Struktur und vieles andere mehr. Besser als bei Weizsäcker ist nirgendwo zu sehen, wie man es nicht machen sollte.

Weil ich Weizsäckers Ideenlehre scharf kritisieren werde, möchte ich

[5] Vgl. Swinburne (1987). Hier wird nur noch die *Wahrscheinlichkeit* der Existenz Gottes dargetan.

einige Bemerkungen über die Reichweite und den Anspruch meiner Kritik machen. Weizsäcker hat nach dem Zweiten Weltkrieg eine herausragende Rolle in der Geschichte der Bundesrepublik gespielt. Als junger Mann und Schüler Heisenbergs war er an der Kernforschung des Dritten Reiches beteiligt gewesen. Man braucht keine nutzlosen Spekulationen darüber anzustellen, ob er den Bau einer Atomwaffe für Hitler verhindern wollte, gefördert oder nur geduldet hat, jedenfalls hat er nach Hiroshima und Nagasaki die Verantwortung des Physikers für die Folgen seines Tuns erkannt. Er erwachte in eine sittliche Verantwortung hinein, die er fortan sehr ernst nahm. So, als er im Jahr 1969 das „Max-Planck-Institut zur Erforschung der Lebensbedingungen der wissenschaftlich-technischen Welt" in Starnberg gründete, um Jürgen Habermas und etliche Linke zu berufen, was ihm sicher sehr schwer gefallen ist. So, als er sich in der von ihm formulierten „Göttinger Erklärung von 18 Kernphysikern über die atomare Bewaffnung der Bundeswehr" dem damaligen Verteidigungsminister Franz Josef Strauß und dessen Wunsch nach deutschen Atomwaffen widersetzte. Er war auch wesentlich beteiligt an der „Weltversammlung der Christen für Gerechtigkeit, Frieden und die Bewahrung der Schöpfung" 1989 in Basel und an der „Weltversammlung christlicher Kirchen" 1990 in Seoul.

Auf diese Art wurde er zur moralischen Autorität, und es ist kein Zufall, daß man ihm gleich zwei Mal das Amt des Bundespräsidenten anbot, was er beide Male ablehnte. Da er zugleich ein großer Mystiker war – vgl. z.B. das gemeinsam mit Gopi Krishna herausgegebene Buch über Spiritualität – wird er in manchen Kreisen der evangelischen Kirche verehrt wie ein Heiliger.

Meine Kritik an seiner Ideenlehre betrifft nicht diese Seite seiner Person. Ich halte seine Ideenlehre zwar für völlig mißlungen, dies hat aber nichts mit seinem politischen und religiösen Engagement zu tun. Man kann zugleich ein großer Heiliger und ein schlechter Philosoph sein, schließlich gibt es auch sehr scharfsinnige Philosophen, die religiös unmusikalisch oder ganz unfähig sind, in der Öffentlichkeit politisch wirksam zu werden, wie das Beispiel vieler Analytischer Philosophen zeigt.[6]

[6] Vielleicht mit der Ausnahme von Bertrand Russell. Solche in der Öffentlichkeit wirksamen, charismatischen Gestalten gibt es kaum in der Analytischen Philosophie. Manfred Geier beklagt in seinem Buch über den „Wiener Kreis" zu Recht, daß die Anfänge der Analytischen Philosophie in Wien von einem großen politischen Engagement durchdrungen waren. Nachdem die Angehörigen des „Wiener Kreises" in die USA emigriert waren, kam es zu einer Professionalisierung und Intellektualisierung der Philosophie, die Geier als Verlust ansieht: Geier (1992), S.125.

Eine zweite Einschränkung meiner Kritik erscheint nötig. Man findet bei Weizsäcker sehr tiefe philosophische Einsichten und zwar überall dort, wo er vergessen hat, daß er eigentlich Physikalist sein wollte, der seine Ideen in der Quantentheorie wiederfindet. Auf diesem Niveau sagt er oft das Gegenteil von dem, was er als Physikalist behauptet. Seine Philosophie ist also durch und durch ambivalent, und meine Kritik richtet sich deshalb ausschließlich auf seine philosophische Interpretation der Quantentheorie als Ideenlehre, nicht auf seine philosophische Propädeutik.

Es scheint, daß diese Ideenlehre bisher von den Philosophen nicht in einem nennenswerten Maße rezipiert oder kritisiert wurde. Sie fiel ins Niemandsland zwischen Physik und Philosophie. Den Physikern war sie zu philosophisch, den Philosophen zu physikalisch. Manche nahmen sich die Propädeutik heraus, andere ignorierten diese Philosophie ganz und einige wenige seiner Schüler beschränkten sich darauf, seine physikalistische Philosophie fortzusetzen, statt sie zu kritisieren.[7] Im übrigen werde ich auf Weizsäckers Schüler in einem eigenen Abschnitt zu sprechen kommen.

2.1 Weizsäckers Art von 'Philosophie'

Das Weizsäckersche Philosophieren geht von einer Urintutition aus, die er von seinem Lehrer Heisenberg übernahm. Heisenberg berichtet in seinem Buch „Der Teil und das Ganze", daß er – wie Demokrit – ursprünglich der Auffassung war, die Physik werde bei ihrem Vordringen in die Tiefen der Materie auf letzte, nicht mehr zerlegbare materielle Urbestandteile stoßen: das eigentlich Reale. Zu seiner Überraschung habe sich jedoch gezeigt, daß dieser Versuch nicht bei etwas Materiellem endet, sondern bei etwas so 'Geistigem' wie den Symmetrieprinzipien: „Vielleicht konnte man die Materie immer weiter teilen, aber am Schluß ist es eigentlich gar kein Teilen mehr, sondern man verwandelt Energie in Materie, und die Teile sind nicht mehr kleiner als das Geteilte." Aber was war dann am Anfang? Ein Naturgesetz, Mathematik, Symmetrie? „Am Anfang war die Symmetrie. Das klang wie Platos Philosophie im Timaios ..."[8]

„Das klang wie Platos Philosophie" ist sehr vorsichtig formuliert. Weizsäcker macht daraus ein wissenschaftliches Programm. Für ihn klingt die

[7] Vgl. z. B. Drieschner (1992), Görnitz (1992). Diese beiden Bücher erschienen zum 80. Geburtstag von Weizsäcker. Wohl auch nicht der Augenblick, besonders kritisch zu sein. Ähnliches gilt auch für die diversen Festschriften, die zu seinen runden Geburtstagen erschienen sind: Scheibe/Süßmann (1973); Meyer-Abich (1982); Meyer-Abich/Krohn (1997).

[8] Heisenberg (1973), S. 159.

Physik nicht nach Philosophie, sie ist, richtig verstanden, Philosophie. Seine These lautet: Man kann die Quantentheorie nicht begreifen, wenn man nicht via Kant auf die antike Eidos-Philosophie Platos zurückgeht. In der Physik selbst ist also ein ideelles Moment enthalten. Es geht Weizsäcker dabei nicht, wie bei den im nächsten Kapitel zu behandelnden Analytischen Wissenschaftstheoretikern, um die logische Form der Physik, sondern um das Inhaltliche: „Die Einheit der Wissenschaft liegt nicht in ihrer Methode, sondern im Inhalt ihrer zentralen Theorien.“[9] Allerdings wird sich zeigen, daß es gar nicht so leicht ist, die Inhalte der Physik zu bestimmen, dafür ist sie viel zu formal. Weizsäcker versucht es dennoch durch eine Neuformulierung der Quantentheorie mit Hilfe der sogenannten „Ure“. Diese repräsentieren zugleich ein mögliches Wissen, sind also keine materiellen Kräfte oder Partikel mehr, sondern von der Kategorie der ‘Information’. Von daher kommt ein ideelles Moment in die Physik hinein, das quer steht zur Differenz von res extensa und res cogitans, Materiellem und Mentalem. Tatsächlich will Weizsäcker diese Gegensätze unterlaufen, indem er eine monistische Identitätsphilosophie entwickelt, die deutlich auf seine Spiritualität verweist.

Wichtig ist nun, daß Weizsäcker der Philosophie keine eigenständige Bedeutung gegenüber der Physik zuerkennt. Philosophie ist für ihn keine Grundwissenschaft a priori, sondern eine Möglichkeit, weiterzufragen. Die Frage nach der Bedeutung wissenschaftlicher Prinzipien sei zwar eine philosophische Frage, liege aber auf derselben Ebene wie die Wissenschaft selbst und bringe in der Konsequenz wieder „eine umfassendere Wissenschaft hervor.“[10]

Philosophieren ist also immer nur vorläufig. Es hat seinen Ort in den paradigmatischen Umbrüchen der Wissenschaft. Dort leuchtet die Philosophie der Physik spekulativ voran. Aber wenn die Physik ihr Geschäft vollendet hat, wird die Philosophie arbeitslos, denn: „Es gibt nur eine Wissenschaft“ (sprich die Physik).[11] An seinem Physikalismus, d.h. an der These, daß nicht nur Chemie und Biologie, sondern im Endeffekt alle Wissenschaften, also auch Psychologie oder Soziologie auf die Physik reduziert werden können, hat Weizsäcker niemals gezweifelt. Noch in der späten Schrift „Der Mensch und seine Geschichte“ betont er: „Ich fühle persönlich keinerlei Bedürfnis, den Physikalismus anzuzweifeln.“[12]

[9] Weizsäcker (1994), S. 92.

[10] Weizsäcker (^{4}1984), S. 12.

[11] Weizsäcker (1995), S. 743.

[12] Weizsäcker (1994), S. 196. Regine Kather deutet Weizsäcker als platonisierenden *Metaphysiker*: Kather (1998), S. 252 ff. Mir ist diese Deutung nicht nachvollziehbar. Nicht nur, daß Weizsäcker sich niemals so bezeichnet hat, auch wesentliche

Dieser rigide Physikalismus ist meiner Auffassung nach der Grund für das Mißlingen seiner philosophischen Synthese. Wenn man nur die Physik als legitime Erkenntnisinstanz zuläßt, dann kann man weder die lebensweltlichen Voraussetzungen dieser Wissenschaft klären, weil sie wie ein unselbständiges Moment an der Theorie erscheinen, noch kann man eine umfassende Ideenlehre begründen, weil sie in der Physik als solcher nicht enthalten ist, noch kann man Theorie und Praxis, d.h. Physik und Ethik, in ein nachvollziehbares Verhältnis bringen, weil die Physik alle Rationalität in sich versammelt hat, um die Ethik als eine leere Hülse des Nichtkognitiven, rein Intuitiven zurückzulassen. Will man aber ernstlich Ideenlehre betreiben, dann muß man Metaphysiker werden. Aber das hat sich Weizsäcker verboten, denn: „Es gibt nur eine Wissenschaft."

Von diesem Axiom her erklärt sich auch eine Eigenschaft des Weizsäckerschen Philosophierens, die jeden Fachphilosophen aus der Fassung bringen wird: die Weigerung nämlich, in den Wissenschaften Hierarchien anzuerkennen.

Hierarchien *der* Wissenschaften anerkennt Weizsäcker nicht, weil er Wissenschaft nur im Singular kennt, Hierarchien *in* den Wissenschaften anerkennt er nicht, weil es nur eine gibt, die Physik, und diese erzeugt, was die Objektebene anbelangt, keine Hierarchie. Da sie von Wertgesichtspunkten abstrahiert, liegen all ihre Objekte auf ein und derselben Ebene. Ich werde diese Sichtweise im sechsten Kapitel das „horizontale Denken" nennen.

Vermutlich hat es noch nie eine hierarchielose Philosophie von Rang gegeben. Jedenfalls enthält die Systematik aller Philosophen, die Weizsäcker schätzt, eine klare Hierarchie, so bei Plato, Kant oder Heidegger. Ob man die Idee über die Erscheinungen, die Praxis über die Theorie und die Lebenswelt über die Wissenschaft stellt, keiner der genannten Philosophen wird verständlich, wenn man die jeweilige Hierarchie aus seiner Systematik herauszieht. Das ist es aber, was Weizsäcker will.

Er äußert sich dazu kritisch: „Die deduktive Mathematik ist der verborgene Stammvater des philosophischen Systems."[13] Das hieße, daß das hierarchische Denken dadurch in die Philosophie gekommen ist, daß die Philosophen hinter einer falschen Zielvorstellung her waren. Weizsäckers Alternative dazu ist ein Denken im „Kreisgang": „Unser Verfahren des Kreisgangs aber bedeutet ein essentiell anderes philosophisches Paradigma als das hierarchische. Im Kreisgang ist es legitim, eben die Strukturen

Eigenschaften seines Denkens, wie sein durchgängiger Antiteleologismus, seine scharfe Trennung von Theorie und Praxis usw. wären unter dieser Voraussetzung unverständlich.

[13] Weizsäcker (1986), S. 29.

wenigstens partiell gegenständlich zu beschreiben, die durch die „transzendentale“ Reflexion auf das in allem Wissen schon Vorausgesetzte sichtbar geworden sind.“[14] In Bezug auf die transzendentalphilosophische Erkenntnistheorie Kants, auf die er hier anspielt, bedeutet dies, daß Weizsäcker sie zugleich mit ihrer reduktionistischen Variante als Evolutionäre Erkenntnistheorie im Sinne von Konrad Lorenz für wahr hält.

Für einen Kantianer wäre dies ein Unding. Die apriorischen 'Bedingungen der Möglichkeit' des Erkennens liegen diesem hierarchisch voraus und können nicht in die Objektebene verlagert werden, weil sich sonst die Fragestellung iteriert: Was sind die Möglichkeitsbedingungen der Evolutionären Erkenntnistheorie? Können sie ohne Zirkel in der Theorie selbst formuliert werden? Bei Weizsäcker ist es hingegen so, daß er den Zirkel zum Prinzip macht. Ein Leitmotiv seines Denkens, das er beständig wiederholt, lautet: „Die Natur ist älter als der Mensch; der Mensch ist älter als die Naturwissenschaft.“[15]

Man stutzt: Warum sollte dies ein Zirkel sein? Selbstverständlich ist die Natur älter als der Mensch, schließlich gibt es sie vielleicht seit 15 Milliarden Jahren, den Menschen aber erst seit 3 Millionen Jahren und die Naturwissenschaft erst seit rund 400 Jahren. Warum sollte diese lineare Sukzession von Geschichtsereignissen einen Zirkel bilden? Zirkulär würde diese Serie von Ereignissen doch nur, wenn Natur = Naturwissenschaft wäre.

Aber gerade dies ist Weizsäckers Überzeugung. Wenn Naturwissenschaft die Ideen enthält, die der Natur als Seinsbestand zugrundeliegen, dann überwindet die zu Ende gedachte Physik die Subjekt-Objekt-Spaltung. Was im Objekt als Gesetzlichkeit wirkt und was im Subjekt als Idee vorhanden ist, kommt zur Deckung: „Das Selbe nämlich ist Denken und Sein“, sagt Parmenides; ein Satz, den Weizsäcker gerne zitiert.

Es liegt also bei Weizsäcker eine extrem idealistische Konzeption vor, wie sie seit Hegel oder Schelling niemand mehr in Deutschland vertreten hat: „Wenn die Substanz wesentlich Subjekt ist, wenn also Materie Form und Form Geist ist, so ist die Beschränkung des Geistes auf den Menschen nicht selbstverständlich. Die neuplatonische Lehre, daß die Ideen sich selbst wissen, erscheint nun natürlich.“[16]

Daß „die Substanz wesentlich Subjekt ist“, war die Grundthese Hegels. Er wollte damit die uns objektiv vorgegebene Weltsubstanz als Form des Bewußtseins nachweisen, wobei sich das Bewußtsein in diesem Nachweis vom individuellen zum absoluten Bewußtsein weitete. Kein Philosoph außer dem gerade aus diesem Grunde ins Abseits geratenen Vittorio

[14] Weizsäcker (1995), S. 189.
[15] Erstmals wohl in: Weizsäcker (1962), S. 8.
[16] Weizsäcker ([4]1984), S. 366.

Hösle verfolgt heute noch ein derartig überdimensioniertes Programm. Weizsäckers Konzept ist allerdings noch voraussetzungsreicher, denn im Grunde will er ja nicht die Substanz als Subjekt aufweisen (was eventuell noch anginge), sondern umgekehrt das Subjekt als Substanz: „Der abstrakte Aufbau der Quantentheorie legt nahe, die Information als das Zugrundeliegende und insofern als die Substanz aufzufassen."[17] Weizsäcker geht also nicht wie Hegel vom Bewußtsein aus, sondern er startet bei der materiellen Substanz, verflüssigt diese via Informationstheorie und wendet sein Schema dann gleichermaßen auf das Bewußtsein an: „Eine durchgängige quantenmechanische Beschreibung der Welt, die auch uns als Subjekte enthält, wäre also in sich konsistent ...".[18]

Hier drängt sich eine schlichte Bemerkung auf: Zirkel sind in der Naturwissenschaft nicht erlaubt. Während man in der Philosophie von einem 'hermeneutischen Zirkel' spricht, den der Philosoph Karl-Otto Apel einen „circulus fructuosus" zu nennen pflegt[19], ist ein Zirkel in den Naturwissenschaften jederzeit ein 'circulus vitiosus', d.h. einfach nur ein Fehler. Wenn wir einen Text verstehen, müssen wir bereits ein Vorverständnis von ihm haben, welches sich im Akt des Verstehens anreichert. Wenn wir aber einen physikalischen Effekt erklären, dann darf das Explanandum im Explanans nicht schon enthalten sein, sonst ist die Erklärung ungültig. Mit einem Wort: Es ist eben nicht möglich, das Anliegen der Hermeneutik direkt in die Objektebene der Naturwissenschaft zu projizieren.

So trivial diese Bemerkung auch scheinen mag, sie trifft das Weizsäckersche Unternehmen ins Mark. Weil er Natur und Naturwissenschaft idealistisch zur Deckung bringen will, ist er beständig genötigt, zirkulär zu werden, was sich durch zahlreiche, ziemlich handfeste Widersprüche bemerkbar macht.

Um nur einen besonders krassen vorwegzunehmen: In seinem letzten großen Werk über „Zeit und Wissen" betont er, wie immer, daß sich seine Philosophie im Kreisgang bewege und daher nicht hierarchisch sei: „Ich möchte die Vermutung aussprechen, daß der Hierarchismus grundsätzlich und in allen Fällen falsch ist ...". Das Buch enthält aber auf Schritt und Tritt hierarchische Gliederungen, ohne die es unverständlich bliebe. So gibt es nach Weizsäcker in der Meditationserfahrung eine qualitative Stufung vom Nützlichen über das Sittliche, das Wahre und Schöne, bis hin

[17] Weizsäcker (1988), S. 573.

[18] Weizsäcker (^{4}1984), S. 160. Soweit ich sehe, hat sich Weizsäcker nie die Frage gestellt, ob Bewußtseinszustände quantifizierbar sind. Das müßte aber geklärt werden, wenn man eine Einheitswissenschaft auf alles, auch auf das Mentale, beziehen will.

[19] Apel (1979), S. 67.

zum Heiligen. Zweckrationalität ist der Theorie, Praxis und Kunst jeweils hierarchisch untergeordnet und diese wiederum der Religion. Theorie selbst kann in folgendes hierarchisches Schema ausgefächert werden: „1. Logik ist die Mathematik von Wahrheit und Falschheit, 2. Mathematik ist die Theorie der Strukturen, 3. Theorie ist die Kunst des Wahren und Falschen, 4. Kunst ist die Wahrnehmung von Gestalten durch die Schaffung von Gestalten." Und eine solche ausgefeilte Hierarchie entfaltet Weizsäcker, nachdem er uns einige Seiten zuvor eingeschärft hatte, man solle unter keinen Umständen ein hierarchisches Verhältnis zwischen Logik, Mathematik und Physik unterstellen![20] Man wird aber bei einem Vorgehen wie dem Weizsäckerschen keinesfalls um eine hierarchische Gliederung herumkommen, denn wenn die Physik als Ideenlehre formuliert werden soll, dann enthält sie notwendigerweise die Sinnspitze des ganzen Unternehmens, es bleiben Logik und Mathematik subsidiär.

Während Weizsäcker der klassischen Metaphysik ihr hierarchisches Vorgehen negativ anrechnet, da sie sich fälschlicherweise an der axiomatisierten Mathematik ausgerichtet habe, macht er in seiner „Uren"-Theorie genau denselben Fehler: Die „Ure" sind Setzungen, die die letzten Gründe einer Systematik bezeichnen, also hierarchisch gesehen an der Spitze stehen.[21]

Auf diese Widersprüche einmal aufmerksam geworden, wird man sie im gesamten Werk von Weizsäcker beständig wiederfinden, und sie haben, wie mir scheint, immer dieselbe Ursache: das Bestreben nämlich, die Physik als Ideenlehre zu formulieren. Ich werde noch weitere Gründe dafür angeben, weshalb diese Rekonstruktion mißlingen muß. Sie führt zu einer metaphysischen Überfrachtung der Physik, die sich konsistent nicht denken läßt.

Sein philosophischer Bildungsgang führte Weizsäcker von der formalsprachlichen Wissenschaftstheorie über Kants Transzendentalphilosophie zur Ideenlehre Platos. Indem er diesen Gang durchlief, glaubte er ernstlich, eine übergeordnete Synthese aus Quantentheorie, Transzendentalphilosophie und Ideenlehre zustandezubringen, Heisenberg, Kant und Plato in dasselbe Schema zwängen zu können: „Unser Entwurf wäre nicht entstanden ohne die Hoffnung, die neuzeitliche Physik könne am Ende ihrer Entwicklung die Konsistenz wieder erreichen, welche die inhaltlich zu engen Entwürfe der klassischen Philosophie besessen haben."[22]

[20] Weizsäcker (⁴1984), S. 119; 174; 496; 563.

[21] Weizsäcker hat manchmal seine Hierarchien als eine Art von „Gerüst" bezeichnet, das wieder abgebaut wird, wenn das Gedankengebäude errichtet ist. Der Vergleich hinkt an der richtigen Stelle: Bei keinem Gebäude ist die Funktion des Daches mit dem des Kellers vertauschbar. Und so ist es auch bei philosophischen Systemen. Nicht nur das Gerüst ist hierarisch aufgebaut; Weizsäcker (1994), S. 103.

[22] Weizsäcker (1988), S. 631.

Zunächst einmal beschäftigte er sich mit der Wissenschaftstheorie von Ernst Mach, später auch mit der von Rudolf Carnap. Es schien ihm aber, daß diese Autoren an einer entscheidenden Stelle versagten. Sie waren seiner Meinung nach (und auch nach Meinung seines Lehrers Heisenberg) nicht imstande zu erklären, weshalb wir so erfolgreich Mathematik auf die Natur anwenden und wie es kommt, daß sich zumeist die einfachen Kalküle als besonders nützlich erweisen.[23]

Carnap hätte darauf erwidert, daß Logik und Mathematik Wissenschaften ohne Inhalt seien. Sie seien zwar a priori, aber rein analytisch. Solche Wissenschaften würden deshalb so gut auf die Natur passen, weil sie im Grunde auf nichts passten, so wie man zu jeder Zahl 'Null' addieren kann, ohne daß sich etwas an der Rechnung ändert. Logik und Mathematik gäben nur die Regeln an, nach denen wir unsere empirischen Begriffe ordneten, sie hätten keine ontologische Relevanz. Auf diese Weise glaubten Carnap und die anderen Angehörigen des 'Wiener Kreises' die Kantische Frage nach den 'synthetischen Urteilen a priori' und einer darin implizierten Metaphysik vom Tisch wischen zu können.[24] Weizsäcker fand diese Art von Wissenschaftstheorie zu formalistisch. Er wirft Carnap „logischen Absolutismus" vor und bemerkt zu einem Gespräch zwischen Einstein und Carnap über den Zeitbegriff: „Dies ist das Gespräch eines wohlmeinenden und einseitig großen Talents mit einem Genie."[25]

In Zukunft wird er sich auf die Seite der „Genies" stellen und die „Talente" sich selbst überlassen, d.h. er hat die Entwicklung der formalsprachlichen Wissenschaftstheorie nicht mehr verfolgt, weder nachdem Carnap in die USA geflohen war, noch nachdem diese Art von Philosophie seit dem Zweiten Weltkrieg in Deutschland wieder Fuß fassen konnte. Man findet bei Weizsäcker daher keine Auseinandersetzung mit Autoren wie Ernest Nagel, Carl-Gustav Hempel, Willard van Orman Quine, Wolfgang Stegmüller, Hilary Putnam usw., d.h. er hat sich die Ausein-

[23] Weizsäcker (1977), S. 323: „Das oft angeführte Prinzip der Denkökonomie begründet höchstens, warum wir nach einfachen Gesetzen suchen, aber nicht, warum wir sie finden": Weizsäcker (1958), S. 155. Dieses Problem wird bis heute von den Analytischen Wissenschaftstheoretikern nicht wirklich ernst genommen. Quine sagt z.B.: Die Frage, „warum es in der Natur überhaupt Regelmäßigkeiten geben sollte, kann meines Erachtens übergangen werden. *Daß* es, aus welchen Gründen auch immer, Regelmäßigkeiten gibt oder gegeben hat, ist eine einwandfrei festgestellte Tatsache; und mehr gibt es da nicht zu erforschen"; Quine (1975), S. 173. Es gebe darüber hinaus einen „neurologischen Mechanismus des Einfachheitstriebes": Quine (1980), S. 49. Ist dies wirklich eine Erklärung?

[24] Vgl. Carnap (1986), S. 17. Ich werde im nächsten Kapitel auf diese Problematik zurückkommen.

[25] Weizsäcker (1995), S. 81 ff., 610.

andersetzung mit einer sehr mächtigen philosophischen Richtung erspart, die ich im nächsten Kapitel darstellen werde. Ohne Zweifel hat dieser Sachverhalt dazu beigetragen, daß Weizsäckers Ansatz in der Fachphilosophie selten diskutiert wird. Es gab eine wechselseitige Entfremdung zwischen ihm und dem philosophischen Betrieb.[26]

Die Wissenschaftstheorie Carnaps war ihm also zu 'flach'. Sie war nicht imstande, die ontologischen Grundlagen der Physik zu klären. Ich glaube, daß Weizsäckers Argumente gegen den vorgeblich rein analytischen Charakter der Logik und Mathematik schlüssig sind.[27] Aber folgt daraus schon: „Erst die Eidos-Philosophie macht die zentrale Rolle der Mathematik für antike Philosophie und moderne Naturwissenschaft verständlich."[28] Dies würde doch nur dann folgen, wenn man die antike Sinnordnung und die moderne, mathematisch beschreibbare Ordnung der Natur identifizieren könnte, was Weizsäcker durchaus tut: „Der Begriff des Naturgesetzes läßt uns die Weltordnung als Gestalt verstehen."[29] Nun ist dies aber eine riskante Behauptung, denn der Begriff der 'Gestalt' (also des 'Eidos') bedeutet in der antiken Philosophie etwas sinnlich Wahrnehmbares, Abgegrenztes, dessen Teile zweckmäßig aufeinander hingeordnet sind.

Keine dieser Eigenschaften trifft auf den Begriff des 'Naturgesetzes' zu. Es ist nicht dasselbe, ob wir ein Objekt als Ausdruck einer 'Idee' interpretieren oder als bloßen Fall eines abstrakt-mathematischen Gesetzes. Hier macht es sich negativ bemerkbar, daß Weizsäcker zwar Kants 'Kritik der reinen Vernunft', aber kaum seine 'Kritik der Urteilskraft' berücksichtigt hat, in der Kant diese Differenz herausarbeitet. Ganz allgemein unterschätzt Weizsäcker das Teleologieproblem, indem er wie Planck die Extremalprinzipien als teleologische liest und wegen ihrer logischen Äquivalenz mit differentiellen, 'kausalen' Formulierungen dieser Prinzipien die Frage

[26] Eine der wenigen Dissertationen, wie die von Mathias Schüz (1986) ist rein affirmativ, referierend. Eine wirkliche Auseinandersetzung findet hier nicht statt. Die gängige Wissenschaftstheorie übergeht Weizsäcker einfach. Eine Ausnahme macht der Weizsäcker-Schüler Erhard Scheibe, der aber immer sehr moderat bleibt und in seinen Schriften ansonsten in eine andere Richtung geht; Scheibe (2001). Die wenigen kritischen Stimmen in den Festschriften zu seinen Geburtstagen gehen in eine ganz ähnliche Richtung wie meine eigene Kritik, so z. B. Wilhelm Anz: Meyer-Abich (1982), S. 263 ff. Anz moniert insbesondere Weizsäckers halbierten Platonismus, der den Praxisbezug ignoriert.

[27] Der Glaube der Positivisten, die Logik sei rein tautologisch, sei „schlicht falsch". Man könne einen Satz „analytisch wahr" nennen, wenn seine Wahrheit aus seiner Form folge. Um dieses zu prüfen, müsse man aber die logischen Gesetze bereits voraussetzen; Weizsäcker (1995), S. 256.

[28] Weizsäcker (1995), S. 259.

[29] Weizsäcker (1995), S. 572.

für weniger bedeutsam hält. Wenn via Extremalprinzipien das Teleologische im Nomologischen schon enthalten ist, braucht man sich – so jedenfalls seine Auffassung – damit nicht gesondert zu beschäftigen.[30]

Nach dieser ersten Grobcharakteristik möchte ich nun auf die Details der Weizsäckerschen Physik- und Philosophiekonzeption eingehen. Dies ist aus dem Grunde ein etwas diffiziles Unternehmen, weil sich in Weizsäckers Ansatz so viele, oft auch widersprüchliche Motive vereinen, so daß man Mühe hat, die Fäden zu entwirren. Einerseits Kantianer, möchte er zugleich Platoniker sein, aber ein Platoniker, der die absolute Identität von Geist und Materie idealistisch verwirklicht, ähnlich wie im deutschen Idealismus bei Schelling oder Hegel. Dann aber soll das Ganze nicht nur innerhalb der Quantentheorie abgehandelt werden, sondern zusätzlich innerhalb einer solchen, die mit der Informationstheorie identisch wäre und das Ganze soll weiter, gewissermaßen in der logischen Konsequenz des Gedankens, in eine begriffslose Mystik einmünden.

Es gibt in Deutschland eine Tradition von philosophischen 'Originalgenies' oder 'Selbstdenkern', die sehr 'tiefgründige' Weltanschauungen hervorgebracht haben, wie z.B. Schopenhauer, Nietzsche, Bloch oder Heidegger. Solche Denker sind oft sehr gebildet und haben zuweilen, wie im Falle Schopenhauers oder Heideggers, tiefe und originelle Ideen. Das (leider) typisch Deutsche an solchen Selbstdenkern ist eine maßlose Selbstüberschätzung und der titanische Hang zur alles überbietenden Ein-Mann-Weltanschauung.

Weizsäcker war ein Bewunderer Heideggers. Er liebte dessen hochherrschaftlichen Gestus und war bemüht, es Heidegger gleich zu tun. Zu seinem 80. Geburtstag fand in Hamburg ein Symposion statt, das mit einem Vortrag „Platon und Weizsäcker" eröffnet wurde. Insbesondere mit Platon, aber auch mit Kant, fühlte sich Weizsäcker auf Augenhöhe.[31] Nur so versteht man das Titanische seines Versuches und seine beeindruckende Immunität gegenüber jeder Kritik, die schon früh laut wurde.[32]

[30] Für die Physik gilt, weil alle Differentialgleichungen Variationsproblemen äquivalent sind: „Das finale 'Ziel' und das kausale 'Gesetz' sind also nur verschiedene Arten, dasselbe Prinzip auszudrücken": Weizsäcker (1958), S. 166; vgl. auch (1988), S. 632. Das Nichtbeachten dieser Differenz macht sich auch in seiner Interpretation der Kybernetik bemerkbar. Er rechnet diese Wissenschaft großzügig mit zur Physik, ohne zu sehen, daß die Kybernetik als Steuerungskunst wesentlich auf Zwecke verwiesen ist, was für physikalische Systeme nicht gilt; Weizsäcker ([4]1984), 277ff.

[31] Weizsäcker läßt durchblicken, daß er im Hades Philosophen wie Plato und Kant begegnen werde, um sich mit ihnen zu unterhalten: Weizsäcker in Görnitz (1995), S. 24.

[32] Hans Lenk trifft zum Beispiel einen neuralgischen Punkt, wenn er bestreitet,

Ein Kant der Quantentheorie würde in die Geschichte der Philosophie eingehen. Aber Weizsäcker wollte weit mehr, er wollte mit einem quantentheoretisch fundierten Idealismus der subsistierenden Information zugleich den mystischen Urgrund allen Seins freilegen.

Michael Drieschner erzählt eine hübsche Anekdote, die das Problem verdeutlicht. Danach habe sich Weizsäcker gegenüber einem Kollegen wieder einmal beklagt, daß nur sehr wenige Physiker Interesse an seinem Ansatz bei den „Uren" hätten. Dieser gab zur Antwort: „Interesse habe ich schon und ebenso auch viele Kollegen. Aber das genügt Ihnen ja nicht. Sie verlangen ja: 'Verlasse Weib und Kind und folge mir nach.'"[33] Die Physiker haben also genau gespürt, daß es Weizsäcker nicht nur darum ging, einen neuen, empirisch und theoretisch fruchtbaren Ansatz zu entwickeln, sondern daß er die Physik zugleich metaphysisch und mystisch überhöhte und daß er darüber hinaus einen nachgerade jesuanischen Anspruch stellte.

Ich möchte nun Weizsäckers titanisches Unternehmen in einzelne Aspekte zerlegen, um zu verdeutlichen, wie gewaltsam es im Grunde ist und welche unüberwindlichen Probleme bei den einzelnen Übergängen entstehen, also etwa von Kant zu Plato, von der Quanten- zur Informationstheorie usw. Sinnvoll scheint ein Vorgehen in folgenden Schritten:

- Das Kantische Problem einer Letztbegründung des Wissens
- Das Verhältnis von Quanten- zur Informationstheorie
- Übergang von der Physik zum Platonischen Ideenrealismus
- Abstieg von den Ideen und Identitätsmetaphysik
- Von der Identitätsmetaphysik zur Mystik

Diese fünf Aspekte scheinen mir die handlungsleitenden Motive in seinem Philosophieren zu bezeichnen. Ich füge noch einige Abschnitte über Themen an wie „Symbole und Zeichen", „Zur Geschichte der Natur" usw. Diese zusätzlichen Aspekte sind allesamt für die umfassende Fragestellung eines Verhältnisses zwischen Physik und Religion bedeutsam und betreffen nicht nur die sehr spezielle Art, in der von Weizsäcker sie behandelt.

2.2 Der mystische Kreisgang

Das Problem einer Letztbegründung des Wissens

Weizsäcker hat lange Zeit an eine Letztbegründung der Physik geglaubt. Er steht also in der Tradition der klassischen Metaphysik, die von Plato bis Hegel beanspruchte, zwingendes Wissen zu liefern, das nicht falsifiziert

daß die Quantentheorie ohne handgreiflichen Zirkel zur Möglichkeitsbedingung ihrer selbst erhoben werden könnte: Lenk (1982), S. 265.

[33] Drieschner (1992), S. 54.

werden konnte. Solche Metaphysiker versuchten, die Oberfläche der Dinge auf ein Wesenhaftes hin zu durchdringen, das dem Skeptizismus oder der historischen Beliebigkeit standhalten würde.

Kant akzeptiert die Forderung nach einer Unhintergehbarkeit der Metaphysik, schränkt sie aber auf die Begründung empirischer Wissens ein. Die Möglichkeitsbedingungen unserer Erfahrung, also z.B. 'Quantität', 'Qualität', 'Relation', 'Modalität' oder 'Raum' und 'Zeit', sollten ideale Begriffe oder Anschauungsformen sein, die unser Erkennen fundieren, ihrerseits aber nicht relativierbar sein.

Der Kantische Gedankengang ist also: Erfahrung ist real. Sie beruht auf bestimmten Möglichkeitsbedingungen, wie die genannten Kategorien und Anschauungsformen. Also kann niemand diese transzendentalen Voraussetzungen unseres Erkennens leugnen, es sei denn, er würde die Erfahrung aufheben, was seinerseits widersprüchlich wäre. Auf diese Art etabliert Kant eine Letztbegründung der Transzendentalphilosophie.

Diese hat nur einen kleinen Schönheitsfehler: Wissen wir denn so genau, was Erfahrung ist? Könnte es nicht sein, daß Erfahrung ihre Gestalt zeitlich wandelt und damit auch die sie begründenden Möglichkeitsbedingungen? Kant schloß dies aus, weil er mit den meisten Wissenschaftlern des 18. Jahrhunderts die Newtonsche Physik für alternativlos hielt.

In dieser Hinsicht sind wir durch Relativitäts- und Quantentheorie gewitzter: Auch die besten physikalischen Theorien sind revidierbar. Damit hängt aber der Begriff einer 'Letztbegründung' in der Luft, denn was wir mit dem Kantischen Procedere eines Rückgangs in die Möglichkeitsbedingungen von Erfahrung jetzt nur noch erheben können, ist ein 'kontextuelles Apriori', das von der spezifischen Form der Erfahrung abhängig bleibt, die wir als gültig unterstellt haben.[34]

Edgar Wind, der Schüler Ernst Cassirers, hat im 20. Jahrhundert versucht, die Kantische Transzendentalphilosophie aufgrund der Quanten- und Relativitätstheorie zu reformulieren.[35] Was dabei herauskam, unterscheidet sich gravierend von Kants „Kritik der reinen Vernunft". Transzendentalphilosophie ist also nicht gleich Transzendentalphilosophie.[36]

[34] Ein solches „kontextuelles Apriori" vertritt Hilary Putnam im Rahmen seines „internen Realismus", eine modernisierte Version des Kantischen Phänomenalismus: Putnam (1983), S. 95; 225.

[35] Vgl. die von Brigitte Falkenburg neu herausgegebene Habilitationsschrift von Edgar Wind aus dem Jahr 1934.

[36] Das Programm einer 'Letztbegründung' wird allerdings von Autoren wie Karl-Otto Apel und einigen seiner Schüler immer noch verfolgt, jedoch mit einer wesentlichen Modifikation. Apel hat die Denkfigur des „performativen Selbstwiderspruchs" eingeführt – Apel (1973) –, die darauf beruht, daß man nicht im Akt des Behauptens praktische Unterstellungen machen darf, die im Inhalt des Behaupte-

Zwar ist Weizsäcker zunächst davon überzeugt, daß die neuzeitliche Physik zu „einer einzigen, einfachen Theorie" führt und daß sich diese einfache Theorie im Kantischen Sinne letztbegründen läßt, „... daß also die Gesetze der Physik nichts anderes sind als die Gesetze, die die Bedingungen der Möglichkeit der Objektivierbarkeit des Geschehens formulieren."[37] Aber in welcher Sprache sollen wir dieses „Geschehen" beschreiben? Weizsäcker handelt das Problem unter dem Stichwort „semantische Konsistenz" ab. „Semantisch konsistent" heißt für ihn, die „vorläufigen Begriffe, ohne die eine Theorie keinen empirischen Sinn empfangen hätte, so zu verwenden, daß diese Verwendung durch das in der Theorie selbst gebotene mathematische Modell korrekt beschrieben wird."[38] Man müsse aber zum Zwecke eines Nachweises der „semantischen Konsistenz" der Quantentheorie, die lebensweltlichen Vorbedingungen dieser Theorie in der Theorie selbst formulieren: „Freilich wird man diese Vorbedingungen schwerlich richtig formulieren, wenn man dabei ein Verständnis von Erfahrung benützt, wie es schon vor der Kenntnis der Quantentheorie verfügbar war. Man muss vermutlich die semantische Konsistenz der Quantentheorie (soweit wir sie erreicht haben) benützen, um das Vorverständnis so zu formulieren, wie es zu ihrer Rekonstruktion erforderlich ist."[39] Hier ist der Zirkel offensichtlich: Weizsäckers 'Letztbegründung' setzt genau das voraus, was sie beweisen soll. Wohl auch aus diesem Grund ließ Weizsäcker sein Letztbegründungsprogramm nach und nach fallen.

In seiner Schrift „Einheit der Natur" (1971) glaubte er noch, eine strenge Letztbegründung der Physik leisten zu können. Im „Aufbau der Physik" (1985) wird er skeptisch. Er nennt sie dort nur noch „eine ideale Vorstellung".[40] In „Zeit und Wissen" (1992) hat er dieses Ziel aufgegeben. Von einer „endgültigen Theorie" spricht er jetzt nur noch als von einer „regulativen Idee" im Sinne Kants oder noch schärfer: Die „Einheit der Physik" gehöre zu den „Scheineschatologien" von der Art der „klassenlosen Gesellschaft" bei Karl Marx.[41] Das ist ziemlich stark, wenn man bedenkt, wie Weizsäcker zu Marx steht und mit welcher Emphase er sein Letztbegründungsprogramm einstmals vorangetrieben hatte.

ten negiert werden. Aber Apel kann mit dieser Figur nur grundsätzlich unser Ausgerichtetsein auf Moralität und Wahrheit letztbegründen. Mit spezieller empirischer Erfahrung, wie der der Physik, hat dies nichts zu tun, das heißt: selbst wenn man das Apelsche Unternehmen einer Letztbegründung für schlüssig hält, ist es das Weizsäckersche sicher nicht.

[37] Weizsäcker ([4]1984) S. 194, 288.

[38] Weizsäcker (1988), S. 106.

[39] Weizsäcker ([4]1984), S. 627.

[40] Weizsäcker (1988), S. 280.

[41] Weizsäcker (1995), S. 139; 184.

Für sein Werk hat dieses Scheitern gravierende Konsequenzen: nicht nur kann seine reformulierte Quantentheorie jetzt nicht mehr mit dem Anspruch letztgültiger Wahrheit auftreten, auch der Versuch, den Informationsbegriff als Zentralbegriff der Physik einzuführen, ist damit gescheitert, denn wie ich zeigen möchte, hängt dieser Versuch ganz am Konzept einer 'endgültigen' Theorie.

Aber selbst wenn sein Versuch gelungen wäre, wäre er in einem weiteren Zirkel gefangen, der nur ein Sonderfall der im ersten Abschnitt beschriebenen Zirkularität ist. Wenn die Quantentheorie die Möglichkeitsbedingungen von Erfahrung überhaupt beschriebe, dann wäre sie ihr eigener Ermöglichungsgrund: „Die Objektivierung des Geschehens wird auf ihre subjektiven Bedingungen zurückgeführt, die selbst objektiv bestehen."[42] Wie soll man sich das vorstellen? Wie soll man z. B. die Relationskategorie aus einer Axiomatik ableiten, die doch beständig von mathematischen Relationen Gebrauch machen muss?

Von der Quanten- zur Informationstheorie

Dieser Übergang ist von allgemeinem Interesse, weil auch verschiedene Theologen den Informationsbegriff dazu benützt haben, um Physik und Schöpfungstheologie miteinander zu verbinden, wie z. B. Arthur Peacocke.[43] Es scheint theologisch naheliegend, statt 'Im Anfang war das Wort' zu sagen 'Im Anfang war die Information'. Das klingt zumindest zu gleichen Teilen wissenschaftlich und theologisch.

Ein solches idealisches Moment kommt auch in Weizäckers Quantentheorie durch den Begriff der 'Information' herein. Wenn man überhaupt einen physikalistischen Idealismus begründen möchte, so scheint dies ein gelungener Schachzug, denn so, wie die Quantentheorie bisher gelehrt wird, macht sie den Eindruck eines leeren, formalen Schemas, das in nichts an unsere Lebenswelt, vor allem aber nicht an unsere geistigen Kompetenzen erinnert. Der Anspruch, in den Axiomen der Quantentheorie so etwas wie 'Platonische Ideen' zu finden, läßt sich in den gängigen Formulierungen kaum einholen, weshalb ihn auch niemand erhebt; wer es dennoch tut, wie z. B. Roger Penrose, wird deutlich machen, daß von einer zukünftigen Physik die Rede ist, die es heute noch nicht gibt.[44]

Demgegenüber wäre es einem quantenphysikalischen Idealismus dienlich, wenn sich der Informationsbegriff als Zentralbegriff der Physik nach-

42 Weizsäcker/Waerden (1977), S. 10.

43 Peacocke (1998).

44 Penrose (1991) und (1995).

weisen ließe, denn dieser Begriff hat semantische und pragmatische Dimensionen, die sichtlich mit dem Bereich des 'Geistigen' zusammenhängen, andererseits ist er über den Begriff der 'Negentropie' mit binnenphysikalischen Konzepten und über den Begriff der 'Kybernetik' mit quantitativ relevanten technischen Verfahren verkoppelt, die wir gut beherrschen. Das Grundproblem ist aber: Läßt sich der Informationsbegriff von allen Subjektvollzügen so ablösen, daß er objektivierbar wird auf die Art der übrigen physikalischen Begriffe wie 'Temperatur', 'Entropie', 'Spin' oder 'Feldstärke'? Ich kann z.B. nach der mittleren Temperatur oder Materiedichte des Universums fragen. Jeder Physiker ist davon überzeugt, daß das Weltall eine ganz bestimmte mittlere Temperatur oder Materiedichte hat, unabhängig davon, ob sie jemand empfinden oder messen kann. Aber welchen Sinn hat die oft gehörte Behauptung, das Weltall habe einen Informationsgehalt von 10^{120} bits? Gilt dies nicht nur relativ zu den heute anerkannten Theorien und könnte es sich nicht morgen gravierend verändern, wenn sich nämlich unser Wissen verändert?

Andererseits: Macht es überhaupt Sinn, nach dem Informationsgehalt des Weltalls zu fragen, etwa zu der Zeit, als es noch keine Menschen gab? Laut Voraussetzung müßte das Weltall auch damals einen objektiven Informationsgehalt gehabt haben. Gibt es Information, auch wenn es keine Menschen oder irgendwelche anderen Lebewesen gibt, für die sie etwas bedeutet? Wenn aber 'Information' abhängig ist von Wesen, denen irgendetwas irgendetwas bedeutet, bezeichnet dann 'Information' mehr als ein subjektives Verhältnis?

Physikalische Meßwerte sind nicht interessenrelativ. Unabhängig davon, welche Ziele ich gerade verfolge, werde ich denselben Spin, dieselbe Feldstärke oder denselben Druck messen wie mein Physikerkollege. Nichts spricht jedoch dafür, daß jemand, der viel oder wenig Vorwissen, der eine ganz bestimmte oder eine ganz andere Fragestellung hat, aus demselben Objekt dieselbe Informationsmenge herausziehen wird.

Es spricht alles dafür, daß 'Information' kein objektivierbarer Begriff ist, wie die übrigen physikalischen Begriffe. Peter Janich hat daher rundweg bestritten, daß 'Information' ein Naturbegriff sei: „Die gesamte Naturalisierung des Informationsbegriffs über Versuche, sie auf thermodynamische oder statistische Grundlagen zu stellen, ignoriert, daß der Bezug auf gelingende menschliche Kommunikation unverzichtbar ist ..."[45]

Die Naturalisierung des Informationsbegriffs hat allerdings eine lange Geschichte. Sie rührt von den Anfängen der Kybernetik her. Gleich in der ersten programmatischen Schrift formulierte Norbert Wiener den seither

[45] Janich in: Gold/Engel (1998), S. 379/80; vgl. auch die Diskussion seiner Thesen in der Zeitschrift 'Ethik und Sozialwissenschaften' (1998).

so häufig zitierten Satz: „Information ist Information, weder Materie noch Energie. Kein Materialismus, der dieses nicht berücksichtigt, kann den heutigen Tag überleben.“[46]

Zunächst einmal folgten viele Wissenschaftler Wieners Anregung und betrachteten den Informationsbegriff als einen objektiven, physikalischen Begriff wie 'Masse' oder 'Energie'. In dieser Sichtweise geht aber das Problematische dieses Begriffes verloren, wenn er auf die Natur bezogen wird. Diese Problematik trat bei Wiener und bei vielen seiner Nachfolger zunächst nicht in Erscheinung, weil sie immer promiscue von technischen Artefakten und von Naturerscheinungen sprachen und ihr Konzept gewöhnlich an technischen Artefakten verdeutlichten. Bei Artefakten ist der Informationsbegriff philosophisch gesehen harmlos, weil wir es sind, die die Information in das System hineingesteckt haben. Aber was geschieht, wenn wir von 'Information' in der Natur sprechen? Legen wir dann nicht ein subjektives Moment in sie hinein, das nicht mehr zur Physik gehört?

Das Problem ist bereits auf dem Tisch, wenn man 'Information' als 'Negentropie' bestimmt oder 'Entropie' als 'potentielle Information'. Man kann mit Weizsäcker die Entropie als diejenige Information ansehen, die man noch zusätzlich gewinnen würde, wenn man von einem System nicht nur den Makrozustand kennte, sondern darüber hinaus auch noch wüßte, welcher aus den sehr vielen Mikrozuständen vorliegt, die zu diesem Makrozustand geführt haben. Während wir jedoch für die Entropie intersubjektiv kontrollierbare Meßmethoden zur Verfügung haben, hängt die Information, die wir mikrophysikalisch gewinnen können, von unserem Erkenntnisinteresse ab, weil man die Mikrozustände verschieden kleinteilig oder grobkörnig beschreiben kann. Da man die 'Information' immer nur durch Korrelation zweier Ebenen, der Makro- und Mikroebene erfaßt, gilt auch nach Weizsäcker: „Ein „absoluter“ Begriff der Information hat keinen Sinn; Information gibt es stets nur „unter einem Begriff“.[47]

Ist dies richtig, dann gibt es bereits auf dieser Ebene keine Chance, den Informationsbegriff zu einem physikalischen Grundbegriff zu machen, da er interessenrelativ bleibt, d. h., jeder Physiker mißt, je nach Zielvorstellung, einen ganz anderen Wert.

Anstatt sein Unternehmen hier abzubrechen, reflektiert Weizsäcker auf weitere Aspekte des Informationsbegriffs, die er dann 'naturalisiert', ohne

[46] Wiener (1963), S. 192. Vermutlich lag Wiener am Überleben des Materialismus, was ihn dazu antrieb, endlich auch die Information zu 'berücksichtigen'. Man könnte den Satz aber auch gegen den Strich bürsten, dann wäre es der Materialismus der „diesen Tag nicht überleben“ wird, für den einfachen Fall nämlich, daß sich der Informationsbegriff als nicht objektivierbar erweist.

[47] Weizsäcker (1988), S. 172.

zu bemerken, daß er sich in immer gravierendere Widersprüche verwickelt. Im „Aufbau der Physik" eröffnet er alle Dimensionen des Informationsbegriffs, die syntaktische, semantische und pragmatische, um sie hinterher wieder in 'Physik' zu verwandeln.[48] Was er anstrebt, ist also eine „Objektivierung der Semantik".[49] Dies reiht sich ein in seine prinzipielle Auffassung vom 'Kreisgang', den die Wissenschaft zu durchlaufen hat.

Neuere Autoren, wie Martin Carrier, unterscheiden vier Ebenen, unter denen uns das Informationsgeschehen verständlich wird, eine physikalische, syntaktische, semantische und pragmatische. Carrier behauptet mit guten Gründen, daß diese Ebenen jeweils wechselseitig kontingent seien.[50] Z.B. kann ein und derselbe sprachliche Inhalt, je nach Codierung, durch völlig verschiedene Zeichenfolgen dargestellt werden. Oder ein und dieselbe Zeichenfolge kann, je nach Programm, ganz verschiedene Bedeutung haben. Dasselbe gilt für das Verhältnis von physikalischer Realisation und Syntax. Ein und dasselbe syntaktische Gebilde kann, je nach Hardware, auf ganz verschiedene Weise physikalisch realisiert sein und umgekehrt. Ist diese These von der wechselseitigen Kontingenz der verschiedenen Ebenen im Informationsgeschehen richtig, so hat man keine Chance, den Informationsbegriff zu 'physikalisieren'. Es gibt eben keine Naturgesetze, die die physikalische mit der syntaktischen, semantischen und pragmatischen Ebene verbinden. Dagegen strebt Weizsäcker, wie gesagt, eine „Objektivierung der Semantik" an und ist damit zugleich gezwungen, eine noch viel schwierigere 'Objektivierung der Pragmatik' durchzuführen.

Wie problematisch dies ist, wird deutlich, wenn Weizsäcker in diesem Zusammenhang auf den Nutzenbegriff rekurriert: „Die Information ist der Erwartungswert der Kosten der Erwerbung (oder Übermittlung) eines Wissens. Sie ist insofern der Nutzen dieses Wissens." Doch was mir nützt, schadet dem anderen vielleicht oder nützt ihm nicht so viel oder auch weit mehr usw. Hier wird man niemals aus der Relativität und Subjektivität herauskommen, insbesondere dann nicht, wenn man sich mit Weizsäcker affirmativ auf den „Homo oeconomicus der klassischen Wirtschaftstheorie" bezieht.[51] Der „Homo oeconomicus" gilt selbst innerhalb der Wirtschaftstheorie als eine ungebührliche Vereinfachung; der Mensch ist auch

[48] Weizsäcker (1988), S. 163ff.

[49] Weizsäcker (^{4}1984), S. 350.

[50] Carrier, Martin: Die Vielfalt der Wissenschaften oder warum die Psychologie kein Zweig der Physik ist, in: Elpfandt/Wolters (1993).

[51] Weizsäcker (1988), S. 196ff. Auch hier ist es wieder sehr merkwürdig, daß Weizsäcker das Problem im Grunde wohl gesehen hat: Weizsäcker (1994), S. 166ff. Aber sein Physikalismus macht immer wieder alle bereits erlangten Einsichten zunichte.

ansonsten bei weitem nicht nur ein wirtschaftendes Subjekt. Nach Weizsäckers anti-instrumentalistischem Wissenschaftsverständnis insbesondere dann nicht, wenn er Physik treibt.

Noch problematischer ist der Versuch, den Informationsbegriff in die Axiomatik der Quantentheorie aufzunehmen. In den gängigen Lehrbüchern tritt dieser Begriff nicht in den Axiomen, sondern meist nur beiläufig in Erscheinung. Weizsäcker will aber seine Axiomatik so anlegen, daß der Wissens- oder Informationsbegriff zentral wird und zwar so, daß er das Konzept der Kantischen Möglichkeitsbedingungen mit der physikalischen Axiomatik verknüpft, was auf das genannte Konzept der Letztbegründung hinausläuft.

So heißt es in seinem Buch über die „Einheit der Natur“: „Ich halte es für möglich, daß die Physik als Grundlagenwissenschaft vollendbar ist und daß diese Vollendung eine Aufgabe sein wird, an der die siebziger Jahre wesentlich mitarbeiten werden. Sie wird dann vollendbar sein, wenn sie sich als die Strukturwissenschaft von den einfachsten möglichen Systembausteinen („einfachen empirisch entscheidbaren Alternativen“) erweist. Ihr Geltungsbereich wäre dann so umfassend wie die Reduzierbarkeit der Fragen an die Wirklichkeit auf entscheidbare Alternativen, oder die „Objektivierbarkeit des Geschehens“. Dieser hochabstrakte Grund ihrer Geltung ließe Raum für eine Deutung der Wirklichkeit selbst als Leben, als Geist. Hier führt die Physik zur Philosophie ... Ich halte für möglich, daß die Physik als Grundlagenwissenschaft vollendbar ist.“ Er sei überzeugt, daß es eine Differentialgleichung nach der Zeit geben könnte als ein „einziges Grundgesetz der Natur“ mit einem „einzigen fundamentalen Gegenstand“, woraus sich dann alles, Spiralnebel, Moleküle, Gräser und auch menschliche Gehirne (mitsamt Gedankeninhalten) ableiten ließe: „Eine durchgängige quantenmechanische Beschreibung der Welt, die auch uns als Subjekte enthält, wäre also in sich konsistent ...“. Man dürfe in dieser Hinsicht „nicht unbescheiden“ sein: „Die Grenze der Physik müsste demnach die Grenze des begrifflichen Denkens sein.“[52] (Ob es sinnvoll wäre, Weizsäcker ein Übermaß an Bescheidenheit vorzuwerfen, wird sich noch weisen.)

Im zentralen achten Kapitel seines „Aufbaus der Physik“ führt Weizsäcker den Gedanken aus unter dem Stichwort „Rekonstruktion der abstrakten Quantentheorie“. Hier heißt es: „Wir verstehen unter der Rekonstruktion einer Theorie ihren nachträglichen Aufbau aus möglichst einleuchtenden Postulaten.“[53] Schon hier stutzt man: Warum sollten diese Postulate „einleuchtend“ sein? Von der Antike bis ins 19. Jahrhundert for-

[52] Weizsäcker ([4]1984) S. 24; 150; 160; 192; 318.
[53] Weizsäcker (1988), S. 330 f.

derte man, daß Erklärungsgründe einsichtiger sein sollten als das zu Erklärende. Nach der Entwicklung nichteuklidischer Geometrien ließ man diese Forderung fallen. Die Grundprinzipien der Einsteinschen Relativitätstheorien sind z. B. alles andere als einleuchtend. Weizsäcker fordert dennoch Evidenz für seine Postulate, weil er sie zugleich im Sinn eines Kantischen Apriori versteht. In der Tat würden wir etwas, was uns nicht einleuchtete, auch nicht als Apriori akzeptieren. Fragt sich nur, ob ein solches Apriori zugleich noch Physik sein kann?

Weizsäckers erstes 'Postulat' fordert die Existenz empirisch isoliert entscheidbarer Alternativen, das zweite, daß es zu jeder solchen Alternative Zustände gibt, welche jedem ihrer möglichen Resultate naturgesetzlich eine bestimmte Wahrscheinlichkeit zuschreiben; das dritte sagt aus, daß die einer Alternative zugeordneten Zustände, d. h. die sie definierenden Wahrscheinlichkeiten, sich kontinuierlich in der Zeit ändern.

„Rekonstruktion" in diesem Sinne ist also der Versuch, ein logisch äquivalentes Kalkül zur gängigen Quantentheorie zu finden, um deren philosophische Implikationen deutlicher zu machen. Äquivalenzumformungen sind zwar ex definitione 'nichtkreativ', sie können aber bedeutende neue Einsichten zu Tage fördern, wie z. B. die Reformulierung der Newtonschen Mechanik bei Hamilton-Jacobi.[54]

Meine Kritik an Weizsäcker bezieht sich selbstverständlich nicht auf die rein innerphysikalische Frage, ob sich die Quantentheorie anders oder besser formulieren läßt, ob sich mit Hilfe der Urentheorie bestimmte Effekte der Quantengravitation besser vorhersagen lassen, wie z. B. Görnitz behauptet.[55] Solche Fragen kann man getrost den Fachleuten überlassen, obwohl es sehr nachdenklich stimmt, daß diese Reformulierung der Quantentheorie Weizsäcker nur in Ansätzen gelang und daß er nur sehr wenige Physiker dafür gewinnen konnte, seinen Ansatz weiterzuverfolgen.

Weizsäckers Rekonstruktion der Quantentheorie beruht also auf einer Theorie der empirisch entscheidbaren isolierten Alternativen als „binärer Alternativen" oder auch „Uralternativen". Das Kantische seines Ansatzes wird hier deutlich: Wer nichts unterscheiden kann, wer nicht 'Ja/Nein' sagen kann, kann auch nichts erkennen. Ohne diese fundamentale Kompetenz hätten wir keine Objekte. In Bezug auf diesen Ansatz könnte man allerdings drei Fragen stellen:

[54] Daß durch bloßes Umformulieren physikalischer Theorien neue Einsichten zutage gefördert werden, widerlegt m. E. ebenfalls die These, daß die Mathematik rein analytisch sei. Wäre sie es, dann könnte dieser Effekt nicht eintreten. Konsequenterweise müssen Autoren wie Carnap leugnen, daß ein Fortschritt in der Physik durch Äquivalenzumformungen möglich wird: Carnap (1986), S. 231.

[55] Görnitz (1992), S. 61.

– Ist dieses Apriori ursprünglich?
– Ist es vollständig?
– Ist es als Physik möglich?

Ein Apriori muß erstens ursprünglich sein, d.h., es darf nicht noch einmal von höheren Bedingungen abhängig sein. Nun scheint mir aber die Kompetenz, binäre Ja/Nein-Entscheidungen zu treffen, keineswegs ursprünglich. Plato hatte zunächst, so etwa im „Sophistes" geplant, seine Philosophie auf binäre Grundunterscheidungen, sogenannte „Dihairesen", aufzubauen, dies aber später wieder fallen lassen (so z.B. im „Staat"). Ein solcher hierarchischer Top-down-Ansatz mittels binärer Entscheidungen ist offenbar nicht durchführbar, jedenfalls sind bedeutende Philosophien von Plato bis Fichte so nicht aufgebaut. Es scheint vielmehr, daß wir spontan Mehrfachunterscheidungen treffen, etwa bei Plotin das 'Eine', der 'Nous', die 'Psyche' und die 'Materie'. Das Weizsäckersche Apriori ist von vornherein viel zu sehr auf die Informationstheorie hin abgezweckt, wo die 'Informationsentropie' als Logarithmus der Zahl der noch fehlenden Ja-Nein-Entscheidungen zur vollständigen Information über eine vorgegebene Nachricht definiert wird. In diesem Bereich sind solche binären Unterscheidungen fundamental, und hier gilt im Fall n-facher Alternativen ein Ausschließlichkeitsverhältnis: Wenn eine von ihnen wahr ist, sind alle anderen falsch. Aber dies gilt nur hier.

Man könnte zweitens weiter fragen, ob das Weizsäckersche Apriori vollständig ist? So enthält es zwar den Begriff der Zeit, nicht aber den des Raumes, weil dieser in den höchsten Axiomen der Quantentheorie nicht vorkommt. Daher muß man sich fragen, ob dieses Weizsäckersche Apriori nicht schon von vornherein allzusehr auf die Physik abgezweckt ist und ob nicht Kant recht hatte, als er die Zeit zu den apriorischen Anschauungsformen rechnete. Können wir uns Erfahrung ohne Raum vorstellen? Man könnte weiter fragen, ob nicht die Kantischen Kategorien von 'Substanz' und 'Akzidenz' oder 'Ding' und 'Eigenschaften' ursprünglich sind? Auf jeden Fall erweckt es den Eindruck, als sei das Weizsäckersche Apriori nicht reichhaltig genug, Erfahrung transzendental zu konstituieren.

Weil der Ansatz bei den Ja/Nein-Unterscheidungen so suggestiv ist, könnte einem drittens leicht entgehen, daß er innerhalb einer physikalischen Axiomatik sinnlos ist. Auch Kant hatte fundamentale Urakte des Verstandes an die Spitze seiner Transzendentalphilosophie gestellt. So nennt er die Kategorien manchmal auch 'Verstandeshandlungen'[56], die uns freilich unbewußt bleiben. Doch wenn man mit Weizsäcker solche Urakte in die Objektebene hineinklappt, dann legen sie gerade jene Subjektivität in die Natur hinein, die man mit ihrer Hilfe doch allererst begründen wollte.

[56] KrV B 130.

„Entscheidbare Alternativen" können nämlich keine Eigenschaften der Natur sein – es sind menschliche Akte. Seit Kepler, Galilei und Newton hat die Physik ihre Präzision dadurch erreicht, daß sie keine anthropomorphen Begriffe mehr für die Erklärung von Naturphänomenen zuließ. Anders bei Weizsäcker: „In unserer Denkweise ist Materie nichts als die Möglichkeit der empirischen Entscheidung von Alternativen." Oder noch schärfer: „Das Atom ist ein Begriff menschlicher Handlungsmöglichkeit."[57] Dieser Satz könnte von Schelling oder Hegel stammen, ein physikalischer Satz ist er sicher nicht.

Aus der Theorie der empirisch entscheidbaren isolierten Alternativen als „binärer Alternativen" oder auch „Uralternativen" werden also die sogenannten „Ure" gewonnen: „Die Theorie des Urs ist also die Quantentheorie eines bits, der Ausgangspunkt einer Quantentheorie der Information ... So wie die Quantentheorie in der Rekonstruktion dargestellt worden ist, ist sie eine Theorie möglichen menschlichen Wissens."[58] Wenn man die Welt zerlege, ende man nicht bei kleinsten materiellen Teilchen, sondern beim 'Geist'. Die Gegenstände der Physik seien: a) die Welt, b) Gestirne, c) Dinge, d) Teilchen, e) Alternativen.[59]

Auf diese Art wird die Substanz der Welt in reine Information aufgelöst, so ähnlich wie sich einem Hinduisten in tiefster Meditation die materielle Solidität der Welt als bloßer Ausdruck ewiger, substratfreier INTELLIGENZ darstellt. Daß es das ist, worauf Weizsäcker hinaus will, wird in einem mehr technischen, an die Fachwelt gerichteten, Artikel deutlich, den Drieschner, Görnitz und Weizsäcker 1988 gemeinsam im „International Journal of Theoretical Physics" veröffentlicht haben. Auch dort wird das erste Postulat als Forderung nach Separierbarkeit eingeführt. Da aber Separierbarkeit im strengen Sinne in der Quantentheorie nicht durchführbar sei, müsse es eine noch „tiefer" liegende Interpretation dieser Theorie geben, die die ursprüngliche Alleinheit zum Ausdruck bringen würde, um mit der Vedantaphilosophie vereinbar zu sein.[60] Ich werde auf diese Überblendung zwischen Mystik und Physik zurückkommen.

Übrigens wird in dieser gemeinsamen Publikation der Begriff der 'Information' nicht, wie man erwarten würde, an die Spitze gestellt: Es ist hier keine Rede von einer „Quantentheorie der Information"; der Begriff der 'Information' taucht lediglich an peripherer Stelle auf. Man findet auch keine idealistischen Sätze mehr wie: „Das Atom ist ein Begriff menschlicher Handlungsmöglichkeit." Haben die Autoren gespürt, daß

[57] Weizsäcker (^{4}1984), S. 365; (1994), S. 102.
[58] Weizsäcker (1995), S. 306 f.; 332.
[59] Weizsäcker (1988), S. 413.
[60] Drieschner/Görnitz/Weizsäcker (1988), S. 299; 305.

ein physikalisches Fachpublikum diese idealistische Rhetorik abstoßend finden würde? Aber wenn man sie im Grenzfall auch weglassen kann, ist sie dann wirklich nötig?

Tatsächlich scheint Weizsäckers idealistische Rekonstruktion der Quantentheorie ein ähnliches Phänomen zu sein wie Newtons 'absolute Zeit' oder seine Konzeption des 'absoluten Raumes' als 'sensorium Dei'. Solche metaphysisch-theologischen Konzepte können, müssen aber nicht mit der Newtonschen Physik verbunden werden, weshalb sie aus allen modernen Lehrbüchern verschwunden sind. Auch Weizsäckers informationstheoretisch gepowerter Idealismus hängt nicht zwingend mit der Quantentheorie zusammen, und das ist der Grund, weshalb er nur von wenigen Physikern akzeptiert wird.

Der Weg über die grundlegenden Axiome ist also einer informationstheoretischen Deutung der Quantentheorie verbaut. Eine weitere Schwierigkeit wurde schon erwähnt: Es scheint, daß der Informationsbegriff unaufhebbar interessenrelativ ist, so daß er keine intersubjektive Quantifizierbarkeit erlaubt. Dieses Problem sucht Weizsäcker mit seiner Letztbegründung der Physik zu beheben.

Im Rahmen einer solchen Letztbegründung könnte das physikalische Objekt so eindeutig beschrieben werden, daß jede andere Beschreibung falsch würde. Es sieht zunächst einmal so aus, als könnten wir uns in der Physik diesem Ideal nähern. Wenn wir uns etwa im Rahmen der klassischen Physik bewegen, dann erscheint es so, als ließe sich eine objektive Informationsmenge dadurch definieren, daß man von jeder Punktmasse die Orts- und Impulskoordinaten angibt. Es ist nicht einzusehen, was man sonst noch über diese Objekte wissen könnte, so daß eine pragmatische Relativierung überflüssig scheint.

Natürlich enthält eine gegenüber Newton fortgeschrittenere Theorie mehr Informationen über die Materie. Sobald man zu einer Feldtheorie übergeht, wie sie im 19. Jahrhundert entwickelt wurden, gibt es zusätzliche Bestimmungsmomente der physikalischen Größen, die unsere Information von den Objekten vermehren. Der Informationsbegriff ist also zumindest theorierelativ. Objektiv und physikalisch eindeutig würde er nur, wenn es eine 'endgültige Theorie' gäbe, die den kognitiven Inhalt der Objekte ausschöpfte, also das, was man heute manchmal eine 'Theory of Everything' nennt.[61] Weizsäcker glaubte ursprünglich an eine solche 'endgültige Theorie', hat diesen Glauben aber, wie gesagt, später aufgegeben. Doch dann läßt sich der Informationsbegriff nicht mehr als streng objektivierbarer unter die physikalischen Begriffen rechnen.

[61] Steven Weinberg vertritt das Konzept einer 'endgültigen Theorie': Weinberg (1992). Zu solchen Theorien kritisch: Barrow (1992).

Weizsäcker wurde weiter dafür bekannt, daß er den Informationsbegriff nicht nur auf die Physik, sondern auch auf die Biologie bezog. Er als einer der ersten setzte den antiken Begriff der 'Form' und den modernen der 'Information' gleich. Wie diese, lasse sich auch die 'Form' quantifizieren: „Man kann nun als ein quantitatives Maß der Menge an Form eines Gegenstandes die Anzahl von einfachen Alternativen bezeichnen, die entschieden werden müssen, um seine Form zu beschreiben."[62]

Dies setzt voraus, daß es eine 'kanonische' Beschreibung gibt, gegenüber der alle anderen schlechter oder falsch wären. Bei der enormen Komplexität der Lebewesen sieht man aber nicht, warum es nicht mehrere funktional äquivalente Beschreibungen geben sollte, die sich in ihrem quantitativen Informationswert unterscheiden, vor allem, weil man ja auch hier nicht weiß, bis zu welcher Analyseebene man herunterzoomen soll, um das Lebewesen 'richtig' beschrieben zu haben. Auch diese Beschreibung hängt wesentlich von unserer Fragestellung ab. In der Komplexitätstheorie ist daher die Interessenrelativität des Informations- und des Komplexitätsbegriffes allgemein anerkannt.[63]

Während die meisten Physiker den Informationsbegriff als Grundbegriff der Quantentheorie ablehnen und a fortiori eine darüber hinausgehende idealistische Deutung der Physik, hatte Weizsäckers Vorschlag Gen = Eidos zu setzen, großen Erfolg. Diese Vorstellung durchdringt viele Biologiebücher als eine schlichte Selbstverständlichkeit.[64] Die Verbindung von Informationstheorie und Biologie ist allerdings schon älter. Als Francis Crick und James Watson 1953 die Doppelhelix entdeckten, beschrieben sie das Verhältnis zwischen Geno- und Phänotypus sofort mit Begriffen der damals neu entstandenen Computerwissenschaft.

Seither hat sich die Auffassung, die Gene trügen 'Information', überall verbreitet, ohne daß die Frage gestellt wird, wer hier für wen Information verbreitet und inwiefern der Informationsbegriff auch dann noch sinnvoll sein könnte, wenn es weder Sender noch Empfänger, noch Ver- oder Entschlüssler im eigentlichen Sinne gibt? Die Biologie ist vielleicht ein besonderer Fall, weil es sich hier um Lebewesen handelt und weil man womöglich für solche Wesen einen herabgestuften Kommunikationsbegriff definieren kann. Aber auch dann entstehen die bereits erwähnten Probleme, daß man nämlich eine semantische und pragmatische Dimension für einen Bereich festlegen muß, für den sie zunächst einmal nicht definiert sind.[65]

[62] Weizsäcker (1984), S. 347.

[63] Richter/Rost (2002), S. 4; 26; 112.

[64] So z. B. in Ernst Mayrs „Neue Philosophie der Biologie" (1991), S. 76.

[65] Dieses Problem wird in Bezug auf die Biokybernetik von Bernd-Olaf Küppers in Kapitel 5.4 näher behandelt. Weizsäcker hat verschiedentlich mit Küppers zu-

Der Biokybernetiker Wolf Keidel hat die Mehrdeutigkeit des Informationsbegriffs humorvoll auf den Punkt gebracht. Er vergleicht sie mit verschiedenen Deutungen der Wagnerschen Musik: „Während für die einen die Wagnersche Musik dem Paradies, zumindest dem Schlüssel dazu, gleicht, bewertet die andere Gruppe seine Musik als reinen Lärm, den man nur in Dezibel A messen könne."[66] So schwankt auch der 'Informationsbegriff' zwischen einer rein quantitativen, quasi physikalischen und einer ideellen Größe, die an das 'eidos' der Griechen erinnert.

Bei Weizsäcker führt die Überblendung von Quantentheorie mit einer spiritualistischen Identitätsphilosophie dazu, daß man aufgrund seiner Theorie in der Wissenschaft alles beim Alten lassen und dennoch Idealist sein kann. Was daher bei ihm ausfällt, ist jede Form von Wissenschaftskritik. Es gibt zwar Stellen, wo er z.B. das Experiment eine „Vergewaltigung der Natur" nennt, den rein machtförmigen Charakter der Physik anerkennt oder sogar einen Ton anschlägt, der an Adornos oder Horkheimers Positivismuskritik erinnert: „Die Einschränkung der Wirklichkeit, auch des Erkenntnisbegriffs, auf die Willens- und Verstandeswelt schafft eine Verzerrung des Blicks und des Handelns, die sich heute mörderisch auswirkt. Die Krise dieser Verzerrung ist unausweichlich. Der Versuch, den Erkenntnisbegriff erkennend zu verändern, steht freilich unter dem Schatten der Einsicht, daß Philosophie für uns Menschen zu schwer ist."[67]

All dies führt bei Weizsäcker aber niemals dazu, Alternativen der Wissenschaft zu prüfen, etwa mit seinem Philosophenfreund Georg Picht zu fragen, wie eine Naturerfahrung aussehen könnte, die die Natur nicht vergewaltigt, die also nicht rein machtförmig wäre. Pichts Ansatz ist in dieser Hinsicht sehr radikal. Er fordert angesichts der ökologischen Problematik „ein neues wissenschaftliches Paradigma" mit einer totalen „Revision der tragenden Grundbegriffe und Methoden der bisherigen Wissenschaft."[68]

sammengearbeitet. Er schrieb auch ein Vorwort für ihn (1986), in dem er sich seinem Ansatz einverstanden erklärt. Küppers andererseits ist ein extremer Reduktionist. Wenn man Eidos = DNA setzt, dann kann man diese Gleichung immer entweder reduktionistisch oder idealistisch lesen – je nach Bedarf.

[66] Keidel (1989), S. 111.

[67] Weizsäcker (1958), S. 30; (1977), S. 94; (1984), S. 567f. Weizsäcker hatte allerdings auch früher schon darüber geklagt, daß die Philosophie „zu schwer" für den Menschen sei: Weizsäcker (1964), S. VII.

[68] Picht (1979), S. 27. Etwas weniger radikal werden solche Fragen nach dem Eigenwert von Natur heute im Anschluß an die Aristotelische 'Physik' gestellt. Diese 'Physik' behandelt Weizsäcker immer nur als Vorgängertheorie der modernen: Weizsäcker (1958), S. 113. Das in ihr angelegte wissenschaftskritische Potential macht er wegen seiner physikalistischen Grundeinstellung nicht fruchtbar, wie das in der heutigen Diskussion geschieht: Böhme/Schiemann (1997), Rehmann-Sutter

Von einer solchen einschneidenden Wissenschaftskritik findet sich bei Weizsäcker nichts. Sie würde seinem Szientismus und seinem tief gehängten Philosophiebegriff widersprechen, denn: „Der Versuch, den Erkenntnisbegriff erkennend zu verändern, steht freilich unter dem Schatten der Einsicht, daß Philosophie für uns Menschen zu schwer ist."

Dies gilt jedoch nur, wenn man Philosophie als physikalistische Identitätslehre anstrebt. Diese ist in der Tat „zu schwer für uns Menschen", weil sie nämlich den Gottesstandpunkt voraussetzt, über den wir nicht verfügen.

Von der Physik zum Platonischen Ideenrealismus

Nach Kant erforscht die empirische Wissenschaft bloße Phänomene. Sie ist keine Lehre von den Wesensgründen der Natur wie der Platonische Idealismus. Von daher gibt es ein Ausschließlichkeitsverhältnis zwischen Platonismus und Kantianismus.

Idealisten wie Hegel haben versucht, Kants Phänomenalismus zu überwinden, um die Platonischen Ideen, vor allem aber auch die Aristotelischen Formen, in einer neuen Synthese aufzuheben. Der argumentative Aufwand, den Hegel zu diesem Zweck betreibt, ist ziemlich hoch. In der Tat kann man nach Kants Kritiken nicht einfach nur von den 'Wesensgründen des Seins' sprechen.

Insofern auch Weizsäcker eine an Hegel gemahnende Synthese der Wesensgründe vorschwebt, würde man auch bei ihm einiges an argumentativem Aufwand erwarten, denn selbst wenn die Kantische Letztbegründungsstrategie zum Ziele führen würde, bliebe sie doch zunächst in einem rein subjektiven Idealismus befangen und man wüßte gerne, wie man von hier zu einer objektiven Ideenlehre kommt.

Daß Weizsäcker hier keine Begründungslasten spürt, liegt daran, daß er nie geglaubt hat, daß die Physik auf bloße Phänomene beschränkt sei. Für ihn war sie von vornherein die Instanz, die das Reale als solches, und zwar als Idee, erkennt. Eine kritische Prüfung ergibt allerdings, daß man die Physik überinterpretieren muß, um sie zu einer idealistischen Berufungsinstanz zu machen. Auch in Bezug auf diesen Übergang ist es wiederum so, daß meine nun folgenden Überlegungen von allgemeinem Interesse sind, daß sie also nicht nur Weizsäckers Ansatz betreffen. Wer eine direkte Verbindung zwischen Physik und Religion sucht, wird Tendenz haben, die Physik idealistisch zu überfrachten, wofür es auch sonst genug Beispiele

(1996), Mutschler (2002b). Böhmes Ansatz bei der Leiberfahrung war Weizsäcker schon vom Starnberger Institut her bekannt. Auf diesen alternativen Ansatz seines Schülers hat er sich allerdings nicht weiter eingelassen.

gibt. Meine Kritik an Weizsäcker ist daher zugleich eine Kritik an allen solchen Versuchen.

Weizsäckers erstes „Postulat“ beinhaltet, wie gesagt, die Forderung nach empirisch entscheidbaren isolierten Alternativen, sogenannten „binären“ oder „Uralternativen“: „Die Theorie des Urs ist also die Quantentheorie eines bits, der Ausgangspunkt einer Quantentheorie der Information.“ Der Begriff der „Ure“ ist natürlich eine Nachbildung des griechischen Wortes ἀρχή, also eines Urgrunds des Seins und Erkennens und bei Weizsäcker zugleich das grundlegende Axiom seiner reformulierten Quantentheorie.

In der antiken und auch in der mittelalterlichen Philosophie war die Frage nach dem ‘Ursprung’, der ἀρχή oder dem ‘principium’, fundamental. Diese Frage wurde dann weiter mit der Frage nach dem göttlichen Ursprung ins Verhältnis gesetzt. „In principio erat verbum“, lautet der erste Satz des Johannesevangeliums: „Im Anfang war das Wort.“ Dieser „Anfang“ ist kein zeitlicher, was lateinisch ‘initium’ hieße. Man kann aber leicht zeigen, daß die axiomatischen Voraussetzungen moderner Theorien nicht mehr zu dem führen, was früher einmal eine ἀρχή war. Es ist wohl richtig, was Kant lehrte, daß die moderne Physik sich nur auf Erscheinungen und nicht auf Wesenheiten oder auf ‘Dinge-an-sich’ bezieht.

Man könnte natürlich einfach die höchsten axiomatischen Voraussetzungen einer modernen mathematischen Theorie mit dem Etikett αρχη versehen, aber dann reproduziert sich eine Eigenschaft der alten Prinzipien in den neuen nicht mehr, die hier entscheidend ist. Wenn Thales als ἀρχή das ‘Wasser’ bestimmt, Empedokles die ‘Liebe’ und den ‘Streit’ oder Plato die ‘Ideen’, dann wollen diese Philosophen Prinzipien bestimmt haben, die von sich aus Prinzip sind und deren Rolle sich nicht mit dem Prinzipiatum vertauschen läßt. Genau das ist aber bei den modernen axiomatisierten Theorien der Fall. Man kann grundsätzlich zu jedem axiomatisierten System ein logisch äquivalentes finden, bei dem die Axiome, Schlußregeln und Theoreme eine veränderte Stellung einnehmen. Hier gibt es also keine ἀρχή, keinen ‘Anfang’, der von sich aus Anfang wäre, sondern es kommt allein auf die Relationen zwischen Relaten an, wobei die Relate nur durch diese Relationen bestimmt sind.

In der Physik macht sich dies dadurch bemerkbar, daß es eine Frage der Konvention ist, welche Begriffe wir an die Spitze stellen. So stehen in einer verbreiteten Version der Newtonschen Physik ‘Zeit’, ‘Raum’ und ‘Masse’ an der Spitze. In einer anderen Formulierung, die Ende des 19. Jahrhunderts in Mode war, bestimmte man die ‘Kraft’ statt der ‘Masse’ als Grundbegriff. Beide Formulierungen sind logisch äquivalent und empirisch gleich gehaltvoll. Sie beruhen jedoch auf ganz verschiedenen ontologischen Voraussetzungen. Dementsprechend gibt es drei äquivalente Formulierungen der Quantentheorie: die Matrizenmechanik von Heisenberg, die Wellenmechanik von Schrödinger und die Pfadintegrale von Feynman. Diese verschiedenen Formulierungen legen ganz verschiedene Ontologien nahe. Die Frage, was von sich her Anfang, ἀρχή oder 'Ur' ist, läßt sich in einer relationalen Wissenschaft, wie der mathematischen Physik, nicht beantworten.

Vielleicht war es kein Zufall, daß Plato, jedenfalls im 'Staat', die mathematischen Vorstellungen nicht zu den Ideen rechnete, sondern nur als Weg zu den Ideen anerkannte und daß er später nur gewisse mathematische Grundvorstellungen, wie z.B. die 'Idealzahlen', zur Ideensphäre zählte. 'Kein der Mathematik Unkundiger trete hier ein', soll über dem Tor der Platonischen Akademie gestanden haben. 'Keiner, der nur Mathematik treibt, bleibe hier drin', möchte man hinzufügen.

Der genannte Sachverhalt ist übrigens die Ursache dafür, daß es niemals gelungen ist, einen physikalischen Begriff, wie den der 'Masse', der 'Energie' oder des 'Feldes' als ontologischen Grundbegriff der Physik auszuzeichnen. Im 18. Jahrhundert betrachtete man mit Vorliebe die Masse – oder was man damit identifizierte: die Materie – als Zentralbegriff. Aber die äquivalenten Formulierungen mit Hilfe des Kraftbegriffs sprechen dagegen. Eine Energieontologie entwickelte Wilhelm Ostwald zu Beginn des 20. Jahrhunderts, aber sie konnte sich aus demselben Grunde ebenso wenig durchsetzen. Entsprechend erging es den Feldontologien, die im Gefolge Einsteins vertreten wurden. Obwohl sehr verbreitet, hängt ihre Begründung in der Luft. Physikalische Begriffe stützen keine Ontologie der 'Wesenheiten'.

Dagegen entwickelt Weizsäcker in seiner Schrift „Die Einheit der Natur" unter dem Titel „Form als Substanz" und „Geist und Form" seine „neuplatonische Lehre, daß die Ideen sich selbst wissen".[69] Er definiert dort „drei Wesenheiten Materie, Bewegung, Form", die den Maßgrößen Masse, Energie, Information entsprechen, führt alle diese „Wesenheiten" auf die Information zurück, die er auch hier mit dem antiken Form- oder Ideenbegriff identifiziert: „Substanz ist Form. Spezieller: Materie ist Form. Bewegung ist Form. Masse ist Information. Energie ist Information."

Akzeptiert man einmal, daß der Informationsbegriff über die Theorie der „Uralternativen" begründbar sei, dann wären die drei „Maßgrößen" 'Masse', 'Energie' und 'Information' physikalisch definiert. Aber was könnte uns veranlassen, sie für „Wesenheiten" zu halten, also für Platzhalter des Materie-, Bewegungs- und des Formbegriffs?

Was sollen Sätze besagen wie „Substanz ist Form", „Materie ist Form", „Bewegung ist Form" usw.? In welcher Hinsicht könnte z.B. Materie Form

[69] Weizsäcker (^{4}1984), S. 360–366.

sein? Doch höchstens so, daß Materie gemäß idealistischer Konzeption nichts Selbständiges wäre, sondern bloßer Ausdruck von Form. Form wäre danach das innere Wesen, Materie die äußere Erscheinung. Einen anderen Sinn kann man diesen emphatischen Sätzen schwerlich verleihen. Im selben Atemzug mit dieser emphatischen Ontologie der Wesenheiten spricht Weizsäcker dann plötzlich wieder von ganz harmlosen Meßgrößen: „Masse ist Information", „Energie ist Information". Hier denkt er offenbar an physikalische Sätze wie die Energie-Masse-Äquivalenz aus der Speziellen Relativitätstheorie: $E = mc^2$

Andererseits sieht man sofort, daß solche Gleichungen mit der Frage nach dem Verhältnis von Wesen und Erscheinung nichts zu tun haben. Diese Gleichung drückt weder aus, daß Energie im Grunde Masse sei, noch das Umgekehrte, noch, daß Energie und Masse bloße Erscheinungsformen eines Dritten, Identischen, beidem Zugrundeliegenden, seien (so hat Einstein seine eigene Formel gedeutet).[70]

Solche Gleichungen enthalten von Hause aus keinerlei Tiefsinn. Sie besagen nur, daß in einer Rechnung der Term E salva veritate durch mc^2 ersetzt werden kann und umgekehrt. Ein asymmetrisches Verhältnis von 'Wesen' und 'Erscheinung' oder die Tatsache, daß diese jenes zum Ausdruck bringt, sind im Begriff einer mathematischen Gleichung nicht enthalten – dafür ist sie einfach nicht gemacht. Physikalische Phänomene sind keine Ausdrucksphänomene.

Weizsäckers Spekulationen sind der verzweifelte Versuch, moderne Physik und antike Formenlehre in Übereinstimmung zu bringen. So auch, wenn er den klassischen Topos der „Selbstbewegung" aus seiner substantialistisch gedeuteten Physik abgeleitet zu haben vorgibt: „Energie ist das Vermögen, Materie zu bewegen. Wenn Materie und Energie identisch sind, so ist Materie zugleich das Vermögen, sich selbst zu bewegen." „Selbstbewegung" war für Aristoteles das entelechiale Grundprinzip seiner metaphysischen Naturdeutung. Hier soll es in empirische Physik rückverwandelt werden.

Nach Kant sind solche Übergänge Formen schlechter Metaphysik. Für ihn begreift die empirische Wissenschaft mit ihren Gesetzen die Natur mit bloß endlichen Mitteln, d.h. kategorial. Betrachtet man die Natur hingegen als Ausdruck von Ideen oder Formen, dann ist man Metaphysiker und überdehnt den Geltungsanspruch empirischer Begriffe ins Transzendente.

[70] Einstein (1990), S. 49. Der Physikhistoriker Max Jammer folgt ihm hierin: „Masse und Energie sind identisch, sie sind synonym für das gleiche physikalische Substrat." Er spricht auch von „Massergie" und ihren zwei „Erscheinungsweisen": Jammer (1964), S. 202f. Das Problem ist, daß wir nicht wissen können, was „Massergie" ist. Sie ist uns nur als Energie oder als Masse gegeben.

Eine Neigung zu solchen Extrapolationen liegt nach Kant im Wesen des Menschen, der zum Bedingten stets das Unbedingte sucht, aber die Pointe bei Kant ist eben die, daß wir das Unbedingte mit endlichen Mitteln, d.h. mit den Mitteln empirischer Wissenschaft, niemals fassen können.

Ein damit zusammenhängender Punkt ist hier weiter von Bedeutung: Rein relational-strukturelle oder mathematisch-syntaktische Gebilde sind nicht nur untauglich, eine ἀρχή als Anfang eigenen Rechts zu bestimmen, sie sind auch viel zu formal und inhaltsleer, um als substantielle ἀρχή fungieren zu können.

Man sollte, um dies zu klären, vielleicht zwei Arten von 'Ontologie' unterscheiden:

1) Moderne szientifische Ontologien, die eine Antwort auf die Frage suchen: Was gibt es überhaupt? Solche Ontologien stellen mit Bertrand Russell die Frage nach dem „Inventar der Welt"[71], sie sind Ontologien des 'Vorhandenen'.

2) Klassisch-metaphysische Ontologien, die Antwort auf die 'Wesensfrage' geben: Was existiert eigentlich – von sich her? Was liegt allem zugrunde oder was drückt sich in den Erscheinungen aus?

Ontologien des Typs 1) werden Antworten geben wie: 'Es gibt nur Entitäten der Kategorie 'Ereignisse' oder 'Es gibt auch Gegenstände mit Eigenschaften' oder 'Es gibt darüber hinaus Personen und Handlungen' oder 'Es gibt Zahlen, Mengen, Funktionen' usw., während Ontologien des Tpys 2) Antworten geben werden wie: 'Alles ist Geist', 'Alles ist eine Einheit von Form und Materie', 'Sein ist Zeit' usw.,

Ontologien des Typs 1) sind der Physik oder allgemein den Naturwissenschaften angemessen und wurden deshalb auch im Hinblick auf sie entwickelt. Ontologien des Typs 2) sind metaphysisch und beantworten Wesensfragen.

Der Fehler bei Weizsäcker ist nun, daß er auf Fragen des Typs 1) Antworten des Typs 2) gibt, kantisch gesprochen, daß er in seiner Theorie unerlaubterweise von den Kategorien zu den Ideen übergeht: „Die Welt selbst erscheint in dieser Theorie als der Inbegriff der Formen."[72]

Abstieg von den Ideen und Identitätsmetaphysik

Weizsäckers Denken ist also, wie er sagt, ein Denken im „Kreisgang". Ein solches Denken wendet er polemisch gegen die traditionelle Philosophie, die hierarchisch strukturiert sei. Als Grund für die Bevorzugung des alter-

[71] Russell in Wolf (1993), S. 70.
[72] Weizsäcker (1977), S. 364.

nativen „Kreisgangs“ habe ich seinen Physikalismus genannt: eine physikalistische Weltauffassung setzt keine Wertunterschiede in die Natur, wie die teleologischen Konzepte. Dem Physikalisten erscheinen alle Phänomene ‘demokratisiert’, gleichsam wie auf einer horizontalen Ebene, während dem Teleologen alles hierarchisch, d.h. vertikal geordnet erscheint.

Ein zweiter Grund für Weizsäckers Bevorzugung des „Kreisgangs“ scheint in der Mystik und in gewissen, der Mystik nahestehenden Philosophien zu liegen. Der Mystiker, der die Einheit aller Dinge erfährt, erfährt Gott in allem ohne Unterschied. In der zenbuddhistischen Mystik gibt es eine Auffassung, wonach der Mönch vor der Erleuchtung in der gewöhnlichen Erfahrungswelt lebt, die wir alle vor uns haben. Auf dem Weg zur Erleuchtung werden ihm die Gegenstände fremd und der Geist tritt in ein antagonistisches Verhältnis zu ihnen. Auf dem Höhepunkt der Erleuchtung angelangt, wendet sich der Erleuchtete jedoch wieder den Dingen zu, nun aber auf eine völlig andere Weise. Die Erfahrung ist jetzt kein Hindernis mehr für den Geist. Daher sehen zenbuddhistische Meister so gewöhnlich aus. Sie wollen so aussehen, und es ist ihre Stärke, daß sie so aussehen.[73]

Jeder, der sich mit der Kultur des Zenbuddhismus beschäftigt hat, sei es mit der Malerei, den Teezeremonien, dem Bogenschießen, Gartenbau, Ringkampf oder was auch immer, wird diese sublime Art des Ausdrucks schätzen, aber typisch für einen Abendländer wie Weizsäcker ist, daß er das, was in Ostasien *praktisch* realisiert wird, in die Theorie hineinzieht, was kein Zenbuddhist jemals tun würde.

Ein damit zusammenhängendes Problem entsteht aus Weizsäckers Bemühen, den Kreisgang in seinen Begriff hereinzuholen. Hier setzt er zunächst bei Plato an, indem er sich auf eine umstrittene These von „Platos ungeschriebener Lehre“ durch Konrad Gaiser stützt. Nach Gaisers und Weizsäckers Auffassung ist der ‘eigentliche’ Plato nicht der, den wir aus seinen Schriften kennen. Plato habe vielmehr seine ‘eigentliche’ Philosophie geheim gehalten. Sie bestehe im Wesentlichen darin, nicht nur den Aufstieg von den Phänomenen zu den Ideen zu lehren, sondern insbesondere den Abstieg (und damit Kreisgang) von den Ideen zurück zu den Phänomenen, und zwar im Sinne einer mathematischen Deduktion. Auch Gaiser ist mit Weizsäcker der Meinung, daß die moderne Physik inzwischen zur genuin Platonischen Lehre vom Abstieg zurückgekehrt sei.[74] Allerdings scheint eine solche Platointerpretation weit hergeholt, wenn man sie an präziseren mißt, wie etwa an der von Franz von Kutschera.[75]

[73] So nach Enomiya-Lassalle (1971), S. 50.

[74] Gaiser (1998), S. 326.

[75] Kutscheras dreibändiges Werk über Plato zeichnet sich dadurch aus, daß es

Bei Weizsäcker entsteht hingegen durch den 'Kreisgang' eine Art von 'Identitätsphilosophie', wie man sie im deutschen Idealismus genannt hat. Subjekt und Objekt, Geist und Materie, Geschichtlichkeit und Strukturiertheit fallen hier identisch zusammen. Nur auf diese Art läßt sich, so Weizsäcker, der „Dualismus von Sinnending und Idee" überwinden. Der Abstieg hat dabei, wie gesagt, den Charakter einer mathematischen Deduktion: „Ich halte nur fest, daß im Abstieg das Viele eben als Mathematisches entsteht."[76]

Hat man diesen „Kreisgang" vor Augen, dann versteht man auch, weshalb Weizsäcker die lebensweltlichen Voraussetzungen der Physik nur kurz streift, um sie in einem zweiten Schritt sofort wieder hinter sich zu lassen. Von hier her erschließt sich auch die Emphase, mit der er immer wieder versucht, die „semantische Konsistenz" der Quantentheorie nachzuweisen. Die Phänomene dürfen nichts enthalten, was die Theorie nicht bereits richtig beschrieben hat, sonst wäre der 'Kreisgang' falsch. Für jeden anderen Philosophen entdramatisiert sich das Verhältnis zwischen Wissenschaft und Lebenswelt: Sie müssen ja nicht zur Deckung kommen.

Ich habe den Übergang von den empirisch abgestützten Theorien der Physik zu den 'Ideen' als illegitim kritisiert. Der „Abstieg" scheint mir noch voraussetzungsreicher. In dem bereits erwähnten Artikel von Drieschner, Görnitz und Weizsäcker hatten die Autoren in Aussicht gestellt, daß man 'hinter' ihrer axiomatischen Formulierung der „Uren"-Theorie noch etwas Ursprünglicheres ausfindig machen könne, denn die Quantentheorie verbiete im strengen Sinne die Separierbarkeit der Systeme oder Teilchen, es sei in Wahrheit alles Eins, und diese Alleinheit müsse im Sinn der Vedantaphilosophie auch innerhalb der Physik zum Ausdruck gebracht werden können.

Seit Fritjof Capras „Tao der Physik" gibt es immer wieder solche Versuche, die Alleinheit, die der östliche Mystiker in tiefster Meditation erfährt, in den Ergebnissen der neuesten Physik wiederzufinden. Auch der Physiker Hans-Peter Dürr nähert die Erfahrung der Quantentheorie und die spirituelle Erfahrung der ostasiatischen Mystik stark an. Die Quantentheorie beziehe sich nicht auf Dingliches, Reales oder Materielles, sondern auf Geistiges, Relationales, auf unzerlegbare Potentialitäten. Hier gelte:

nicht nur textgetreu, sondern auch von einem systematischen Interesse getragen ist. Weizsäcker wird in diesem Buch übrigens nirgends erwähnt. Nach Kutschera sind die Rekonstruktionsversuche von Platos 'ungeschriebener Lehre' abenteuerlich. Er legt weiter mit Recht die Ideenlehre im teleologischen Sinn aus und betont auf diese Art den Gegensatz zur modernen Physik; Kutschera (2002), Bd. III, S. 86; 154.

[76] Weizsäcker (1995), S. 881; 1088.

„Potentialität erscheint als das Eine, das sich nicht auftrennen, grundsätzlich nicht zerlegen läßt.“[77]

Wie soll nun dieses Alleine zum Gegenstand der Physik werden? Läßt sich aus A = A etwas ableiten? Muß man nicht immer eine Vielheit von Axiomen voraussetzen, wenn der „Abstieg“ auf mathematische Weise vonstatten gehen soll? Und gibt es nicht eine zwingende Regel für Axiome, daß sie logisch unabhängig sein sollen, d.h., daß sie eben gerade nicht identisch sein können? Und ist nicht alles Denken prinzipiell auf die Spannung zwischen Vielheit und Einheit hin festgelegt? Ließe sich eine absolute Einheit überhaupt denken oder kann sie im Grenzfall vielleicht nur angeschaut werden, wie dies eine mächtige Tradition von Plotin bis zu den Zenbduddhisten behauptet? In Goethes „Maximen und Reflexionen“ heißt es: „Das Höchste ist das Anschauen des Verschiedenen als identisch.“[78] Goethe, ein Verehrer Plotins, spricht hier ganz bewusst vom „Anschauen“ und nicht vom „Denken“ oder „Begreifen“. Plotin und Goethe waren keine Theoretischen Physiker, aber sie sahen wohl, daß das 'Eine' nicht Gegenstand einer wie auch immer gearteten Theorie sein kann. Gleichwohl haben Philosophen von Bruno bis Schelling dieses 'Eine' immer wieder zum Gegenstand ihres philosophischen Denkens gemacht. In dieser Tradition steht auch Weizsäcker, der in vielem an Schelling erinnert.

Reine Identitätslehren schmelzen alle Differenzen ein. Oder, wie es bei Weizsäcker heißt: „Substanz ist Form. Spezieller: Materie ist Form. Bewegung ist Form. Masse ist Information. Energie ist Information.“[79] Ich hatte oben das 'Ist' in diesen Sätzen als Platzhalter des 'Wesenhaften' gedeutet. Das war aber noch zu schwach. Das 'Ist' drückt hier nicht nur das Wesen, sondern das Wesen des Wesens, nämlich das 'Sein' als absolute Identität aus, weshalb es sich iterieren läßt. Ein Satz wie „Materie ist Form“ hätte nie bei Aristoteles stehen können, wohl aber bei Schelling oder seinem Gewährsmann, Giordano Bruno.[80] Solche Alleinheitslehren beruhen darauf, daß es nicht nur einen Aufstieg zur Idee gibt, sondern auch einen Abstieg, der sich zum Kreis schließt.

Wie Schelling, so kritisiert auch Weizsäcker Kant dafür, daß er keinen 'Abstieg' gelehrt habe.[81] Denselben Vorwurf macht er übrigens auch Ari-

[77] Dürr (2001), S. 18.

[78] Goethe GW Bd. XXI, S. 128.

[79] Weizsäcker (^{4}1984), S. 361.

[80] Vgl. Schellings Plato nachempfundenen Dialog „Bruno“: Schelling, Werke Abt. I/4, S. 213ff.

[81] Weizsäcker behauptet, daß Kant „am Problem der besonderen Naturgesetze gescheitert“ sei, weil er nämlich nur die allgemeine Form der Gesetzlichkeit transzendental begründet habe: Weizsäcker in Görnitz (1995), S. 24. Das hat ihm auch Schelling vorgeworfen. Demgegenüber lehren beide einen deduktiv nachvollzieh-

stoteles.[82] Doch hat der prätendierte 'Abstieg' desolate Folgen. Bei Schelling führt er dazu, empirische Fakten apriorisch zu deduzieren.[83] Bei Weizsäcker ist es gerade umgekehrt: Er vernichtet die Eigenständigkeit der Philosophie aufgrund eines überhöhten Geltungsanspruchs der Physik. Ansonsten vertreten beide eine der Struktur nach ganz ähnliche Identitätslehre, die so viel Verwandtschaft aufweist, daß man unbesehen Schellingzitate in Weizsäckers Werken verstecken könnte, ohne daß es auffiele. So z.B.: „Die notwendige Tendenz aller Naturwissenschaft ist also, von der Natur aufs Intelligente zu kommen ... Die höchste Vervollkommnung der Naturwissenschaft wäre die vollkommene Vergeistigung aller Naturgesetze zu Gesetzen des Anschauens und des Denkens ... Die vollendete Theorie der Natur würde diejenige sein, kraft welcher die ganze Natur sich in Intelligenz auflöste."[84]

Das ist es, was auch Weizsäcker mit seiner informationstheoretischen Deutung der Quantentheorie wollte. Er sagt: „Die heutige Physik hat keine Schwierigkeit, Schellings Formel als Hoffnung auf tiefere künftige Einsicht anzuerkennen, die Natur sei der Geist, der sich nicht als Geist kennt."[85] Daher ließe sich auch das umgekehrte Spiel treiben. Ein Satz wie „In uns erkennt das Absolute sich, denn das Absolute ist das einzige Subjekt"[86] würden wohl die meisten Philosophen Schelling zuschreiben, obwohl er von Weizsäcker stammt. Weizsäcker ist auch ansonsten Schelling sehr ähnlich. Beide haben das Absolute in der Physik gesucht und sind daran gescheitert.

Von der Identitätsmetaphysik zur Mystik

Von dem schwankenden Fundament einer Welt „als Inbegriff der Formen" wird Weizsäcker nun weiter nach dem Grund der Formen oder Ideen fragen. Bei Plato war es so, daß die Ideen der Welt Sein und Er-

baren 'Abstieg' von der Idee zur Realität. Ich halte dies für das 'proton pseudos' jeder Identitätsphilosophie.

[82] Weizsäcker (1994), S. 188. Ottfried Höffe betont in seiner Einführung in Aristoteles' „Zweite Analytik", daß es bei Aristoteles keine metaphyische Einheitswissenschaft gibt, weil er die inhaltlichen Grundprinzipien der Einzelwissenschaften nicht aus einem übergeordneten Konzept ableitet: Höffe (1992), S. XXIV.

[83] Aus seinen Prinzipien und ohne Nachweis im Experiment behauptet er z. B., daß der Nordpol eines Magneten stärker anziehe als der Südpol oder daß das Gold auf anderen Planeten „in anderer Qualität gebildet" sei, als auf der Erde usw.; Schelling, Werke Abt. 1/III, S. 122, Anm. 1; Abt. 1/IV, S. 447.

[84] Schelling, Werke Abt. 1/III, S. 340f.

[85] Weizsäcker (1995), S. 973.

[86] Weizsäcker (1994), S. 90.

kennbarkeit verliehen. Die höchste Idee, die 'Idee des Guten' war für ihn identisch mit Gott, und von dieser 'Idee des Guten' sagt Plato, daß sie noch „jenseits der Erkennbarkeit" liege, d. h. hier gerät die Vernunft an ihre Grenze. Auch diesen Platonischen Topos sucht Weizsäcker in seine Spekulationen hereinzuholen. Die Grenze wird von ihm aber nicht als eine solche der Vernunft bestimmt, sondern charakteristischerweise als eine der Physik: „Die Grenze der Physik müßte demnach die Grenze des begrifflichen Denkens sein." Dies sei aber nicht alles, denn: „Die Physik ist nur möglich vor dem Hintergrund der negativen Theologie."[87] Heißt das, daß man ohne negative Theologie keine Physik treiben kann, und wie gelangt man zu diesem Hintergrund? Etwa so: „Der Gedanke einer Objektivierbarkeit des letzten Subjekts erscheint von der Transzendentalphilosophie her als eine Verwechslung des Empirischen und des Transzendentalen. Meditation objektiviert wesentlich nicht. Gott ist nicht Inbegriff der Formen, sondern der Grund der Form."[88]

Von Weizsäcker gibt also zu, daß Kants transzendentale Denkfigur hier kollabiert. Aber wenn das der Fall ist, dann läßt sich dieser mystische „Hintergrund" nicht mehr als Möglichkeitsbedingung aufweisen. Er bleibt vielleicht dem charismatischen Zugang des Meditierenden offen. Wer aber diesen Zugang nicht hat, dem wird er unverständlich bleiben, keinesfall kann er eine logische Konsequenz aus der Formbestimmtheit der Welt sein, wo doch alle Logik hier ans Ende gelangt ist. Es ist also nicht richtig, daß „die Anerkennung einer meditativen oder mystischen Erfahrung … eine Konsequenz des Verständnisses des Wesens der Rationalität" ist.[89]

Weizsäcker brächte wohl gerne einen kontinuierlichen Übergang zwischen Physik, Philosophie und Mystik zustande. Nirgends sollen Brüche entstehen. Alles soll ineinander übergehen, oder wie es oben hieß: „Substanz ist Form. Spezieller: Materie ist Form. Bewegung ist Form. Masse ist Information. Energie ist Information" usw.

Solche beschwörenden Einheitsformeln finden sich auch bei Giordano Bruno. Er scheint eine Schlüsselfigur, um die Identitätsmetaphysik Weizsäckers und ihren Zusammenhang mit der religiösen Mystik zu begreifen. Bei Bruno wird der Übergang besonders deutlich in seiner Schrift „Über die Ursache, das Prinzip und das Eine". Hier stellt Bruno zunächst einmal die Vielheit der damals geltenden Aristotelischen Prinzipien vor. Er ver-

[87] Weizsäcker (^{4}1984), S. 318 f.

[88] Weizsäcker (^{4}1984), S. 366.

[89] Weizsäcker (^{4}1984), S. 480. Weil es sich nicht so verhält, argumentiert Weizsäcker manchmal auch schwächer. Dann macht er nur darauf aufmerksam, daß eine gewisse Affinität zwischen der Theologie und seiner These von der Information als Substanz der Welt besteht. Wenn letzteres wahr wäre, würde man diese Affinität nachvollziehen können.

sucht dann zu zeigen, daß diese Prinzipien nur für den endlichen Standpunkt gelten, d.h. für denjenigen Philosophen, dessen Vernunft sich noch nicht bis zur Anschauung des Alls geweitet hat. Hat sich die Vernunft so geweitet, dann gibt es alles nur noch als bloße Form der absoluten Identität: „Das Universum also ist Eins, unendlich und unbeweglich. Eins, sage ich, ist die absolute Möglichkeit, Eins die Wirklichkeit, Eins die Form oder die Seele, Eins die Materie oder der Körper. Eins die Ursache, Eins das Wesen, Eins das Größte und Beste, das – um nicht erkannt werden zu können – Unbegrenzbare und Unbeschränkte und folglich Unbewegliche."[90] Das ist es, was auch Weizsäcker will.

Es gibt Menschen, die berauschen sich an solchen Leerformeln, die sie für besonders tiefgründig halten. In Wahrheit erfordert ein solches Alleinheitsgerede keine Intelligenz. Man muß einfach nur bei jeder Differenz behaupten, sie sei eine Form der absoluten Identität, und das ist dann immer richtig und klingt darüber hinaus auch noch besonders 'tief'.

An dieser Stelle überschlägt sich das philosophische Denken und geht über in Mystik. Doch wenn die Philosophie sich nicht diesseits der Grenze aufhält, wo sie Unterschiede machen und Bezüge herstellen kann, dann stürzt sie jenseits der Grenze nicht etwa ins Absolute, sondern ins Absurde, weil die mystisch zu erschauende Identität aller Dinge sich ex definitione dem Begriff verschließt: Denken heißt Unterscheiden und wer die absolute Einheit will, der muß schauen – wenn er es denn kann – und schweigen.

Bei Bruno ist es so, daß wir sein Alleinheitsgerede deshalb ertragen, weil er zugleich ein Dichter von Rang war. Was den Begriff zum Kollabieren bringt, teilt sich der Metapher mit, wenn man weiß, wie man damit umgehen sollte, und das war bei Bruno durchaus der Fall, dessen Umgang mit der Sprache etwas Virtuoses hat. Bruno verfügt über unglaublichen Witz, über Schärfe, Phantasie, Respektlosigkeit, Metaphernreichtum, Treffsicherheit und was der poetischen Qualitäten mehr sind. Bewegen wir uns auf diesem Niveau, dann haben wir das Feld der Theorie verlassen und sind in das der Kunst übergegangen. In diesem Sinne gibt es eine Tradition der Naturmystik von Paracelsus und Agrippa von Nettesheim bis Bruno oder Jacob Böhme. Solche Mystiker pflegen permanent zu behaupten, daß 'alles eins' sei, aber nicht mit diesen dürren Worten, sondern in sprechenden Bildern, die einen poetischen Aspekt haben. Wer kein Künstler ist – Weizsäcker schrieb ziemlich mittelmäßige Gedichte[91] – der sollte es bei

[90] Bruno (1986), S. 130f.

[91] In Weizsäcker (1995), S. 1012–1128, sind einige Gedichte abgedruckt, die man gut finden würde, wenn man nicht den Verdacht hegen müsste, daß sie der Verfasser für Kunstwerke hält.

der Theorie belassen. Dann sollte er jedoch die Differenzierungen beibehalten, um überhaupt noch etwas zu sagen. Nur dem Mystiker, dem Dichter, Liebenden oder Betrunkenen lassen wir es durchgehen, wenn sie beständig dasselbe sagen.

Schüler und Enkelschüler

Weizsäckers idealistische Physikdeutung hat begreiflicherweise nur wenig Anhänger gefunden. Einige Schüler von ihm haben seinen Ansatz weiter ausgeführt oder behutsam verändert, dann aber so, daß sie seinen Physikalismus begrenzten, der sich ja in der Tat als Grund für die zahlreichen Zirkel in dieser 'Philosophie' herausgestellt hat. So bei Thomas Görnitz, Michael Drieschner oder Holger Lyre, der seinerseits Schüler von Drieschner ist. Aber auch solche gutgemeinten Modifikationen führen in Wahrheit nicht dazu, ein konsistenteres Gebilde zu erzeugen. Zum Teil treten die Aporien der Weizsäckerschen Physikauffassung nur umso deutlicher in Erscheinung. Eine idealistische Physikinterpretation enthält eben prinzipielle Schwierigkeiten, ohne die Möglichkeit, diese durch periphere Korrekturen wieder ins Reine zu bringen.

Thomas Görnitz unterscheidet sich von Weizsäcker dadurch, daß er in Bezug auf das Informationsgeschehen die Semantik nicht für formalisierbar oder physikalisierbar hält. Aber wenn das so ist, hat es zur Folge, daß der auch von ihm gehaltene Anspruch zusammenbricht, 'Geist' als Gegenstand der Physik zu fassen, denn ohne Semantik ist der Begriff des 'Geistes' unbestimmt, jedenfalls für die Informationstheorie.

Den naheliegenden Einwand, 'Information' sei kein physikalischer Begriff, weil das Maß von Information interessenrelativ sei, versucht Görnitz mit Hilfe von Überlegungen zu den 'schwarzen Löchern' zu rechtfertigen. Der maximale Informationsverlust, d.h. der maximale Entropiezuwachs für ein System, werde dann eintreten, wenn es über den Horizont eines schwarzen Loches gerate. Beim schwarzen Loch gebe es aber nur drei Bestimmungsgrößen: Masse, Drehimpuls, Ladung, auch wenn diese Löcher noch so groß seien. Auf diese Art lasse sich ein Nullpunkt der Information und damit ein absolutes Maß bestimmen, so ähnlich, wie man auch einen Nullpunkt für die absolute Temperatur bestimmen kann. Doch sind diese Überlegungen nur dann schlüssig, wenn es keine zukünftigen, besseren Theorien über die schwarzen Löcher gibt, die uns zusätzliche Informationen zur Verfügung stellen. Es ist wohl kein Zufall, wenn auch Görnitz im Zusammenhang seiner Überlegungen zu den schwarzen Löchern von einer „endgültigen Theorie" spricht. Ohne eine solche „endgültige Theorie" sind auch seine Schlußfolgerungen nicht zu halten.[92]

[92] Görnitz (1999), S. 247ff, (1992), S. 66ff.

Michael Drieschner, ein anderer Schüler, unterscheidet sich wesentlich hierin von Weizsäcker, daß er die Biologie für eine eigenständige Wissenschaft hält, die nicht auf derselben Ebene liege wie die Physik. Insbesondere enthalte sie keine großflächigen Gesetzmäßigkeiten, aufgrund deren man etwas vorhersagen könne. Das sei aber kein Nachteil, sondern dem Gegenstandsbereich der Biologie angemessen.

Drieschner akzeptiert Weizsäckers transzendentalen Ansatz. Man könne Naturwissenschaft definieren als „eine Theorie für Voraussagen über empirisch entscheidbare Alternativen ... Fragen wir also: Was sind die Bedingungen der Möglichkeit von Erfahrung überhaupt? Um auch nur die Chance zu bekommen, die Frage präzis zu beantworten, präzisieren wir 'Erfahrung' als naturwissenschaftliche Erfahrung." Dies sei jedoch deshalb keine Einschränkung der Kantischen Fragestellung, weil es ja nur um entscheidbare Alternativen gehe, die zukünftige Zustände festlegten, was die allgemeinste Definition von Wissen sei.[93]

Ich hatte oben schon darauf aufmerksam gemacht, daß in solchen Zusammenhängen die Einschränkung auf bestimmte Formen naturwissenschaftlicher Erfahrung nicht legitim ist. Jedenfalls wird Drieschners Apriori durch die Anerkennung einer unreduzierbaren Biologie unvollständig, denn nach seinem eigenen Verständnis liegt die Pointe der Biologie nicht in Vorhersagbarkeit. Ihre Möglichkeitsbedingungen müßten also von anderer Art sein als die der Quantentheorie.

Sehr interessant sind die Ausführungen Drieschners zum Freiheitsproblem. Bei Weizsäcker ist es, wie ich unten näher zeigen möchte, so, daß er sich in zwei disjunkten Welten bewegt: Als politischer Philosoph setzt er den Freiheitsbegriff als real voraus, vermittelt ihn aber nicht mit seinem Naturbegriff und umgekehrt. Drieschner hingegen behandelt das Freiheitsproblem in seiner Naturphilosophie und bringt dadurch die immanente Aporetik des Weizsäckerschen Ansatzes umso deutlicher auf den Punkt.

Man müsse, sagt er, auch das Moralische, Subjektive und Geistige naturwissenschaftlich beschreiben. Andererseits hält er die eigenständige Bedeutung des Begriffs 'Sollen' gegenüber den aufs bloße 'Sein' gerichteten Naturwissenschaften. Man sieht aber nicht, wie beide Behauptungen zugleich richtig sein könnten. Drieschner hält weiter Roboter für rein naturwissenschaftlich erklärbare Objekte und ist außerdem der Meinung, daß sie bei hinreichender Komplexität alle Leistungen des Menschen simulieren könnten, also so z. B. auch Freiheit und Verantwortlichkeit, Leibzentriertheit, Ich-sagen-Können und vieles andere mehr.[94]

[93] Drieschner (2002), S. 93 f.

[94] Drieschner (2002), S. 143; 160; 183.

Das 'Gehirn' von Robotern wird durch Computer, d.h. durch zustandsdeterminierte Maschinen simuliert. Die Summe der inputs wird nach deterministischen Regeln in die der outputs verwandelt. Wie ein solches Gerät jemals 'frei' sein könnte, ist nicht einsichtig. Deutet man alles, was es in dieser Welt gibt, physikalistisch, dann muß man konsequent auf den Freiheitsbegriff verzichten. Umgekehrt muß man, wenn man ihn halten will, den Geltungsanspruch der Physik begrenzen. Beides geht wohl nicht zusammen.

Kant sah, daß man sich in diesem Fall darüber hinaus auch dem Teleologieproblem stellen muß. Soll Freiheit real werden, dann muß Natur auch als ein Reich der Zwecke gedacht werden können. Nach Drieschner ist zwar der Begriff des 'Zwecks' in der Biologie unvermeidbar, man müsse ihn aber durch neutralere wie 'Funktion' oder 'Teleonomie' ersetzen. Drieschner ist also Gegner jeder Realteleologie. Pascual Jordan habe als erster vorgeschlagen, dasjenige, was der Naturwissenschaft als 'Zufall' erscheint, als 'Freiheit' zu deuten. Das sei allerdings ganz falsch und ebenso verkehrt wie das Konzept von Spaemann und Löw, die in neuerer Zeit die Freiheit in den Lücken der Kausalität gesucht hätten.[95]

Spaemann und Löw haben allerdings Finalität niemals in den Lücken naturwissenschaftlicher Kausalität gesucht. Für sie kann alles zugleich kausal erklärt werden, so wie sich auch alles teleologisch deuten läßt. Die beiden Denkformen stehen nicht im Konkurrenzverhältnis: „Die Antwort auf die Frage: wann müssen wir teleologisch denken? lautet: nie. Wir können immer von teleologischen Strukturen eines Phänomens absehen. Die Teleonomielehre legt für das 'Nie' den schönsten Beweis vor. Bei solchem Absehen kommen wir zwar nie an ein Ende. Aber die Wissenschaft kommt sowieso nie an ein Ende. Die Ausgangsfrage lautet nun aber: wann können wir teleologisch denken? Die Antwort ist ganz analog: immer." Die teleologische Perspektive wird von Spaemann/Löw richtig an die Perspektive des freien Handelns rückgebunden: „Es gibt einen praktischen Imperativ, der uns gebietet, in Bezug auf das Leben in der Natur die uns natürliche teleologische Betrachtungsweise nicht preiszugeben. Er resultiert daraus, daß wir uns und unseresgleichen einerseits als Handelnde verstehen wollen und müssen, andererseits uns selbst aber auch als ein Stück Natur aufzufassen genötigt sind ... Wenn wir den Menschen als Natur begreifen, gleichzeitig aber sein Selbstverständnis als das eines handelnden Wesens festhalten wollen, dann können wir nicht umhin, die Natur bereits selbst teleologisch zu denken."[96]

Dieses „die Natur teleologisch denken" liegt auf einer ganz anderen

[95] Drieschner (2002), S. 16; 145ff.; 163f.

[96] Spaemann/Löw (1981), S. 283; 288.

Ebene als die Kausalanalyse. Doch der Physikalist ist nicht bereit, verschiedene kognitive Ebenen anzuerkennen, weil er einen univoken Seinsbegriff vertritt. Der Preis dafür ist, daß das Freiheitsproblem unlösbar wird. Mir scheint darüber hinaus, daß eine solche Konzeption noch nicht einmal dem instrumentellen oder technischen Handeln einen Ort zuweisen kann. Was geschieht, wenn ich ein Streichholz anzünde? Muß diese Bewegung nicht zweckmäßig sein? Läßt sich ein solcher Akt im Sinn der 'Teleonomie' hinreichend begreifen? Und was ist mit all den technischen Geräten, die uns umgeben, von der Beißzange bis zum Computer oder zum Automobil? Können sie ateleologisch begriffen werden?

Indem Drieschner die Freiheitsproblematik mit einer physikalistischen Naturphilosophie verkoppelt, macht er die Theorie-Praxis-Aporie, die Weizsäckers Werk so schwer belastet, nur umso deutlicher.

Am weitesten hat sich Holger Lyre von Weizsäckers Ansatz entfernt, obwohl er eine monistische Informationsontologie hält. Lyre hat die schlimmsten Zirkel bei Weizsäcker erkannt und korrigiert. Am wichtigsten ist, daß Lyre keinen Physikalismus mehr vertritt. Für ihn haben die verschiedenen Wissenschaften eigenständige Bedeutung, und insbesondere sieht er Praxis nicht nur als Wurmfortsatz der Theorie an. Aus diesem Grund schließt er den Weizsäckerschen „Kreisgang" nicht zum circulus vitiosus ab, sondern unterscheidet zwei verschiedene Richtungen: Zunächst werden das empirische Bewußtsein und die äußeren Objekte qua Information als Objekte der Erfahrungswissenschaft konstitutiert: „Dies ist der Halbkreis ontologisch aufgefasster Information." Der andere Halbkreis betrifft das transzendentale Subjekt, das nicht in die empirische Ebene herabgezogen werden kann. Die Halbkreise schließen sich also nicht zum Vollkreis.[97]

Eine andere wesentliche Korrektur ist, daß Lyre keinen Sekuritätsanspruch stellt. Er akzeptiert zwar die transzendentale Denkfigur, aber es geht ihm nicht um Letztbegründung, weil er wohl sieht, daß ein Ausgangspunkt bei der veränderlichen Empirie diesen Anspruch nicht unterstützt. Ganz allgemein ist sein Ton weniger triumphalistisch. Er bezeichnet z. B. seine Informationsontologie nur als 'Denkmöglichkeit', ebenso hält er die Anwendung des Informationsbegriffs auf das Lebendige keineswegs für alternativlos. Gewagte Spekulationen wie die über die Ersetzbarkeit des Ideen- oder Formbegriffs durch den der 'Information' fehlen bei ihm. Er lehnt auch die Absolutheit des Informationsmaßes ab, weil er mit guten Gründen davon ausgeht, daß dieses Maß interessenrelativ bleibt. Außerdem sieht er Semantik und Pragmatik nicht als formalisierbar an.

Trotzdem vertritt Lyre die These, daß „... Information sowohl den Bau-

[97] Lyre (2001), S. 201 f.

stoff der Welt wie auch unser Wissen von ihr darstellt", eine These, die natürlich nur transzendentalphilosophisch oder vielmehr identitätsphilosophisch zu begründen ist. Zu diesem Zweck greift er auf den apriorischen Informationsbegriff zurück. So seien „Unterscheidbarkeit" und „Zeitlichkeit" genuine Möglichkeitsbedingungen von Erfahrung: „Zeitliche Übergänge sind immer ein Wandel von Unterscheidbarkeiten, und bereits Unterschiedenes führt zu neuer Unterscheidbarkeit ... Eine einfachste, überhaupt mögliche Unterscheidung werde Binarität genannt." Bisher sei der Informationsbegriff ohne Rückgriff auf Subjektivität angewandt worden. Dies sei aber unzulässig: „Information existiert nur für Subjekte – Objekte werden durch Information konstituiert." Aber dieses Subjekt sei natürlich nicht das empirische: „Information existiert nur für Subjekte in deren Eigenschaft, transzendentale Subjekte zu sein."[98]

Man mag all dies zugestehen, das Problem, das durch die Aufsprengung des „Kreisganges" in zwei distinkte Hälften und durch die Unterscheidung eines empirischen von einem transzendentalen Subjekt entsteht, ist, daß der Informationsbegriff nun zwei ganz verschiedene Bedeutungen hat. Auf einer transzendentalen Ebene erscheint er als Handlung, auf der Objektebene als messbare Größe. In der Empirie wird codierte Information vom Sender zum Empfänger über einen Kanal übertragen, der bestimmte Störungen herausfiltert, Redundanzen enthält usw., alles Eigenschaften, die dem transzendentalen Informationsbegriff nicht zukommen.

Wir müßten also von diesem Standpunkt aus einen empirischen von einem transzendentalphilosophischen Informationsbegriff abheben. Lyre geht merkwürdigerweise dennoch von ihrer Identität aus. Es ist mir nicht deutlich geworden, wie er diese vorgebliche Identität begründen will, es sei denn, seine Thesen über „Wesensidentitäten" in der Physik wären so gemeint.

Nach Lyre gilt das $E = mc^2$ der Relativitätstheorie „als Ausdruck der Wesensidentität von Energie und Materie". Ähnlich könne man auch die Entropie $S = 4\pi M^2$ (Verhältnis von Entropie und Masse bei Schwarzen Löchern) als Wesensidentität von Materie und Entropie ansehen und über die Identität von 'Entropie' und 'möglicher Information' schließen, daß alles Existierende seinem Wesen nach Information sei.[99]

Ich habe solche Spekulationen schon bei Weizsäcker als unmotivierte Übergänge von szientifischen zu klassisch-metaphysischen Ontologien kritisiert, die eine Antwort auf die 'Wesensfrage' suchen, und habe dies am Beispiel von $E = mc^2$ verdeutlicht.

[98] Lyre (2002), S. 195 ff.
[99] Lyre (2001), S. 80 f.

Wenn wir überhaupt vom 'Wesen der Dinge' sprechen wollen, dann nur in einer natürlichen Sprache, nicht in der der Mathematik. Die natürliche Sprache hat durch ihre prädikative Struktur die Möglichkeit 'etwas über etwas' auszusagen, wobei das erste Etwas für einen Gegenstand, das zweite für eine bestimmte Eigenschaft steht. Solche Eigenschaften können kontingent oder wesentlich für den Gegenstand sein. Nach traditioneller Auffassung ist die Haarfarbe dem Menschen nicht wesentlich, wohl aber die Vernunftnatur.

Gleichgültig, wie man sich zu einer solchen Auffassung vom inneren 'Wesen der Dinge' stellt, das sich in notwendigen Urteilen explizieren läßt, wenn solche Urteile möglich sind, dann nur in der natürlichen Sprache. Die mathematische Sprache der Gleichungen ist dafür schon allein aus dem Grunde ungeeignet, weil sie die Asymmetrie prädikativer Urteil nicht enthält, wo der Subjektterm eine ganz andere Funktion hat als der Prädikatterm.[100] Gleichungen bezeichnen nämlich symmetrische Relationen. Wenn $E = mc^2$ ist, dann ist auch $mc^2 = E$. Doch wenn das Wesen der Materie 'Information' ist, dann ist das Wesen der Information eben gerade nicht 'Materie'.

Wenn die genannten Gleichungen im Sinne von „Wesensidentitäten" gelesen werden könnten, dann könnte man sie mit demselben Recht auch 'materialistisch' interpretieren. Dann würden sie zugleich zeigen, daß das 'Wesen' von Energie, Information oder Raum-Zeit-Geometrie = Masse = Materie ist. Tatsächlich sind mathematische Gleichungen keine Wesensaussagen. Wenn die Wesensfrage Sinn hat, muß sie anders geklärt werden.

Obwohl Holger Lyre den Weizsäckerschen Ansatz noch am sinnvollsten weitergeführt hat und zwar so, daß er die meisten ursprünglichen Zirkel vermeidet, enthält auch seine Version noch genügend ungelöste Probleme, die den Verdacht erhärten, eine idealistische Physikinterpretation sei vom Prinzip her sinnlos.

2.3 Von der Hohlheit des Holismus

Zurück zu Weizsäcker selbst: Das antike Konzept der 'Form' oder 'Idee' verlieh den Phänomenen eine Art von Ganzheit, die in der modernen Wissenschaft so nicht mehr vorkommt, nämlich eine Zweckeinheit. Alles war

[100] Es ist wohl wahr, daß in der modernen formalen Logik gerade diese Differenz aufgehoben wird, die noch in der Aristotelischen Logik bestimmend war. Aber es geht hier nicht um formale Logik, sondern um die welterschließende Kraft der natürlichen Sprache, die nicht Thema der formalen Logik, sondern der Erkenntnistheorie und Ontologie ist.

sinnvoll aufeinander hingeordnet. Thomas von Aquin hat diese Art von Ganzheit via Neuplatonismus auf das gesamte Weltall übertragen, um auf diese Art den biblischen Glauben an einen durchgängigen Sinnzusammenhang philosophisch zur Geltung zu bringen.

Wenn die Form oder Idee sich ernstlich nicht in der Quantentheorie rekonstruieren läßt, dann wird sie auch diese Art von Ganzheit nicht enthalten. Im Grunde ist dies Weizsäcker wohl bewußt. In Bezug auf seinen eigenen Entwurf sagt er: „Eines freilich fehlt dem Menschen in diesem Bild der großen Einheit der Natur: die Behaustheit, die ihm sowohl die ewige endliche Welt des Aristoteles wie der Schöpfungsgarten der Bibel bietet.“[101]

Weizsäcker wäre aber nicht Weizsäcker, wenn er nicht *doch* versuchen würde, diese Art von Ganzheitlichkeit in seine Theorie hereinzuholen. Er lehrt eine doppelte Form von Holismus: einen Holismus der Natur selbst und einen Holismus des Geist-Materie-Verhältnisses. Den Holismus der Natur begründet er aus dem ganzheitlichen Charakter der Quantentheorie, den Holismus des Geist-Materie-Verhältnisses mit Hilfe seiner informationstheoretischen Deutung dieser Theorie. Letzteres hat sich als undurchführbar erwiesen. Aber selbst wenn dem nicht so wäre, könnte man sich immer noch fragen, was es eigentlich mit einem so verstandenen Holismus auf sich hat?

Es scheint, daß der Begriff der 'Ganzheit' oder des 'Holismus' in der Diskussion oft ebenso schwammig verwendet wird wie die Begriffe der 'Information', 'Selbstorganisation', des 'Chaos', der 'Komplexität', 'Nichtlinearität' des 'Fraktalen', des 'Konnexionismus' usw., nämlich als 'weltanschaulicher Alleskleber'.[102] Solche Begriffe erfreuen sich leider bei vielen Theologen einer allzu großen Beliebtheit, wie ich im fünften Kapitel näher zeigen möchte.

Nach Weizsäcker ist die Quantentheorie eine „Theorie der Ganzheit“, im Gegensatz zur klassischen Physik, weil sie nämlich nur ein einziges 'Objekt' kennt, so daß eher die Frage besteht, wie wir überhaupt zu trennbaren Alternativen kommen, als umgekehrt zu fragen, weshalb die Natur eine Einheit bildet?[103] In der klassischen Mechanik sei man von isolierten

[101] Weizsäcker (1988), S. 633.

[102] Es versteht sich von selbst, daß ich mich nicht prinzipiell gegen den Begriff 'Holismus' wende. Vor allem dann nicht, wenn klar gesagt wird, was man darunter verstehen soll, wie z. B. bei Quines Theorienholismus oder bei Davidsons Bedeutungsholismus. Der Holismus wird aber nichtssagend, wenn man keine klaren Kriterien formuliert, um stattdessen dieses Begriffsungetüm unterschiedslos auf alles, Welt, Seele und Gott zu beziehen.

[103] Weizsäcker (1995), S. 329 f.

Punktmassen ausgegangen, aus denen man das Ganze nachträglich zusammengesetzt habe. Diese Physik sei also nicht 'ganzheitlich'.

Der Begriff der 'Ganzheit' ist einer der beliebtesten und ungeklärtesten in der modernen Diskussion. In ihm schwingt Hegels Weltgeist, die Überwindung des Descartesschen Dualismus von 'res cogitans' und 'res extensa', die Einheit des Individuums mit der Gesellschaft und am Ende noch das 'hen kai pan' Hölderlins und alles Mögliche, vor allem aber Unmögliche, mit.

Offenbar belastet die Menschen das Fragmentarische der modernen Existenz, die analytische Schärfe der Wissenschaft, die Kälte rein technischer Verfahren, das bloß Strategische einer versachlichten Kommunikation und die Verfremdungen des ökonomischen Bereichs so sehr, daß sie sich am Ofen der 'Ganzheitlichkeit' wärmen, mit welchem Holz auch immer dieser geheizt sei.

Wer 'Ganzheit' verspricht, hat gewonnen, mag er sich auf die Kybernetik, die Quanten- oder Chaostheorie, den Feminismus, die Fußzonenreflexmassage, das „Tao der Physik" oder was auch immer berufen. In all diesen Fällen wird uns versichert, daß das Ganze mehr sei als die Summe seiner Teile, ein Satz, den offenbar viele für *keine* Tautologie halten. Andererseits ist es ziemlich schwierig, etwas zu finden, was nur die Summe seiner Teile wäre. Das zeigt sich schon bei der Summenbildung selbst. So kann ich zum Beispiel aus 4 + 1 zwingend auf 5 schließen, nicht aber umgekehrt, denn 5 könnte auch 2 + 3 gewesen sein. 5 enthält in gewissem Sinn schon 'mehr' als 4 + 1, ist also in diesem Sinn schon 'mehr' als die Summe seiner Teile. Aber wenn schon eine numerische Summe mehr ist als ihre Teile, wann würde es sie dann jemals fertigbringen, nichts zu sein als nur diese Teile?

Weizsäcker gibt an der zitierten Stelle als Argument dafür an, daß wir imstande sind – trotz des quantenmechanischen Holismus – einzelne Objekte zu separieren, daß eben der Weltraum ziemlich leer sei, d.h. daß wir die Wechselwirkung der Objekte ungestraft vernachlässigen können. Aber galt dies nicht auch schon in der klassischen Physik? Newton konnte die Keplerschen Gesetze nur deshalb ableiten, weil die Wechselwirkung der Planeten untereinander vernachlässigbar gering ist. An sich wechselwirkt im Universum aufgrund der Gravitationskraft alles mit allem. Berücksichtigt man z.B. im Planetensystem die Wechselwirkung der verschiedenen Himmelskörper, so zeigt das System sofort chaotische Eigenschaften, die bei der isolierten Betrachtung vernachlässigbar bleiben. Das Ganze hat offenbar schon hier Eigenschaften, die aus den Einzelteilen nicht abgeleitet werden können.

Solche ganzheitlichen Eigenschaften gibt es also nicht nur in der Quantentheorie, sondern auch im Bereich der klassischen Physik. Zum Beispiel ist auch der Begriff des 'Drucks', der 'Temperatur' oder der 'Entropie' für ein einzelnes Gasteilchen nicht definiert, wohl aber für eine statistische Gesamtheit. Auch hier, wie überall, ist das Ganze mehr als die Summe seiner Teile.

Weil der Begriff der 'Ganzheit' nichts kostet, bezieht ihn Weizsäcker auf alles Mögliche: „Differentialgleichungen und Extremalprinzipien besagen, daß ein physikalischer Ablauf zeitlich ein Ganzes, eine Gestalt darstellt."[104] Solche Gleichungen und Prinzipien hat man aber in der Physik schon immer gebraucht. Es ist also selbst nach Weizsäckers eigener Einschätzung nicht richtig, daß erst die Quantentheorie ganzheitlichen Charakter aufweist. Auch die klassische Physik war schon 'ganzheitlich', wie überhaupt auf dieser Welt alles und jedes 'ganzheitlich' ist.

Bemerkungen dieser Art sind nicht etwa polemisch, sondern klassisch. Aristoteles sagt: „Man kann gar nichts denken, wenn man nicht Eines denkt."[105] Später hat man daraus das Axiom 'omne ens unum' gemacht. Weil es sich so verhält, rechnet Aristoteles selbst zusammengenagelte oder -geleimte Holzstücke zu den Ganzheiten, also das, was wir heute als den Inbegriff der nachträglich hergestellten oder rein mechanisch produzierten Summe ansehen würden.[106]

Nach Kant ist der Urakt des Verstandes die 'Synthesis', d.h. die Verknüpfung von Vorstellungen zur Einheit des Bewußtseins, wie wir sie im Urteil ausdrücken. Das heißt, wenn wir sagen „Dieser Tisch ist rot", dann drücken wir bereits mehr aus, als wenn wir den Begriff des 'Tisches' und des 'Roten' für sich nehmen. Das 'Ist' synthetisiert unsere Begriffe zur Ganzheit des Urteils. Dies hieße, daß wir etwas, was keine Einheit oder Ganzheit bildet, auch nicht denken könnten.[107]

Gegen Ende des 19. Jahrhunderts haben Gestaltpsychologen wie Max Wertheimer diesen ganzheitlichen Charakter bereits bei der Wahrnehmung festgestellt. Das heißt: Wir können nicht nur nichts denken, was keine Ganzheit wäre, sondern schon unsere sinnliche Wahrnehmung synthetisiert und erzeugt spontan Ganzheiten. Deshalb sehen wir selbst Ster-

[104] Weizsäcker (1958), S. 168.

[105] Met. G 1006b10.

[106] „... so wird auch das Ganze zu einem einzigen Gebilde ('holon') durch Zusammennageln, Zusammenleimen, durch Aneinanderhalten oder durch Zusammenwachsen" (Ph. 227a15–17).

[107] Kant spricht vornehmlich in der KU (B 349 ff.) vom 'Ganzen', mittels dessen ein anschauender Verstand zu den Teilen übergehen würde, während unser diskursiver Verstand analytisch vorgehen muss. Dieser Gegensatz zwischen 'analytisch' und 'synthetisch' ist aber nur ein spezieller Fall der Ganzheitsproblematik. Ganzheit tritt bei Kant auch schon in der KrV an verschiedenen Stellen auf.

ne am Himmel, die eigentlich nichts miteinander zu tun haben, *als* Sternbilder und nicht etwa als einzelne Sterne.

Oft bestimmt man als Gegenbegriff zur 'Ganzheit' den des 'Aggregats'. Das Ganze ist danach mehr als die Summe seiner Teile, das Aggregat nichts als diese Summe. Eine 'Ganzheit' sei z. B. ein Organismus, ein 'Aggregat' z. B. ein Sandhaufen. Tatsächlich sieht es so aus, als bestünden die Eigenschaften eines Sandhaufens nur in dem, was die Sandkörner auch einzeln schon dazu beitragen. In Wahrheit verhält es sich jedoch nicht so: In der Komplexitätsforschung hat man herausgefunden, daß die Riffelungen an Sanddünen oder die Lawinen, die an solchen Dünen abgehen, genau beschreibbaren Gesetzen folgen. Diese Gesetze können aber nicht aus den Gesetzen der Physik abgeleitet werden, denen die einzelnen Sandkörner genügen. Selbst ein Sandhaufen ist also schon mehr als die Summe seiner Teile.[108]

Oft werden auch technische Artefakte als Gegenbeispiel zu 'Ganzheiten' ins Feld geführt. Die Einzelteile eines mechanischen Weckers z. B., so wird argumentiert, seien derart eindeutig auf die Gesamtfunktion des Weckers hin ausgerichtet, daß man diese Gesamtfunktion aus den Einzelteilen allein erschließen könne. So einleuchtend dieses Argument zunächst erscheint (und aus diesem Grunde setzt man oft 'Organismus' gegen 'Mechanismus'), ist es doch falsch. Ein kluger und phantasievoller Mechaniker könnte aus den Einzelteilen eines Weckers etwas ganz anderes bauen, meinetwegen etwas, was es noch nie zuvor gegeben hat, wie z. B. ein automatisches Nasenbohrgerät. Doch etwas, was es noch nie zuvor gegeben hat, kann ex definitione nicht in den Einzelteilen präformiert gewesen sein.

Wenn nun aber alles von sich aus eine 'Ganzheit' ist, dann wird dieser Begriff nichtssagend. Tatsächlich kann 'Ganzheit' auf verschiedenen Niveaus ganz Verschiedenes besagen und es ginge vielmehr darum, zu bestimmen, was man denn im Einzelfall unter 'Ganzheit' verstehen will? Ohne Zweifel ist die Ganzheit eines Weckers oder Nasenbohrgeräts eine beträchtlich andere als die eines lebenden Organismus, und ohne Zweifel ist die Ganzheit, die man in der Quantentheorie vorfindet, von radikal anderer Art als die, die schon im Bereich der klassischen Mechanik auftritt.

Man hat mit Recht in der Existenz verschränkter Zustände das Hauptcharakteristikum der Quantentheorie gegenüber den klassischen Systemen gesehen: Wenn ein quantenmechanisches System durch die Wellenfunktionen ψ_1 und ψ_2 beschrieben werden kann, dann läßt es sich auch durch die Wellenfunktion $c1\psi_1 + c_2\psi_2$ beschreiben. Dieses Superpositionsprinzip hat z. B. zur Folge, daß man einem System, das aus mehreren Teil-

[108] Nach Richter/Rost (2002), S. 48.

chen besteht, nur eine gemeinsame Wellenfunktion zuschreiben darf. Das hat weiter zur Folge, daß Teilchen mit den gleichen inneren Eigenschaften nicht mehr unterschieden werden können. Sie lassen sich z. B. nicht mehr durchnummerieren, da sie durch Wellenpakete beschrieben werden, die sich überlappen. Diese erstaunliche Art von Ganzheit wie z. B. auch die 'nichtlokalen Wechselwirkungen' gibt es sonst nirgends, aber daraus läßt sich kein Honig für den Begriff der 'Religion' oder der 'Metaphysik' saugen.[109] Auch beim Begriff der 'Ganzheit' handelt es sich, wie bei dem des 'Eidos', um eine illegitime Überhöhung der Physik, wenn er emphatisch für alles und jedes gebraucht wird.

Diese Bemerkungen sind wichtig, weil insbesondere die Theologen außerordentlich holismusanfällig sind. Behauptet jemand, die Wissenschaft sei inzwischen 'holistisch' geworden, so springen sie sofort auf den Zug auf. Ich erinnere an die Kybernetikmode in der Theologie der sechziger Jahre, die augenblicklich einsetzte, als die mathematischen Systemtheoretiker mit dem Anspruch auftraten, das analytische Verfahren der traditionellen Wissenschaft durch ein 'ganzheitliches' ersetzt zu haben. Norbert Wiener hatte früh versucht, die Theologie kybernetisch einzugemeinden. In einem Buch mit dem bezeichnenden Titel „Gott & Golem Inc." bildete er das Gott-Mensch-Verhältnis auf rein technische und funktionale Verfahren hin ab. In diesem Geiste regte auch Herbert Stachowiak eine „kybernetische Theologie" an und stellte Gott kurzerhand als den „Ersten Programmierer" dar.[110] Theologen, die offenbar das Unmodernsein weit mehr fürchten als Sünde, Tod und Teufel (an den sie zumeist nicht mehr glauben), stürzten sich sofort auf diesen Programmierergott, ein Pendant zum Uhrmachergott des 18. Jahrhunderts, und verfaßten fleißig Traktate zu einer „kybernetischen Theologie" die heute völlig vergessen sind.[111] Die ganze Produktion war nichts als Mode und Makulatur. Daher gibt es heute glücklicherweise keine 'kybernetische Theologie' mehr. Aber der undifferenzierte Holismus kommt deshalb in der Theologie nicht aus der Mode, wie man auch an neueren Beispielen sehen kann, denn dasselbe unwürdige Spektakel ereignete sich, als die Chaos- und Selbstorganisationstheorien aufkamen, die gleichfalls mit dem Anspruch auftraten, 'holistisch' zu sein gegenüber den traditionellen Verfahren der Physik. So behauptete z. B. der Physiker Paul Davies, dieser neue Ansatz sei „synthetisch oder holistisch", während der alte der herkömmlichen

[109] Vgl. dazu die Beiträge in Audretsch (2002). In diesem Sammelband wird der interne Holismus der Quantentheorie dargestellt, ohne daraus weltanschaulich-überbordende Schlüsse zu ziehen.

[110] Wiener (1965); Stachowiak (1993).

[111] Vgl. z. B. Rapp (1967), Geck (1970) usw.

Physik (wozu nach seiner Zählung auch die Quantentheorie gehört) „analytisch oder reduktionistisch" gewesen sei.[112] Dieser 'Holismus' wurde dann sofort von Theologen eingemeindet, wie ich im fünften Kapitel näher zeigen werde.

Betrüblich an diesem Sachverhalt ist die Naivität, mit der gewisse Theologen auf alles 'abfahren', was irgendwie 'ganzheitlich' klingt. So begrüßte z.B. Jürgen Moltmann in seiner „Ökologischen Schöpfungslehre" Fritjof Capras ganzheitliche Konzepte, sowohl das frühere aus dem Buch „Das Tao der Physik", als auch das spätere aus dem Buch „Wendezeit", ohne zu bemerken, daß sie nicht nur oberflächlich sind, sondern sich strikt widersprechen.[113]

Die Mode, 'Ganzheit' in der Chaostheorie zu finden, ist noch immer nicht vorüber. Vor kurzem schrieb Georg Singe eine Dissertation zu diesem Thema mit dem leider nicht ironisch gemeinten, aber sehr bezeichnenden Titel: „Gott im Chaos". Genauso wenig ironisch war es gemeint, als vor einiger Zeit das „Deutsche Pfarrerblatt" der Chaostheorie „evangelische Kraft" bescheinigte und daher eine „Chaostheologie" forderte.[114] In 10 Jahren wird diese Mode vorüber sein – bis die nächste kommt.

Die beste Konzeption des Holismus, die diesen relativen Charakter des Ganzheitsbegriffes berücksichtigt, ist wohl immer noch die Aristotelische. Aristoteles akzeptiert das Omne-ens-unum-Prinzip, wonach alles prinzipiell ganzheitlich verfaßt ist. Er unterscheidet jedoch verschiedene Niveaus von Ganzheitlichkeit, je nachdem, welche 'Form' die herrschende ist, die diese Ganzheit verleiht. Weil nach seiner Konzeption die Formen hierarchisch übereinandergeschachtelt sind, kann etwas in einer Hinsicht ganzheitlich, in der anderen aber 'atomistisch' sein.

Man kann also mit einer Art von 'Ganzheit' eine andere verfehlen und dies geschieht auch sehr häufig. Daher ist die Forderung nach 'ganzheitlichem' oder 'vernetztem' Denken oft nicht verkehrt, wenn damit die Forderung nach einer dem Problembestand angemessenen 'Ganzheit' gemeint ist. So hat man z.B. im Gesundheitswesen den Beruf des 'Intensivtechnikers' statt des 'Intensivmediziners' eingeführt, um Geld zu sparen. Ein solcher Techniker überwacht auf den Intensivstationen das Gesamtsystem von Mensch und Maschine, dieses kompliziert vernetzte System aus Schläuchen, Pumpen, Sensoren, Oszillographen und Computern. In

[112] Davies (1988), S. 39.

[113] Moltmann (1985), S. 26. Vgl. meine Kritik an Capras New-Age-Synthese unter Mutschler (²1992a). Im „Tao der Physik" findet Capra die Ganzheit in der Quantentheorie, im Buch „Wendezeit" in der Systemtheorie Gregory Batesons, inzwischen hat er sich wieder anderen Formen von Ganzheit zugewandt.

[114] Nach Esterbauer (1996), S. 194.

einem solchen System hängt alles mit allem auf eine höchst sensible Weise zusammen, so daß das System sichtlich mehr ist als die Summe seiner Teile. Wir würden es aber niemals akzeptieren, wenn ein Intensivtechniker die Schwerkranken und Sterbenden ausschließlich als zu optimierende technische Systeme ansehen würde mit dem Hinweis, er denke ja schon immer 'ganzheitlich'. Die psychosomatische Ganzheit des Menschen wird durch die rein innertechnische noch nicht miterfaßt. Im selben Sinne ist Weizsäcker Holist auf der Ebene der Quantentheorie und Reduktionist auf allen anderen.

Es würde die Luft beträchtlich reinigen, wenn es in Zukunft verboten wäre, den Begriff des 'Holismus' im Singular zu gebrauchen.[115]

2.4 Symbole und Zeichen

Weizsäcker will Gott mit Gewalt in die Physik hereinziehen. Die Differenz zur Religion wird dadurch nur umso deutlicher. Religion muß mit Symbolen arbeiten, d.h. sie wird die Welt als ideendurchtränktes Ausdrucksphänomen fassen, aber dieses emphatische Konzept steht quer zur modernen Physik. Ausdrucksphänomene haben, wenn sie sich auf die Natur beziehen, ihren Ort in der Kunst, Religion oder Metaphysik, jedenfalls nicht in den Naturwissenschaften.

Zunächst einmal grenzt Weizsäcker Symbole und Zeichen so voneinander ab: „Ein Zeichen, das man nicht einfach durch Aufweisung des bezeichneten Gegenstandes überflüssig machen kann, wollen wir ein Symbol nennen.“[116] Das hieße, daß ein Zeichen rein extensional, also durch äußerliche Referenz bestimmt ist, während wir für ein Symbol zusätzliche, also etwa intensionale, Kriterien benötigen.

Wenn Christus 'Lamm Gottes' genannt wird, dann kann man den Sinn einer solchen Metapher nicht hinreichend erledigen mit dem Verweis auf ein junges Schaf, das zufällig auf der Wiese herumsteht und blökt. Dafür braucht es wohl noch einiges mehr. In der Physik würde aber dieses äußerliche Verfahren genügen. Wenn etwa in einer Rechnung der Term 'E_{pot}' auftaucht, kann ich die Bedeutung dieses Zeichens hinreichend dadurch explizieren, daß ich ein entsprechendes Meßverfahren angebe. Habe ich ein höherstufiges Zeichen, dann gibt es Brückenprinzipien, die mein Zei-

[115] Eine bedeutende Arbeit zum Ganzheitsbegriff stammt von Michael Esfeld (2002): Er entwickelt zunächst ein allgemeines Raster, innerhalb dessen er dann verschiedene Formen und Grade von Ganzheitlichkeit unterscheidet. An solchen Publikationen wäre Maß zu nehmen.

[116] Weizsäcker (1958), S. 121.

chen mit der experimentellen Erfahrung vermitteln. Ich muß aber niemals, wie beim 'Lamm Gottes', erst einmal die Geschichte vom 'leidenden Gottesknecht' aus dem Alten Testament studieren oder mich mit der Tradition des Passahfestes auseinandersetzen, um das entsprechende Symbol zu verstehen.

Wenn es sich so verhält, dann gibt es in der Physik zwar Zeichen, aber keine Symbole. Es ist zwar üblich, von 'Symbolen' in der Mathematik und Logik zu sprechen oder von Computern als 'symbolverarbeitenden Maschinen', die mit 'Symbolsprachen' arbeiten, aber das ist sehr mißverständlich. In all diesen Bereichen gebrauchen wir lediglich Zeichen, keine Symbole.

Ernst Cassirer hat in seiner „Philosophie der symbolischen Formen" das Symbol als etwas Konkretes bestimmt, in dem sich Sinn zeigt, sozusagen als 'Sinn in der Sinnlichkeit'. Das Symbol drückt also etwas aus und zwar so, daß ihm das Ausgedrückte nicht äußerlich bleibt: „Unter symbolischer Form verstehen wir jene Energie des Geistes, durch welche ein geistiger Bedeutungsgehalt an ein konkretes sinnliches Zeichen geknüpft und diesem Zeichen innerlich zugeeignet wird."[117]

Bei bloßen Zeichen verhält es sich anders. Ob die Zeichen '+', ':', '&' 'Addition','Division' oder 'und' bedeuten, ist rein willkürlich, es könnte sich auch anders verhalten. Andere Zeichen, wie '>', oder '→', drücken ihren Inhalt 'größer als' oder 'wenn ... dann' in graphischer Form aus. Das muß aber nicht so sein. Viele Verkehrszeichen, wie das für 'Vorfahrt beachten' oder für 'eingeschränktes Halteverbot' stellen nicht dar, was sie bedeuten; sie könnten auch ganz anders aussehen.

Bei echten Symbolen koinzidieren Sinn und Sinnlichkeit, wie Cassirer betont. Wir können nicht einen Hasen als Symbol für Mut oder einen Wurm als Symbol für Erhabenheit ansehen. Echte Symbole sind nicht rein konventionell und sie sind vor allem nicht eindeutig. Der intensionale Reichtum ihres Gehalts läßt sie 'überborden': Sie transportieren einen Sinnüberschuß. Wenn Weizsäcker das Zeichen durch äußere Referenz definiert, so liegt hierin zugleich ihre Eindeutigkeit. Zeichen tragen also keinen Sinnüberschuß. Ihre Eindeutigkeit macht sie in technischer oder wissenschaftlicher Hinsicht überlegen, aber gerade dadurch zum Ausdruck religiöser Inhalte untauglich. Zeichen sind wie Signale oder Befehle, Symbole wie Rätsel oder Fragen.

Obwohl Weizsäcker diesen Gegensatz zwischen Zeichen und Symbol zunächst einmal anerkennt, versucht er ihn dann – wie so oft – in einem zweiten Schritt wieder einzuziehen, indem er alles in Physik verwandelt. Er folgt dabei dem Vorbild Keplers: „Für Kepler war die Astronomie eine

[117] Cassirer ([8]1994), S. 175.

Anbetung des Schöpfers durch das Medium der Mathematik. Im mathematischen Gesetz denkt der Mensch, der nach Gottes Bild geschaffen ist, Gottes Schöpfungsgedanken nach ... Die mathematische Symbolik ist ein uralter Besitz der Menschheit. Auf dem Weg von den konkreten Dingen zu ihrem nicht mehr konkret faßbaren Hintergrund ist die vollkommene Abstraktion die letzte Stufe, die dem Denken noch erreichbar ist. Zahlen und Figuren sind das einfachste und vielleicht reinste Gefäß, in das unaussprechliche Erlebnisse noch gegossen werden können. Die mathematischen Symbole sind zwar nicht die Wahrheit, aber sie zeigen so viel von ihr, als gezeigt werden kann, und verhüllen den Rest."[118]

„Gottes Schöpfungsgedanken" also. Doch was wird sich Gott bei den Längenkontraktionen und Zeitdilatationen der Speziellen Relativätitstheorie, beim Pauliprinzip, der Unschärferelation oder beim Hilbertraum gedacht haben? Für welchen symbolischen Inhalt steht die Wellengleichung der Quantentheorie? Konnte Kepler nicht nur deshalb glauben, Gottes Gedanken zu erfassen, weil er die dazu ungeeignete Lehre von den platonischen Körpern in die Planetenbewegungen hineinprojiziert hatte und weil sein Denken insgesamt von einer spätantiken synkretistischen Philosophie durchdrungen war, die ihm für jedes Phänomen einen Sinnhorizont lieferte, der uns aber inzwischen abhanden gekommen ist?

Im letzten Kapitel über Max Planck zeigte sich, daß es unmöglich ist, moderne physikalische Gesetze final zu interpretieren, eben als „Gottes Schöpfungsgedanken". Aber Weizsäcker hat sich darauf festgelegt, die Essenz der Weltinhalte in dem mathematischen Schema zu finden, also z.B. nicht in ihren Kontingenzen: „Für Kepler deuten die positiven Erkenntnisse der Wissenschaften auf Gott, während für Newton gerade nur ihre Lücken für Gott Raum lassen."[119] Zwar ist der 'Lückenbüßergott' zu Recht aus der Mode gekommen, aber der Gedanke, daß Gottes Wirken etwas mit dem Kontingenten, Nichtnotwendigen in der Welt zu tun haben könnte, ist sicher genuin christlich und wird im sechsten Kapitel näher dargestellt. Weizsäcker hat sich dagegen auf das mathematische Schema festgelegt: Es selbst soll Platzhalter des Göttlichen in dieser Welt sein.

Nun konnte auch Weizsäcker nicht entgehen, daß die Formalisierung unseres Naturbezugs mit mathematischen Zeichenketten nicht gerade dazu angetan ist, unseren religiösen Symbolhunger zu befriedigen. Er gesteht sogar zu, daß die „objektive Natursymbolik", von der Kepler geträumt habe, durch den Fortschritt der Wissenschaft „in die private Sphäre verwiesen" sei. So verhält es sich in der Tat: Die Verwissenschaftlichung trennt die Sphäre der Innerlichkeit und Symbolvermittlung von einer

[118] Weizsäcker (1958), S. 106; 130f.
[119] Weizsäcker (1958), S. 136.

Sphäre der Berechenbarkeit und Objektivität, die nur noch mit Zeichenketten arbeitet. Daher die bange Frage: „Können wir die Sinnentleerung der äußeren Welt rückgängig machen, ohne uns selbst zu betrügen?" 'Vermutlich nicht', wird man sagen. Andererseits erwartet Weizsäcker auch hier einen Umschwung vom Fortschritt der Physik selbst: „Erkenntnistheoretisch betrachtet ist die Trennung der Symbolik von der Naturwissenschaft also nur die Folge des Entschlusses zu einer bestimmten Methode." Aber dies könne sich erneut ändern: „Die Ergebnisse der heutigen Naturwissenschaft weisen selbst in diese Richtung … An einem Tage, von dem heute noch niemand sagen kann, ob er nah oder fern ist, wird vielleicht ein neuer Mensch die Augen öffnen und sich mit Erstaunen einer neuen Natur gegenüber sehen."[120]

Diese Andeutungen sind ziemlich vage, eigentlich nicht mehr als eine unbestimmte Hoffnung, eine Hoffnung, die Weizsäckers gesamtes Denken trägt, daß nämlich die Physik in ihrem Fortschreiten mit dem Tiefsten, Eigentlichen, dem letzten Mysterium zusammentreffen müsse. Aus diesen Gründen müssen sich die expressiven Qualitäten der Natur in einer vollendeten Quantentheorie reproduzieren. Mir scheint aber, daß dafür so gut wie nichts spricht. Zahlensymbolik gab es bei den Pythagoreern oder in der Kaballah. Heute gibt es sie noch bei den Anthroposophen oder allgemein in der Esoterik. Mit einer „objektiven Symbolik", die von Weizsäcker sucht, hat all das nichts zu tun; zu verschieden sind die Deutungen und dies schon auf dem elementaren Niveau der natürlichen Zahlen oder einfacher geometrischer Objekte. Was ist die symbolische Bedeutung einer Linie, einer Menge oder einer Funktion? In dem sehr ausführlichen „Wörterbuch der Symbolik" von Manfred Lurker fehlen die Stichworte 'Mathematik' und 'Physik'. Dies scheint durchaus kein Zufall.

Natürlich ist die Differenz zwischen 'Zeichen' und 'Symbol' nicht trennscharf. Auf der ganzen Welt hat man den Kreis als Symbol für die Ganzheit, die Eins als Symbol für die Einheit angesehen. Manche physikalische Begriffe berühren sogar die religiöse Sphäre. Insbesondere die 'Schwarzen Löcher' scheinen die religiöse Phantasie anzuregen. Ein Gebilde, das alles in sich hineinsaugt, aus dem sogar die Lichtstrahlen nicht mehr entweichen können, hat selbst den Atheisten Stephen Hawking an die Hölle erinnert. Er zitiert Dante: „Die ihr eintretet, lasset alle Hoffnung fahren." So steht es über Dantes Hölle.[121]

Solche symbolischen Transformationen aus der Physik sind aber eher selten. Sie hängen daran, ob die durch die Physik beschriebenen Gegenstände anschlußfähig sind an unsere gewöhnliche Sinneserfahrung, denn

[120] Weizsäcker (1956), S. 155ff.
[121] Hawking (1988), S. 118.

es ist schon richtig, was Cassirer sagt, daß ein Symbol 'Sinn in der Sinnlichkeit' bedeutet.

Weil es sich so verhält, verlieren die mathematischen Zeichen der Physik immer mehr an symbolischer Qualität, je weiter sie sich von unserer Lebenswelt entfernen. Daher sind Zentralbegriffe der Quantentheorie nicht in unseren symbolisch vermittelten Sprachgebrauch eingegangen: Begriffe wie 'Supraleitung', 'Pauliprinzip', 'Hilbertraum', 'Wellenpaket', 'Tunneleffekt', 'Zeeman-Effekt', 'Bellsche Ungleichung' usw.

Anders ist es mit Begriffen wie dem genannten 'Schwarzen Loch', der 'Halbwertszeit', 'Schrödingers Katze' usw. Diese Begriffe haben einen anschaulichen Inhalt und eignen sich daher für symbolische Transformationen. Diese Eigenschaft kommt ihnen aber *gerade nicht* insofern zu, als sie zur Mathematik gehören, wie Weizsäcker unterstellt, sondern ihre symbolische Qualität zehrt vom intensionalen Reichtum der Lebenswelt und der natürlichen Sprache.

2.5 Zur Geschichte der Natur

Ich habe Weizsäcker bisher als Platoniker dargestellt, aber dies war in einer gewissen Hinsicht nicht ganz richtig. Der Platoniker hat Tendenz, das Werden zu leugnen, seine Ideen sind zeitlos, ungeworden, unbeweglich. Weizsäcker dagegen sucht einen 'dynamischen' Platonismus, wo die Ideen nicht starr bei sich bleiben. Werden und Sein sollen wie bei Hegel und seinem Konzept einer 'Bewegung des Begriffs' vermittelt werden.

Auf einem elementaren Niveau handelt Weizsäcker dieses Problem im Rahmen seiner „zeitlichen Logik" ab. Diese versteht sich als Kontrapunkt zur gängigen formalen Logik, die nach dem Vorbild Freges zeitlos-wahre Sätze in den Mittelpunkt stellt. Weizsäcker deutet dies so, daß die gängige Logik eine 'Logik des Vergangenen' sei, für die die Wahrheitswerte bereits feststehen. Unsere Zeiterfahrung sei aber eine solche, die von der Gegenwart aus die Zukunft als Möglichkeit (quantitativ gesehen als Wahrscheinlichkeit) ins Auge faßt. Dies müsse eine vollständige Logik, die dann unmittelbar auf die Quantentheorie anwendbar wäre, zum Ausdruck bringen. Auch diese „zeitliche Logik" konnte Weizsäcker nicht fertigstellen.[122] Allerdings gibt es eine frühe Schrift zur „Geschichte der Natur" von 1948, die allgemein als programmatisches Zeugnis seiner dynamischen Ontologie gilt. Ich glaube, daß diese Schrift in der Tat sehr tiefe Einsichten ent-

[122] Vgl. Weizsäcker (1988), S. 47ff. Es ist auch hier wieder so, daß die Formallogiker diesen Anstoß Weizsäckers bisher nicht aufgenommen haben, obwohl es eine 'zeitliche Logik' bereits gibt.

hält, die daher entsprechend wirksam wurden, aber vielen Lesern scheint die Pointe an der Sache entgangen zu sein, die auch in dieser Publikation auf einen strengen Physikalismus hinausläuft.

Zunächst stellt Weizsäcker die Kantische Frage, wie zeitlich bestimmte Erfahrung als physikalisch gedeutete Erfahrung möglich sein soll, und entwickelt eine Art von 'geschichtlichem Apriori'. Man müsse „Geschichte" als „Geschehen in der Zeit", d.h. als Dreiheit von Vergangenheit, Gegenwart und Zukunft fassen. Für die erfahrbare Zeit sei nur die Gegenwart wirklich, die Vergangenheit faktisch, die Zukunft bloß möglich. „Geschichtlichkeit" in einem so definierten Sinn sei „Voraussetzung" des II. Hauptsatzes der Thermodynamik, nicht seine Folge.[123]

Dieser Gedankengang verläuft ganz parallel zu Weizsäckers Interpretation des Informationsbegriffs. Auch dort war er zunächst einmal auf die subjektiven Möglichkeitsbedingungen der Quantentheorie zurückgegangen, um sie dann in die Objektebene hineinzuklappen, wodurch unlösbare Schwierigkeiten entstanden. Hier ist es ganz ähnlich: Weizsäcker sucht zunächst nach den Möglichkeitsbedingungen des II. Hauptsatzes, klappt sie dann in die Objektebene und identifiziert sie letztlich mit diesem Satz, wodurch ein schlechter Zirkel entsteht. Hätte er auf diese Volte verzichtet, dann wären seine Überlegungen ein bedeutender Beitrag zur Philosophie der Physik geworden. Viele Leser scheinen hier, wie auch in anderen Teilen seines Werkes, diese Volte nicht mitzumachen, um bei der Propädeutik stehen zu bleiben. Sie lesen die Texte selektiv, ersparen sich den Weizsäckerschen Szientismus und holen sich das heraus, was an seinen Überlegungen echte Philosophie ist. Vielleicht ist dies auch das beste, was man tun kann.

Weizsäcker meint es allerdings anders. Um seinen Gedankengang darzustellen, muß ich weiter ausholen. Seine Überlegungen zur „Geschichte der Natur" sind nämlich der Versuch, die Grundthese aus Heideggers „Sein und Zeit" in die Physik hineinzuholen.

Heideggers „Sein und Zeit" war die Kontraposition zur klassischen Seinsphilosophie. Diese stellte das Sein über das Werden: agere sequitur esse. Das 'Werden' wurde in solchen Seinsphilosophien entweder negiert oder als bloßes Sekundärphänomen dargestellt, weil man davon ausging, daß Werden eine Veränderung hin auf einen Endzustand ist, der durch Ideen oder Formen inhaltlich bestimmt wurde, die ihrerseits als zeitlos galten. Geht man von einer solchen Konzeption aus, dann *muß* das Werden unter das Sein, als unter den höheren Wert, gestellt werden.

Das Aufkommen dynamischer Philosophien im Deutschen Idealismus, insbesondere aber der Historismus des 19. Jahrhunderts, schärften den

[123] Weizsäcker (1962), S. 9ff.

Blick für eine Art des 'Werdens', das nicht nur sekundäre Realisation bereits fixierter Ideen war, sondern eines 'Werdens', das den Charakter der Kontingenz, mithin des Unvorhersehbaren hatte, eines Werdens mit schöpferischen Eigenschaften, das von sich her Neues produziert.

Gegenüber einem solchen geschichtlichen Werden erschien das Einrücken der Prozesse in vorgestanzte Wesensformen, welches die Seinsphilosophie gelehrt hatte, als minderwertig, so daß sich das hierarchische Verhältnis von 'Sein' und 'Werden' umkehrte. Heideggers „Sein und Zeit" brachte diese epochale Umwälzung auf den Punkt. Das Mißliche daran war aber, daß er, insofern er beim Subjekt ansetzte, die Natur nicht in den hermeneutischen Zirkel seiner Überlegungen einbringen konnte. Der Begriff 'Sein' war also für Heideggers existentielle Ontologie überdimensioniert, insofern nicht deutlich wurde, wie das Sein des nicht vom Menschen Gemachten mit seiner eigenen Befindlichkeit zusammenhing. Weil dieser Punkt unklar war und weil er von diesem Ansatz aus auch nicht geklärt werden kann, hat Heidegger den Seinsbegriff später von allen Subjektvollzügen abzulösen versucht, was dann andere Probleme mit sich brachte. Zunächst aber vertrat er eine Art idealistischer Seinsauffassung. Gernot Böhme spricht von „Heideggers absteigender Ontologie des Organischen", davon also, daß die Natur nur ein 'defizienter Modus' des im Subjekt anzutreffenden Selbstvollzuges sei.[124] Ein solcher 'Idealismus' mag bei Schelling oder Schopenhauer plausibel sein, wenn man aber mit Heidegger ein unmetaphysisch gedachtes Subjekt in den Mittelpunkt stellt, läßt sich die These vom 'defizienten Modus' nicht mehr nachvollziehen. An dieser Stelle hakt Weizsäcker ein. So wie er versucht hatte, den Informationsbegriff als ursprünglichen Naturbegriff zu rekonstruieren, möchte er auch die Geschichtlichkeit als primäres Naturdatum fassen.

Dieser Versuch, eine „Geschichte der Natur" zu begründen, hatte wegen seiner Dringlichkeit Einfluß bis hin zu den Marxisten, die Weizsäckers Philosophie sonst nicht gerade positiv gegenüberstanden. Auch sie hatten mit Marx das geschichtliche Werden in den Mittelpunkt gestellt, konnten aber dessen Bezug auf die Natur nie so recht einsichtig machen, wie man an dem Machwerk von Friedrich Engels zur „Dialektik der Natur" sieht.[125] An dieser Stelle schien Weizsäcker Abhilfe zu schaffen, so

[124] Böhme (1999), S. 25: Er bezieht sich hier auf „Sein und Zeit" § 11 und auf die Vorlesung „Grundbegriffe der Metaphysik" GA Bd. 29/30.

[125] Um nur ein besonders krasses Beispiel aus diesem Buch zu erwähnen: Engels behauptet, daß sich die „ewigen Naturgesetze" immer mehr in „historische" verwandeln, wofür er als Beleg angibt, daß Wasser nicht immer bei 100 Grad siedet. Auf dem Mond sei dies z. B. nicht der Fall. Als ob die variablen Anwendungsbedingungen eines Gesetzes etwas mit seiner Historizität zu tun hätten!; Engels (1955), S. 253.

daß sein Versuch selbst von so antibürgerlich eingestellten Autoren wie Georg Lukács akzeptiert wurde.[126] Auch christliche Theologen sahen hier eine Möglichkeit ihren Ansatz bei der Heilsgeschichte in die Natur hinein zu verlängern.[127]

Das Dringliche dieser Vermittlung und der Grund, weshalb sie von Christen wie Marxisten akzeptiert wurde, lag darin, daß die Physik die Natur ungeschichtlich interpretiert. Wenn der Mensch jedoch durch seine geschichtliche Verfasstheit wesentlich bestimmt ist, dann konnte von hier aus nicht mehr einsichtig gemacht werden, inwiefern er Teil der Natur war oder wie er aus einer so begriffenen Natur hervorgegangen sein konnte. Hier fehlte eine überzeugende dialektische Vermittlungsfigur.

Eine solche Figur bietet Weizsäcker zunächst an, gemäß seinem Grundsatz: „Die Natur ist älter als der Mensch … der Mensch ist älter als die Naturwissenschaft.“ Dieses von ihm als 'Kreislauf' definierte Wechselverhältnis muß also auch von der Natur her gelesen werden können. Dieses Programm führt er in 'aufsteigender' Reihenfolge durch: Kosmos, Sterne, Erde, Leben, Seele, Mensch. All dies in geschichtlicher Hinsicht, die dadurch begründet werden soll. Man begreife gemeinhin den Menschen als ein geschichtliches Wesen: „Ich möchte demgegenüber den Satz aufstellen: Der Mensch ist in der Tat ein geschichtliches Wesen, aber er kann das sein, weil er aus der Natur hervorgeht, denn die Natur ist selbst geschichtlich.“[128]

Ohne Zweifel der zur Fragestellung einer Geschichtlichkeit des Mensch-Naturverhältnis passende philosophische Ansatz. Auch Heideggers Denkfigur eines 'defizienten modus' kommt bei Weizsäcker vor: „Wir schauen heutzutage von zwei entgegengesetzten Blickpunkten aus auf das Leben: vom Menschen her und von der Physik her. Mein Reitpferd, mein Hund – das sind für mich Partner im Spiel des Lebens, mit denen der Kontakt enger ist als mit vielen Menschen. Eine Amöbe, eine Alge, ein Schwamm hingegen sind mir kaum etwas anderes als absonderliche physikalische Objekte mit schwer erklärbaren Eigenschaften. Man kann aber auch nicht irgendwo im Reich des Lebens eine Grenzlinie ziehen, unterhalb deren die Physik, oberhalb deren das Verständnis vom Menschen her zuständig wäre. Von den Grenzfällen her prägen wir scharfe Begriffe, aber die Übergänge des Verständnisses der Wirklichkeit, das uns diese Begriffe gewähren, sind so fließend wie die Übergänge der geschichtlichen Entwicklung.“[129] Dieser Ansatz ist von der Sache her sehr sinnvoll. Er entspricht

[126] Lukács (1984), S. 94.

[127] So z. B. Günter Altner (1979), S. 87; Jürgen Moltmann (1985), S. 46, 206: Christian Link (1991), S. 345 usw.

[128] Weizsäcker (1962), S. 8 f.

[129] Weizsäcker (1962), S. 83 f.

gewissen naturphilosophischen Überlegungen, die sich bei Robert Spaemann, Reinhard Löw oder auch bei Hans Jonas finden.[130]

Im Gegensatz zu diesen Autoren muß aber Weizsäcker die Dialektik des Mensch-Natur-Verhältnisses wieder an die Physik rückbinden. Er hatte ja zunächst einmal darauf verwiesen, daß wir Natur analog zum Menschen im Sinn eines 'defizienten modus' verstehen können, sozusagen 'von oben nach unten', während die Physik die Natur erklärt – 'von unten nach oben'. Diese Gegenläufigkeit, die aus der Erklären-Verstehens-Kontroverse wohlbekannt ist,[131] nimmt er nun in einem zweiten Schritt wieder zurück:

„Der Übergang vom menschlichen Verstehen zum kausalen Schließen geschieht gradweise. Bei einem Schriftstück verstehe ich den mitgeteilten Inhalt, beim Tonkrug die Absicht des Töpfers, beim Schädel seine objektive Zweckmäßigkeit für seinen einstigen Träger, bei den Steinschichten den gesetzmäßigen Ablauf der Natur. Ich will das, was in dieser Reihe gradweise abnimmt, als die subjektive Verständlichkeit bezeichnen, d.h. als die Verständlichkeit von der Art, in der ein Subjekt versteht ... Manche Geisteswissenschaftler legen Wert auf eine scharfe Gegenüberstellung; sie sagen: den Menschen verstehen wir, die unbelebte Natur verstehen wir nicht ... Ich würde aber sogar einen Sprachgebrauch nicht für unglücklich halten, nach dem wir auch die unbelebte Natur verstehen. Im mathematischen Naturgesetz verstehen wir genau das, was überhaupt an ihr verstanden werden kann ...“[132]

Man sieht jedoch, daß der behauptete gradweise Übergang vom Verstehen zum Erklären *gerade nicht* stattfindet: Die Beispiele weisen vielmehr eine deutliche Diskontinuität auf. Schriftstück, Tonkrug und Schädel beschreiben wir teleologisch, um sie zu verstehen, während die Beispiele bei den Gesteinsschichten in ein nomologisches Schema umkippen, bei dem wir berechnen oder erklären. Vielleicht ist es ja sogar möglich, die unbelebte Natur zu verstehen. Aristoteles hat dies in seiner Lehre von dem 'natürlichen Ort' der Elemente formuliert. Danach 'strebt' ein Stein nach unten oder das Feuer nach oben. Aber so gehen wir heute *gerade nicht* mehr vor und insbesondere die Physik geht so nicht vor, so daß es einfach nicht richtig ist, zu behaupten, wir würden mittels der Naturgesetze die Natur *verstehen*. Verstehen ist eine hermeneutische Kategorie, keine nomologische.[133]

[130] Vgl. Spaemann/Löw (1981), Jonas (1973).

[131] Vgl. z.B. Wright (1974), Apel (1979) usw.

[132] Weizsäcker (1962), S. 16f.

[133] Vgl. die Art, wie Matthias Jung (2001) im Gegensatz zu Gadamer oder dem späten Heidegger die Hermeneutik zur Naturwissenschaft zugleich positiv ins Verhältnis setzt *und* abgrenzt.

Nachdem er das dialektische Verhältnis zwischen Subjektivität und Natur wieder zurückgenommen hatte, nimmt Weizsäcker auch die durchaus sinnvolle Fundierung der Unumkehrbarkeit der Zeit in einem lebensweltlichen Apriori wieder zurück, um seinen Gedankengang zu physikalisieren. Zu diesem Zweck interpretiert er den II. Hauptsatz der Thermodynamik plötzlich als „Satz von der Geschichtlichkeit der Natur", wonach das Naturgeschehen prinzipiell unumkehrbar und unwiederholbar sei. Wenn man voraussetze, daß der II. Hauptsatz immer gegolten habe, dann könne man beweisen, „daß die Welt ein unwiederholbarer Ablauf ist, der für jede endliche Materiemenge auch nur eine endliche Menge von unterscheidbaren einmaligen Ereignissen enthält." Jeder Naturvorgang erzeuge Wärme, sei also unumkehrbar. Daraus würde folgen: „Kein Vorgang wiederholt sich daher genau ... Die Natur ist ein einmaliger Ablauf."[134]

Diese Überlegungen enthalten jedoch einen entscheidenden Fehler. Auch wenn es so sein sollte, daß die Natur sich niemals wiederholt, würde dieses Individuelle, Geschichtliche nicht Objekt einer physikalischen Theorie sein können. Alle physikalischen Gesetze, auch der II. Hauptsatz, beziehen sich nur auf wiederholbare Phänomene und betrachten das einzelne lediglich als Fall eines Allgemeinen, d. h. eben nicht individuell oder geschichtlich. Sprachanalytisch gewendet: Der entsprechende Diskurs enthält an entscheidender Stelle keine 'Indexicals', d. h. Ausdrücke wie 'hier', 'jetzt', 'Ich', 'Du'. Nur mit solchen Ausdrücken können wir Individuelles oder Geschichtliches bezeichnen. Hingegen macht die mathematische Ausdrucksweise unsere Auffassung von der Natur zeitlos, ungeschichtlich.

Wir sind nun, sagt Weizsäcker, bei einem Letzten angelangt, das „beim Rückgang in die Geschichte der Natur in unserer Hand bleiben wird: dem mathematischen Naturgesetz." Wenig später sagt er explizit: „Als Naturgesetz bezeichnen wir eine Struktur des Geschehens, die unter gegebenen Bedingungen immer und überall auftritt."[135] Hier ist der Widerspruch offenkundig: Die Geschichtlichkeit der Natur soll in der Einmaligkeit ihrer Ereignisse bestehen, die im II. Hauptsatz zum Ausdruck kommt, doch dieser ist, wie alle physikalischen Gesetze, ungeschichtlich.

2.6 Gibt es einen Platonismus ohne Praxis?

Platos Idealismus hatte zwei Wurzeln: Mathematik und Ethik – Theorie und Praxis. In beiden Bereichen gab es 'ideale' Gegenstände: Der reale Kreis entspricht nie dem gedachten, die reale Tat nie der gesollten, und

[134] Weizsäcker (1962), S. 10; 35 ff.
[135] Weizsäcker (1962), S. 17 f.; 55.

doch ist die Idee des Kreises oder des Gesollten Kriterium für das Reale oder für die Tat und nicht etwa umgekehrt. Den Kern des Platonischen Idealismus macht allerdings das Politisch-Praktische aus. Daher ist Platos höchste Idee die des 'Guten', sein Idealismus ist also normbegründend.

Bei Weizsäcker fällt auf, daß sein physikalistischer Idealismus rein theoretisch bleibt. Praxis hat hier keinen Ort. Wenn Weizsäcker politisch-praktisch handelt oder sich in entsprechenden Schriften äußert, dann hängt dies in keiner Weise mit seiner Theorie zusammen. Seine Praxis könnte wahrhaftig sein, seine Theorie ganz falsch oder umgekehrt, seine Praxis schief und seine Theorie herausragend: so wie sie angelegt sind, hängen sie nicht nach Prinzipien zusammen – sie verteilen sich, wie bei Kant, auf disjunkte Welten.

Für einen Platoniker bleibt dies sehr merkwürdig, für einen Kantianer wäre es selbstverständlich, denn der Kantianer definiert 'Theorie' so formal und naturbezogen, daß Praxis in ihr keinen Ort haben kann. Für einen Platoniker müsste Praxis allerdings ein integrales Moment an der 'Theorie' bilden. Wo steht Weizsäcker?

Offenbar reiht er sich ein in die Ahnengalerie von platonisierenden Physikern, die von Galilei über Newton bis Roger Penrose reicht. Man sollte aber deutlich sehen, daß dieser 'Platonismus' der neuzeitlichen oder modernen Physik mit dem ursprünglichen der Antike fast nur noch den Namen gemein hat. Er scheint sich einem historisch kontingenten Faktum zu verdanken: Als Galilei zu Beginn des 17. Jahrhunderts die neue Wissenschaft ins Werk setzte, war es naheliegend, sich gegen Aristoteles und für Plato zu entscheiden. In der Aristotelischen 'Physik' war nämlich das Mathematische an den Rand gedrängt. In der Platonischen Ontologie war es dagegen zentral. Das Mathematische vermittelte bei Plato, zusammen mit dem Psychischen, zwischen der Welt der Erscheinungen und der Welt der Ideen. Da es zu jener Zeit opportun war, sich auf Autoritäten zu berufen und weil die Renaissance Plato in den Mittelpunkt gestellt hatte, war es für Galilei naheliegend, sich als 'Platoniker' hinzustellen.

Man muß jedoch sehen, daß sich der ursprüngliche Platonismus nicht gut als Metatheorie der modernen Physik eignet. Zum einen, weil die moderne Physik keine axiologisch und normativ bestimmte Kosmologie unterstützt, zum anderen, weil sie das Psychische aus der Welt verdrängt (die moderne Physik hat zu einer 'Entseelung' der Natur geführt) und vor allem, weil der genuine Platonismus die Ideen als transzendente Größen faßt. Nichts lag Plato ferner als die experimentelle Methode der modernen Physik. Für einen Griechen wie Plato fiel das Experiment unter dieselbe Gattung wie die Technik bzw. das Handwerk: Es waren Tätigkeiten für die unteren Stände in der Gesellschaft, nicht für einen Philosophen.

Es gibt bei Plato kein Pendant zur Aristotelischen Konzeption, wonach die Idee nur in der Materie wirksam wird. Daher gibt es bei ihm auch keine eigentliche Physik als Wissenschaft und auch die Mathematik zählt nur in ihren höchsten Ausprägungen, etwa als 'Idealzahl', zur Ideensphäre. Die konkreteren mathematischen Gegenstände, wie z.B. geometrische, dreidimensionale Gebilde, gehören für Plato zur Sphäre der Erscheinungen, auf die sich die eigentliche Wissenschaft nicht beziehen kann. Aus diesem Grunde stellt Plato die mathematische Weltordnung in seiner Schrift „Timaios" nur als einen gut begründeten Mythos dar, nicht als eigentliche Wissenschaft. Bei den platonisierenden Physikern der Neuzeit und der Moderne verteilen sich die Akzente jedoch gerade anders herum.

In seinem Buch „Der Mensch in seiner Geschichte" gibt Weizsäcker eine interessante dreifache Auslegung des Platonischen Höhlengleichnisses aus dem „Staat".[136] Er deutet dort dieses Gleichnis in einem 1) moralisch-politischen, 2) mathematisch-physikalischen und einem 3) seelisch-mythischen Sinn. Daß es 1) und 3) bei Plato gibt, wird niemand bestreiten, aber die Deutung 2) ist aus den genannten Gründen von außen herangetragen.[137] (Ebenso weit hergeholt wie der erwähnte „Abstieg" von den Ideen aus Platos 'ungeschriebener Lehre'.)

Nun fällt auf, daß Weizsäcker diese, gegen den Wortlaut und Sinn Platos gerichtete Auslegung, also die mathematisch-physikalische Deutung des Höhlengleichnisses einseitig stark macht und die beiden anderen, jedenfalls in der theoretischen Rekonstruktion, völlig vernachlässigt. Überhaupt ist seine Überbetonung des Theoretischen sehr auffällig. Dies gilt einmal in Bezug auf das Technisch-Praktische, das er selten reflektiert[138], es gilt aber auch ganz allgemein für die Art, wie er das Theorie-Praxis-Verhältnis begreift, nämlich als ein rein negatives: „Praxis ist zunächst eine von Theoretikern erfundene Restkategorie ... das menschliche Leben ist voll von Nichttheorie; das nennt man Praxis."[139] Diese Abqualifizierung von Praxis muß man sich vor Augen halten, um zu sehen, daß Weizsäckers Platonismus nicht sehr viel mit dem antiken gemein haben kann, der ja seine wesentliche Sinnspitze in einer Begründung von Praxis hatte.

In der Tradition des platonisierenden Physikalismus geht Weizsäcker nun davon aus, daß den Phänomenen, die uns umgeben, „ganz andersartige Gegenstände zugrunde" liegen. Man müsse dafür Begriffe gebrauchen

[136] Weizsäcker (1994), S. 178ff.

[137] In der Weizsäcker-Schule bemüht man sich zu zeigen, daß Plato, im Gegensatz zur gängigen Auslegung eine wirkliche 'Physik' im Sinn der Moderne gekannt habe: Meyer-Abich in: Scheibe/Süßmann (1973), S. 20–44. Solche Auslegungen sind, was das Exegetische anbelangt, weit hergeholt.

[138] Er sagt von sich: „Ich wollte reine Forschung. Technik interessierte mich nicht sehr"; Weizsäcker (1995), S. 19.

[139] Weizsäcker (1994), S. 106.

wie „Atome, Feld, Wellenfunktion." „Der wahre Zusammenhang der Phänomene enthüllt sich erst, wenn man hinter die Phänomene vordringt."[140]

Solche Vorstellungen sind, wie ich im letzten Kapitel in Bezug auf Max Planck gezeigt habe, außerordentlich suggestiv. Sie liegen auch dem Glauben an eine 'endgültige Theorie' zugrunde. Wenn es Platonische Ideen gibt, die den Seinsbestand der Phänomene ausmachen – sozusagen das, was sich Gott bei der Schöpfung 'gedacht' hat – dann zielt Physik auf dieses Endgültige, Letzte.[141] Andererseits hat sich gezeigt, daß eine Letztbegründung mit den Mitteln der Physik unmöglich ist. Vielleicht ist ja die ganze Vorstellung schief, wonach die Physik „hinter die Phänomene vordringt".

Wenn dies ein 'Platonismus' ist, dann nicht der ursprüngliche, denn der physikalistische Platonismus neutralisiert Praxis in jeder Hinsicht, auch technische oder lebensweltliche Praxis. Daß er auch ethische Praxis neutralisiert, liegt daran, daß er keinen Handlungsbegriff kennt. Das macht die Differenz zwischen einer 'Theorie' im echt platonischen Sinn und einer 'Theorie' im Sinn der modernen Physik aus. Weizsäcker unterscheidet diese beiden Begriffe von Theorie nirgends. So wie er eine Ontologie des Vorhandenen mit einer Wesensontologie überblendet, so auch den modernen mit dem antiken Theoriebegriff.

Aber gleich wie die Zweckeinheit, basierend auf der Form, im Begriff der 'mathematischen Struktur' nicht wiederkehrt, so neutralisiert sich das Normative des antiken Theoriebegriffs im modernen. Daß seine Ideen oder „Ure" nicht normbegründend sind, hätte Weizsäcker davon abhalten müssen, sich einen 'Platoniker' zu nennen, denn damit war das Wichtigste aus seiner Theorie herausgefiltert. Ein echter Platonismus sollte theoretisch und praktisch zugleich sein. Wohin es führt, wenn man Weizsäckers divergierende Welten von 'Theorie' und 'Praxis' in dasselbe Modell zwängt, wurde bei Michael Drieschner deutlich, der selbst Roboter für 'frei' hält.

Es wäre andererseits noch zu wenig gesagt, wenn man Weizsäcker einen Kantischen Dualismus zwischen theoretischer und praktischer Vernunft unterstellen würde. Zunächst einmal sieht es so aus. Seine theoretischen Werke wie die „Einheit der Natur", der „Aufbau der Physik" oder „Zeit und Wissen" enthalten keine Ethikbegründung; seine politisch-praktischen Schriften wie „Wege in der Gefahr", „Der bedrohte Friede" oder „Die Zeit drängt" stützen sich nicht auf den physikalistischen Idealismus der „Ure".

[140] Weizsäcker (1995), S. 35ff.; 257.

[141] Es ist bezeichnend, daß Autoren wie Stephen Hawking, die doch Atheisten sind, trotzdem die Ideen Gottes in der physikalischen Wissenschaft suchen; Hawking (1988), S. 218.

Aber genau deshalb beruhen diese politischen Schriften auch nicht auf der Konzeption einer 'praktischen Vernunft' wie bei Kant, denn diesen Weg hat sich Weizsäcker dadurch verbaut, daß er die Vernunft ganz im wissenschaftlichen arbeitenden Verstand aufgehen läßt. Wenn die Physik alle Rationalität an sich saugt, bleibt die Ethik als leere Hülse zurück.

Weizsäcker spricht zwar in praktischen Zusammenhängen manchmal von „Vernunft", aber er meint damit etwas ganz anderes als Kant, nämlich das, was er auch mit dem Begriff der „Wahrnehmung", der „noetischen Wahrnehmung" oder einer „Wahrnehmung des Ganzen" bezeichnet. Eine solche „Wahrnehmung" ist im Grunde eine 'intellektuelle Anschauung' oder ein mystisches Innewerden.[142]

Man wird die Bedeutung solcher Intuitionen für die Religion akzeptieren, in der Philosophie sind sie durchaus fehl am Platze, weil man mit demjenigen, der nichts oder etwas anderes 'wahrnimmt', auch nicht mehr diskutieren kann. Daher lehnen fast alle praktischen Philosophen derartige nichtkognitivistische Ethiken ab. Für Weizsäcker hatte das Herausdividieren der Ratio aus der Ethik desolate Folgen: Er konnte jetzt nur noch als prophetische Gestalt überzeugen, nicht mehr auf Grund seiner Argumente.

2.7 Der Schluß vom Pferd auf den Geist

Pferd und Geist sind archetypische Vorstellungen: sie bezeichnen die Spannung zwischen Animalität und Spiritualität, deutlich etwa bei der mythischen Vorstellung von Pegasus, dem geflügelten Musenroß des Bellerophon, welches den Dichter auf die Höhen des Parnaß entführte, den seligen Sitz der Musen.

Die Vorstellung eines geflügelten Pferdes ist sehr merkwürdig, schließlich steht nichts mehr für Vitalität und Erdverhaftetheit als das Pferd. Daß es fliegen könnte, scheint so unwahrscheinlich wie die Freudsche These, daß Kunst sublimierte Sexualität sei. Aber wahrscheinlich verhält es sich wirklich so; es kommt in diesen Gegensätzen die antagonistische Spannung zum Ausdruck, die den Menschen ausmacht, der selbst ein Kentaur oder gar ein Minotaurus ist.

Plato drückt diese Spannung in seinem „Phaidros" mit Hilfe der Metapher vom Seelenwagen und den zwei vorgespannten Pferden aus, einem

[142] Weizsäcker (1995), S. 585. An sich gibt es die „Wahrnehmung" bei Weizsäcker auf allen Ebenen, im Theoretischen, Praktischen und Ästhetischen. Im Ästhetischen möchte man sich das noch am ehesten gefallen lassen. Im Theoretischen führt es jedoch zu einer Überfrachtung der Physik und im Praktischen in die Aporien einer nichtkognitivistischen Ethik.

irdisch-vital gesonnenen und einem geflügelt-idealischen, nach Höherem strebenden. Auch bei Plato war also das Verhältnis zwischen Pferd und Geist antagonistisch.

Ohne Bruch ist der Geist offenbar nicht zu haben – er steht in starker Spannung zur Sinnlichkeit. Echte Religiosität verschärft diese Spannung, statt sie zum Erliegen zu bringen, wie in der Esoterik, wo alles zu allem wird. Im Christentum gibt es kein Ostern ohne Karfreitag, ohne Kreuz kein Heil.

Solche Lehren sind heute denkbar unpopulär, so wie man ja auch keinen Satz mehr über Plato lesen kann, ohne die wie selbstverständlich hinzugefügte Versicherung, seine 'Leibfeindlichkeit' sei inzwischen überholt. Aber wenn man sich die Metapher von den beiden Pferden vor Augen führt, sieht man, daß dies nicht Platos Meinung gewesen sein kann, schließlich sagt er nirgends, daß wir das zum Sinnlichen neigende Pferd totschlagen sollen, sondern der Wagen der Seele kommt nur mit *beiden* Pferden vorwärts. Sinnlichkeit und Geist müssen zusammenwirken, wie auch immer.

In einer Epoche, die vom Szientismus und Technizismus geprägt ist, d. h. von der Idee der totalen Durchschaubarkeit und Machbarkeit, wird man Neigung haben, solche Antagonismen zu ignorieren und die Religion in das Raster der Durchschaubarkeit und Machbarkeit zu zwängen. Durchschaubarkeit soll die Religion bei Weizsäcker durch die Denkfigur des 'Kreisgangs' erhalten, wonach der erleuchtete Blick auf die Welt informationstheoretisch-identitätsphilosophisch rekonstruiert werden kann. In die Idee der Machbarkeit wird die Religion bei Weizsäcker so einrangiert, daß er sie an die ostasiatische Vorstellung von Selbsterlösung ankoppelt, wie sie manche Hinduisten vertreten.

Weil solche Vorstellungen heute sehr in Mode sind, möchte ich das zugrundeliegende, ziemlich schiefe Prinzip ausführlich darstellen. Es läuft auf eine Art 'Schluß vom Pferd auf den Geist' hinaus, ein spirituelles Pendant zu dem, was man in der Ethik den 'naturalistischen Fehlschluß' genannt hat, d. h. den unzulässigen Schluß vom Sein auf das Sollen. Philosophisch liegt dem eine Vorstellung zugrunde, wonach sich Religion und Wissenschaft wie Gattung und Art verhalten sollen.

In der alten Philosophie dachte man sich die Gattung als das Allgemeine gegenüber der Art als dem Besonderen, und zwar als etwas Formales und Formendes zugleich, d. h., man war der Überzeugung, daß der Aufstieg zum Allgemeinen uns der Wahrheit und dem 'Eigentlichen' näher führt. So gibt es schon bei Aristoteles, aber auch schon früher bei Plato oder später bei Plotin einen begrifflichen Aufstieg über verschiedene Abstraktionsstufen. Danach beginnt man mit dem Sinnlichen, Einzelnen, faßt es zu Gattungen und Arten zusammen und fragt nach den 'höchsten Gattungen', d.h. nach den Kategorien. Jenseits dessen konzipiert man dann eine höchste Abstraktionsstufe des 'Seins', die all dies umfaßt. Dieses Begrifflich-Allumfassende wird dann als Platzhalter des Absoluten angesehen d.h. als 'ipsum esse subsistens'. Sollte das so begriffene 'Sein' bestimmte Eigenschaften haben, dann müßten sie in allem Seienden wiederkehren, also prinzipiell nach der Logik, wie sich Gattungen zu Arten verhalten, obwohl man 'Sein' nicht für einen Gattungsbegriff hielt, weil 'Sein' undefinierbar ist.

In intensionalen Kontexten arbeiten wir gerne mit einer solchen, seit der Antike bekannten, Begriffspyramide ('arbor porphyriana') der übereinandergeschachtelten Gattungen und Arten. Obwohl moderne Logiker diese intensionale Abstraktion gerne durch eine extensionale Klassenabstraktion ersetzen würden, hat sich doch im Alltag und oft auch in den Wissenschaften ihre ordnende Kraft bewährt, so daß wir geneigt sind, alle möglichen Sachverhalte in dieses Schema einzuordnen, ob es passt oder nicht.

Ich glaube jedoch, daß das Verhältnis zwischen religiöser Erfahrung und den verschiedenen Formen wissenschaftlicher oder Alltagserfahrung durch das Gattung-Art-Verhältnis falsch beschrieben wird. Es ist aber dieses logische Verhältnis, das Weizsäcker als gültig unterstellt. Auch hier versucht er, ein traditionelles metaphysisches Schema in die moderne Wissenschaft zu übertragen, wo es keinen Ort mehr hat.

Beim Gattung-Art-Verhältnis ist es so, daß die Eigenschaften der Gattung in der Art wiederkehren, also in der Art analytisch enthalten sein müssen, wie z.B. der Begriff des 'Pferdes' alle wesentlichen Eigenschaften eines solchen Tieres enthalten sollte, so daß sie allen Pferderassen wie Lipizzanern, Trakehnern, Norikern oder Angloarabern ausnahmslos zukommen müssen. Diese Denkfigur von Gattung und Art, die ein logisches Zwangsverhältnis bezeichnet, überträgt Weizsäcker auf das Verhältnis zwischen Physik und Religion, mit ziemlich desolaten Konsequenzen, denn dann muß es möglich sein,

1) die Religion aus der Physik rein begriffsanalytisch zu erheben,

2) von der religiösen Erfahrung her Direktiven für die Wissenschaft zu gewinnen, und zwar nicht nur im ethischen, sondern auch im inhaltlichen Sinne.

Punkt 1) wurde schon ausführlich dargestellt und kritisiert. Danach deutet alles darauf hin, daß wir die Religion *gerade nicht* als logische Implikation aus der Physik herausheben können.

Punkt 2) würde zur Folge haben, daß der Mystiker zugleich die höchsten Prinzipien der Wissenschaft durchschaut, der Wissenschaft also auf ihrem eigenen Felde geistig überlegen ist. Die geistliche Überlegenheit wäre zugleich eine geistige Überlegenheit.

Dem liegt die bereits mehrfach erwähnte Identitätsmetaphysik mit ihrem univoken Realitätsbegriff zugrunde: „Ich würde persönlich sagen, die Wirklichkeit, die der Physiker studiert, die Wirklichkeit, die der Historiker studiert, der Psychologe studiert, vielleicht sogar die Wirklichkeit, die der Mathematiker studiert, ist eben genau die Wirklichkeit und keine andere als die, die in der Meditation letztlich – vielleicht – erfahren werden kann; denn sonst wäre sie nicht die Wirklichkeit."[143]

Von hier her wird Weizsäckers Anspruch verständlich, aus der meditativen Erfahrung heraus Weisung in alle Bereiche hinein zu geben und zwar nicht nur als ethische Korrektur einer gesamtgesellschaftlichen Tendenz, die sich einseitig aufs Machbare und Berechenbare verlegt hat, sondern als *inhaltliche* Weisung, wie in den verschiedenen Wissenschaften vom Prinzip her vorzugehen sei. Für Weizsäcker ist eben die Physik die Gattung zu allen Arten von Wissenschaft und Praxis.

Diese Vorstellung ist in sich ziemlich schief. Religiöse Vertiefung erzeugt von sich aus keine Intelligenz. In der Bibel werden die unmündigen Kinder gelobt. Ihr Vertrauen ist naiv. Mit Intelligenz hat der Glaubensakt erst einmal gar nichts zu tun, und er führt auch nicht zu einem erhöhten Intelligenzquotienten. Mit dem Glaubensakt ist es wie mit den Tugenden, die nach mittelalterlicher Auffassung 'habituell' werden müssen. Wenn wir sie ernst nehmen, dann üben wir sie beständig ein. Ihre Vertiefung zu einem 'Habitus' ist aber nicht mit einem gleichzeitigen Fortschritt in intellektueller Hinsicht verbunden. Daher gibt es dumme und tugendsame, kluge und böse und manchmal sogar gute und intelligente Menschen. Sittlichkeit korreliert so wenig wie Spiritualität direkt mit Intelligenz, weshalb alle diese Kombinationen vorkommen.

Doch wenn das Gattung-Art-Verhältnis zwischen Religion und Physik stimmen würde, dann könnte es keine intelligenten Atheisten geben, und religiöse Menschen würden durch ihre Religiosität jederzeit klüger. Es scheint aber, daß beides falsch ist. Anstatt die religiöse und wissenschaftliche Erfahrung nach der Logik von Gattung und Art zu begreifen, scheint es sinnvoller, eine Logik zu unterstellen, wie sie bei Zweck-Mittel-Relationen auftritt, dort gibt es nämlich kein logisches Zwangsverhältnis, sondern ein kontingentes Spiel der sinnvollen Hinordnung der Mittel auf die Zwecke. Der Philosoph Friedrich Kaulbach spricht in solchen Fällen von „Sinn-Notwendigkeit", die er von einer kausalmechanisch wirkenden Notwendigkeit abhebt.[144] Eine solche „Sinn-Notwendigkeit" ist nicht antizipierbar, sondern nur rekonstruierbar, während wir kausalmechanische Prozesse vorhersagen können. Weizsäcker ist natürlich als Antiteleologe

[143] Weizsäcker in: Görnitz (1995), S. 41.
[144] Kaulbach (1986), S. 76.

auf die kausalmechanische Notwendigkeit festgelegt, aber in ihrem Rahmen lässt sich Religion nicht sinnvoll zur Geltung bringen. Dazu brauchen wir eine 'Logik der Kontingenz'.

Mittel sind in den Zwecken, denen sie dienen, niemals rein analytisch enthalten, denn man kann jedes Mittel zu völlig verschiedenen Zwecken gebrauchen oder sogar neue dazu erfinden. Umgekehrt ist der Zweck keine Form, die den Charakter eines Mittels so bestimmen würde, daß gewisse Inhalte des Zwecks im Mittel erhalten blieben. Wenn ich z.B. auf einem Pferd reite, weil mich das Reiten in eine beruhigt-kontemplative Stimmung versetzt, dann muß das Pferd nicht auch in dieser Stimmung sein, sonst trabt es am Ende gar nicht mehr und betrachtet selbst, womit meine eigene Kontemplation am Ende wäre. Nur insofern das Mittel ganz andere Eigenschaften aufweist als der Zweck, taugt es zum Mittel. Wäre es anders, dann bräuchte man einen Nagel, um einen Nagel in die Wand zu schlagen oder Löffel, um mit einem Löffel zu essen.

Wenn wir Spiritualität als höchstes Ziel des Menschen ansehen, dann müssen wir aufgrund dieser Logik nicht damit rechnen, daß die Formen ihrer möglichen Realisation, wie z.B. Kunst, Wissenschaft oder Philosophie intelligible Spuren der zugrundeliegenden Spiritualität aufweisen, und wir müssen auch nicht fordern, daß ein Mystiker die höchsten Prinzipien der Wissenschaft besonders gut durchschaut, daß also – mit einem Wort – Beten intelligent macht. Um den Gedanken zu verdeutlichen, könnte man ihn auf die Spitze treiben: Selbst wenn wir die Kopplung zwischen Mittel und Zwecken besonders eng machen, wird niemals ein logisches Zwangsverhältnis eintreten wie bei Gattung und Art.

Nehmen wir an, es würde sich eine spezifische Form der 'Hippokontemplation' verbreiten, weil sich diese Form besonders bewährt hat. Die Menschen würden in großer Zahl und geistesabwesend durch Felder, Wälder, Fluren oder Dörfer reiten. Die Frauen trügen vornehmlich Pferdeschwänze, die Männer hießen meist 'Phillipus', es gäbe 'Hippo-Gurus', 'Hippo-Nonnen' und 'Hippo-Mönche', 'Hippo-Riten', eine 'Hippo-Ethik' und 'Hippo-Kirche' mit Sitz in Philippi, basierend auf dem Grundsatz 'extra equum nulla salus', so daß das Kontingenzverhältnis zwischen Pferd und Spiritualität praktisch aufgehoben wäre, weil derjenige, der sich erfrechte, pferdlos zu beten, sofort als Equo-Häretiker aus der Hippo-Kirche ausgeschlossen würde, während man umgekehrt das Pferd nur noch in religiösen Zusammenhängen akzeptieren würde, mit dem Argument, alles andere sei nicht 'pferdgemäß'.

Doch selbst für den exotischen Fall eines 'equus sanctus', wo die Mittel und Zwecke so eindeutig aufeinander hingeordnet wären, daß wir zwingend schließen könnten: 'Immer wenn Pferd, dann Religion' und: 'Immer wenn Religion, dann Pferd', selbst in diesem extremen Fall einer formallogischen Äquivalenz würde es nie soweit kommen, daß wir aus den Inhalten der Hippokontemplation auf die Anatomie eines Pferdes oder umgekehrt aus dem Bau eines Pferdes auf bestimmte Gebetstechniken schließen könnten. Wer aus der Quantentheorie eine Spiritualität ableitet und wer die Spiritualität für eine Quelle besonderen Scharfsinns in der Wissenschaft hält, macht aber genau dies.

Solche Bemerkungen mögen etwas übertrieben erscheinen, aber es gibt eine verbreitete, ostasiatisch inspirierte Mystik, die ganz auf diesem verqueren Grundsatz eines Schlusses „vom Pferd auf den Geist" beruht und die bei uns ziemlich verbreitet ist. Indische Gurus wie Maharishi Mahesh Yogi verkünden, daß sie in der Kontemplation die 'Vereinigte Feldtheorie' der Physik gefunden haben und Gopi Krishna, der Guru Weizsäckers, sagt ganz entsprechend über das mystische Zentrum der Kundalini-Kraft: „Ich bin der Meinung, daß eine bewußte Entdeckung der Kundalini, unter angemessenen Umständen und von erfahrenen Forschern beobachtet, einen schlüssigen Beweis liefern kann für das Vorhandensein dieses Zentrums im menschlichen Körper und für seine Fähigkeit, psychische Gaben, Genie und kosmisches Bewusstsein lebendig zu machen. Empirisch bewiesene Experimente könnten von Grund auf eine Veränderung in einigen üblichen Begriffen vom Leben bewirken und den Abgrund zwischen Religion und Wissenschaft verringern."[145] Dies nenne ich ironisierend den „Schluß vom Pferd auf den Geist".

Diesen Fehlschluß akzeptiert Weizsäcker durchaus. Er sagt über Gopi Krishnas Auffassungen zustimmend: „Das spirituelle Gesetz ist seinem Wesen nach zugleich ein biologisches Gesetz."[146] Auch der Weizsäckerschüler Klaus Meyer-Abich akzeptiert unbesehen solche spirituell-physikalischen Kurzschlüsse: „Wenn Christus die Wahrheit ist und wenn die Physik wahr ist, was seit Galileis Verurteilung kaum noch jemand zu bestreiten gewagt hat, dann ist Christus auch die Wahrheit der Physik."[147] Wäre dies zutreffend, dann könnte es keine ungläubigen und zugleich intelligenten Physiker geben, die Quantentheorie würde uns fromm machen und an den physikalischen Instituten sollte man schleunigst das Morgengebet einführen.

Mit all dem will ich natürlich nicht bestreiten, daß religiöse Vertiefung zu einer besonderen moralischen Sensibilität führen kann oder daß sie ins-

[145] Weizsäcker/Krishna, Frankfurt (1988), S. 53f. Maharishi Mahesh Yogi verspricht auf seiner Homepage im Internet: „Everything is possible through knowledge of Natural Law and Natural Law based programms." Wie bei Weizsäcker ist auch hier das „Natural Law" zugleich spirituell und physikalisch gemeint.

[146] Weizsäcker in: Görnitz (1995), S. 69.

[147] Meyer-Abich in Altner (1977), S. 4.

besondere auf eine Art motivierend ist, die man in säkularen Ethiken selten findet. Ebenso wird dadurch nicht ausgeschlossen, daß religiöse Kontemplation womöglich zu einer besonderen Einsicht in die kollektiven Befindlichkeiten einer Epoche führen kann und zu einer besonderen Klugheit, mit diesen Befindlichkeiten umzugehen. Ich glaube, daß Weizsäckers Stärke genau in diesem Bereich liegt und daß sein Ansehen in der Öffentlichkeit von daher rührt. Man muß aber diese unstreitige Kompetenz scharf unterscheiden von den überbordenden Ansprüchen, die Weizsäcker zugleich stellt. Sein Physikalismus legt ihn aufs Machbare fest und läßt ihn die Religion in einem entsprechenden Licht sehen. Auch diese Auffassung entspricht einer alten Tradition, die es schon immer in Deutschland gegeben hat. Goethe, Schellings Freund, hat ihr in seinem „Faust" ein gültiges literarisches Denkmal gesetzt.

Faust hat keinen Zugang mehr zur christlichen Religion. Sie ist ihm verbaut und vielleicht auch nicht gemäß, jedenfalls ergibt er sich stattdessen der Magie, die ein Versuch ist, Transzendenz dingfest zu machen. Er beschwört den Erdgeist. Heute würde er den Geist der Quanten- oder Informationstheorie beschwören: es ist genau derselbe Versuch, das Absolute im Endlichen festzuschreiben.

Die Goethezeit mit ihrem Geniekult, ihr neuheidnischer Spinozismus, die romantische Unendlichkeitssehnsucht, das Titanisch-Faustische drückte sich in den Philosophien von Fichte, Schelling und Hegel aus. Insbesondere der frühe Schelling ist ganz durchdrungen von einem titanisch-faustischen Geist. Er will Natur, Geist und Wissenschaft zur Einheit zwingen und zwar so, daß sie zugleich die Religion ersetzen würde. Das Mittel dazu ist, wie gesagt, eine metaphysische Identitätslehre, die kontinuierlich in den Akt der „intellektuellen Anschauung" übergeht, indem sie ihren Ausgangspunkt bei den neuesten Entdeckungen der damaligen Physik nimmt, also ein Konzept, das Weizsäckers idealistischer Deutung der Quantentheorie sehr nahe kommt.[148]

Schelling und Weizsäcker zu vergleichen, ist überhaupt sehr erhellend, weil sich in diesen beiden Gestalten eine bestimmte Weise des Umgangs mit dem Spannungsverhältnis Physik-Religion artikuliert, die sehr naheliegend, aber zugleich irreführend ist. Die intellektuelle Wucht und Durchschlagskraft der neuzeitlichen Physik legt es nahe, ihre Potenz ins Unendliche hinein zu verlängern, aber gerade hierin liegt der Irrtum. Die Sphäre der Macht muß gebrochen werden, denn wenn der Geist sich nicht als gebrochen erfährt, wird er auch niemals heil. Das Kreuz ist, christlich gesehen, unhintergehbar und steht als überdeutliche Metapher für den Bruch zwischen Geist und Materie.

[148] Vgl. meine Schellingarbeit, in der ich auch die Verwandtschaft zu Weizsäcker dargestellt habe: Mutschler (1990).

Wollte man die Parallelen zwischen Schelling und Weizsäcker im Einzelnen ausziehen, man käme nie an ein Ende und es ginge sogar bis in die Details: sowohl Schelling als auch Weizsäcker haben sich an der Kunstform des Platonischen Dialogs versucht. Ohne durchschlagenden Erfolg, wie es scheint. Merkwürdig übereinstimmend ist auch die Rolle in der Öffentlichkeit, die beide Philosophen gespielt haben. In der Alten Pinakothek in München hängt ein berühmtes Bild, Schelling darstellend, im antiken Gewande. Antik gewandet ist auch seine Theorie. Wie Weizsäcker, so ging auch Schelling von Kant zu Plato über und staffierte seine Theorie mit den transzendenten Ideen des 'Guten, Wahren und Schönen' aus, indem er sie mit der damals aktuellen Physik zu verbinden suchte.

Die Goethezeit war eine Zeit der durch Winckelmann hervorgerufenen Begeisterung für die Griechen. Ludwig I., König von Bayern, machte sich daran, die Landeshauptstadt München zu einem 'Athen an der Isar' auszubauen, indem er Architekten wie Leo von Klenze berief. Es entstanden die Propyläen, eine neue Residenz, die Universität, Alte Pinakothek und Glyptothek, die Feldherrenhalle, Ludwigskirche und das Siegestor an der 'Münchner Freiheit'.

In eine so stilisierte Welt passte Schelling. Wenn er in den zwanziger oder dreißiger Jahren des 19. Jahrhunderts schlohweißen Hauptes den Vorlesungssaal in München betrat, herrschte ehrfürchtiges Schweigen: der Weltgeist weste an. Schelling genoß sichtlich diese Verehrung des Publikums. Warum auch nicht? Er hielt sich für einen der ganz Großen, sozusagen für den wiedererstandenen Plato, und das Publikum hatte ein Bedürfnis nach einem Plato an der Isar.

Gemessen an der Phantasielosigkeit einer vergröberten Bauhausarchitektur in der zweiten Hälfte des 20. Jahrhunderts wirken die gräzisierenden Bauten Ludwigs I. sehr angenehm auf uns. Gleichwohl hat diese Architektur etwas Oberflächliches und Demonstratives, Aufgesetztes, ja Anachronistisches. Die Zeit Ludwigs I. ist nicht mehr die Zeit des Perikles oder die Zeit der Medici in Florenz. Vergleicht man die Feldherrenhalle in München mit ihrem Vorbild in Florenz, so fällt eine gewisse Grobheit und Unproportioniertheit, eben die gipsklassizistische Pose, ins Auge. Das München Ludwigs I. war zugleich die anachronistische Demonstration eines Gehaltes, der längst verschwunden war, um sich in den Märchenschlössern Ludwigs II. ins Abstruse, ja Walt-Disneyhafte zu verirren. Ludwig I. war, politisch gesehen, konservativ und widersetzte sich allen Neuerungen, die im 19. Jahrhundert, dem Jahrhundert der beginnenden Industrialisierung und Arbeitnehmerbewegung, anstanden. Der Idealismus der damaligen Griechenschwärmer war also zugleich ein Idealismus des schlechten Gewissens. Er hatte die eigenen Zeitläufte verschlafen oder verdrängt.

Liest man Weizsäckers Schriften, dann mit einem Gefühl, als wanderte man durch das historische München. Gemessen an der Nüchternheit formalsprachlicher Wissenschaftstheorie, die ich im nächsten Kapitel behandeln werde, fühlt man sich bei Weizsäcker alteuropäisch zu Hause. Plato, Aristoteles, Goethe, Schiller, Kant, Hegel, Nietzsche und Heidegger, all diese tiefsinnigen europäischen Geistesgrößen werden herbeizitiert und fügen sich in die Quantentheorie, wie sich Athen an die Isar fügt – nämlich gar nicht.

Weizsäcker hat dieselbe Schellingsche Attitüde eines wiedererstandenen Plato, und weil das Publikum seine Gurus braucht, funktioniert die Performance. In einer Zeit, die mit einer Kaltschnäuzigkeit sondergleichen alles wegrationalisiert, was nicht dem unmittelbaren Profit dient, ist die Erinnerung an das Zwecklose lebensnotwendig, und dieses Bedürfnis machen sich diejenigen zunutze, die das Zwecklose zum Ziel ihrer eigenen Bedeutungssteigerung verzwecken.

Für den Philosophen bleibt Weizsäckers Werk ein höchst erklärungsbedürftiges Phänomen. Wie konnte es geschehen, daß Weizsäcker, der auf fast allen Gebieten eine enorme Begabung mitbrachte, einen Ansatz wählte, der von vornherein zum Scheitern verurteilt war, daß er an diesem Ansatz festhielt, obwohl er sich im Einzelnen nicht durchführen ließ und obwohl die Skizzen zu seiner Durchführung derart widersprüchlich ausfielen? Warum hat Weizsäcker das Sinnlose seines Unternehmens nicht eingesehen und warum gab es zwar nur wenige Philosophen vom Fach, aber doch ein größeres gebildetes Publikum, das seine theoretischen Schriften gerne las?

Ohne Zweifel fiel Licht von seinem imponierenden politisch-praktischen Engagement auf seine Theorie und schien sie zu rechtfertigen. Ohne Zweifel empfiehlt sich sein Kompensationsidealismus einem Bildungsbürgertum, das es mit Plato, Kant und der Quantentheorie nicht so genau nimmt und ohne Zweifel haben wir alle Sehnsucht nach glatten, problemlosen Übergängen von der Wissenschaft zur Weisheit und von dort zur Spiritualität. Solche Sehnsüchte befriedigen Weizsäckers Schriften.

Doch wenn wir Natur objektivieren, wie in der modernen Physik, dann treten Symbol und Zeichen, Nomologisches und Teleologisches, Sein und Sollen, Subjekt und Objekt, Wissenschaft und Weisheit in ein antagonistisches Verhältnis. Albrecht Wellmer spricht von der „unversöhnlichen Moderne".[149] Seine Gegenthese zu Weizsäcker ist in der Nachfolge Adornos normativ gemeint: Die Moderne *sollte* unversöhnlich sein, will sie sich selbst nicht belügen. Dazu gehört der Mut, Brüche ernst zu nehmen, Gegensätze nicht vorschnell zu verschleifen, sich der deduktiven Methode,

[149] Wellmer (1999).

also dem ‘Kreisgang’ zu verweigern, d.h. jenem Abstieg, der im Grunde nichts ist als der Versuch, den Platz Gottes einzunehmen, um die Welt von den Ideen her zu konstruieren.

All dies mag zutreffend sein, aber es klärt ‘das Phänomen Weizsäcker’ noch nicht hinreichend. Ich möchte im nächsten Kapitel zeigen, daß wir im 20. Jahrhundert einen folgenreichen Umschwung in der intellektuellen Grundbefindlichkeit erlebt haben, programmatisch eingeleitet durch Rudolf Carnaps Buch „Der logische Aufbau der Welt“.

Die philosophische Tradition ging von einem ‘vernünftigen’ Aufbau der Welt aus und davon, daß die der Welt immanente Vernunft auf eine transzendente Vernunft verweist. Man hat dies mit der Formel von einer ‘Identität von Denken und Sein’ ausgedrückt. Diese metaphysische These einer der Welt zugrundeliegenden, ordnenden Vernunft zerbricht spätestens im 20. Jahrhundert. An deren Stelle tritt nun eine formale Auffassung vom menschlichen Intellekt und von der Ordnung in der Welt. Geordnet ist nun, was sich algorithmisch komprimieren lässt. Man könnte diese Konzeption durch das Stichwort einer ‘Identität von Logik und Sein’ kennzeichnen, denn die Stelle der Form vertritt nun die Formel, das Zeichen die Stelle des Symbols und die Gleichung die Stelle des Gleichnisses. Diese Ausdünnung und Formalisierung des Weltbezugs hat inzwischen alle Bereiche erfaßt. Der Tendenz nach wird nun alles durchschaubar, vorhersagbar, manipulierbar, immer effizienter, aber zugleich erdrückend sinnlos. Eine Welt wie das Tinguély-Museum in Basel, wo eine Nonsensemaschine neben der anderen steht, sich permanent alles dreht, rattert, ruckelt, knarrt und kracht. Man bekommt enorm viel ‘action’, aber mit dem vorhersehbaren Refrain ‘I can get no satisfaction’, weil nirgends ein Ziel erkennbar wird, auf das hin die ganze Maschinerie ausgerichtet wäre.

Über Tinguélys Nonsensemaschinen können wir lachen, weil seine Art der ästhetischen Verfremdung ironische Distanz erzeugt. In der Praxis ist uns jedoch das Lachen vergangen, weil wir selbst Teil der Maschinerie geworden sind, um von ihrer Dynamik umhergerissen zu werden, wie Charlie Chaplin in seinem Film ‘Modern Times’.

Weil das Ganze so unpersönlich und grausam ist und die Wucht eines epochalen Verhängnisses hat, gibt es die durchaus verständliche Sehnsucht, all dies möge im Endeffekt doch nicht so unerbittlich sein, wie es zunächst scheint, das Subjektive möge im Objektiven hindurchschimmern, das Gleichnis durch die Gleichung, das Symbolische durch die abstrakten Zeichen, die Weltvernunft durch den rechnenden Verstand und Gott durch die Natur. Es ist diese Sehnsucht, die der Weizsäckerschen ‘Philosophie’ einen Anschein von Plausibilität verleiht. Sie wird getrieben von der Angst vor einer radikalen, epochalen Umwälzung, die schon jetzt alles auf den Kopf gestellt hat.

Schellings Zeit, die Zeit um 1800, war eine Zeit des Umbruchs, wie unsere heutige, und einer der Gründe für die Radikalität des Umbruchs war damals wie heute der Erfolg der Naturwissenschaft, die die Welt entzaubert und die Religion der Tendenz nach zum Verschwinden bringt. In einer solchen Situation muß man schmerzhafte Brüche aushalten, ohne unmittelbar ein entsprechendes Heilmittel zur Verfügung zu haben. Philosophien wie die von Schelling und Weizsäcker bieten metaphysische Tranquillizer für eine im Tiefsten verunsicherte Epoche.

3. Die Wissenschaftstheorie und der negative Gottesbeweis

3.1 Die Welt als 'logischer Kristall'

Grundbefindlichkeiten ändern sich epochal. Sie geben einer Zeit den Stil vor. Durch Jahrhunderte, wenn nicht Jahrtausende war die Menschheit gewohnt, die Ordnung der Natur als Sinnordnung zu begreifen. Thomas von Aquin hätte das Wort 'Sinnordnung' überhaupt nicht verstanden. Er hätte eingewandt, daß es eine Ordnung ohne Sinn überhaupt nicht geben *könne*. Das zugrundeliegende erkenntnistheoretisch-ontologische Prinzip hat man die 'Identität von Denken und Sein' genannt. 'Denken' war hier eine Leistung der Vernunft und das entsprechende Prinzip besagte also, daß es Vernunft in der Welt gibt. Alles, was existiert, ist prinzipiell sinnvoll und kann daher auf seinen Zweck hin befragt werden. „Gott und die Natur machen nichts zwecklos“, sagt Aristoteles.[1]

Daß Aristoteles von 'Gott' und von der 'Natur' im selben Atemzug spricht, ist wiederum nicht zufällig, denn wenn die Natur zweckmäßig eingerichtet ist und wirkt, dann kann man immer nach einem Garanten dieser Zweckmäßigkeit fragen. Daher die Plausibilität des teleologischen Gottesbeweises. Diese fraglose Plausibilität ist uns heute abhanden gekommen. Die Physik beschreibt eine Ordnung der Natur, die keine Sinnordnung mehr ist, wodurch der teleologische Gottesbeweis seine argumentative Kraft verloren hat.

Man kann die Bedeutung dieses Übergangs von einer Sinnordnung zu einer mathematisch-physikalisch beschreibbaren, rein syntaktischen Ordnung nicht hoch genug einschätzen: Die Semantik verdampft aus der Welt, ihre Sinnperspektiven verschwinden.

Weizsäckers informationstheoretische Deutung der Quantentheorie ist der Versuch, sich diesem epochalen Übergang zu verweigern. Er möchte bei der traditionellen Sinnordnung stehen bleiben und trotzdem moderne Physik treiben. Daher die Ambivalenz seiner Synthese.

In diesem Kapitel möchte ich Physikalisten vorstellen, die streng bei der Sache bleiben. Sie ersetzen das Prinzip einer 'Identität von Denken und Sein' durch das einer 'Identität von Logik und Sein', wenn man unter 'Logik' die neueren Entwicklungen der Formalwissenschaften seit Boole,

[1] De caelo 271a30.

Frege, Bolzano, Russell, Tarski, Gödel oder Church versteht. Wir treten damit in eine neue Welt ein, die man mit der Metapher des 'logischen Kristalls' beschreiben könnte. Der Kristall ist zeitlos, im wörtlichen und im übertragenen Sinne 'durchschaubar'. Er ist die Stoff gewordene Mathematik.

Bei Plato war das Mathematische zusammen mit dem Psychischen die Vermittlungsinstanz zwischen der Welt der Erscheinungen und den Wesensgründen oder 'Ideen'. Aristoteles hat ihn dafür getadelt. Er war der Meinung, daß man den Weltgrund, wenn er der Philosophie erreichbar sein soll, vom Mathematischen abtrennen müßte. Daher bezog Aristoteles das Mathematische nur auf die akzidentellen Aspekte des Seienden und interpetierte die eigentlichen Substanzen teleologisch, wodurch sich die Konzeption einer Welt als Sinnzusammenhang ergab, eine Welt, die hierarchisch-stufenförmig durchseelt war.

Die hier zu behandelnden Physikalisten sind strenge Gegner aller Teleologie, alles Psychischen, Innerlichen. Bleiben Mathematik und Logik als Vermittlungsinstanz. Das von ihnen gehaltene Prinzip einer 'Identität von Logik und Sein' entgöttert die Welt und verwandelt sie in ein bloßes Rechenexempel. So zieht z. B. Steven Weinberg in seinem Buch über „Die ersten drei Minuten" (der kosmologischen Entwicklung) folgendes lapidare Fazit: „Je begreiflicher uns das Universum wird, umso sinnloser erscheint es auch."[2] Das ist nichts als die logische Konsequenz aus der im ersten Kapitel beschriebenen 'Desanthropomorphisierung', die mit einer Formalisierung des Weltbildes verbunden ist. Es ist klar, daß diese Dynamik dem religiösen Glauben den Boden entzieht. Von daher bekennt sich Weinberg ohne Wenn und Aber zum Atheismus.[3]

Um es vorweg zu sagen: Ich halte den Atheismus für eine zwingende Konsequenz aus dem Physikalismus. Wenn der Physikalismus wahr ist, ist auch der Atheismus wahr. Es ist unmöglich, mit Weizsäcker Physikalist und Theist zugleich zu sein. Das heißt, wer heute noch Theist sein will, muß Wissenschaftskritik betreiben. Er muß zeigen, daß man Physiker sein kann, ohne Physikalist zu werden und daß es eigenständige, nichtphysikalische Formen von Erfahrung gibt.

Kant gilt allgemein als 'Zertrümmerer der Metaphysik' und der metaphysischen Gottesbeweise, aber das ist nur die halbe Wahrheit. Kant hat die dogmatische Metaphysik zertrümmert, um an ihre Stelle eine kritische zu setzen, und er hat die Gottesbeweise aus der Physik zerstört, um einen Gottesbeweis aus der 'praktischen Vernunft' zuzulassen. Kant war kein Atheist. In der „Kritik der reinen Vernunft" zeigt er nicht nur, daß ein

[2] Weinberg (1980), S. 162.

[3] Weinberg (1999 a), (1999 b).

Gottesbeweis aus der Physik unmöglich ist, er zeigt auch, daß das Gegenteil undurchführbar wäre.

Zu Kants Zeiten war es üblich, Gottesbeweise zu führen. Kant zeigte, daß sie auf dogmatischen, ungeprüften Voraussetzungen beruhen. Heute, wo es üblich geworden ist, negative Gottesbeweise aus der Physik abzuleiten, würde Kant als Zertrümmerer dieser negativen Gottesbeweise in Erscheinung treten, denn auch der Versuch, die Nichtexistenz Gottes aus der Physik abzuleiten, beruht auf ungeprüften dogmatischen Voraussetzungen. Ich werde zeigen, daß das Prinzip einer 'Identität von Logik und Sein' ein solches dogmatisches, nicht zu rechtfertigendes Prinzip ist, das nicht zwingend mit moderner Physik, Mathematik und Logik zusammenhängt. Das heißt, die Nichtexistenz Gottes folgt nicht aus der Anerkennung der fulminanten Erfolge moderner Formalwissenschaften, sondern sie folgt nur, wenn man eine Zusatzprämisse einführt, die die Physik in Physikalismus und die Logik in Logizismus verwandelt.

Eine Interpretation der Welt als 'logisches Kristall', beruhend auf der These von einer 'Identität von Logik und Sein', gab es schon im Materialismus des 18. Jahrhunderts, und die traditionelle These von der 'Identität von Denken und Sein' ist heute keinesfalls vom Tisch.[4] Meine Darstellung ist also idealtypisch, um gewisse radikale Konsequenzen zu verdeutlichen. Wer solche Idealisierungen prinzipiell ablehnt, würde sich zugleich der Möglichkeit berauben, Geschichte zu begreifen, um sich in ihr zu verorten.

Als sich im 19. Jahrhundert die industrielle Revolution ereignete, hatten viele Zeitgenossen den Eindruck, einer Umwälzung beizuwohnen, vergleichbar der 'neolithischen Revolution', wo die Menschen erstmals lernten, seßhaft zu werden, Pflanzen und Tiere zu züchten und nicht mehr als Nomaden zu jagen. Mit Sicherheit hat der Übergang von der nomadisierenden zu einer seßhaften Existenz die Befindlichkeit des Menschen von Grund auf verändert.

Man wird nicht fehlgehen, wenn man die Industrielle Revolution des 19. Jahrhunderts mit einer solchen Umwälzung der Grundbefindlichkeit vergleicht. Ihre Erklärung wird eine solche Umwälzung in sehr verschiedenen Ursachen finden, aber eine davon ist sicher die Entwicklung der Physik zu einem Instrument der technischen Weltbewältigung. Im 19. Jahrhundert hat man noch viel herumprobiert: So wurde z.B. die Dampfmaschine erst physikalisch verstanden, nachdem sie bereits im Einsatz war; seit jener Zeit haben sich jedoch Physik und Technik immer enger

[4] Der Philosoph Lutz-Bachmann zeigt in einem Artikel über „postmetaphysisches Denken" am Beispiel Heideggers und Habermas' schlagend, wie wenig wir Veranlassung haben, das traditionelle metaphysische Denken einfach ad acta zu legen; Lutz-Bachmann (2002).

verschwistert. Auf diese Weise hat sich unsere Welt nach und nach mit einem immer dichter werdenden Maschinenpark überzogen, der alles von Grund auf verwandelte, um inzwischen qua Gentechnologie, Hirnphysiologie, Robotik und Nanotechnologie auch den Menschen zu ergreifen.

Weil die Physik die Gesetze formuliert, aufgrund derer unsere Maschinen funktionieren, scheint sie zur Theorie schlechthin zu werden. Sie nimmt die Stelle dessen ein, was früher einmal die 'prima philosophia' war. Die Rede von einer 'Weltformel' drückt eben dies aus, daß der intelligible Weltinhalt von der Physik festgelegt wird. Was 'eigentlich' existiert, sind nun Moleküle, Atome, Elementarteilchen, Quarks, Superstrings und derartige, von der Theorie beschriebene, Entitäten. „Der letzte Schiedsrichter über das, was existiert, ist die Wissenschaft" (sprich: die Physik), sagt Quine.[5] Atome gibt es. Ob ein Stuhl, ob Menschen oder Tiere existieren, gilt als ungewiß, und daß Gott nicht existiert, als sicher.

Quine ist aus diesem Grunde Atheist, und weil er die Physik zum „letzten Schiedsrichter" über Sein und Nichtsein erklärt hat, entmachtet er konsequent jede eigenständige Philosophie. Philosophie sei nichts als eine „durch sich selbst belehrte Naturwissenschaft."[6] Eine solche Auffassung vertreten alle in diesem Kapitel vorgestellten Autoren. Sie schließen aus, daß der Philosoph imstande sei, die Naturwissenschaft zu „belehren", weil sie vor allem unterstellen, daß es sich dabei nur um eine arrogante Einmischung von außen handeln könne. So etwas mag es geben. Andererseits ist Quines Auffassung naiv, weil er das Reich der Naturwissenschaft mit dem Reich der Wahrheit identifiziert, so als gebe es einen heiligen Geist, der die Naturwissenschaftler daran hindert, vom 'wahren Glauben' abzufallen.

In Wirklichkeit ist Naturwissenschaft so ambivalent wie alles auf dieser Welt, sie belädt sich z. B. häufig mit überhöhten Geltungsansprüchen oder macht sich blind für ihre sittliche Verantwortung oder ihre katastrophalen Folgen. Wer, wenn nicht der Philosoph, sollte sie hierin kritisieren?

Was bei Quine zur Vollendung gelangt, hat seinen Ursprung am Beginn des 20. Jahrhunderts, einer Zeit des Großreinemachens in der gesamten Kultur – nicht nur in der Philosophie. Nach dem Ersten Weltkrieg verschwanden jahrhundertalte Monarchien und mit ihnen die Einheit von Thron und Altar. Kunstformen wälzten sich um. Die Musik ging von der Tonalität zur Atonalität über, die figürliche zur abstrakten Malerei. In der Philosophie des 'Wiener Kreises' versuchte man, inspiriert durch Philosophen wie Bertrand Russell, einen radikalen Neuanfang, indem man sich an den Naturwissenschaften orientierte. Der 'Wiener Kreis' verstand sich als

[5] Quine (1980), S. 54.
[6] Quine (1985), S. 110.

Bewegung, die eine 'wissenschaftliche Weltanschauung' hervorbringen wollte, gekennzeichnet durch eine streng antimetaphysische und antireligiöse Haltung, verbunden mit einer sozialistisch-politischen Grundüberzeugung.[7] Ich möchte hier zunächst einiges über den 'Wiener Kreis' sagen, weil seine Art, sämtliche Probleme rein szientifisch abzuhandeln, bis heute stilbildend wirkt und weil viele Auffassungen, die damals erstmals formuliert wurden, bis heute lebendig geblieben sind.

Die Angehörigen des 'Wiener Kreises' waren Moritz Schlick, Otto Neurath, Rudolf Carnap, Philipp Frank und mit Einschränkungen auch Ludwig Wittgenstein und Karl Popper. Schlick und Frank waren Physiker vom Fach. Die übrigen, vielleicht mit der Ausnahme von Neurath, orientierten sich an der Physik als Leitwissenschaft, um deren vorbildliche begriffliche Klarheit und experimentelle Darstellbarkeit auf alle Bereiche zu übertragen.

Ich werde im folgenden einige Analytische Wissenschaftstheoretiker wie Carnap, Schlick und Frank, aber auch Quine und Stegmüller vorstellen und kritisieren, jedoch sehr selektiv. Es geht mir im vorliegenden Zusammenhang nur darum, die Geschichte gewisser Schlußfolgerungen und Extrapolationen aus der Physik näher darzustellen, insofern sie geschichtsmächtig dazu geführt haben, die Frage nach der Religion zu blockieren, d.h. dem Ort nachzuspüren, wo Qualität in Quantität, Teleologisches in Nomologisches, Geschichte in Struktur, zeitliche Verhältnisse in räumliche Verhältnisse oder Sinnhaftigkeit in bloße Berechenbarkeit umkippt. Die These bei diesem Verfahren ist natürlich nicht die, daß durch eine Konterrevolution des Geistes, indem man diese Gewichtsverlagerungen wieder umdreht, sofort auch die Religion wieder auf dem Tisch wäre. Dies ist natürlich nicht der Fall, sondern es wäre auf diese Art nur der *Möglichkeitshorizont* von Religion erneut eröffnet, der uns durch diese Umwälzungen geschichtsmächtig verbaut wurde. Die Eröffnung eines Möglichkeitshorizontes für Religion ist alles, was ich in diesem Buch anstrebe, denn Gott ist nach meiner Auffassung weder beweis- noch widerlegbar, auf jeden Fall nicht mit den Mitteln der empirischen Wissenschaft, vor allem aber nicht mit denen der Theoretischen Physik.

Dagegen sagt Schlick recht selbstsicher: „Die Welt hat kein ursprüngliches Geheimnis."[8] Und Carnap genauso dreist: „Es gibt keine Frage, deren Beantwortung für die Wissenschaft grundsätzlich unmöglich wäre."[9] Woher weiß Schlick, daß die Welt kein Geheimnis hat; woher Carnap, daß die Wissenschaft alles erklären kann? Tatsächlich haben diese Physika-

[7] Vgl. die Darstellung des 'Wiener Kreises' durch Manfred Geier (1992).
[8] Nach Geier (1992), S. 113.
[9] Carnap (1998), S. 254.

listen ihren Begriff von 'Wissenschaft' so angelegt, daß Geheimnisse nicht mehr vorkommen können. Das ist ungefähr so, wie in den modernen, funktionalen Bürogebäuden keine Eulen mehr vorkommen, wie noch in alten Scheuern und halbverrotteten Eichen. Die Eule, der Vogel der Weisheit und des nächtlichen Geheimnisses, findet in den modernen, funktionalen Bürogebäuden keinen Ort mehr. Sie würde noch vorkommen, wenn diese Gebäude anders aussähen. Die Weisheit ist nicht einfach nur verschwunden – sie wurde vertrieben.

Was die Eule der Weisheit aus dem funktionalen Denken der 'Analytischen Wissenschaftstheoretiker' (wie diese Physikalisten später genannt wurden) verdrängt hat, ist ihr Wahn, alle Sprache müsse nach dem Muster mathematischer Funktionen auf Eindeutigkeit hin getrimmt werden. Was sie hassen, sind Vagheit und Mehrdeutigkeit, Kontextabhängigkeit, Geschichtlichkeit, intensionaler Reichtum und metaphorische Dichte, rhetorische und expressive Qualitäten, d.h. all das, was den Oberton- und Symbolreichtum von Sprache ausmacht. Sie arbeiten mit mathematisch reinen Sinustönen wie die Syntheziser der 60er Jahre, die aus eben diesem Grunde so furchtbar blechern klangen.

Eine weitere Ursache, weshalb die Eule der Weisheit in der Sprache der Analytischen Wissenschaftstheoretiker nicht mehr vorkommt, ist die Eigenschaft des Funktionalismus, alles nur relational zu begreifen, d.h. die Frage nach dem Ursprünglichen oder nach den Endzwecken auszugrenzen. Erklärt man die Welt am Leitfaden der Kausalität, die durch 'Naturgesetzlichkeit' definiert wird, dann läßt sich ein Phänomen immer nur in Abhängigkeit von einem anderen darstellen. Was die Phänomene eigentlich sind, ist dann keine legitime Frage mehr. Im Bereich des Praktischen entspricht dem eine Beschränkung auf rein hypothetische Imperative: Um unser Leben zu fristen, wählen wir ganz bestimmte Mittel, die wir durch eine wissenschaftsgestützte Technik optimieren. Wozu die ganze Maschinerie überhaupt gut sein soll, kann nun nicht mehr gefragt werden. Aus diesem Grunde beantworten die Analytischen Wissenschaftstheoretiker die Frage, wozu die Wissenschaft letztlich gut sei, immer nur mit Frank auf doppelte Weise: „Alle Wissenschaften haben das Ziel, aus den unmittelbaren Erlebnissen spätere vorauszusagen und womöglich zu beherrschen."[10]

Warum sollte Herrschaft ein Letztwert sein? Und gibt es andererseits nicht viele Ereignisse, die wir *gerade nicht* vorhersagen können und die uns nur deshalb erschrecken oder beglücken, weil sie unvorhersagbar sind? Was würden wir mit einer Welt anfangen, in der alles vorhersagbar wäre? Wäre sie nicht der ultimative Ausdruck von Fadheit und Gehaltlosigkeit, d.h. die Negation von Glück und Erfüllung?

[10] So Frank (1988), S.29.

Es ist deutlich: Wer die Sinnspitze menschlicher Kultur in Naturwissenschaft und Technik sieht und in deren Fähigkeit, Phänomene vorherzusagen und zu beherrschen, der hat die Idee eines 'Gottes' von vornherein ausgeschlossen. Der Horizont, in dem die Frage nach Gott gestellt werden könnte, wird auf diese Weise a priori verstellt. Der Atheismus folgt allein schon aus der Methode, denn wenn technische Machbarkeit nicht mehr auf ihren Sinn hin befragt werden darf, wenn Fragen nach dem Letzten verboten sind und wenn Kontingenz nicht mehr als Sinnträger in Erscheinung treten kann, weil man sich auf das Vorhersehbare beschränkt hat, dann ist Gott tot, jedenfalls für unsere Wahrnehmung. Die Eule der Minerva – vertrieben oder ausgestorben.

Ludwig Wittgenstein, der dem 'Wiener Kreis' nur lose angehörte, war doppelbödiger. In seinem 'Tractatus' verbindet sich mit einem rigiden Szientismus zugleich ein feines Gefühl für das Geheimnis der Welt, das durch die naturwissenschaftliche Aufklärung gerade nicht verschwindet. Zwar gilt: „Die Welt ist alles, was der Fall ist" und „die Gesamtheit der wahren Sätze ist die gesamte Naturwissenschaft"[11], aber die Naturwissenschaft hat auch ihre Grenzen: Bei der Frage nach den letzten Zwecken sowie bei der Frage nach der Existenz der Welt läßt sie uns im Stich: „Wir fühlen, daß selbst, wenn alle möglichen wissenschaftlichen Fragen beantwortet sind, unsere Lebensprobleme noch gar nicht berührt sind." Und weiter: „Der ganzen modernen Weltanschauung liegt die Täuschung zugrunde, daß die sogenannten Naturgesetze die Erklärungen der Naturerscheinungen seien. So bleiben sie bei den Naturgesetzen als bei etwas Unantastbarem stehen, wie die älteren bei Gott und dem Schicksal. Und sie haben ja beide Recht, und Unrecht. Die Alten sind allerdings insofern klarer, als sie einen klaren Abschluß anerkennen, während es bei dem neuen System scheinen soll, als sei alles erklärt."[12]

Wittgenstein akzeptiert also die These, Wissenschaft sei das Höchste und ihre Aufgabe sei es, die Phänomene vorherzusagen und zu beherrschen, nicht. Moderne Naturwissenschaft bietet lediglich Wenn-dann-Erklärungen. Wenn wir die Prämissen akzeptieren, müssen wir auch die Konklusionen akzeptieren. Die Frage, warum die Prämissen gelten, kann in einer solchen Denkform nicht gestellt werden. Das war aber gerade das, was die Philosophen von Plato bis Hegel oder Peirce und Whitehead umtrieb und sie die Frage nach Gott stellen ließ.

Man kann also Gott durch die Wahl einer bestimmten Sprachform und Methode zum Verschwinden bringen. Aber dann ist der negative Gottesbeweis, den man von hier her formuliert, so wenig gültig, wie es ein 'negati-

[11] Wittgenstein, Tractatus 1; 4.11.

[12] Wittgenstein, Tractatus 6371/2; 6521.

ver Eulenbeweis' wäre. Trotzdem ist ein solcher Gedanke plausibler als ein 'positiver Gottesbeweis', der sich zu diesem Zweck auf eine idealistisch interpretierte Physik stützt. Es ist einfach nur richtig, daß Gott in den Formeln der Physik nicht vorkommt und wenn wir die Welt durchgängig nach ihrem Vorbild stilisieren, dann folgt aus dem methodischen Atheismus der Physik ein ontologischer.

Während man bei Weizsäcker permanent auf ziemlich grobe Widersprüche stößt, sind die Texte der Analytischen Wissenschaftstheoretiker in der Regel von großer logischer Strenge. Es ist nötig, sich dieser Kühle und Strenge auszusetzen, weil nur so deutlich wird, warum der Glaube, die Physik beweise den Atheismus, eine so mächtige Wirksamkeit entfalten konnte und weil nur dann einsichtig wird, welche aufwendige Begriffsarbeit zu leisten wäre, wollte man Physik und Religion in ein nachvollziehbares Verhältnis bringen.

Nach einer ersten kurzen Blüte im Dritten Reich löste sich der 'Wiener Kreis' wieder auf, weil die Nazis nach dem 'Anschluß' Österreichs dessen Angehörige als Sozialisten verfolgten. Infolge ihres Terrors wurde Moritz Schlick erschossen, Otto Neurath floh nach Holland und Rudolf Carnap und Phillip Frank emigrierten in die USA, wo sie die amerikanische Philosophie beeinflußten. Sie inspirierten Autoren wie Ernest Nagel, Willard van Orman, Quine oder Carl Gustav Hempel. Nach dem Zweiten Weltkrieg gewann diese Schule in Deutschland wieder an Einfluß. Ihr Physikalismus gipfelte im Werk Wolfgang Stegmüllers, auf den ich zurückkommen werde.

Man kann allerdings nicht sagen, daß diese Form der Analytischen Wissenschaftstheorie, die sich einseitig an der Physik ausrichtet, *die* Wissenschaftstheorie schlechthin wäre. Es gab, zumindest in Deutschland, die Alternative der 'Erlanger Schule' mit Autoren wie Paul Lorenzen, Jürgen Mittelstraß, Friedrich Kambartel, Peter Janich usw.[13] Diese Schule vertritt die These, daß man Wissenschaft in technischen und ethisch-praktischen Vorgriffen fundieren müsse, die im Sinne eines Kantischen Apriori als unreduzierbar angesehen werden. Die 'Erlanger' sind also keine Physikalisten und daher nicht Gegenstand meiner Kritik.

Es scheint allerdings, daß der Physikalismus inzwischen auch sonst an Boden verloren hat, weil sich zeigte, daß pragmatische Vorgriffe für den Wissenschaftsprozess konstitutiv sind.[14] Ich will in diesem Kapitel weder

[13] Eine knappe erste Einführung findet man unter: Janich/Kambartel/Mittelstraß (1974).

[14] Vgl. z.B. Poser (2001). Man kann solche Tendenzen auch schon bei Carnap selbst wahrnehmen. Er akzeptierte zwar die klassische Trias von Syntax, Semantik und Pragmatik bei der Analyse wissenschaftlicher Sprachen, arbeitete aber die

solche neueren Entwicklungen noch die 'Erlanger Schule' berücksichtigen, weil es mir um den ursprünglichen, sozusagen den reinen, Physikalismus geht.

3.2 Rudolf Carnap und der 'Wiener Kreis'

Den Philosophen des 'Wiener Kreises' war – vielleicht mit der Ausnahme von Neurath – alles Dionysische fremd. Selbst Apoll wäre ihnen noch zu dionysisch gewesen. Carnap rauchte nicht und trank keinen Alkohol oder Kaffee. Höher als die natürlich gewachsenen Sprachen schätze er die Kunstsprache 'Esperanto', die er beherrschte. Niemals erlebte ihn jemand impulsiv, jähzornig oder unkontrolliert. Entsprechend war auch sein Arbeitszimmer völlig spartanisch eingerichtet. Mit Wittgenstein kam er nicht gut zurande, weil er in ihm den Charismatiker erkannte, was offenbar etwas Negatives sein muß.

Carnap liebte das rein Funktionale, also etwa den Bauhausstil in der Architektur. Auch die Architektur seines Denkens ist schnörkellos, rein funktional. Liest man Weizsäcker, so fühlt man sich, als blickte man auf die historisierende Architektur des 19. Jahrhunderts, auf diese merkwürdige Mischung aus historischer Reminiszenz und unverhohlener Kompensation. Liest man Carnap, so fühlt man sich wie auf dem Potsdamer Platz in Berlin, wo nach der Wende von 1989 riesige Bürokomplexe entstanden, die aussehen, als wären sie direkt aus dem Cyberspacegerät in die Realität versetzt, was vermutlich auch der Fall ist: reine, antiseptische Computerarchitektur. Betritt man diese 'virtuellen' Gebäude, so gibt es nichts, was nicht für einen klar durchschaubaren Zweck eingerichtet und ebenso durchschaubar auf alles andere hin angeordnet wäre. Eine Welt der penetranten Geheimnislosigkeit, wo selbst 'echte' Pflanzen aussehen, als wären sie aus Plastik und wo die Gesichter dem Ideal des geklonten Einheitsgesichtes verdächtig nahe kommen.

Carnap nahm also Maß an der formalen Logik und der Physik und versuchte, ihre exemplarische Klarheit auf alle Gebiete zu übertragen. Selbst psychische Inhalte seien meßbar und Handlungserklärungen reine Gesetzeserklärungen wie in der Physik.[15] Das einzige, was er aus seinem Physikalisierungsprogramm herausnahm, war das Ästhetische und das Ethische, und dies nur deshalb, weil er beidem keine kognitiv einlösbare Bedeutung

Pragmatik nicht als eigenständige Größe heraus. Im Lauf seiner Entwicklung erhielt aber die Pragmatik ein immer größeres Gewicht, so vor allem in seiner letzten Phase, als er sich um induktive Logik, Wahrscheinlichkeitstheorie und rationale Entscheidungstheorie bemühte. Vgl. Mormann (2000), S. 175ff.

[15] Carnap (1986), S. 15.

zusprach. Das Ästhetische und Ethische bezog sich nach seiner Auffassung nur auf das Gefühl, war also vom Intellekt wie abgespalten. Überhaupt glaubten er und die anderen Mitglieder des 'Wiener Kreises', daß es eine absolute empirische Basis für die Wissenschaft gebe, sozusagen das Sinnliche oder Materielle 'an-sich'. Die Intuition war, daß wir statt eines 'fundamentum inconcussum' im Denken über eine fraglose materielle Basis des Denkens verfügen und daß sich das Denken sodann durch formallogische Klärung auf ganz wenige Elemente zurückführen ließe, eine Konzeption, in der so etwas wie 'Geist' oder 'Idee' nicht mehr vorkommen würde.

Auf diese Art versuchte Carnap, eine rein verstandesmäßige Weltanschauung zu begründen, die sich aller Metaphysik entledigen würde. Heute glauben die meisten Analytischen Philosophen nicht mehr, daß man metaphysikfrei denken kann, aber sie versuchen, die Metaphysik so tief zu hängen, daß sie nicht mehr weh tut.[16] In jenen ursprünglichen Formen des Physikalismus war jedoch eine Metaphysik verborgen, die viel stärker ist als das meiste, was sich heute so nennt. Ich möchte diese versteckte Metaphysik herausarbeiten, insofern sie den szientifischen Atheismus motiviert.

Eine frühe programmatische und sehr einflußreiche Schrift Carnaps heißt „Der logische Aufbau der Welt"; ein Titel, über den man sich nicht genug wundern kann. Carnap lehrte nämlich mit Frege und Wittgenstein, daß Logik und Mathematik nur analytische Urteile enthielten, also im Grunde tautologisch seien, eine kritische Spitze gegen den Kantischen Ausgangspunkt bei den synthetischen Urteilen a priori: „Es ist wahr, daß die Gesetze der Logik und der reinen Mathematik ... universal sind, aber sie vermitteln uns kein Wissen über die Welt. Sie drücken nur Beziehungen aus, die zwischen gewissen Begriffen bestehen und zwar nicht, weil die Welt diese oder jene Struktur hätte, sondern nur, weil diese Begriffe in gewisser Weise definiert sind." Oder kürzer: „Eine Aussage ist logisch gültig, wenn sie überhaupt nichts über die Welt aussagt."[17]

Wenn das wahr ist, dann kann es keinen „logischen Aufbau der Welt" geben, sondern höchstens einen 'logischen Aufbau der Wissenschaft', denn die Logik betrifft ja nur unsere Art, Begriffe zu verknüpfen. Hegel hätte von einem „logischen Aufbau der Welt" sprechen können, weil seine 'Logik' ein Inhaltslogik war, mit der Voraussetzung, daß Denken und Sein in dieser Art von 'Logik' zur Deckung kommen. Obwohl Carnap und die anderen Autoren des 'Wiener Kreises' extrem antimetaphysisch eingestellt

[16] Nach Davidson „besteht eine Möglichkeit, Metaphysik zu treiben, darin, die allgemeine Struktur der Sprache zu untersuchen"; Davidson (1994), S. 283. Wer wollte dagegen opponieren?

[17] Carnap (1986), S. 17; 198.

waren und nichts weniger als Hegelianer sein wollten, zehren sie doch von einem unausgewiesenen spekulativen Prinzip, das den Idealismus nur oberflächlich negiert.

Carnap hatte sich in einer frühen Epoche seines Denkens mit dem Neukantianismus auseinandergesetzt, während er Hegel ignorierte. Daß sein Denken dennoch von einer stark idealistischen Denkfigur zehrt, ist auf sein Vorbild Bertrand Russell zurückzuführen. Russell war nämlich in einer frühen Epoche von englischen Hegelianern wie McTaggart und Bradley beeinflußt und bekehrte sich erst später zur formalen Logik. Er äußert sich danach so: „Die oberste Maxime der wissenschaftlichen Philosophie ist folgende: 'Wo immer dies möglich ist, müssen logische Konstruktionen an die Stelle angenommener Ganzheiten treten.'"... „Meine Logik ist im Gegensatz zur monistischen Logik, die mehr oder weniger auf Hegel zurückgeht, atomistisch." Russell, der in der Philosophiegeschichte sehr bewandert war, hat den logischen Atomismus mit Geltungsansprüchen aus der klassischen Metaphysik belastet.[18] Er belastete nicht nur seine logischen Konstruktionen mit dem Gewicht einer idealistischen Wesenslehre, er betrachtete auch die uns umgebende Sinnenwelt mit Plato als einen bloßen Schatten der eigentlichen Wirklichkeit, die von der Physik beschrieben wird, d.h. er zehrte ganz von traditionellen metaphysischen Schemata, die er einfach mit neuem Inhalt füllte und nicht etwa abschaffte.[19]

Russells „oberste Maxime", wonach anstelle „angenommener Ganzheiten" „logische Konstruktionen" treten sollten, steht als Motto über Carnaps „logischem Aufbau der Welt." Er nahm also Maß an Russells „logischem Atomismus". Während aber Russell philosophiegeschichtlich nicht naiv war und wohl wußte, daß er seine Lehre mit hohen Geltungsansprüchen aus der Tradition belastet hatte, ging dieser Hintergrund bei Carnap und den anderen Angehörigen des 'Wiener Kreises' verloren, so daß sie wähnten 'metaphysikfrei' zu denken, wo sie doch in Wahrheit nur eine Transposition und nicht etwa eine Elimination des klassischen Denkens vorgenommen hatten.

Bei Plato war das Geistige, die substantiell verstandene Idee, Erklärungs- und Seinsgrund der materiellen Phänomene, die eigentlich nur Scheinphänomene waren. Bei Carnap ist das „unmittelbar Gegebene" das Materielle, das uns durch „Elementarerlebnisse" vermittelt wird. Dies ist

[18] Obwohl antimetaphysisch eingestellt, hält Russell den überhöhten Geltungsanspruch der klassischen Metaphysik aufrecht. So sucht er nach „unbezweifelbaren Wahrheiten", nach den „letzten Bestandteilen der Welt" usw.; Russell (1971), S. 23; 33.

[19] Russell (1976), S. 155; 178; 180; 222.

einziger und alleiniger Inhalt allen Wissens, wobei zwischen philosophischem und empirischem Wissen nicht unterschieden wird. Alles, was wir um uns herum wahrnehmen, sind also nur „Quasigenstände", auch z.B. unser Ich, denn: „Das Gegebene ist subjektlos." Wie sehr das Ganze einem umgedrehten Platonismus ähnelt, wird auch daraus ersichtlich, daß Carnap seine Elementarerlebnisse auch „Ur-Sachverhalte" nennt und dies, nachdem er kurz vorher erklärt hatte, daß die Frage nach dem Wesen der Dinge gemäß seiner Konzeption sinnlos sei. Es ist aber durchaus so, daß die „Ur-Sachverhalte", die sich durch „Elementarerlebnisse" vermitteln, das eigentliche Wesen der Welt bezeichnen.[20]

Statt geistiger Ideen gibt es also bei Carnap materielle Affektionen durch die „Ur-Sachverhalte". Sie werden jedoch statt in einer substantiellen in einer relationalen Sprache beschrieben, weil Carnap an der Physik Maß nimmt, zu deren Suche nach einer „Weltformel" er sich bekennt. Logizistisch gereinigt erscheinen die Formen dem Äußerlichen fremd: „Denn die Wissenschaft will vom Objektiven sprechen; alles jedoch, was nicht zur Struktur, sondern zum Materialen gehört, alles, was konkret aufgewiesen wird, ist letzten Endes subjektiv" und muß ausgemerzt werden. Man solle deshalb nicht mit Descartes sagen „Ich denke", sondern vielmehr „Es denkt".[21] Auch das Ich ist daher nur ein „Quasigegenstand".

Carnap stellt sich den Aufbau unseres Wissens vor wie die systematische, rein innerlogische Erzeugung höherer Zahlengebilde, also etwa der negativen, rationalen, reellen und imaginären Zahlen und Vektoren aus den gewöhnlichen natürlichen Zahlen. Der ganze Zauber höherer Zahlgebilde ist nichts als eine geschickte Verpackung von 1, 2, 3 ... In demselben Sinne sehen wir in der Welt nichts vor uns als den Inbegriff weniger Elementarerlebnisse, die aber alle von derselben Art sind. Carnap wirft den klassischen Philosophen von Aristoteles bis Driesch einen „Überreichtum" an Kategorien vor, der daher rühre, daß diese Philosophen die formale Logik nicht hinreichend berücksichtigt hätten. Er selbst vermutet, daß es im Letzten nur „eine einzige Kategorie" gibt.[22] Das ist das Platonische Motiv einer Rückführung der Vielheit auf eine letzte Einheit.

Nun läßt sich aber Russells „oberste Maxime" einer Ersetzung von Ganzheiten durch „logische Konstruktionen" ernstlich nicht durchhalten, denn Logik ist tautologisch, sie baut nichts auf, vor allem nicht die Welt in all ihrer Vielheit. Daß Carnap im Titel seines Werkes dennoch vom „logischen Aufbau der Welt" spricht, drückt einfach nur seine Grundüberzeugung aus, daß die Welt so beschaffen ist, daß sie durch das logisch einfach-

[20] Carnap (1998), S. XVIII/XIX; 87; 220ff.
[21] Carnap (1998), S. 20; 145; 226.
[22] Carnap (1998), S. 118; 210.

ste Begriffsgerüst adäquat beschrieben werden kann. Da die mathematische Physik ihre Begriffe auf die logisch am einfachsten zu analysierende Weise verknüpft, wird sie auf diese Weise zur Norm für alle Wissenschaft und zu derjenigen Theorieform, die der Realität am ehesten entspricht.

Man sieht aber sofort, daß es sich um ein metaphysisches Prinzip handelt, nicht um einen empirischen Satz von der Art: 'Der Äther ist der substantielle Träger des Lichts', ein Satz, der auf die erfahrungswissenschaftliche Probe gestellt werden kann und deshalb auch gestellt wurde. Wer sich hingegen auf den normativen Standpunkt stellt, daß das besser logisch Kodifizierbare zugleich das im Sein Realisierte sei, kann nicht durch Erfahrung widerlegt werden, da er jede Gegeninstanz anders einordnen oder sogar neutralisieren wird. Wenn ich z. B. mit Heidegger, Carnaps Gegenspieler, behaupten würde, daß das Sein 'zeitlich', d. h. geschichtlich ist und daß Geschichte das Nichtantizipierbare sei, das sich je anders ereignet, dann würde Carnap erwidern, daß auch eine geschichtliche Erklärung dieselbe Form haben müsse wie eine physikalische. Sie leite aus allgemeinen psychologischen Gesetzen plus Einzelfakten „unbekannte Tatsachen" ab.[23] Wenn Heidegger dagegen darauf verwiese, daß Historiker in aller Regel so nicht vorgehen und daß selbst, wenn sie es täten, solche nomologischen Zusammenhänge gerade nicht das seien, was uns an der Geschichte interessiert, so würde Carnap ungerührt zur Antwort geben, daß es Aufgabe des Historikers sei, nomologische Zusammenhänge herauszufinden und daß alles übrige keinen Anspruch auf 'Wissenschaftlichkeit' erheben könne.[24] Das bedeutet: Carnap würde an entscheidender Stelle normativ werden, obwohl eine physikalistische Weltanschauung Normativität nicht unterstützt. Manchmal tritt diese normative Grundeinstellung bei ihm ganz offen zutage. So fordert er in seiner Schrift „Mein Weg in die Philosophie", daß sich alle Wissenschaften an der Physik „orientieren sollten".[25]

Die Mitglieder des 'Wiener Kreises' strebten also eine metaphysikfreie Wissenschaft an, bestehend ausschließlich aus empirisch überprüfbaren synthetischen Urteilen und aus den apriorischen Sätzen der Mathematik und Logik, die sie für analytisch, d. h. für tautologisch hielten. In einer solchen Sichtweise konnte es kein verborgenes Wesen der Dinge geben, wie es die klassische Metaphysik gelehrt hatte. In den Dingen drückte sich nichts mehr aus. „Die Welt ist alles, was der Fall ist", sagt der frühe Wittgenstein.

[23] Carnap (1986), S. 26.

[24] Arthur Danto hat in seiner „Analytischen Philosophie der Geschichte" (1980) gezeigt, wie wenig sinnvoll es ist, Geschichte als Instantiierung zeitloser Gesetze zu begreifen.

[25] Carnap (1993), S. 107.

Wenn man innerhalb eines solchen Rahmens Ontologie betreibt, dann kann es nur eine „Ontologie des Vorhandenen" sein, wie ich sie im letzten Kapitel im Gegensatz zur klassisch-metaphysischen Wesenslehre genannt habe. Gleichwohl spricht Carnap, nachdem er die Wesensbegriffe verabschiedet hat, paradoxerweise im selben Atemzug von „Ur-Sachverhalten". Moritz Schlick lehrt, daß es keinen Chorismos zwischen einer Faktenwelt und einer Wesenssphäre gibt, sondern nur die „eine Wirklichkeit". Die Trennung zwischen „Wesen und Erscheinung" sei sinnlos, da die Differenz zwischen Subjektivem und Objektivem nur zufälliger Art sei. Doch an anderer Stelle unterscheidet er plötzlich wieder zwischen einer sinnlichen Welt, die auf die „Zufälligkeiten menschlicher Organisation" wirkt und der davon abstrahierenden mathematischen Naturwissenschaft, die „desto tiefer ... in das Wesen der Wirklichkeit eindringt."[26] Nun gibt es also plötzlich doch ein verborgenes 'Wesen der Dinge', wofür eigenartigerweise die Physik zuständig sein soll. Ganz ähnlich hat sich auch Philipp Frank geäußert. Danach gibt es in der Entwicklung der Physik einen wesenhaften „Fortschritt vom Scheinbaren zum Wirklichen."[27]

Woher dieser plötzliche Übergang von einer Ontologie des Typs 1 zu einer Ontologie des Typs 2? Die Physik kann diesen Übergang nicht motivieren. Sie erforscht lediglich Phänomene. Was die ihr zugrundeliegenden 'Wesensgründe' sein könnten, läßt sie in 'produktiver Ignoranz' auf sich beruhen.

Der unmotivierte Übergang von Ontologie des Typs 1 zu einer des Typs 2 rührt zunächst einmal von dem unterirdischen Einfluß Russells her, der den 'Wiener Kreis' metaphysisch infiziert hatte, ohne daß es bemerkt wurde, andererseits artikuliert sich hier ein unstillbarer metaphysischer Drang, wissen zu wollen, was die Welt im Innersten zusammenhält.[28] Kant spricht hier von einer „Naturanlage unserer Vernunft"[29]. Diesem metaphysischen Drang unterliegt auch der Analytische Wissenschaftstheoretiker so gut wie jeder andere Mensch. Es bringt offenbar niemand fertig, *kein* Metaphysiker zu sein.

Metaphysik ist heute das, was vor Sigmund Freud Sexualität war: Jeder hat es, aber keiner will dies wahrhaben. Das führt in beiden Bereichen zu Ersatzhandlungen.

[26] Schlick (1979), S. 275; (1948), S. 4; 93.

[27] Frank (1988), S. 290.

[28] Man findet diese Überblendung inkompatibler Ontologien auch schon bei Russell selbst. Betont er auf der einen Seite, daß die Physik nicht für das Wesen der Dinge zuständig sei, so behauptet er auf der anderen, daß ein Tisch *in Wahrheit* kein Tisch sei, sondern nur die subjektive Wirkung von physikalischen Ereignissen auf unsere Sinnlichkeit; Russell (1993), S. 146; 161.

[29] KrV B 697; Prol. § 60.

Die exakten Wissenschaften sind auch ansonsten bis heute durchtränkt von solchen metaphysischen Ersatzhandlungen, so wenn manche Biologen glauben, die Gene seien das Wesen des Lebendigen und die Organismen bloße Erscheinungen dieser Gene oder wenn manche Hirnphysiologen glauben, das Gehirn sei das Wesen des Menschen und unsere Bewußtseinszustände wiederum nur deren Erscheinungen. Auch die Sprachwissenschaft arbeitet mit solchen Essentialien an der falschen Stelle. Für Noam Chomsky ist die algorithmisierbare 'Tiefengrammatik' der Sprache ihr verborgenes Wesen und die real gesprochene Sprache eine bloße Erscheinung.[30] In all diesen Fällen werden Korrelationen oder bestenfalls Kausalverhältnisse als Verhältnisse zwischen 'Wesen' und 'Erscheinung' interpretiert, wofür es keine vernünftigen Gründe gibt. Auch wenn z.B. alle Zustände meines Computers mit physikalischen Veränderungen in der hardware korreliert sind, so würde doch niemand auf die Idee kommen, die hardware meines Computers für sein 'Wesen' und die darauf laufenden Programme für seine 'Erscheinungen' zu halten. Es sind solche unkritischen Ontologisierungen, die die empirischen Wissenschaften zur atheistischen Instanz werden lassen. Sie beruhen auf dem, was ich im letzten Kapitel den „Schluß vom Pferd auf den Geist" genannt habe. Er ist für die Ontologie das, was für die Ethik der 'naturalistische Fehlschluß' ist, d.h. der Schluß vom Sein auf das Sollen.

Solche Ontologisierungen folgen alten philosophischen Mustern, die den Akteuren selbst unbewußt bleiben. Nach Frank erhalten sich in der Wissenschaft oft ältere Philosophien „wie ausgestorbene Tierarten in Gesteinen."[31] Das war die Überzeugung der Angehörigen des 'Wiener Kreises': Sie glaubten, die philosophische Tradition auf die Art hinter sich lassen zu können, wie man einen alten, aus der Mode gekommenen Anzug durch einen neuen ersetzt. Aber gute Philosophien haben eine Halbwertszeit von Jahrtausenden und während wir sie als bloß geschichtliche Phänomene ansehen wie verstaubte, längst ausgestorbene Dronten und Säbelzahntiger im Naturkundemuseum, sind sie gegen unseren Willen quicklebendig, wie ich an einigen weiteren Beispielen zeigen möchte.

Aristoteles führte, wie gesagt, die Regelmäßigkeiten der Natur auf den Einfluß final wirkender Kräfte zurück. Er dachte sich das so ähnlich, wie wir in einem Haus deshalb überall Fenster vorfinden, weil sie dem Zweck dienen, das Haus hell und luftig zu machen oder wie wir für die Fundamente die stabilsten Baumaterialen, für das Dach die leichtesten verwenden, weil wir die Zwecke der Kostendämpfung und der Stabilität verfolgen.

[30] Vgl. Darstellung und Kritik dieser Platonistischen Sprachkonzeption bei Sybille Krämer (2001), S. 37ff.

[31] Frank (1988), S. 39.

Solche Zweckursachen hielt Aristoteles für fundamental. Natürlich konnte ihm nicht entgehen, daß es auch rein mechanische Prozesse in der Natur gibt. Diese fand er z. B. beim Kreislauf der Elemente vor, also etwa, wenn Wasser verdampft und die Wolken wieder abregnen. In seinen Schriften zur Meteorologie argumentiert er deshalb selten teleologisch. Alles Kausalmechanische war aber für ihn, wie für Plato, zweitrangig. Die katholischen Neuscholastiker, die noch im 20. Jahrhundert seine Position zu halten versuchten, haben deshalb die moderne Naturwissenschaft auf den zweiten Rang versetzt. Danach erforscht die Philosophie das verborgene 'Wesen der Dinge', ihre 'Substanz', während die Naturwissenschaft sich nur auf die 'Erscheinungen' oder auf die 'Akzidenzien' bezieht. Die Philosophie ging aufs Qualitative, Substantielle, die Naturwissenschaft auf das bloß Quantitative, Relationale usw.[32] Philosophen, die eine solche Position halten, sind inzwischen selbst im Katholizismus ausgestorben, aber im 'Wiener Kreis' lebte diese Philosophie ex negativo fort. Frank, Schlick und Carnap drehten nämlich dieses Konzept einfach um, so daß die Quantität hierarchisch über der Qualität, das Nomologische über dem Teleologischen, die Relation über der Substanz und die Struktur über der Geschichte stand. Man kommt aber durch bloße Negation nicht aus einem traditionellen Konzept heraus – man müßte es schon en bloc in die Luft sprengen und durch ein ganz anders geartetes ersetzen, wie das z. B. Whitehead getan hat. Das Denken der Angehörigen des 'Wiener Kreises' ist dagegen durch und durch traditionell. Ihre leitenden Denkmuster zehren gerade von der Metaphysik, die sie vorgeben hinter sich gelassen zu haben. Ihr permanent aggressiver Ton gegen die Metaphysik erklärt sich leicht daraus, daß sie selbst große Metaphysiker waren, so wie sich der aggressive Ton der Marxisten gegen die Religion daraus erklärt, daß Marx ein Prophet war.

Kausalität und Finalität

Nach Frank erfaßt die Teleologie die Natur nur sehr „oberflächlich", während die moderne Kausalitätsvorstellung viel „tiefer" gehe. Der Fortschritt der Physik sei verbunden „mit der Ersetzung teleologischer, anthropomorpher Vorstellungen durch mathematische Gesetze." Im Grunde sei es gar nicht notwendig, zwischen Kausalität und Finalität zu unterscheiden, denn: „Im ersten Fall bestimmt der gegenwärtige Zustand die Zukunft, im zweiten ist der gegenwärtige Zustand durch die Zukunft bestimmt ... Wir können aber auch sagen: der Kanonier stellt sich vor, daß das Geschoß ein bestimmtes Ziel treffen soll, und durch diese Zukunft ist die Einstellungs-

[32] So z. B. bei Jacques Maritain.

richtung des Geschützes bestimmt, also eine Bedingtheit durch die Zukunft. Man kann jedoch diese Zukunft als wirkenden Faktor eliminieren, wenn man bedenkt, daß die Vorstellung eines bestimmten Zieles selbst ein Anfangszustand im Gehirn des Kanoniers ist ... Es liegt ebensowenig Grund vor, in der Zelle eine geheimnisvolle Entelechie als wirkend anzunehmen, welche auf die Endgestalt hinstrebt, als es jemanden einfallen würde, in dem Geschoß eine Entelechie anzunehmen, die es zum Zielpunkt hintreibt."[33]

Die katholischen Neuscholastiker unterstellten, daß es eine fundamentale finale Ordnung in der Welt gibt und daß die Gesetze der modernen Physik nur ein Sonderfall dieser die Welt durchdringenden Sinnordnung seien.[34] Zum Nachweis ihrer These bedienten sie sich ganz ähnlicher Mittel wie Planck, der den Weg über die Extremalprinzipien ging. Ich habe im ersten Kapitel gezeigt, daß dieser Weg nicht gangbar ist, weil die Logik der Verknüpfung finaler Begriffe nicht auf die Logik der Verknüpfung kausaler Begriffe paßt.

Das Umgekehrte ist, wie aus den Beispielen Franks deutlich wird, ebenfalls undurchführbar. Das Verhältnis zwischen Kausalität und Finalität wird von ihm nämlich verkehrt beschrieben. Niemals, auch nicht im Verständnis der Finalisten selbst, ist die Zukunft kausal wirksam, sondern höchstens die Vorstellung von der Zukunft, und diese findet in derselben Gegenwart statt, in der auch die Kanone auf ein Ziel ausgerichtet wird. Tatsächlich müßten wir dieses Beispiel vom kausalen oder finalen Standpunkt aus ganz anders beschreiben. Kausal interpretiert müßte man sagen, daß die Kugel den Kopf des Gegners traf, weil der Abschußwinkel und die kinetische Energie des Geschosses den und den Wert hatten, so daß man den Auftreffpunkt im Voraus errechnen kann. Final würde man den Sachverhalt so beschreiben, daß die Vorstellung vom zu treffenden Haupt des Feindes die Ursache dafür war, daß der Kanonier die Kanone entsprechend justierte. Die Kausalzusammenhänge haben dann relativ zu den finalen bloßen Mittelcharakter. Aus den Mitteln folgen die Zwecke aber rein analytisch noch nicht, denn sie sind logisch unabhängig davon: Der Kopf des Gegners hätte auch dann getroffen werden können, wenn zufällig an der Stelle der Kanone ein Vulkanausbruch stattgefunden hätte, der die Kanone zur Seite schleuderte, um stattdessen einen Gesteinsbrocken im selben Winkel und mit derselben Geschwindigkeit auszuspeien. Wir würden dann die Bahn der Kugel und die Bahn des Gesteinsbrockens mit genau denselben Formeln berechnen. Die physikalische Beschreibung unterscheidet also nicht zwischen Naturprozessen und instrumentellen

[33] Frank (1988), S. 106f.; 122ff.

[34] So z.B. Bucher (1946), Meyer (1955) und viele andere.

Akten: sie folgen genau denselben Gesetzen. Daß der Gesteinsbrocken den Gegner unabsichtlich, die Kugel aber absichtlich traf, läßt sich nur in einer finalen Interpretation des Geschehens zur Geltung bringen. Im Fall des Naturgeschehens werden wir den Tod des Gegners auf den zufälligen Flug des Gesteinsbrockens zurückführen, im Fall des Kanoniers auf die Setzung der Anfangsbedingungen, die kontingent sind, relativ zu den physikalischen Gesetzen. Das heißt, der Zufall ist hier Sinnträger. Ich werde diese Dialektik zwischen Zweck, Zufall und Gesetz im sechsten Kapitel näher darstellen, weil sie es erlaubt, Kausalität und Finalität sinnvoll zusammenzudenken, ohne das eine durch das andere zu ersetzen.

Gibt es kein Konkurrenzverhältnis zwischen Finalität und Kausalität, dann hat dies gravierende Konsequenzen für unseren Begriff von der Natur. Die Frage nach einer 'Entelechie' ist dann keinesfalls so obsolet, wie es zunächst erscheint. Weil Frank von einem Konkurrenzverhältnis ausgeht, glaubt er, daß dann, wenn eine Entelechie am Werke wäre, die physikalischen Gesetze im Lebendigen außer Kraft gesetzt werden müßten.[35] Weil wir aber auch bei der fliegenden Kugel keine solche wundersam wirkende Entelechie annehmen, brauche man sie auch beim Lebendigen nicht zu unterstellen.

Der Witz an der Sache ist jedoch: Die Kugel trifft, weil die entsprechenden Gesetze wirksam sind und zugleich auch, weil diese Gesetze relativ zum Zweck des Kanoniers bloßen Mittelcharakter haben. Zwecke müssen niemals die physikalischen Gesetze aufheben, um wirksam zu werden, sondern sie bedienen sich ihrer, wie man an jedem technischen Gerät sehen kann, das auf Einsicht in die physikalischen Zusammenhänge beruht.[36]

Weil es eine solche Kompatibilität zwischen Kausalität und Finalität gibt, gibt es gebildete Biologen und Philosophen, wie z.B. Christoph Rehmann-Sutter, die alle Ergebnisse der Molekularbiologie akzeptieren, um dennoch nach einer Entelechie zu fragen. Tatsächlich ist die Frage nach der entelechialen Qualität des Lebendingen durch die Mikrobiologie aus prinzipiellen Gründen nicht negativ vorentschieden.[37]

Die Auffassung von einer Konkurrenzbeziehung zwischen Kausalität und Finalität hat sich allerdings in der Analytischen Wissenschaftstheorie durchgesetzt und wird von vielen Physikern und Wissenschaftstheoreti-

[35] Das war die These des Neovitalismus, so etwa bei Hans Driesch (1922).

[36] Vgl. die Darstellung dieses Zusammenhangs bei Polanyi, einem der wenigen Wissenschaftstheoretiker, die das Zusammenwirken von Gesetzlichkeit, Zweck und Zufall im technischen Gerät zutreffend beschrieben haben; Polanyi (1985), S. 41ff.

[37] Rehmann-Sutter (1996), S. 123ff.

kern bis heute gehalten.[38] Danach ist Finalität oberflächlich, Kausalität substantiell. Also gerade die Umkehrung des begrifflichen Verhältnisses in der traditionellen Metaphysik.

Quantität und Qualität

Eine solche Umkehrung traditioneller Vorstellungen findet sich bei Carnap auch, was das Verhältnis von Quantität zu Qualität anbelangt. Auch hier hat sich ein geschichtsmächtiger Umschwung vollzogen, der bis heute stilprägend blieb, die Auffassung nämlich, man komme dem verborgenen Wesen der Dinge näher, wenn man nur kräftig genug zählt, wägt und mißt.

Carnap wollte alles, nur kein Metaphysiker sein, aber es zeigte sich, daß seine normative Auszeichnung des logisch besser Codierbaren eine ziemlich starke, sogar an Hegel gemahnende, Metaphysik voraussetzt. Auch sonst erinnert Carnaps Systematik oft an Hegel, wenn auch ex negativo. Bei Hegel war es so, daß er vom Quantitativen zum Qualitativen mittels dialektischer Logik überging. Carnap geht vom Qualitativen zum Quantitativen mittels formaler Logik über. Beide beanspruchen in ihrem wissenschaftlichen Aufstieg die untergeordneten Stufen des Denkens 'aufzuheben', einmal im absoluten Geist, das andere Mal in der Theoretischen Physik.

Dies läßt sich verdeutlichen in Bezug auf Carnaps Kategorisierung wissenschaftlicher Begriffe in drei Arten, die in der formalsprachlichen Wissenschaftstheorie allgemein akzeptiert wurde. Danach lassen sich Begriffe einteilen in „klassifikatorische", „komparative" und „quantitative", wobei die jeweils folgende Begriffsart „wertvoller" sein soll als die vorhergehende, indem sie alle positiven Eigenschaften der tieferen Stufe in sich 'aufhebt'. So sei es z. B. „immer von Vorteil", quantitative Begriffe einzuführen. Man könne z. B. folgende einfache quadratische Gleichung in den Begriffen der natürlichen Sprache mit Hilfe von Klassifikation und Komparation überhaupt nicht zum Ausdruck bringen[39]:

$$p = a + bm + cm^2$$

[38] Auch wenn der Darwinismus in Zukunft auf Schwierigkeiten stoßen wird, glaubt Stegmüller, so wird dies doch nie dazu führen, „die Frage nach dem *Warum* durch die nach dem *Wozu* zu ersetzen ..."; Stegmüller (1974) Bd.I, S. 767f. Sein Schüler Essler vertritt noch heute eine solche Auffassung: Essler (1971ff.) Bd.IV, S. 138ff. Dasselbe gilt übrigens auch für Weizsäcker, Drieschner und Lyre, die ich im zweiten Kapitel erwähnt habe. All diese Autoren, so verschieden ihre Standpunkte auch sein mögen, glauben an ein Konkurrenzverhältnis zwischen Kausalität und Finalität.

[39] Carnap (1986), S. 59; 110ff.

Ich glaube, daß Carnap *in dieser Hinsicht* recht hat, aber er hat nicht geprüft, ob denn das Umgekehrte auch gilt, ob man z.B. einen Satz wie 'dieser Tisch, an dem ich sitze, ist rund und beige', in einen mathematischen verwandeln kann? Es scheint, daß dies genauso wenig möglich ist.[40] Der Weg von der Qualität zur Quantität ist also keine kognitive Einbahnstraße. Dies wird deutlich, wenn man sich die Serie von klassifikatorischen, komparativen und quantitativen Urteilen vor Augen führt. Es ist in der Tat so, daß jedes quantitative Urteil ein komparatives und klassifikatorisches impliziert, d.h.:

Quantifikation → Komparation → Klassifikation

Ein Beispiel dafür wäre etwa: Wenn p = 'Druck' ist, V = 'Volumen' und T = 'Temperatur', dann gilt nach der 'idealen Gasgleichung' für konstantes Volumen, daß p und T proportional sind:

$$pV = nRT$$

Dies impliziert das komparative Urteil, daß p und T gleichsinnig wachsen oder das klassifikatorische, daß es Mengen von p- und T-Zuständen gibt. Auf diese Art kann man jede physikalische Gleichung auslegen. Aber diese Implikationen rechtfertigen nicht die stärkere Carnapsche These, daß die Quantifikation alle 'niedrigeren' Stufen in sich aufhebt, denn es ist nicht richtig, daß wir jederzeit von Klassifikation zur Komparation und von dort zur Quantifikation übergehen können, denn es gibt komparative Urteile, die sich nicht quantifizieren lassen, so z.B. wenn man einen Menschen schöner, gerechter, intelligenter, phantasievoller oder häßlicher findet als einen anderen. Wer wollte hier ein quantitatives Maß angeben? Oder es gibt Klassifikationen, die sich nicht in ein komparatives Schema einfügen, wie z.B. das Verhältnis von Männern und Frauen oder das von Dichtung und Musik. Es wäre ziemlich nichtssagend, darauf zu verweisen, daß Frauen im Durchschnitt kleiner sind als Männer, daß sie nur halb so viel Alkohol verkraften, sich im Straßenverkehr weniger gut zurechtfinden, im Verkehr der Geschlechter dagegen besser, daß Kant die Dichtung der Musik vorzog, Schopenhauer aber umgekehrt usw.

Es ist also nicht richtig, daß klassifikatorische und komparative Begriffe in den quantitativen im Hegelschen Sinne 'aufgehoben' sind. Man überdehnt die Möglichkeiten der Quantifizierung, wenn man diesen Anspruch

[40] Ich akzeptiere also die Kritik von Sprachphilosophen wie Peter Strawson an der Ersetzbarkeit der natürlichen Sprache durch die formalen; Strawson (1994). „Dieser Tisch" ist z.B. ein indexikalischer Ausdruck. Solche Ausdrücke kommen in keiner formalen Sprache vor. In der Theoretischen Physik dürfen sie noch nicht einmal im Begleittext an entscheidender Stelle vorkommen.

stellt. In Wahrheit haben all diese kategorialen Bestimmungen ihren jeweils guten Sinn und sind nicht aufeinander reduzierbar. So wie man Finalität nicht durch Kausalität ersetzen kann, sondern wie es vielmehr darum ginge, ihr Zusammenspiel zu begreifen, so sollte man Denkformen, die sich primär klassifikatorischer oder quantitativer Begriffe bedienen, in ein nachvollziehbares Verhältnis bringen und nicht etwa durcheinander *ersetzen*.

Objekt und Idee

Bei Kant sind Physik und Metaphysik, also das Verhältnis von Objekt und Idee im Überlegungsgleichgewicht. Weder ist es so, daß die Idee das Objekt überschwemmt und überfrachtet, wie in den Formen schlechter Metaphysik, noch ist es so, daß die Ideen ganz verschwinden. Sie ziehen sich als „regulative Ideen" auf den ausdehnungslosen Punkt menschlicher Subjektivität zurück, das seinerseits nicht nur ein Stück Welt ist.

Die Objekte sind nach Kant subjektiv konstitutiert, mithin keine 'Dinge-an-sich', deshalb aber längst nicht bloß subjektiv im pejorativen Sinne von 'beliebig'. Ganz im Gegenteil: transzendentale Subjektivität konstitutiert intersubjektive Überprüfbarkeit. Dies ist die Kantische Verbindung von transzendentalem Idealismus und empirischem Realismus. All dies setzt natürlich ein synthetisches Apriori voraus: Der menschliche Verstand ist im Erkenntnisakt nicht rein passiv, sondern mit spontanen Funktionen ausgestattet, die die Objekte unhintergehbar bestimmen.

Kants Erkenntnistheorie, obwohl subtil auf die Verfahren der neuzeitlichen Physik abgestimmt, war den Philosophen des 'Wiener Kreises' zu metaphysisch. Carnap lehnte die synthetisch-apriorischen Urteile, wie gesagt, ab und versuchte, die Wissenschaft aufgrund rein logischer Analysen und synthetisch-aposteriorischer Urteile aufzubauen. Dadurch verschwand die Idee aus dem Subjekt und das Objekt wurde vorgestellt als eine An-sich-Gegebenheit, als ein von außen vorgegebenes 'fundamentum inconcussum' des Erkenntnisprozesses. Deutete man, wie in Carnaps „Logischem Aufbau der Welt", die Sinnesaffektionen als empirische Basis, so mußte aus ihr das ganze Gebäude der Wissenschaft errichtet werden können.

Gegen diesen 'Mythos des Gegebenen' hat Karl Popper frühzeitig die Relativität und Theoriebeladenheit der Erfahrung eingeklagt. Danach gibt es kein empirisches 'fundamentum inconcussum' der Wissenschaft, sondern alle Erfahrung, die wir machen, ist bereits von Theorie imprägniert. Diese Einsicht ist in der Kantischen Erkenntnistheorie enthalten und von dorther hat sie Popper, modifiziert und von überhöhten Geltungsansprüchen gereinigt, in seine „Logik der Forschung" übernommen. Ebenfalls übernommen hat Popper das Kantische Konzept der „regulativen Ideen".

Lothar Schäfer hat in seiner Darstellung der Popperschen Philosophie insbesondere diesen Punkt herausgearbeitet, der oft übersehen wird. Nach Schäfer kennt Popper zwei Arten von metaphysischen Ideen: einmal die, die sich später in wissenschaftlich testbare Hypothesen verwandeln lassen, wie etwa die antike Atomhypothese, und dann solche, die niemals auf den Boden der Empirie herabgezogen werden können, weil sie im Sinn von Kants „regulativen Ideen" unhintergehbare Voraussetzungen des Wissenschaftsprozesses sind, wie z.B. die Überzeugung von der nomologischen Beschreibbarkeit der Welt.[41]

Diese doppelte Bedeutungszuschreibung von 'Metaphysik' in Poppers Konzept verdankt sich nicht nur seiner Kantlektüre, sondern auch der Beschäftigung mit dem, was Physiker im Forschungsprozess *wirklich* tun. Es ist einfach nicht so, daß Physiker hauptamtlich damit beschäftigt sind, Sinnesdaten zu ordnen, um experimentelle Ergebnisse vorherzusagen, sondern sie schöpfen aus einem reichen *metaphysischen* Fundus, der ihnen allererst die Ideen liefert, um bestimmte Hypothesen zu formulieren, mit denen sie dann an die Realität herangehen. Der Forschungsprozeß läuft also top-down, nicht bottom-up, wie eine alte empiristische Tradition mit ihrem Begriff von 'Induktion' glaubte.

Nach Popper haben wissenschaftliche Hypothesen einen ideellen Ursprung, wohingegen die formale Logik immer erst an zweiter Stelle kommt, sozusagen als Prüfungsinstrument, das empirische Konsequenzen aus den entsprechenden Hypothesen abzuleiten gestattet. Formale Logik kann also nach Poppers Auffassung *niemals* (wie bei Russell oder Carnap) die Stelle dessen einnehmen, was früher einmal die 'Idee' war. Aus diesem Grunde glaubte Popper auch nicht an eine 'induktive Logik', die es erlauben würde, *nach klaren Prinzipien* von der Einzelerfahrung zu wissenschaftlichen Hypothesen aufzusteigen. Carnap versuchte, in der letzten Epoche seines Schaffens, eine solche 'induktive Logik' zu entwickeln, aber das Projekt scheiterte. Wenn Popper recht hat, braucht man sich darüber nicht zu wundern. Man kann Philosophen wie Russell, Carnap und Schlick den Vorwurf nicht ersparen, daß sie eine formalistische Apriori-Entscheidung getroffen hatten, wie Wissenschaft auszusehen habe, denn die Realität des Forschungsbetriebes stand deutlich gegen ihre Thesen.

Max Planck hat z.B. früh gegen Ernst Machs Versuch angekämpft, die Theorien der Physik nur auf Daten der Sinnenwelt aufzubauen. Dies soll übrigens das einzige Mal gewesen sein, daß er sich in der Öffentlichkeit wütend und unbeherrscht zeigte: Die Würde der Wissenschaft stand auf dem Spiel.[42] Auch Einstein glaubte nicht an die Bottom-up-Theorie der

[41] Schäfer (1988), S. 68f.
[42] Nach Wuchterl (2002), S. 357.

Wissenschaft: „Zur Aufstellung einer Theorie genügt niemals das bloße Zusammenbringen registrierter Erscheinungen – es muß stets eine freie Erfindung des menschlichen Geistes hinzukommen, die dem Wesen der Dinge näher auf den Leib rückt. Der Physiker darf sich nicht begnügen mit der bloßen phänomenologischen Betrachtung, die nach der Erscheinung frägt, sondern muß vordringen zur spekulativen Methode, welche die Existenzform sucht."[43]

Ein solches überschießendes, spekulatives oder ideelles Element wird man überall wahrnehmen, wo Physiker etwas Neues entdecken. Steven Weinberg sagt in seinem Buch „Der Traum von der Einheit des Universums": „Stellen Sie sich vor, daß der Raum wissenschaftlicher Prinzipien ausgefüllt ist mit Pfeilen, die jeweils auf ein Prinzip hinzielen und die von anderen Prinzipien ausgehen, durch welche dieses eine erklärt wird. Inzwischen weisen diese Erklärungspfeile ein erkennbares Muster auf: Sie bilden weder getrennte, unzusammenhängende Haufen, die für die einzelnen Wissenschaften stehen, noch irren sie ziellos umher, sondern sie hängen alle miteinander zusammen, und wenn man sie zurückverfolgt, scheinen sie alle einem gemeinsamen Ausgangspunkt zu entspringen.[44]

Das entspricht bis in die Metaphorik hinein Kants Konzept von der „regulativen Idee" als einem „focus imaginarius". Nach Kant haben die Vernunftideen einen „vortrefflichen und unentbehrlich notwendigen regulativen Gebrauch, nämlich den Verstand zu einem gewissen Ziele zu richten, in Aussicht auf welches die Richtungslinien aller seiner Regeln in einem Punkt zusammenlaufen, der, ob er zwar nur eine Idee (focus imaginarius), d.i. ein Punkt ist, aus welchem die Verstandesbegriffe wirklich nicht ausgehen, indem er ganz außerhalb der Grenzen möglicher Erfahrung liegt, dennoch dazu dient, ihnen die größte Einheit neben der größten Ausbreitung zu verschaffen."[45] Die Kantische Auffassung von 'Idee' scheint also das Vorgehen der Physiker auch heute noch zutreffend zu beschreiben.

Ist dies richtig, dann bestätigt sich – jedenfalls für die Physik – Kants Konzept des Verhältnisses von Objekt und Idee: weder ist das Objekt intrinsisch ideell bestimmt, wie das bei Weizsäcker der Fall ist, noch verschwindet die Idee vor der logischen Analyse ins Nichts, wie Carnap glaubte, sondern wir haben ein Überlegungsgleichgewicht vor uns, das allerdings, wie schon Kant sah, keinen Gottesbeweis, ja noch nicht einmal einen Hinweis auf Gott in sich enthält. Physik als Wissenschaft ist indifferent zur Existenz oder Nichtexistenz Gottes, weil die Ideen nur „focus

[43] Einstein (1981), S. 30.
[44] Weinberg (1992), S. 13.
[45] Kant KrV B 672.

imaginarius" sind. Man könnte hinzufügen, daß sie auch dann, wenn sie ein realer Fokus wären, keinen Schluß auf Gott erlauben würden, weil die Ideen, die der Physiker braucht, um seine Hypothesen zu erfinden, zu formal sind. Man sieht diesen Zusammenhang ganz deutlich bei Weinberg. Er träumt nämlich nicht nur einen „Traum von der Einheit des Universums", wie sein gleichnamiges Buch heißt, sondern er hält ihn sogar für erfüllbar, d.h. er glaubt an eine „endgültige Theorie". An dieser Stelle würde ihm Kant widersprechen. Aber selbst wenn man unser Streben nach einer endgültigen Theorie für erfüllbar hielte, würde diese Theorie nicht so ausfallen können, daß sie den Schluß auf Gott ermöglichte und aus diesem Grunde ist Weinberg ein dezidierter Atheist.

3.3 Willard van Orman Quine

Quine ist vielleicht der 'härteste' Logizist und Physikalist, den es jemals gegeben hat. Ich glaube nicht, daß seine Position heute noch großen Einfluß in der Analytischen Philosophie hat, aber Quine ist trotzdem für die hier verhandelte Fragestellung von ganz besonderem Interesse. Er hat nämlich den Physikalismus derart auf die Spitze getrieben, daß dessen Prinzip und Grenzen nur umso deutlicher werden. Quine ist Physikalismus pur. Während Weizsäcker seinen Physikalismus unter der Hand idealistisch anreichert, um seine desolaten Konsequenzen nicht sehen zu müssen, während im fünften Kapitel zu behandelnde populärwissenschaftliche Autoren alles aus allem machen und die Physik in einen postmodernen Gemischtwarenladen verwandeln, sehen wir bei Quine, was es heißt, die Welt konsequent als einen logischen Kristall zu begreifen.

Quine war bereits zwischen den beiden Weltkriegen auf den 'Wiener Kreis' aufmerksam geworden. Er hatte sich mit Carnap befreundet und setzte dessen Stil des Philosophierens fort. Eine der wesentlichen Differenzen zu Carnap ist sein Versuch, auch die natürliche Lebenswelt und die Alltagssprache in das logizistsche Programm zu integrieren.

Carnap hatte sich im Prinzip darauf beschränkt, bereits formalisierte oder zumindest bereits wissenschaftlich gereinigte Sprachen zu untersuchen. Quine dehnte sein Programm auf den vorwissenschaftlichen Bereich aus und akzeptierte die strengen Carnapschen Gegensätze von a priori und a posteriori, Erfahrung und Theorie, Synthetischem und Analytischem nicht mehr.

Seine Position führt unmittelbar zu atheistischen Schlußfolgerungen. In seinem Buch „Unterwegs zur Wahrheit", einer Art von philosophischem Testament, bekennt er sich klar zum Atheismus. Danach können wir von der Wissenschaft her mit bestem Wissen und Gewissen sagen: „Es gibt keinen Gott und es gibt auch kein Leben nach dem Tode.“[46]

Diese atheistischen Konsequenzen hängen direkt damit zusammen, daß er nicht nur Gott, sondern auch den endlichen Geist eliminiert: „Unser eigenes Selbstbewußtsein ist lediglich eine der unterschiedlichen Perspektiven, die wir physikalischen Objekten gegenüber einnehmen können ... Auch unsere Handlungen und Entscheidungen sind Aktivitäten eines physikalischen Gegenstands und damit ebenso gut äußeren Ursachen unterworfen wie die Regungen jedes anderen physikalischen Dinges.“ Daraus folgt, daß der menschliche Wille ebenso determiniert ist wie alles, was es sonst noch in der Natur gibt.[47]

Von hier aus muß das soziale Leben, das auf wechselseitiger Anerkennung beruht, radikal umdefiniert werden. Es geht jetzt nicht mehr um Dialog, um das bessere Argument usw., sondern um Konditionierung. Quine nennt den Spracherwerb im Kindesalter eine „gesellschaftliche Dressur“. Die Gesellschaft habe uns alle mittels Sprache „abgerichtet“. Auch das Entstehen von Moral ist nach Quine ein Akt der Dressur und Konditionierung, hinreichend erklärbar mit den Mitteln der Soziobiologie.[48] Physikalistisches Denken zementiert also Herrschaftswissen.

Quine hat das physikalistische Schema ohne Wenn und Aber durchgeführt: Ohne die Bremse einer eingeschmuggelten idealistischen Komponente führt er es mitleidlos durch. Auch bei Carnap gab es noch die Bremse einer wohltätigen Praxis-Inkonsequenz, insofern er ein Linksintellektueller mit einer tiefgegründeten humanistischen Grundeinstellung war. Diese Grundeinstellung stimmte zwar nicht mit seiner Theorie überein, aber sie milderte deren desolate Wirkungen. Quine ist hier noch radikaler. Bei ihm gibt es keine politisch-praktische Enklave mehr. Die Theorie saugt alles in sich hinein.

Der theoretische Reduktionsprozeß wird bei Quine über die Sprache abgewickelt, die er einer äußerst rigiden Reinigungsprozedur unterwirft. Wenn die Physik wahr ist, kann auch die natürliche Sprache nicht mehr bleiben, was sie ist. Hier denkt er äußerst radikal, geradezu bilderstürmerisch: „Die Sprache wird in Sünden empfangen, und die Wissenschaft ist ihre Erlösung.“[49]

„Erlösung“ verspricht uns Quine insbesondere von den notorischen Vagheiten, Mehrdeutigkeiten und Unklarheiten, die wir in den formalen Sprachen nicht mehr vorfinden. In diesem Sinn nennt er „das Chaos un-

[46] Quine (1995), S. 158; (1985), S. 75 ff.
[47] Quine (1995), S. 154 f.
[48] Quine (1975), S. 12; (1980), S. 26.
[49] Quine (1989), S. 100.

serer alltäglichen Glaubenszuschreibungen“ auch „eine hemmungslose Brut, die keinerlei Gesetz mehr kennt.“[50] Man sieht, welch inquisitorischen Eifer ein solcher Philosoph entfaltet! In einem solchen Ton sprachen die kirchlichen Inquisitoren über die Gegner ihres Glaubens.

Alles, was sich gegen eine klare Logifizierung, d.h. gegen klare Identitätskriterien sperrt, muß ausgemerzt werden. Dazu gehört z.B. der intensionale Aspekt von Begriffen, der sich im Gegensatz zum extensionalen, mengentheoretisch beschreibbaren, nicht eignet, um wahrheitserhaltende Schlußketten zu bilden. „Bedeutungen“ von Begriffen seien daher obskure Entitäten.“[51]

Quine war ein glänzender Stilist, der sehr gut mit Sprache umgehen konnte. Trotzdem hielt er das Ästhetische für irrelevant: „Wo Eleganz nichts ausmacht, dürfen und sollen wir sogar, quasi als Dichter, Eleganz um ihrer selbst willen anstreben.“[52] Ganz im Gegensatz zu Wittgenstein, für den die expressiven Qualitäten der Sprache mit zum Gesagten gehörten (und dies schon im ‘Tractatus’), glaubte Quine das Ästhetische ohne Substanzverlust aus der Sprache eliminieren zu können. Es ging ihm nichts über logische Klarheit.[53] Metaphorik war für Quine eine untergeordnete Stufe des Erkennens. Der Religion, die viel mit Metaphern arbeitet, warf er vor, ihre Botschaft metaphorisch zu verschleiern: „Weshalb der Umweg? Falls die Botschaft so dringend und wichtig ist, wie man annimmt, warum wird sie uns dann nicht gleich in ungeschminkter Form mitgeteilt?“.[54]

Die Voraussetzung hier ist offenbar, daß es eine trennscharfe Differenz zwischen Metapher und Begriff gibt und daß die Metaphorik für die religiöse Sprache keine bestimmende, sondern bloß ornamentale Funktion hat.

Ein Dorn im Auge des Physikalisten ist vor allem der geschichtliche Wandel. Er ist unvorhersehbar, verknüpft sich nicht nach klaren Gesetzen,

[50] Quine (1995), S. 94. Man findet ähnlich radikale Äußerungen auch schon bei Russell: Nur logische Konstruktionen hätten „saubere Eigenschaften“. All unsere Wörter seien „von Vagheit infiziert“ oder „vergiftet“ usw.: Russell (1971), S. 31; 43; 47.

[51] Quine (1979), S. 29.

[52] Quine (1979), S. 80.

[53] Im Gegensatz zu einem solchen verkürzten Sprachverständnis zeigt Gottfried Gabriel in einer Untersuchung über „Logik und Literatur“, wie sehr die expressiven Qualitäten der Sprache zur Philosophie mit dazugehören und dies auch bei ‘formalistisch’ eingestellten Philosophen, wie gerade beim frühen Wittgenstein oder bei Frege; Gabriel (1991), S. 20ff., 65ff.

[54] Quine (1985), S. 228.

so daß er dem logischen Formalisierungsdrang kein geeignetes Feld darbietet. In der Theoretischen Physik andererseits ist es so, daß wir die Phänomene aufgrund orts- und zeitinvarianter Gesetze erklären, d.h. wir denken ungeschichtlich. In Einsteins Spezieller Relativitätstheorie erscheint die Zeitkoordinate den Raumkoordinaten gleichgeordnet, was Einstein dazu führte, die Realität der Zeit zu leugnen. Zeit sei ein rein subjektives Phänomen. Im Sinne Einsteins ist Quine daher auch gegen den Indeterminismus der Quantentheorie eingenommen. Er akzeptiert ihn nur notgedrungen: „Für mich ist es ein Ideal der reinen Vernunft, mich so weitgehend zum Determinismus zu bekennen, wie es mir die Quantentheoretiker erlauben."[55]

An sich sollte ein Physikalist nicht von „Idealen" oder von einer „reinen Vernunft" im kantischen Sinne sprechen, aber so wie bei Carnap steckt auch hinter Quines Physikalismus eine nicht ausgewiesene metaphysische Triebfeder, die ihn z.B. dazu trieb, das Sein über das Werden zu stellen.

Die Eskamotierung der Zeit überträgt Quine sogar auf die natürliche Sprache. Die Alltagssprache beruhe auf „einer lästigen Voreingenommenheit", sie enthalte viele „unnötige Komplikationen", da sie, statt sich auf Raumgrößen zu beschränken, die sich einfach ausdrücken ließen, komplizierte Verfahren der Konjugation von Verben enthalte. In Quines Neuinterpretation der natürlichen Sprache im Rahmen einer „kanonischen Notation" „läßt man zeitliche Unterscheidungen gewöhnlich fallen." Man behandelt zeitliche Informationen wie räumliche, mit denen man logisch besser umgehen kann.[56] Besonders allergisch ist Quine gegen den – wie er es nennt – „Morast unverwirklichter Möglichkeiten"[57], weil sie am allerwenigsten irgendwelchen Identitätskriterien genügen. Dasselbe gilt auch für „Mentalismus" und für „Supranaturalismus", denn solche „morbide Kulturen gedeihen im Dunkeln."[58] Die Metapher des „Kristalls" kommt in seinen Schriften übrigens öfters vor. Was er immer wieder fordert, ist ein „kristallklarer Identitätsbegriff".[59]

Quine hat nun also, um den vorgeblich opaken und gefährlichen Charakter der natürlichen Sprache aus der Welt zu schaffen, sein Konzept einer „kanonischen Notation" eingeführt, die die Sprache auf logische Durchsichtigkeit hin stilisiert mittels Prädikation, Quantifikation (im logischen Sinne) und einer Rückführung auf Wahrheitswerte. Berühmt wurde insbesondere sein Ontologiekriterium, das darauf hinausläuft zu prüfen,

[55] Quine (1985), S. 22.
[56] Quine (1980), S. 296f.
[57] Quine (1980), S. 424.
[58] Quine (1989), S. 60.
[59] Quine (1975), S. 34.

auf welche Variablen sich die Existenz- (∃) oder Allquantoren (∀) beziehen. Fängt ein Diskurs an mit 'Alle massebehafteten Gegenstände genügen dem Gravitationsgesetz' oder 'Südostwinde bringen Regen und Schauer', so muss es massebehaftete Gegenstände oder Regen und Schauer in dieser Welt geben, damit die entsprechenden Diskurse mit Wahrheitsanspruch auftreten können. Jeder Diskurs ist also mit bestimmten 'ontologischen Verpflichtungen' verbunden. 'Sein' ist daher für Quine nur der Wert einer 'gebundenen Variablen' im quantorenlogischen Sinn. So nüchtern wurde 'Sein' noch nie gesehen, seit es Philosophie gibt.

Diese Festlegung von 'Sein' als 'Wert einer gebundenen Variablen' hat natürlich zur Folge, daß der Seinsbegriff streng univok verstanden werden muß. Es gibt daher bei Quine keine 'Seinsgrade' oder 'Seinsweisen'. Selbst für mathematische Gebilde wie Zahlen oder Funktionen und für konkrete, zeiträumliche Entitäten anerkennt er keine verschiedenen Seinsweisen, obwohl sich das nahelegt, weshalb man schon immer zwischen 'idealem' und 'realem' Sein unterschieden hat. Natürlich zieht Quine – jedenfalls in seiner Selbstdeutung – auch die Differenz zwischen 'Wesen' und 'Erscheinung' ein: „Save the surface and you save all", lautet das Motto über eines seiner wichtigsten Werke.[60]

Man wird sich fragen müssen, ob dieser univoke Seinsbegriff hinreichend sein kann, die ganze Erfahrung zur Geltung zu bringen? Haben nicht die mathematischen Gegenstände ganz andere Eigenschaften als die konkreten zeit-räumlichen? Kann es sinnvoll sein, alles als 'Oberfläche' zu qualifizieren, wenn es keine Tiefe gibt? Wäre das nicht so ähnlich, als würden die Alpen nur aus Gipfeln bestehen, was sie von einer Ebene ununterscheidbar machen würde, so ähnlich wie Menschen, die immer geistreich zu sein sich bemühen, im Grunde ziemlich platt sind?

Wie Carnap hat es auch Quine nicht fertiggebracht, bei einer reinen 'Ontologie des Vorhandenen' (also Typ 1) stehen zu bleiben. Dies wird sich im folgenden weiter bestätigen. Man sieht aber jetzt schon, daß die Wahl einer bestimmten Ontologie die Frage nach Gott bereits vorentschieden hat. Wenn 'Sein' nichts ist als der 'Wert einer gebundenen Variablen', dann könnte Gott nur Element einer Menge sein. Dies ließe sich für Zeus und Hera durchführen, denn sie waren Elemente der Menge der griechischen Götter. Aber wie müßte eine Menge aussehen, deren Element der christliche Gott wäre?

Nicht nur der Seinsbegriff, auch der Begriff der 'Wahrheit' wird von Quine radikal auf das Innerlogische heruntergebrochen. Er schließt sich in dieser Hinsicht dem Logiker Alfred Tarski an, der die später so genannte 'Zitattilgungstheorie' der Wahrheit eingeführt hat. Danach ist z. B. der Satz

[60] „Unterwegs zur Wahrheit" (Frankfurt 1989).

'Der Schnee ist weiß' dann wahr, wenn der Schnee weiß ist, d. h. das Wahrheitsprädikat wird als Eigenschaft eines objektsprachlichen Satzes vom Blickwinkel einer Metaebene aus angesehen. Auf diese Art definiert sich eine formale Semantik, die einen elementaren Rest der traditionellen Widerspiegelungstheorie der Wahrheit ('adaequio rei et intellectus') zurückbehält. Nur wird diese Widerspiegelung jetzt nicht mehr auf eine ontologisch-metaphysische Wesensform bezogen, die sich dem Erkennenden mitteilt, wie das in der Scholastik der Fall war, sondern 'Wahrheit' begreift sich jetzt rein sprachanalytisch als Eigenschaft von Sätzen: „Wahrheit", sagt Quine, ist – wiederum stocknüchtern – nichts als „Zitattilgung".[61]

In einer solchen logizistischen Auffassung läßt sich das nicht mehr unterbringen, was früher einmal 'ontologische Wahrheit' genannt wurde. In der traditionell-metaphysischen Auffassung war Satzwahrheit die Übereinstimmung des Erkennens mit der Wesensform des Erkannten und ontologische Wahrheit die Übereinstimmung einer Sache mit ihrem Wesensbegriff, also so ähnlich wie man heute noch sagt: 'ein wahrer Freund' oder 'wahre Liebe'. Quine erinnert an die Frage des Pilatus „Was ist Wahrheit?" und fügt hinzu: „Wer sich diese Frage vorlegt, pflegt nach etwas Tieferem zu suchen als nach der bloßen Zitattilgung, die uns als der akzeptable Kern der Korrespondenztheorie der Wahrheit blieb."[62] Ein emphatisches Verständnis von 'Wahrheit' trägt die neue, logizistische Wahrheitstheorie also nicht mehr. Sie entspricht damit jener formalen Auffassung von Sein als dem bloßen 'Wert einer gebundener Variablen'.

Wesentlich ist hier, daß sowohl 'Sein' als auch 'Wahrheit' univok verstanden werden. Sie kommen nicht mehr in Graden, wie in der klassischen Philosophie. Da 'Sein' als zeiträumliche Existenzweise von Gegenständen und 'Wahrheit' als bloße Eigenschaft von Sätzen, die sich auf solche Gegenstände beziehen, begriffen wird, kann in einer solchen Konzeption die Frage nach Gott nur noch als Absurdität angesehen werden. Die besagte Frage des Pilatus läuft nun ins Leere oder vielmehr: Pilatus war ein Quineaner vor der Zeit.

Eine univoke und formale Auffassung von 'Sein' oder von 'Wahrheit' ist, oberflächlich gesehen, der physikalischen Methode angemessen. Aber auf die Dauer bringt es niemand fertig, bei solchen formalen Schemata stehen zu bleiben. So lehnt Quine zunächst die Auffassung ab, daß sich Theorien der Wahrheit nähern, wie sich Zahlen einem Grenzwert nähern. Der Begriff des 'Grenzwertes' sei für Theorien nicht definiert. Andererseits kann er dann doch nicht widerstehen, den Fortschritt der Physik als

[61] Quine (1995), S. 113.
[62] Quine (1995), S. 130.

ein solches Sichannähern an die endgültige Wahrheit zu verstehen. Nach Einstein könnten wir die vierdimensionale nichteuklidische Geometrie zusammen mit der Relativitätstheorie als „buchstäbliche Wahrheit akzeptieren", und wir dürften weiter „die euklidische Geometrie auf der gleichen Stufe wie die Newtonsche Physik als praktisch nützlichen Mythos betrachten".[63]

Wenn es kein Sichannähern an die Wahrheit gibt, dann gibt es weder eine 'buchstäbliche' noch eine 'uneigentliche' Wahrheit, denn ein „Mythos" war die Newtonsche Physik gewiß nicht. In ihren Meßgrenzen gilt sie heute noch.

Wahrheit scheint also doch in Graden zu kommen. Dies drückt sich auch in Quines spätem Hauptwerk „Unterwegs zur Wahrheit" aus. Zu einer Aussagenwahrheit kann man nicht „unterwegs" sein. Es muß also jenseits bloßer Aussagenwahrheit auch eine Wahrheit im umfassenden Sinn geben und diese kennt, im Gegensatz zur Aussagenwahrheit, durchaus Grade, wie das z.B. auch Karl Popper gelehrt hat.[64]

Ähnlich verhält es sich mit dem Seinsbegriff. Bei Quine gibt es viele unmotivierte Übergange zwischen einer Ontologie vom Typ 1 zum Typ 2. So behauptet er etwa, identisch sei „das Streben nach dem einfachsten, klarsten Gesamtmuster kanonischer Schreibweise und das Streben nach letztgültigen Kategorien – nach einer Darstellung der allgemeinsten Züge der Wirklichkeit". Sein Bemühen gehe dahin, „die wahre und letztliche Struktur der Realität darzustellen", denn: „Vagheit, Mehrdeutigkeit und Flüchtigkeit der Bezeichnung sind Merkmale von sprachlichen Ausdrücken und erstrecken sich nicht auf die bezeichneten Gegenstände."[65]

Woher weiß er das? Ist er ein Gott, der hinter die Gegenstände und unsere Theorien über diese Gegenstände zurücktreten könnte, um sie von einem neutralen Standpunkt aus zu vergleichen? Quine würde darauf antworten: Die Welt selbst spricht für meine Art der Formalisierung, denn sie *ist* von Natur aus ein logischer Kristall und dieses 'An-sich' offenbart sich primär der Physik, denn diese „erforscht die wesentliche Natur der Welt".[66]

Hier ist der unmotivierte Übergang einer Ontologie des Typs 1 zu einer des Typs 2 deutlich. Wenn 'Sein' nur der 'Wert einer gebundenen Variablen' ist, dann kann es keine „wesentliche Natur der Welt" geben: „Save the surface and you save all." Quines Logizismus beruht also, wie der von

[63] Quine (1980), S. 55; 473.

[64] Der Philosoph Albrecht Wellmer hat den Zusammenhang zwischen bloßer Satzwahrheit und übergeordneter Wahrheit überzeugend dargestellt: „Gibt es eine Wahrheit jenseits der Aussagenwahrheit?", in: Wingert (2001), S. 13–52.

[65] Quine (1980), S. 282; 334; 382.

[66] Quine (1985), S. 119.

Russell oder Carnap, auf einer normativen Auszeichnung des logisch besser Codierbaren.

Es gibt eine zweite normative Auszeichnung, nämlich die des Allgemeinen vor dem Besonderen oder des Einen vor dem Vielen, die Quine ebenso selbstverständlich als gültig unterstellt: An sich oszilliert unser Weltverständnis immer zwischen Einheit und Vielheit. Seit der Antike gibt es allerdings eine metaphysische Tradition, die die Einheit über die Vielheit stellt und, damit zusammenhängend, das Sein über das Werden. Von Sein und Werden war bereits die Rede und davon, daß Quines „kanonische Notation" das Werden zugunsten des Seins außer Kraft setzt.

Auch in Bezug auf das Verhältnis von Einheit und Vielheit denkt Quine ganz traditionell. Die selbstverständliche Überzeugung der wichtigsten griechischen Philosophen, wie Plato und Aristoteles, war, daß man sich dem Wahren nähert, wenn man die Leiter der Arten und Gattungen immer weiter emporsteigt und irgendwann einmal beim 'Sein' anlangt, das dann keine Gattung mehr ist, sondern das Allumfassende. Die letzte Wahrheit gründet also das Sein und das Sein ist das Allgemeine und das Allgemeine vernichtet die Vielheit des Einzelnen oder des Besonderen.

Bei Quine entspricht der Hierarchie der Gattungen und Arten der Erstreckungsbereich der verschiedenen Wissenschaften, d.h. ihre extentionale Dimension: „Die Physik erforscht die wesentliche Natur der Welt, und die Biologie beschreibt einen ortsspezifischen Auswuchs. Die Psychologie – die Humanpsychologie – beschreibt einen Auswuchs des Auswuchses."[67] Dies ist also sein Argument für die Sonderstellung der Physik: sie ist auf alles beziehbar.[68]

Daher gibt es bei Quine eine klare Hierarchie der Wissenschaften, an deren Spitze immer die Physik steht, weiter unten dann die Chemie, Biologie, Psychologie und so weiter, wobei er 'nach unten' manchmal seine Auffassung der als 'seriös' akzeptierten Wissenschaften ändert. Das Wertekriterium bleibt aber immer ihre extensional verschiedenwertige Beziehbarkeit auf die Gegenstände. Die Physik hat einfach mehr Objekte im Weltall, die sie beschreibt, als die Biologie oder die Psychologie. Ihre Gesetze sind von höherem Allgemeinheitsgrad.

[67] Quine (1985), S. 119.

[68] Ein weiteres Argument für die Sonderstellung der Physik ist nach Quine dies, daß sich im Geistigen nichts ändern kann, ohne daß es von materiellen Bewegungen begleitet wäre; Quine (1985), S. 125. Die Frage ist allerdings, ob dies durchgängig der Fall ist und wenn ja, ob dies dann nicht nur auf die Negation eines Substanzendualismus hinausläuft, andere Geistkonzepte aber unberührt ließe. Eine ausführliche Diskussion dieses Supervenienzarguments würde allerdings den Gedankengang zu stark unterbrechen.

Ist Quantität ein hinreichendes Kriterium für Qualität? Könnte es nicht so sein, daß die Objekte der Biologie oder Psychologie zwar numerisch weniger, dafür aber umso interessanter sind, daß sie uns also mehr Einsicht vermitteln? Für uns als Menschen ist oft das Besondere das Wichtigere. Daß der Kosmos so riesig ist und der Mensch so klein, ist kein Gegenargument, denn schließlich ist der Mensch äußerst komplex und der Kosmos im Vergleich dazu ziemlich primitiv. Der Kosmos ist zum größten Teil leer und die relativ dünn gesäten Materieinseln bestehen wiederum zum größten Teil aus primitiven Elementen wie Wasserstoff oder Helium, die man im ersten Semester Physik durchrechnet. Man kann weiter die großflächige Entwicklung des Universums aus einigen Grundgleichungen und empirischen Daten ziemlich realistisch ableiten. Im Gehirn des Menschen sind jedoch hunderte Milliarden Neuronen komplex vernetzt, und unser Gehirn steht weiter in Wechselwirkung mit all unseren übrigen somatischen Befindlichkeiten und darüber hinaus mit einer enorm komplexen sozialen und natürlichen Umwelt. Das über den Menschen Wißbare übersteigt also bei weitem das, was wir über den physikalischen Kosmos wissen müssen, um ihn vom Prinzip her zu verstehen. Warum sollte die Wahrheit also nicht im Komplexen liegen?

Geert Keil berichtet in seiner Einführung, daß Quine die fixe Idee hatte, alle Länder der Erde, wenn nicht besucht, so doch wenigstens gesehen zu haben, und sei es nur im schrägen Winkel durch das Flugzeugfenster. Darüber führte er Zeit seines Lebens akribisch Buch.[69] Dieser extensionale Vollständigkeitswahn kennzeichnet seine Grundeinstellung zur Erfahrung: Die Wahrheit liegt im Allgemeinen, nicht im Besonderen, im Quantitativen, nicht im Qualitativen.

Kant kam nie aus Königsberg heraus, Nietzsche liebte das Schweizer Sils-Maria, Heidegger sein Todtnauberg. Es ist deshalb sehr die Frage, ob die intensionale Vertiefung ins Besondere nicht mehr Einsicht zutage fördert, als die flächendeckende Charakterisierung des Allgemeinen, die notgedrungen sehr oberflächlich bleiben wird: „Save the surface and you save all.“

Auch in Bezug auf das religiöse Weltverhalten wird man sagen können, daß hier das Besondere, Qualitative über dem Allgemeinen, Qantitativen steht. Im Christentum oder schon im Judentum ist dies sogar in extremer Weise der Fall. Die antiken Juden waren eine völlig vernachlässigbare Größe, relativ zu Mächten wie Ägypten, Assur, Babylon oder Rom. Jesus kam aus Nazareth, einem unbedeutenden Nest in der hintersten jüdischen Provinz. Ganz allgemein ist die Wahrheit in der christlichen Religion kein abstraktes Weltprinzip, sondern ein Individuum: Jesus Christus.

[69] Keil (2002), S. 10.

Wenn Christus zugleich Weltprinzip sein sollte, dann *als* Individuum, nicht als fein verteiltes, ohnehin überall vorkommendes 'Sein'.

Besonders allergisch war Quine, wie gesagt, gegen den „Morast unverwirklichter Möglichkeiten", gegen „Mentalismus" und „Supranaturalismus", denn solche „morbide Kulturen gedeihen im Dunkeln." Auch die Eule der Weisheit gedeiht im Dunkeln am besten, aber morbide ist sie deshalb nicht. Ganz allgemein gilt dies auch für den „Morast unverwirklichter Möglichkeiten", der im Grenzfall sehr fruchtbar sein kann, auch wenn er der logischen Analyse wenig Stoff darbietet. Wenn etwas nur der Möglichkeit nach existiert, dann ist es in der Tat nicht klar identifizierbar, bleibt also sperrig für die logische Analyse. Trotzdem hat es Sinn, von dem 'der Möglichkeit nach Seienden' zu sprechen.

Aristoteles, der den Begriff der 'Realmöglichkeit' (δύναμις) 'erfand', hat ihn ganz schlicht bei der Analyse des handwerklichen Herstellens gewonnen: Wenn ein Tischler einen Tisch baut, dann ist das Holz ein 'möglicher Tisch'. Quine würde dagegen einwenden, daß ein Holz, das nur Holz sei, sich von einem Holz, das zusätzlich noch ein 'möglicher Tisch' sei, nicht unterscheiden lasse, weshalb wir auf den Begriff des 'möglichen Tisches' verzichten sollten, um beim Holz selbst zu bleiben. So einleuchtend dieses Argument zunächst erscheint, so erweist es sich bei näherem Zusehen als unzureichend. Quine sieht die Welt mit dem Blick eines Theoretischen Physikers. Für einen solchen haben die Objekte nur die Eigenschaften, die die Theorie beschreibt, oder sie haben sie nicht. Die Physik, jedenfalls die klassische Physik, braucht daher keine Realmöglichkeiten oder ganz allgemein keine De-re-Modalitäten.[70]

Anders ist es, wenn wir mit dem Blick eines Technikers oder Handwerkers auf den Stoff blicken. Der Praktiker weiß sehr wohl, welcher Stoff zu welchen Zwecken geeignet ist, was der Physiker nicht wissen kann, weil seine Theorie nicht über die Zweckkategorie verfügt. Im Lichte eines Zweckes erscheinen uns die von der Physik beschriebenen Eigenschaften des Stoffes als geeignet oder ungeeignet zur Erfüllung des vorausgesetzten Zweckes. Daher weiß jeder Praktiker, was eine 'Realmöglichkeit' ist. Ohne ein solches Wissen gäbe es auch keine Praxis.[71] Es ist kein Zufall,

[70] Obwohl das in der Quantentheorie strittig ist. Schon Pauli und Heisenberg hatten den Meßprozeß in der Quantentheorie als Potenz-Akt-Übergang interpretiert. Hierin folgen ihm bis heute viele Physiker. Wenn man es so deutet, dann gibt es De-re-Modalitäten und eine nichtunivoke Ontologie schon in den Grundlagen der Physik.

[71] Daß uns in praktischer Einstellung der Stoff als etwas anderes, nämlich als Möglichkeit erscheint, im Gegensatz zum Blick des theoretischen Physikers, hat Friedrich Kaulbach in seiner Handlungstheorie deutlich gemacht; Kaulbach (1986), S. 21; 155.

daß Quine so gut wie nichts zur praktischen Philosophie geschrieben hat. In der Praxis (sowohl in der technischen als auch in der ethischen Praxis), wären ihm beständig Phänomene begegnet, die sich nur mit dem Begriff der 'Realmöglichkeit' angemessen beschreiben lassen.[72] Der Begriff der 'Realmöglichkeit' hängt also strukturell mit dem der 'Teleologie' zusammen und lässt sich nur aus ihm begründen bzw. verschwindet gemeinsam mit ihm.

Nicht zufällig wiederum ist auch, daß Quine den „Morast unverwirklichter Möglichkeiten" direkt mit dem „Supranaturalismus" in Zusammenhang bringt. Bei Thomas von Aquin gibt es einen Gottesbeweis aus den „unverwirklichten Möglichkeiten", die seiner Auffassung nach auf ein an sich Wirkliches verweisen.[73] Was es mit diesem 'Gottesbeweis' auch immer auf sich haben möge, man sieht nicht, wie eine Welt, in der es nur Faktisches und Eindeutiges gibt, Verweischarakter auf Gott haben könnte. Nur wenn das Reale im Horizont unbegrenzter Möglichkeiten steht, kann es Gott für uns geben.

3.4 Logik und Sein: Die neue Befindlichkeit

Die subkutane Herrschaft des Prinzips einer 'Identität von Logik und Sein' hat eine neue Befindlichkeit hervorgebracht. Die Welt sieht ganz anders aus, wenn man dieses Prinzip als gültig unterstellt. Vertritt man das traditionelle Prinzip einer 'Identität von Denken und Sein', dann nimmt man zentrale Vernunftleistungen des Menschen als Paradigma des Weltverständnisses an. Nun wird alles zum Sinnzusammenhang, die Welt zu einer Art von Kunstwerk. Akzeptiert man das Prinzip einer 'Identität von Logik und Sein', dann verschwinden die Sinnzusammenhänge, weil sich Sinnbegriffe nur bedingt mit den Mitteln einer deduktiven Logik verknüpfen lassen und weil sie in einer mathematischen Beschreibung unkenntlich werden.

All die zum Teil etwas merkwürdig, schroff oder kontraintuitiv anmutenden Schlußfolgerungen, die die Analytischen Wissenschaftstheoretiker ziehen, werden von diesem Prinzip her als konsequente Ausprägungen eines neuen Weltverhältnisses verständlich. Ihr Prinzip zeichnet einfach die logisch besser codierbaren Diskurse normativ vor denjenigen aus, die

[72] Den Begriff der 'Realmöglichkeit' lehren z.B. Arthur Danto in Bezug auf geschichtliche Praxis, Paul Lorenzen in Bezug auf die technischen und praktischen Voraussetzungen von Wissenschaft; Danto (1980), S. 157; 302ff., Lorenzen (1987), S. 107ff.; 291.

[73] Thomas 'tertia via' (STh I 2,3).

weniger gut formalisierbar sind, also z.B. die Physik vor der Biologie und beide vor der Geschichtswissenschaft. Zugleich verankert sie diese besser codierbaren Diskurse im Sein. Von daher wird verständlich, weshalb Autoren wie Carnap so allergisch auf Heidegger reagieren mussten: Heidegger vertritt die Gegenthese einer Geschichtlichkeit des Seins.

Man kann sich fragen, weshalb Philosophen jemals auf die Idee verfallen konnten, bestimmte Diskurse normativ auszuzeichnen, allein aus dem Grund, weil sie prozentual mehr formal beschreibbare Begriffsübergänge enthalten. Der Satz 'Dieser Mensch ist verläßlich' ist, logisch gesehen 'opak', weil im Begriff des 'Menschen' das Verläßlichsein nicht enthalten ist, da wir keine Gesetze kennen, die das Menschsein mit dem Verläßlichsein notwendigerweise verbinden. Der Satz 'Dieser Stein ist schwer' ist logisch gesehen durchsichtiger, weil wir von der Gültigkeit des Gravitationsgesetzes überzeugt sind, so daß wir a priori erwarten dürfen, daß ausgedehnte Körper schwer sind.

Ist aus diesem Grunde der Satz 'Dieser Stein ist schwer' besser, wertvoller oder informativer als der Satz 'Dieser Mensch ist verläßlich'? Wenn man eine solche Frage überhaupt beantworten wollte, würde man doch vielleicht eher den Satz über den Menschen für wichtiger halten. Jedenfalls ist es sicher nicht so, daß logische Durchschaubarkeit ein eindeutiges Maß für Bedeutsamkeit ist. Wenn z.B. eine Soziologie mit mathematischen Modellen arbeitet, dann ist diese Wissenschaft nicht allein schon aus diesem Grunde 'besser' als eine andere, die mit rein qualitativen Begriffen operiert. Man muß erst prüfen, welche Art von Soziologie ihrem Gegenstand angemessener ist.

Durch die Herrschaft des normativen Prinzips einer 'Identität von Logik und Sein' sind wir seit Descartes geneigt, jeden Diskurs höher zu schätzen, der mehr mathematische Formeln enthält. Daher die abergläubische Vorstellung, eine Ökonometrie, die auf spieltheoretischer Basis arbeitet, sei einer Ökonomie vorzuziehen, die weniger mathematische Formeln enthält, obwohl jeder weiß, daß die Idealisierungen der Ökonometrie ihren Gegenstand überfrachten. Daher auch unser abergläubischer Umgang mit dem Computer, der uns davon überzeugt sein läßt, ein Gegenstandsbereich – er sei welcher er wolle – werde an Dignität gewinnen, wenn wir ihn der Computation unterzogen haben. Aus diesem Grunde gibt es heute sogar Eheanbahnungsinstitute, die mit bestimmten Softwarepaketen das ideale Paar errechnen. Selbst Glück und Erfüllung werden nach diesem Konzept zur berechenbaren Größe.

'Rechnen' wird so zum Grundakt. Hieß es bei Descartes 'Ich denke, also bin ich', so lautet das Gegenstück bei dem computationalistisch eingestellten Philosophen Thomas Metzinger: „Werden wir nicht errechnet, so gibt es uns nicht."[74] Selbst Personen wird hier die Würde des Existierens nur zugesprochen, insofern sie Resultat eines Rechenvorgangs sind.

Ich habe bei keinem Analytischen Wissenschaftstheoretiker und bei keinem Computationalisten jemals ein gutes Argument dafür gefunden, weshalb wir das Berechenbare normativ auszeichnen sollten. Ich könnte ja auch mit guten Gründen die Gegenthese vertreten, daß das Kontingente, Unberechenbare das einzig Interessante sei, daß also das Berechenbare, logisch besser Codierbare, nur den langweiligen Bodensatz einer Welt bildet, auf dem das Nichtvorhersehbare erblüht.

Die Sinnspitze des szientifischen Glaubens bildet eine Einheit von Vorhersehbarkeit und Berechenbarkeit, und dies gibt einen Hinweis darauf, weshalb hier nicht mehr nach weiteren Gründen gesucht wird: Es geht um Herrschaft. Berechenbarkeit gibt uns Macht über die Welt und Macht ist ein altes, sehr effizientes Rauschgift. Früher ging es wesentlich um politische Macht. In traditionellen Gesellschaften, wie z.B. der römischen, wurde die politische Macht vergöttert. Der römische Kaiser hielt sich für einen Gott. Heute vergöttern wir die technische Macht.[75] Diese hängt wiederum an der Dominanz ökonomischer Macht. Nicht zu Unrecht hat man argumentiert, daß heute die politische Macht zum Spielball der ökonomischen geworden ist. 'Geld' heißt der neue Gott.

Man kann den Physikalisten den Vorwurf nicht ersparen, daß sie für solche Zusammenhänge blind sind. Indem sie das Ziel der 'Beherrschbarkeit' für einen Letztwert ausgeben, haben sie versäumt die Frage zu stellen, wer aus welchen Gründen wen beherrscht? Wenn man bedenkt, welche Verwüstungen die Herrschaft des ökonomisch-technischen Komplexes sowohl im Sozialen, Psychologischen als auch im Bereich der Natur hervorgerufen hat, dann ist es ein Skandal, wie wenig sich szientifisch eingestellte Philosophen und Wissenschaftler darum kümmern. Während sie zum soundsovielten Mal die offenbar unlösbare Frage traktieren, wie unser Gehirn aus neuronalen Zuständen 'Geist' erzeugt, geht die Welt schlicht baden. Aber das kümmert solche Philosophen nicht: 'in dubio pro theoria'...

Die normative Auszeichnung des logisch besser Codierbaren hat also ihren einfachen Grund. Solche Diskurse geben uns Macht über die Welt, und wer den Mächtigen dient, scheint gerechtfertigt. Ich halte die These

[74] Metzinger (1993), S. 284.

[75] Ich habe diesen Gedanken näher ausgeführt in Mutschler (1998). Vgl. auch Lewis Mumfords Buch „Mythos der Maschine". Sehr polemisch findet man diesen Zusammenhang dargestellt in David Nobles Buch über „Die Erlösungsphantasien der Technologen". Vgl. Margaret Wertheimers Buch über Cyberspacetechnik usw. In all diesen Büchern wird der Frage nachgegangen, welche Folgen eine Divinisierung der Technik hat.

von einer 'Identität von Logik und Sein' für eine äußerst gefährliche Ideologie. Sie strukturiert die Welt so, daß sie sich der Machtausübung maximal anbequemt. Weit davon entfernt, besonders 'rational' zu sein, begünstigt sie untergeordnete Formen von Rationalität, wie strategische oder instrumentelle Rationalität und blendet übergeordnete Formen aus, innerhalb deren ethische, metaphysische oder religiöse Fragen beantwortet werden könnten.

Der Vorrang der Logik vor der Vernunft bringt also jenen Horizont zum Verschwinden, vor dem Fragen der Religion überhaupt erst zu sinnvollen Fragen werden. Insofern Quine Sprache auf Eindeutigkeit hin trimmt, alle Analogien, Mehrdeutigkeiten, Vagheiten, ihren intensionalen, expressiven und rhetorischen Reichtum oder auch ihren zeitlichen Index eliminiert, hat er eine Sprache geschaffen, die der logischen Analyse maximal offen steht, die es aber nicht mehr gestattet, Sinnfragen zu klären und dies nicht nur in der emphatischen Bedeutung von 'Sinn' wie in der Religion, sondern auch schon rein anthropologisch. Auch säkulare Sinnperspektiven verdampfen durch eine solche Sprachpurgation ins Nichts. Unsere Erfahrungswelt wird auf den absoluten Nullpunkt des Psychischen abgekühlt, so daß alles wunderschön kristallisiert: maximal durchschaubar – *dafür aber auch tot.*

Was die Religion anbelangt, so hängt ihre Möglichkeit an einer reichhaltigen Ontologie des Typs 2. Wenn es nur Vorhandenes gibt, gibt es Gott trivialerweise nicht. Man muß aber keine Platonische 'Hinterwelt' annehmen, um an Gott zu glauben. Wesentlich ist nur eine nicht-univoke Ontologie, wozu auch Realmöglichkeiten gehören. Wenn Gegenstände oder Prozesse nur sind, was sie sind, wenn in ihnen nicht auch schon die Zukunft im Modus der Möglichkeit anwesend ist, wenn es keine schwebende Existenzweise gibt, die zwischen Nichts und Sein oszilliert, dann gibt es weder Profan- noch Heilsgeschichte. Die Naturwissenschaft stilisiert freilich ihre Objekte auf Eindeutigkeit, was zum Zwecke der Vorhersagbarkeit und Beherrschbarkeit notwendig ist. Aber sie spricht damit nicht alles aus, was über die Objekte gesagt werden kann.

Man muß, wenn man dieses 'Surplus' der Objekte sehen will, die Einstellung auf Berechenbarkeit und Beherrschbarkeit suspendieren. Man muß das Qualitative über das Quantitative, die Zeit über den Raum, das Geschichtliche über das Notwendige und das Teleologische über das Nomologische stellen, um überhaupt erst in diese Perspektive hineinzugelangen. Das heißt nicht, die Naturwissenschaften aufzugeben, wie oft unterstellt wird. Es heißt vielmehr, daß wir fähig werden sollten, zugleich verschiedene kognitive und praktische Einstellungen zur Realität einzunehmen und nicht nur eine einzige, die dann als *die* rationale aufgefaßt wird. Wir müssen ernstlich damit rechnen, daß die Welt ein Verweisungszusammenhang ist, der aus verschiedenen Perspektiven als etwas ganz anderes erscheint und nicht nur als der zeitenthobene Ausdruck physikalisch-mathematischer Gesetze.

Die These von der 'Identität von Logik und Sein' drückt nicht *die* Wesenseigentümlichkeit der Dinge aus, wie Carnap und Quine platonistisch unterstellen, sondern sie bezeichnet lediglich ein regulatives Prinzip im Kantischen Sinne, ein Prinzip, das wir als gültig unterstellen müssen, wenn wir die Zustände in der Welt vorhersagen und beherrschen wollen. In dieser Hinsicht ist das Prinzip nicht nur unschädlich, sondern sogar notwendig. Der Fehler der Physikalisten besteht also lediglich darin, ein Prinzip, das für bestimmte Zwecke unabdingbar ist, zu einem ontologischen Grundprinzip gemacht zu haben.

Logik und Mathematik sind wie das Knochengerüst der Welt: das, was bleibt, wenn alles übrige sich ändert. Deshalb opfern wir im Grenzfall lieber eine bestimmte physikalische Theorie als eine mathematische Disziplin, lieber eine bestimmte mathematische Disziplin als die Gesetze der Logik. Logik, Mathematik und Physik sind wie der Sockel, auf dem die Statue des Realen steht. Sie bezeichnen nicht dieses Reale selbst. Sie sind in demselben Sinne fundamental, wie Technik, Ökonomie und Politik fundamental für unsere Existenz sind. Es wäre ebenso töricht, diese Fundamente zu leugnen, wie es töricht ist, in ihnen bereits die Sinnspitze des Lebens zu erblicken.

Ein zentraler Grundsatz bei Plato drückte eine gewisse ontologisch-erkenntnistheoretische Entsprechung von der Art aus, daß etwas umso leichter erkennbar sei, je höher es in der Wertehierarchie und in der Stufe der Verallgemeinerung steht.[76] Nach 'oben hin' wird alles immer durchschaubarer *und* immer wirklicher. Dieses metaphysische Axiom durchdringt auch noch die formalsprachliche Wissenschaftstheorie. Insofern hatte Heidegger durchaus recht, wenn er den modernen Szientismus für eine Aufgipfelung der alten Metaphysik hielt.[77] Solche archetypisch-metaphysischen Vorstellungen prägen unser Denken auch dann noch, wenn wir uns dessen nicht mehr bewußt sind. Ich glaube allerdings, daß wir dieses Plato-Prinzip verabschieden sollten. Die Welt tut uns offenbar nicht den Gefallen, logisch maximal durchschaubar zu sein. Sollte ein Geist die Welt erdacht haben, dann keiner, der wie der unsrige funktioniert.

Geschichtsmächtig artikulierte erstmals Arthur Schopenhauer eine radikale Kritik an diesem Prinzip der maximalen Durchschaubarkeit des ontologisch Höherwertigen. Schopenhauer drehte das Plato-Prinzip schlichtweg um. Nach ihm ist etwas umso *unerkennbarer*, je höher es in

[76] Politeia 477a2ff.

[77] Vgl. den Artikel „Überwindung der Metaphysik": Heidegger (1985), S. 67–95.

der 'scala naturae' steht, was durchaus unserer Erfahrung entspricht. Schopenhauer hatte die Naturwissenschaft seiner Zeit gründlich studiert und konnte mit Recht darauf verweisen, daß wir die Materie mathematisch am besten handhaben können, das Lebendige weniger gut und den Menschen am allerwenigsten.[78] Schopenhauers Negation des Plato-Prinzips hat sich bis heute bewährt.

Festzuhalten bleibt auf jeden Fall, daß eine Platonische Metaphysik nicht nur Weizsäckers Werk durchdringt, was offensichtlich ist, sondern auch die Ansätze der formalsprachlichen Wissenschaftstheoretiker, was man auf Anhieb nicht so leicht sieht. Im einen Fall wird dieser Platonismus in die empirische Wissenschaft hineinprojiziert und führt dann zu einem vorgeblichen Gottesbeweis aus der Physik. Im anderen Fall wird die Physik beim Wort genommen, was zu einem negativen Gottesbeweis zu führen scheint. Zieht man aus beiden Versuchen die Platonische Metaphysik heraus, dann ist die Physik weder als theistische noch als atheistische Berufungsinstanz tauglich. Sie hat mit der Frage nach Gott unmittelbar nichts zu tun.

3.5 Das selbsterzeugte Problem

Philosophen erzeugen oft mehr Probleme als sie lösen, oder sie erzeugen sie, um sie zu lösen oder, was der häufigste Fall ist, sie erzeugen unlösbare Probleme, die sie gleichwohl zu lösen vorgeben, was naturgemäß ziemlich lange dauert, dafür aber Arbeitsplätze schafft. Der Inhaber eines solchen Arbeitsplatzes wird Neigung haben, sich nach außen hin als besonders klug, effizient und hochgebildet darzustellen, um zu verhindern, daß alle Welt merkt, wie überflüssig er im Grunde ist.

Im philosophischen Betrieb ist nichts so auffällig, wie der schroffe Gegensatz zwischen Selbst- und Fremdwahrnehmung. Bewegt man sich innerhalb des Betriebes, dann hat man den Eindruck, daß sich ein jeder Philosoph für etwas ganz Besonderes hält, im Grunde für die Spitze der Kultur. Leider hat das die Kultur noch nicht bemerkt. Bewegt man sich außerhalb der philosophischen Institute, dann ist auffällig, daß auch unter gebildeten Zeitgenossen die Philosophie kaum beachtet wird. Sie wird zielstrebig in die Liste der 'Orchideenfächer' einsortiert, also zwischen Sinologie, Heraldik und Numismatik; Wissenschaften die ebenfalls niemanden interessieren und zwar in einem solchen Maße, daß man sich noch nicht einmal Mühe gibt, sie abzuschaffen, weil sie zwar nichts nützen, auf der anderen Seite aber auch nicht viel Schaden anrichten.

Unter Physikern wird die Philosophie zumeist sehr gering geschätzt. In

[78] Vgl. Schopenhauers „Metaphysik der Natur".

seinem Buch „Der Traum von der Einheit der Natur“ schreibt Steven Weinberg ein eigenes Kapitel „Wider die Philosophie“. Dieses Kapitel ist aber nicht besonders gegen die klassische Philosophie gerichtet, sondern mindestens ebenso scharf gegen die zeitgenössische. So sei etwa die Wissenschaftstheorie nichts als „eine gefällige Randglosse zur Geschichte und zu den Entdeckungen der Wissenschaft.“ Weinberg bemerkt weiter: „Ich kenne niemanden, der in der Nachkriegszeit aktiv am Fortschritt der Physik beteiligt war und dessen Forschungsarbeit durch das Wirken von Philosophen nennenswert gefördert worden wäre.“[79]

An sich war es das, was die Wissenschaftstheoretiker für sich in Anspruch genommen hatten. So behauptete z. B. Carnap, daß die Anwendung der modernen formalen Logik auf die Naturwissenschaften nicht nur eine Post-festum-Rolle spielen werde, sondern sie werde „es leichter machen, neue Begriffe zu schaffen, neue kühne Annahmen zu formulieren.“[80] Dies ist aber niemals geschehen. Der Weg von der Physik zur Wissenschaftstheorie blieb eine kognitive Einbahnstraße. Carnap hat sich denn auch bitter beklagt, daß die Naturwissenschaftler keine Notiz von ihm nähmen.

Eigentlich müßte es die Philosophen nervös machen, wenn sie von Spitzenwissenschaftlern ignoriert oder schlecht beurteilt werden, aber es scheint sie nicht zu stören, da sie damit beschäftigt sind, ihre eigenen Probleme zu lösen. Die Art, wie die Leib-Seele- oder Gehirn-Geist-Debatte heute abgehandelt wird, ist auf weite Strecken ein Bearbeiten selbsterzeugter Probleme. Sie entspricht dem, was im 17. und 18. Jahrhundert die Theodizeeproblematik war, d. h. die Frage, wie man beim desolaten Zustand unserer Welt zugleich an einen allmächtigen und allgütigen Gott glauben könne.

Es scheint in der Tat, daß die Theodizeeproblematik mit der These einer ‘Identität von Denken und Sein’ ebenso zusammenhängt wie die heutige Leib-Seele-Debatte mit der These von einer ‘Identität von Logik und Sein’, d. h. daß es sich beide Male um Fragen handelt, die erst ihre spezifische Schärfe oder sogar Unlösbarkeit durch die Verabsolutierung eines philosophischen Grundprinzips erlangen. Wenn man den Glauben an die ‘Identität von Denken und Sein’, d. h. die prinzipielle Vernünftigkeit aller Weltzustände auf die Spitze treibt, dann wird jedes weinende Kind oder jede geschlachtete Kuh zur Gegeninstanz. Ebenso wenn man die These von einer ‘Identität von Logik und Sein’ als Norm an alle Diskurse anlegt, dann wird das Mentale zum Ärgernis, das möglichst rasch aus der Welt geschafft werden muß. Ganz entsprechend haben die alten Philosophen das Leiden wegerklärt, mit dem Argument, es sei keine substantielle Größe, habe also im Grunde kein richtiges ‘Sein’: ‘Non est ergo malum nisi privatio boni.’

[79] Weinberg (1992), S. 174 f.
[80] Carnap (1986), S. 287; (1993), S. 154.

Diese Verharmlosung des Schlechten, des Leidens und des Bösen findet sich bei Augustinus so gut wie bei Thomas von Aquin. Leibniz hat es auf die Spitze getrieben mit seiner Behauptung, wir lebten in der 'besten aller möglichen Welten', was evident falsch ist, weshalb ihn Voltaire in seinem Roman 'Candide' leichthin verspotten konnte.

Die vorgebliche 'Rechtfertigung Gottes' angesichts des Leidens in der Welt ist ebenso absurd wie die Auffassung, der menschliche Geist existiere gar nicht oder sei ein bloßes Epiphänomen der Hirnzustände. Dennoch werden Jahr für Jahr dicke Bücher darüber geschrieben. Doch sie lösen das Problem so wenig, wie Leibniz oder Hegel die Theodizeefrage gelöst haben, was jedoch zur Folge hat, daß immer neue Bücher geschrieben werden müssen, die in 100 Jahren so uninteressant sein werden wie heute die ältere Literatur zum Theodizeeproblem. Übrigens waren Voltaires „Candide" und Leibniz' „Theodizee" im 18. Jahrhundert 'Bestseller' und erregten damals so viel Aufsehen wie heute die Bücher derjenigen, die vorgeben, das Bewußtsein 'erklärt' zu haben. Man kann aus dieser Art der philosophischen Beschäftigungstherapie sehr viel über die zugrundeliegende Fragestellung lernen. Indem der Philosoph ein Prinzip auf die Spitze treibt, macht er seine Grenzen deutlich.

Die These von einer 'Identität von Denken und Sein' läßt sich allerdings in einem zweifachen Sinne interpretieren. Man kann sie so verstehen, daß im Weltall prinzipiell alles vernünftig ist, ohne daß es uns deshalb in jedem einzelnen Fall möglich wäre, diese Vernünftigkeit *positiv* einzusehen. In diesem schwachen Sinne ist das Prinzip weder exotisch noch gefährlich, sondern sogar notwendig, jedenfalls dann, wenn man den Anspruch nicht aufgeben will, die Fülle der Erfahrung konsistent zu denken. Man wird dann um die schwache metaphysische Prämisse, die Welt sei *prinzipiell* verstehbar, nicht herumkommen. So haben es Metaphysiker wie C. S. Peirce und A. N. Whitehead gesehen.

Andererseits hat man dieses Prinzip einer 'Identität von Denken und Sein' oft auch in einem sehr starken Sinne verstanden. Philosophen, die es so deuten, haben oft Tendenz, endliche und unendliche Vernunft in eins zu setzen, d. h. zu unterstellen, daß zwischen diesen beiden Arten von Vernunft nur ein gradueller Unterschied bestehe. Dies glaubte z. B. Leibniz. Daher war für ihn die Theodizeefrage drängend, obwohl er nicht davon ausging, daß die menschliche Vernunft faktisch jemals ganz mit der göttlichen zusammenfallen könnte. Kant andererseits, der das Axiom einer 'Identität von Denken und Sein' ablehnte, lehnte konsequenterweise auch alle Spekulationen zur Theodizeefrage ab.[81] Beides hängt direkt miteinander zusammen.

[81] So in seiner Schrift „Über das Mißlingen aller philosophischen Versuche in der Theodizee" in: Werke VI, S. 105–124.

Außerordentlich bedrängend wird das Problem, wenn man mit Hegel davon ausgeht, daß endliche und unendliche Vernunft dialektisch ineinander übergehen, weil sie letztlich dasselbe sind. In diesem Fall *muß* das Theodizeeproblem gelöst werden, und man kann Hegels System als einen einzigen großen Versuch zur Rechtfertigung Gottes ansehen: „Das *letzte* Ziel und *Interesse* der Philosophie ist, den Gedanken, den Begriff mit der Wirklichkeit zu versöhnen. Die Philosophie ist die wahrhafte Theodizee."[82]

Uns kommt dies heute sehr merkwürdig vor. Es gibt deshalb in der Gegenwart keinen Philosophen mehr, der eine solch emphatische Theodizee als Gesamtsystem anvisieren würde, ja wir lesen nicht einmal mehr die Bücher, die früher einmal zu diesem Thema geschrieben wurden. Das Theodizeeproblem ist heute keine echte Frage mehr. Die Ursache liegt aber nicht darin, daß wir das Problem gelöst hätten, oder darin, daß die Menschen nicht mehr an Gott glauben. Auch gläubige Philosophen[83] und Theologen[84] schreiben nichts mehr zur Theodizeefrage, jedenfalls nicht in dem Sinn, in dem sie von Leibniz oder Hegel behandelt wurde. Das Problem hat sich einfach deshalb erledigt, weil niemand mehr glaubt, daß es eine Einsicht geben könnte, die uns die 'Identität von Denken und Sein' so vergegenwärtigt, daß wir die Vernünftigkeit allen Geschehens *positiv* einsehen könnten, daß wir also z.B. wissen könnten, wozu Auschwitz, Treblinka oder Nagasaki 'gut waren'.

Wie radikal sich unsere Weltsicht verändert hat, wird deutlich bei den wenigen Philosophen, die sich noch heute dem Theodizeeproblem direkt zuwenden. So hat z.B. Hans Jonas in einem berühmten Artikel „Der Gottesbegriff nach Auschwitz" die Frage durch eine Zurücknahme der Allmacht Gottes zu 'lösen' versucht. Das ist zum einen nicht besonders originell, zum andern fällt auf, wie sehr der Vernunftoptimismus Leibniz' hier einem tausendfachen 'Wenn und Aber' und einer deutlichen Zurücknahme des kognitiven Anspruchs weichen mußte.[85]

[82] Hegel, Werke XX, S. 455.

[83] Am meisten hat sich vielleicht der Philosoph Willi Oelmüller mit der Theodizeefrage beschäftigt: Oelmüller (1990), (1992), (1999). Mit guten Gründen wälzt er die Frage auf die negative Theologie ab, was im Klartext darauf hinausläuft, daß wir eben den Plan Gottes nicht einsehen können. Auf Leibniz' Art behandelt weder er das Problem noch irgend einer der Philosophen, die sich in seinen Sammelbänden äußern.

[84] Am sprechendsten ist hier das „Lexikon für Theologie und Kirche". In der Ausgabe von 1957 wurde das Stichwort „Theodizee" kurz abgehandelt mit der Bemerkung, die ganze Problematik sei „fragwürdig". In der aktuellen vierten Auflage von 1993 fehlt das Stichwort ganz.

[85] Jonas behandelt diese Frage innerhalb eines von ihm gedichteten Mythos nach

Natürlich zweifeln auch heute noch Menschen angesichts des Leidens in der Welt an der Existenz Gottes oder an seiner Güte. Aber was solche Menschen suchen, ist keine theoretische Lösung des Theodizeeproblems im Leibnizschen oder Hegelschen Sinn, sondern eine Möglichkeit, *praktisch* mit dem Leiden umzugehen. Es legt sich angesichts der Diskussionsergebnisse der Verdacht nahe, daß das Theodizeeproblem theoretisch unlösbar ist.

Ähnlich könnte es sich mit dem Leib-Seele-Problem verhalten, jedenfalls in Hinsicht auf die Art, wie es von vielen Analytischen Philosophen behandelt wird. Die Diskussion darüber ist uferlos, und ich möchte deshalb aus diesem Gewirr nur einen einzigen Faden herausziehen, den nämlich, der die Leib-Seele-Debatte mit dem Physikalismus und der Frage nach einer 'Identität von Logik und Sein' verbindet. Tatsächlich glaube ich, daß die Fremdheit des 'Mentalen' in einer szientifisch begriffenen Welt ein selbsterzeugtes Kunstprodukt ist. Es handelt sich um ein ähnliches Kunstprodukt wie die Frage nach der 'Rechtfertigung Gottes' angesichts des Schmerzes, des Bösen und des Schlechten in der Welt. In beiden Fällen gerät ein überzogenes metaphysisches Identitätsprinzip an seine Grenze.

Daniel Dennett stellt es in seinem Buch „Consciousness explained" so dar, als sei das menschliche Bewußtsein das letzte Mysterium auf dieser Welt, das wir noch nicht erklärt hätten.[86] Aber wir haben auch nicht erklärt, weshalb es Graviationskraft oder Schwache Wechselwirkung gibt, ohne daß uns das stören würde. Die Ursache liegt nicht darin, daß die Existenz von Geist geheimnisvoller wäre als die Existenz gewisser physikalischer Kräfte, sondern daß wir die physikalischen Kräfte in ein gut durchschaubares mathematisches Schema einbinden können, den Geist aber nicht. Daher wird uns seine Existenz fraglich, wenn wir unterstellen, die Welt müsse so beschaffen sein, daß sie sich der formallogischen Analyse maximal öffnet.

Die Art der heutigen Leib-Seele- oder Geist-Gehirn-Debatte nahm ihren Ursprung im 'Wiener Kreis'. Carnap sagt: „Die physischen Gegenstände sind auf psychische zurückführbar und umgekehrt ... Zu jedem psychischen Vorgang gibt es einen entsprechenden, also physischen, „Parallelvorgang" im Gehirn. Dabei entspricht jeder Eigenschaft des psychischen Vorgangs eindeutig eine bestimmte (wenn auch ganz andersartige) Eigenschaft des Gehirnvorganges." In Bezug auf den Menschen gelte:

Art der Platonischen Mythen und spricht davon, daß es sich um bloße „metaphysische Vermutungen" oder auch um ein bloßes „Gestammel" handle. Welch radikale Differenz zu Leibniz' Vernunftoptimismus: Jonas (1992), S. 190ff.

[86] Dennett (1993), S. 21.

„Fremdpsychisches ist (auch intuitiv) nur erkennbar als Bedeutung einer Äußerung (Ausdrucksbewegung oder Zeichengebung); die Bedeutung einer Äußerung ist eine eindeutige Funktion der physischen Beschaffenheit der Äußerung („Funktion" im mathematischen, nicht im psychologischen Sinne)."[87]

Man erkennt die Wucht des neuen Paradigmas einer 'Identität von Logik und Sein': Selbst der psychosomatische Zusammenhang wird als mathematische Funktion beschrieben, obwohl zunächst einmal nichts für eine solche Beschreibbarkeit spricht. Im Alltag erleben wir so gut wie niemals eine eineindeutige Beziehung zwischen Physis und Psyche. Es gibt Simulanten – bewußte oder unbewußte, – die etwas zu empfinden vorgeben, was sie nicht empfinden, und es gibt Stoiker, die sich ihre Gefühle nicht anmerken lassen, abgesehen davon, daß alle körperlichen Äußerungen im Prinzip mehrdeutig sind: Wenn jemand den Arm hebt, kann er mich grüßen wollen, einfach nur nervös sein oder im Begriff sein, eine Fliege zu verscheuchen. Andererseits würde eine mathematische Beschreibung des Leib-Seele-Verhältnisses die Quantifizierbarkeit seelischer Zustände voraussetzen, die weder zur Zeit Carnaps noch heute in Sicht ist. All dies hinderte nicht, daß dieses überzogene Programm mit einer Verbissenheit sondergleichen über Jahrzehnte verfolgt wurde und zwar bis heute, obwohl niemals etwas Vernünftiges dabei herauskam – ähnlich wie beim Theodizeeproblem.

Im 'Wiener Kreis' hatte Moritz Schlick früh eine an der Physik orientierte Identitätslehre entwickelt, die dann von Herbert Feigl in den fünfziger Jahren näher ausgeführt wurde. Carnap selbst versuchte seine Behauptung, das Leib-Seele-Verhältnis sei mathematisch beschreibbar, dadurch einzulösen, daß er an Theoriereduktionen Maß nahm, wie sie in der Physik gelungen sind. Dazu gehört insbesondere die Reduktion der phänomenologischen Thermodynamik auf die statische Mechanik. Diese Reduktion nahm man in der Identitätstheorie als Modell für eine Reduktion des Geistigen auf das Materielle. Dieses Modell hat sich in der Praxis niemals bewährt. Trotzdem hat es offenbar bis heute nichts von seiner Suggestivkraft eingebüßt. Der Hirnphysiologe Wolf Singer beruft sich immer noch auf diesen Fall von Theoriereduktion und selbst bei Hilary Putnam spukt diese Vorstellung durch die Texte.[88]

In der Physik konnte gezeigt werden, daß Temperatur nichts als die mittlere kinetische Energie von Molekülen ist und dies, so schien es, im strengen Leibnizschen Sinn einer 'identitas indiscernibilium'. Nach Leibniz ist eine Größe A mit einer Größe B identisch, wenn sich A in keiner

[87] Carnap (1998), S. 77; 192.
[88] Singer (2002), S. 41; Putnam (1999), S. 143.

Rücksicht von B unterscheidet, d.h. wenn alle Aussagen über A auch Aussagen über B sind.

Dies ist bei der Reduktion des Begriffs der 'Temperatur' auf den der 'mittleren kinetischen Energie' der Fall, wenn man davon absieht, was 'Temperatur' für uns lebensweltlich bedeutet und welche Vorstellungen wir mit dem Begriff der 'mittleren kinetischen Energie' verbinden. Die strenge Form der Leibnizidentität wird in diesem Fall durch eine mathematische Gleichung gewährleistet:

$$W_{trans} = {}^1\!/\!_2 mv^2 = {}^3\!/\!_2 kT$$

(W_{trans} = mittlere kinetische Energie, k = Boltzmann-Konstante, v = Molekülgeschwindigkeit, T = absolute Temperatur).[89]

Es war der Physiker Ludwig Boltzmann, dem es erstmals gelang, mesokosmische, der Anschauung näher liegende Begriffe auf mikroskopische, atomare zurückzuführen. Von ihm stammt auch eine wahrscheinlichkeitstheoretische Deutung des Entropiesatzes:

$$S = - k_b \Sigma w_i \ln w_i$$

(k_b = Boltzmannkonstante; w_i = Wahrscheinlichkeit unterschiedlicher Mikrozustände).

Boltzmann war, weltanschaulich gesehen, Materialist.[90] Er deutete das im eigentlichen Sinn Existierende als Demokritsche Klötzchen und alle höheren Phänomene als Sekundärformen davon. Da er zeitweise in Wien wirkte, hat er offenbar den 'Wiener Kreis' weltanschaulich beeinflußt und trug mit dazu bei, die Meinung zu verbreiten, die Physik sei eine materialistische Instanz.

Die molekularkinetische Deutung von Begriffen wie 'Temperatur' oder 'Entropie', die wir gut durchschauen, wurde nun von den Physikalisten auf Gebiete übertragen, wo sie äußerst problematisch ist. Feigl und andere fingen also damit an, 'mentale Zustände' wie Gefühle, Strebungen, Bewußtseinszustände usw. als subjektive Art zu interpretieren, wie wir die physikalischen Zustände im Gehirn wahrnehmen. Danach 'gibt' es den Geist im strengen Sinne überhaupt nicht. Geist ist nichts anderes als die materielle Dynamik des Gehirns, so wie Temperatur nichts anderes als die mittlere kinetische Energie von Molekülen ist oder wie auch Druck und Entropie als eigenständige Größen molekularkinetisch abgeschafft werden können.

Nun war aber dieser Ansatz von vornherein äußerst problematisch,

[89] Einen vergleichbaren Zusammenhang gibt es zwischen mittlerer kinetischer Energie und Druck.

[90] Vgl. die Darstellung bei Wolfgang Stiller (1989).

denn im Fall der Physik haben wir ja *zwei* Theorien mit klar definierten, quantitativ bestimmten Begriffen, die jeweils in einen mathematischen Kalkül eingebunden sind. Dadurch läßt sich die Identität der entsprechenden Begriffe formal im Sinn einer logischen Äquivalenz nachweisen.

In Bezug auf das Gehirn und das 'Mentale' haben wir aber weder im einen, noch im anderen Fall eine mathematisch sauber durchgeführte Theorie. Über unsere Innenwelt schon gar nicht, und ob es sie jemals über das Gehirn geben wird, erscheint angesichts seiner immensen Komplexität zweifelhaft. Die behauptete Identität zwischen Gehirn und Geist ist also nichts als ein ziemlich riskantes Programm, ein uneingelöstes Versprechen.

Inzwischen hat die Diskussion ergeben, daß wir keine guten Gründe haben, das 'Mentale' für quantifizierbar zu halten. Psychische 'Gesetzmäßigkeiten', wenn es sie gibt, sind überdies von ganz anderer Art als die der Physik. Ferner wurden psychosomatisch strenge Gesetze, die es nach dieser Auffassung durchweg geben müßte, niemals gefunden, wobei es noch eine Reihe anderer Eigenschaften gibt, die das Physische vom Mentalen unterscheiden, z. B. daß mentale Zustände nur in der Zeit, nicht aber im Raum sind, daß sie privaten Charakter haben, zumeist intentional ausgerichtet, daß sie unkorrigierbar sind usw. Jedenfalls scheinen mentale Zustände sich von physikalischen in vielerlei Hinsicht zu unterscheiden, so daß man nicht recht weiß, worin ihre 'Identität' eigentlich bestehen könnte.

An sich wäre daher zu erwarten, daß solche Identitätstheorien längst aufgegeben wurden, aber sie haben sich seit über 50 Jahren unter Philosophen und Hirnphysiologen gehalten. Solche Theorien wurden allerdings insofern modifiziert, als ihre Vertreter aus den genannten Gründen heute nicht mehr glauben, man könne Sätze über Bewußtseinszustände einfach in äquivalente Sätze über Hirnzustände übersetzen. Neuere Philosophen und Hirnphysiologen akzeptieren zumindest einen Sprachen- oder Aspektedualismus. Dies hieße, daß die strenge Leibnizidentität hier nicht mehr gefordert werden kann, sondern eine 'weichere' Form von Identität, wie man sie auch sonst aus der Rede vom Verhältnis zwischen 'Identität und Differenz' her kennt. In solchen Fällen will man sagen, daß zwei Dinge, Sachverhalte oder Prozesse unter einer Rücksicht identisch sind, während sie unter anderer Rücksicht durchaus verschieden sein können.

Man bemerkt, daß diese Art der 'weichen' Identität im Grunde auch schon bei dem physikalischen Beispiel vorlag, denn eine strenge Leibnizidentität ergibt sich ja nur innerhalb des Formalismus, wo ich W_{trans} und $3/2kT$ *salva veritate* substituieren kann. Sobald ich jedoch auf die anschauliche Bedeutung des Begriffes der 'Temperatur' oder der 'mittleren kinetischen Energie' reflektiere, gibt es Bedeutungsdifferenzen. Dies entging Physikalisten wie Carnap, Schlick oder Feigl nur deshalb, weil sie glaubten, daß unsere lebensweltlichen Intuitionen für die Wissenschaft irrelevant sind. Sie glaubten, daß die Physik das 'Wesen der Dinge' ausdrücke, und zwar umso mehr, je allgemeiner sie ist (die kinetische Gastheorie ist allgemeiner als die phänomenologische Thermodynamik).

Zudem identifizierten diese Philosophen das vorgeblich 'eigentliche Wesen' der Dinge mit der Materie. Dies schien bei der kinetischen Gastheorie und der wahrscheinlichkeitstheoretischen Deutung des Entropiesatzes zunächst naheliegend. Ich werde aber im fünften Kapitel zeigen, daß weder die klassische Physik noch gerade die Quantentheorie einen solchen weltanschaulichen Materialismus unterstützen.

Identitätstheorien werden bis heute vertreten, so z. B. von dem Philosophen und Hirnphysiologen Kai Vogeley. Dieser akzeptiert den Sprachendualismus und eine schwache Form der Identität. Nach ihm (und vielen anderen Autoren) sind Gehirn und Geist unter extensionaler Rücksicht identisch, unter intensionaler Rücksicht aber verschieden.[91] Man möge sich den Sachverhalt nach dem Muster vorstellen: Sowohl der Abend- als auch der Morgenstern sind – extensional gesehen – identisch mit der Venus, aber die Bedeutung (Intension) der beiden Begriffe sei verschieden.[92]

Man will damit ausdrücken, daß der Abend- und der Morgenstern eigentlich die Venus sind und daß ihre subjektive Symbolik, für den Abend und den Morgen zu stehen, nicht viel zur Sache beiträgt. So sei der Mensch in Wahrheit = Gehirn, aber er habe das subjektive Gefühl, Person und frei zu sein, was man ihm höflicherweise nicht ausreden will, was aber auch nicht weiter bedeutsam ist, so wie man auch niemanden daran hindert, weiter von dem 'Abend-' oder dem 'Morgenstern' zu reden, wohl wissend, daß er sich täuscht und daß es sich dabei 'in Wahrheit' um die Venus handelt.

Diese Konzeption ist im hohen Maße inkonsistent. Mentales und Physisches sind ja unter extensionaler Rücksicht *gerade nicht* identisch, wenn anders der Sprachendualismus gilt. Denn dieser hat zur Folge, daß wir einen einheitlichen Referenzpunkt (wenn es ihn gibt) gar nicht ausmachen können. Überhaupt ist das Bild mit dem Abend- und Morgenstern von

[91] Auch diese Auffassung steht in einer alten physikalistischen Tradition. Schon Ernest Nagel hatte darauf aufmerksam gemacht, daß man in der kinetischen Gastheorie die alten Begriffe der 'Temperatur' oder des 'Druckes' nicht ihrer Bedeutung nach, sondern nur mit Hilfe eines isomorphen mathematischen Schemas, reproduzieren kann. Extensional identisch, waren die alten und neuen Begriffe intensional verschieden, wobei letzteres unwesentlich war gegenüber der zugrundeliegenden Identität; Nagel (1961), S. 358.

[92] Vogeley (1995), S. 202.

vornherein schief, denn in diesem Falle haben wir nicht zwei, sondern *drei* Größen, die in einer bestimmten logischen Relation zueinander stehen. Es verhält sich hier doch wohl so, daß uns in lebensweltlich-praktischer Einstellung Morgen- und Abendstern *sowohl* als extensionale *als auch* als intensionale Größen gegeben sind, und unabhängig davon haben wir eine wissenschaftlich klar definierte Weise, jenseits dieser vorläufigen lebensweltlichen Interpretationen klarzustellen, daß es sich dabei *in Wahrheit* um die Venus handelt, daß also die extensionale Verschiedenheit unseres lebensweltlichen, naiven Blicks eine Illusion ist und daß, gemessen daran, ihre Differenz nur im intensionalen Bereich liegen könne.

Beim Verhältnis von Gehirn und Geist ist es jedoch ganz anders. Hier haben wir nur *zwei* Größen, die wir vergleichen, wir wissen also gar nicht, unter welcher Rücksicht sie identisch sein könnten. Vogeley sagt: „Geist und Körper sind eine monistisch zu deutende Einheit in der Körperwelt."[93] Man sieht, wo das ungelöste Problem liegt: Geist und Körper werden hier *als Körper* identifiziert. Eine solche Aussage ist sinnlos. Wenn man den weichen, kontextrelativen Identitätsbegriff bevorzugt, dann müßten Geist und Körper unter einer von diesen beiden verschiedenen, dritten Rücksicht identisch sein. Der Träger der Identität wäre dann weder etwas Mentales noch etwas Materielles. Doch was könnte dies sein und welches Verfahren könnte die Hirnphysiologie anbieten, dieses Neutrale, Dritte zu identifizieren?

Die physikalistische Identitätslehre ist nicht imstande, einen Träger ihrer Identitätsbehauptung auszumachen. Aus diesem Grund gab und gibt es auch immer die Position eines 'neutralen Monismus', so bei Wilhelm von Ostwald und Ernst Mach und heute wieder bei Informationsontologen wie Holger Lyre. Der neutrale Monismus kann einen Träger seiner Identitätsthese namhaft machen, so daß er sich nicht solch elementaren Einwänden aussetzt wie die Vertreter der materialistischen Identitätslehren, die heute so verbreitet sind. Auch in der Aristotelischen Ontologie ist ein Drittes jenseits der Gegensätze enthalten. Aristoteles lehrt, daß alles Existierende ein materielles und ein ideelles Moment in sich trägt und daß das Reale nur als substantielle Einheit dieser beiden Momente begriffen werden kann. Eine solche Auffassung ist konsistent. Sie vereinigt die Gegensätze in einem Dritten, das dann allerdings nicht mehr materialistisch interpretiert werden darf. Die modernen physikalistischen Identitätslehren geben vor, materialistisch zu sein. In Wahrheit sind sie entweder unlogisch oder nichtmaterialistisch.

Diese Ausführungen zur materialistischen Identitätslehre sollten deutlich gemacht haben, welche Konsequenzen die Übertragung physikali-

[93] Vogeley (1995), S. 178.

scher Erklärungsmodelle auf das Gehirn-Geist-Problem haben: Solche Modelle beschreiben es falsch und verstellen damit den Blick nicht nur auf den menschlichen Geist, sondern auch auf Gott.

Was die Philosophen anbelangt, so werden heute viele Materialisten, Reduktionisten und Naturalisten eher zum Computerfunktionalismus neigen und keine solche physikalistischen Identitätslehren vertreten. Danach läßt sich das Leib-Seele-Problem von der Hardware-Software-Metapher her aufschlüsseln, wie es Alan Turing schon vor 50 Jahren ins Auge gefaßt hat. Insofern ein Computer ein technisches und kein rein physikalisches Gerät ist, gehört der Funktionalismus nicht direkt in diese Untersuchung, andererseits ist auch er ein gutes Beispiel für die These einer normativ aufgeladenen 'Identität von Logik und Sein'. Denn wie das Fortbestehen von physikalistischen Identitätslehren nur unter Voraussetzung dieser These verständlich wird, so verhält es sich auch beim Computerfunktionalismus, wenn er sich als Totalerklärungsinstanz versteht wie in der 'Kognitionspsychologie', die sich ganz und ausschließlich an der Informatik orientiert.[94]

Davon zu unterscheiden ist freilich ein maßvoller Gebrauch der Computermetapher. Während physikalistische Identitätslehren völlig unsinnig, weil widersprüchlich und empirisch irrelevant sind, greift die Computermetapher, weil in unserem Gehirn tatsächlich Rechenprozesse ablaufen. Die Frage ist nur, ob mit ihrer Hilfe *alle* geistigen Leistungen des Menschen hinreichend erklärt werden können, denn es gibt zahlreiche empirische Gegeninstanzen. So bestreiten viele Hirnphysiologen, wie z. B. gerade Kai Vogeley, daß das Gehirn in jeder Hinsicht wie ein Computer arbeitet. Oder: Die Computermetapher impliziert einen psyochologischen Behaviourismus, da sie den Menschen nur als Input-Output-Maschinerie kennt. Der Behaviourismus ist aber spätestens seit der Diskussion um Frederic Skinners Werk vom Tisch.

Auch hier gibt es eine ausufernde Diskussion, die nicht Gegenstand dieser Untersuchung sein kann.[95] Diese wenigen Bemerkungen sollten nur dazu dienen zu zeigen, wie die Diskussion um das Leib-Seele-Problem von weltanschaulichen Vorgriffen zehrt, die nichts mit Wissenschaft und viel

[94] Vgl. den Band über Kognitionswissenschaften von Gold/Engel (1998). Auch in diesem Buch betonen die Herausgeber gleich in der Einleitung, daß das Wesen des Menschen nicht von diesem bestimmt werden könne. Der Mensch habe zu warten, bis die Fachwissenschaftler ihm mitteilen werde, wer er sei.

[95] Vgl. kritische Darstellungen wie Carrier/Mittelstraß (1989), Brüntrup (1994), Zoglauer (1998), Rager/Quitterer/Runggaldier (2003), Köhler/Mutschler (2003). Eine gute Gesamtkritik am Naturalismus findet man bei Keil (1993) und Keil/Schnädelbach (2000).

mit dogmatischen Voreinstellungen zu tun haben. Weil wir in der Physik Beispiele gelungener Theoriereduktion haben, *muß* der Reduktionismus auch für den menschlichen Geist gelten. Weil wir den Computer gut durchschauen, *muß* seine Struktur hinreichend sein, das Gehirn-Geist-Verhältnis zu begreifen.

Man könnte sich an jenen blöden Witz erinnert fühlen, wo ein Betrunkener nachts seinen Hausschlüssel unter einer Straßenlaterne sucht und auf die Frage, ob er ihn denn gerade dort verloren habe, antwortet: „Nein, aber hier ist es wenigstens hell". Nach der Verabschiedung der traditionellen Religion und Metaphysik haben wir den Schlüssel zu unserer geistigen Heimat verloren und suchen ihn dort, wo er die geringsten Chancen hat, gefunden zu werden: im gleißenden Licht der Formalwissenschaft. Es wäre an der Zeit, daß wir uns zugleich an die Dunkelheit gewöhnen. Menschliche Existenz ist aufgespannt zwischen Tag und Nacht, Intellekt und Intuition, Bewußtem und Unbewußtem. Steht für das eine die Sonne, so für das andere der Mond. Die alten Griechen verglichen den Mond mit der Seele und die Sonne mit der Vernunft. Beide spenden ihr je eigenes Licht. Zur menschlichen Kultur gehört es, *beide* Seinsweisen anzuerkennen, den Adler *und* die Eule – oder wie es der Psychologe Carl Gustav Jung ausdrückt, den ich im nächsten Kapitel näher behandeln möchte: „Die Fragen der Seele liegen immer unter dem Bewußtseinshorizont, und wenn wir vom Seelenproblem sprechen, so reden wir eigentlich von Dingen, von Blüten, die sich nur in der Nacht öffnen. Am Tag ist alles deutlich und handfest, aber die Nacht ist so lang wie der Tag, und auch in der Nacht leben wir."[96]

Gerade in der Leib-Seele-Debatte wäre es nützlich, sich daran zu erinnern, daß es in der Welt nicht nur die isolierbaren Fakten gibt, sondern auch das Schwebende, Ungreifbare, nur der Möglichkeit nach Seiende. In der Aristotelischen Philosophie war die Seele die 'Wirklichkeit' des Leibes, der als materieller nur ihre 'Möglichkeit' darstellte. So wie Gott der Möglichkeitshorizont des Menschen ist, so ist sein Leib der mögliche Geist oder die mögliche Seele. Wer solche schwebenden Verhältnisse nicht zuläßt, sondern sie mit Gewalt in Mathematik und Physik verwandeln will, dem verschwindet mit der Seele auch der zugehörige Gott.

In der Analytischen Philosophie gibt es einen verbreiteten Diskussionszusammenhang, der sich ausschließlich um die Frage einer naturwissenschaftlichen Erklärbarkeit des menschlichen Geistes dreht. Autoren wie J. J. C. Smart, David Armstrong, Jerry Fodor, Fred Dretske, P. M. Churchland, Daniel Dennett, Ruth Millikan usw. schieben immer feinsinnigere, kompliziertere Argumente hin und her, um ein Problem zu 'lösen', das den

[96] Jung (1966) Bd. X, S. 111.

Anschein macht, unlösbar zu sein, jedenfalls mit den wissenschaftlichen Mitteln, die diese Autoren für 'seriös' halten.

Während wir viel drängendere Probleme haben, beschäftigen sich solche Analytischen Philosophen mit Fragen, die im Grunde niemanden interessieren und die aller Wahrscheinlichkeit nach keine Lösung haben. Die Verbissenheit, mit der sie dies tun, verweist auf eine tiefer liegende Problematik: Wenn sich der menschliche Geist nicht im Rahmen jener Theorien erklären läßt, die die durchschaubarste logische Struktur haben, also mittels Physik und Informatik, dann ist die normative These einer Identität von 'Logik und Sein' falsch. Dann blickt der Szientismus seit 200 Jahren in die falsche Richtung.

Es versteht sich von selbst, daß nicht jeder Analytische Philosoph ein Reduktionist sein muß. Thomas Nagel, John Searle, Arthur Danto, Nelson Goodman, Robert Brandom oder der späte Hilary Putnam sind es z.B. nicht. Auch um 1800 war nicht jeder Philosoph ein Hegelianer. Es ging hier nur darum, eine gewisse, allerdings sehr mächtige, Tendenz darzustellen, die bis heute dominiert und die die Physik mittels Zusatzprämissen in eine atheistische Instanz verwandelt.

Diese Zusatzprämissen sind *philosophischer* Natur. Um die Philosophie ist also nicht herumzukommen. Deshalb ist das Remedium gegen schlechte Philosophie nicht keine Philosophie, sondern eine bessere. Wenn viele Philosophen von der Außenperspektive her gesehen als solche erscheinen, die sehr hingebungsvoll ihre selbsterzeugten Probleme lösen, um nicht arbeitslos oder überflüssig zu werden, dann ist ein solcher Eindruck zwar nicht verkehrt, aber er sollte nicht dazu verleiten, ganz auf die Philosophie zu verzichten. Auch elektrische Glühbirnen haben nur einen Wirkungsgrad von 5%, während 95% der hineingesteckten Energie sinnlos verheizt wird. Aber auch dies veranlaßt niemanden dazu, abends im Dunkeln zu sitzen.

Das Licht, das die Philosophen verbreiten ist, gemessen am Aufwand, ebenfalls ziemlich trübe. Aber besser ein solches als gar kein Licht. Leider haben sich die Widerstände der Naturwissenschaftler gegen die Philosophie auf einige Theologen übertragen, so daß auch sie manchmal glauben, ganz ohne Philosophie auskommen zu sollen. Seit Teilhard de Chardin hat man immer wieder versucht, Naturwissenschaft und Theologie *direkt* ins Verhältnis zu setzen. Das führt dann in aller Regel dazu, daß das Geistige naturalisiert, das Natürlich theologisch überfrachtet wird, daß beide Bereiche unverbunden nebeneinander stehen oder daß sie mit unseriösen populärwissenschaftlichen Versatzstücken ausgefüllt werden. In letzter Zeit sind eine ganze Reihe von Arbeiten erschienen, die auf diese Art vorgehen.[97] Doch Philosophie – aus Gründen verachtet – bleibt unabdingbar.

[97] Zum Beispiel Bosshard (1985), Söling (1995), Lüke (1997) usw.

3.6 Der Riß im 'logischen Kristall'

Die Behauptung, das Prinzip einer 'Identität von Logik und Sein', sei für unsere Zeit so fundamental wie das Prinzip einer 'Identität von Denken und Sein' für die Zeit Hegels, wird durch die bisher gegebenen Hinweise aus der Analytischen Wissenschaftstheorie oder -philosophie noch nicht hinreichend gestützt. Sie läßt sich überhaupt nicht hinreichend stützen. Behauptungen dieser Art lassen sich prinzipiell nicht wirklich beweisen oder widerlegen. Sie versuchen, eine historische, gesamtgesellschaftliche Tendenz sichtbar zu machen, die sich einigermaßen stabilisiert hat. Daß es Ungleichzeitigkeiten, Gegenbewegungen, Mischformen usw. gibt, spricht nicht gegen eine solche schematische Darstellung. Ein Gegner meiner Deutung könnte eine solche Tendenz sogar zugestehen, ihre Wirksamkeit aber nicht so hoch einschätzen, ohne daß es substantielle Gründe gäbe, ihn zu widerlegen. Darüber braucht man sich nicht zu sorgen. Meine Behauptung ist lediglich die, daß es eine mächtige logizistisch-physikalistische Grundtendenz gibt, die eine gewisse stilprägende Kraft in unserer Kultur hat, mit der Folge, daß sie den Zugang zur eigenen Psyche und damit zum religiösen Fundus versperrt.

Das Ziel des Szientisten ist also die Welt als 'logischer Kristall'. Daß jemand eine solche Zielvorstellung hat, ist nicht weiter erstaunlich. Es würde uns außerordentlich schmeicheln, wenn die Welt auf diese Art durchschaubar gemacht werden könnte. Vielleicht ist der reale Kristall eine gute Metapher für diesen Sachverhalt. Es gibt zwar Kristalle, aber deshalb ist nicht alles, was es gibt, ein Kristall und weiter sind nicht alle Kristalle exakt geometrisch geformt. Wenn sie es nicht sind, dann nennt man ihre Unregelmäßigkeiten auch 'Artefakte'. Dieser Sprachgebrauch drückt etwas Entscheidendes aus. Wir hätten es offenbar gerne, wenn die Natur dem mathematischen Ideal genau entspräche und insofern sie es nicht tut, nennen wir eine solche Abweichung vom mathematischen Ideal Artefakt!

Dabei ist es doch gerade umgekehrt so, daß nur Artefakte, d.h. *künstlich* hergestellte Kristalle, dem mathematischen Ideal nahe kommen, während natürliche Kristalle sowohl Ordnung als auch 'Störstellen' aufweisen. Unser Sprachgebrauch hat sich also der These von einer 'Identität von Logik und Sein' anbequemt, ganz ohne Rücksicht auf die Realität. Wir halten für real, was künstlich ist und das Reale für ein Artefakt!

Offenbar haben wir eine permanente Sehnsucht nach totaler Durchschaubarkeit der Welt. Sie beseelte schon mittelalterliche Denker wie Raimundus Lullus mit seiner 'ars combinatoria', einer Rechenkunst mit Begriffen statt Zahlen. Lullus ersann diverse Schemata, um sinnvolle, inhaltlich relevante Sätze rein mechanisch abzuleiten. Später hat Leibniz mit

Hilfe seiner 'mathesis universalis' etwas ganz Ähnliches versucht. Diese Philosophen verfolgten *zugleich* das Ziel einer vernunftgemäßen *und* logisch maximal durchschaubaren Ordnung. Im 20. Jahrhundert trennten sich diese beiden Wege. So beruft sich Carnap zwar auf Leibniz' „mathesis unversalis", lehnt aber seine Idee einer Vernunftordnung ab.[98]

Ich spreche hier von einem „Riß im 'logischen Kristall'", aber wie gesagt, es gibt keine Kristalle ohne Risse oder ohne 'Störstellen'. Doch wen stören solche Stellen? Und wer sondert sie aus welchen Gründen als störende 'Artefakte' aus unserer logisch geordneten Welt aus? Es ist offenbar die normative Zielvorstellung eines „logischen Aufbaus" der Welt, der sich an solchen Kontingenzen stört. Und dies in einem solchen Maße, daß wir sozusagen entrüstet sind, wenn die Welt die Stirn hat, sich unserem logischen Codierungswahn nicht widerstandslos zu beugen.[99]

Die Entrüstung darüber, daß die Welt logische Sprünge und Brüche aufweist, läßt sich in allen Bereichen feststellen, von der formalen Logik über die Mathematik und Physik bis hin zur Ökonomie. Dort, wo der Kalkül ins Konkrete, Gesellschaftliche oder Psychologische hineinreicht, erzeugt er seine schrecklichste Aporie: er wird unmoralisch. Gestartet im Bewußtsein, die Welt rationaler zu machen, endet er – Dialektik der Aufklärung – im Irrationalen.[100] Natürlich ist nicht jeder, der an der Schraube der Formalisierung dreht, deshalb schon ein Amoralist, aber jeder, der *nur* an ihr dreht, ist es.

Soll die Welt ein 'logischer Kristall' sein, dann müssen zuerst Logik und Mathematik kristallin werden. An sich unterstellen wir eine solche Luzidität insbesondere in diesen beiden Bereichen, weshalb wir gerne von einer 'kristallklaren Logik' sprechen. Allerdings hat sich gezeigt, daß Logik und Mathematik so kristallklar auch wieder nicht sind. Dies wird schon deutlich, wenn man zunächst verschiedene Logiksysteme vergleicht oder die Unentscheidbarkeiten und Unklarheiten berücksichtigt, die wachsen, je 'höher' sich die logischen Systeme auftürmen, von der Aussagen-, über die Prädikatenlogik verschiedener Stufe, Modallogik, Normenlogik, bis hin zur Präferenzlogik.

Doch abgesehen von dieser Beobachtung, die uns warnen sollte, verfolgen Philosophen seit Leibniz' 'mathesis universalis' das ehrgeizige logizistische Programm, Mathematik auf reine Logik zurückzuführen. Der

[98] Carnap (1998), S. 3.

[99] Carnap berichtet in seiner „Intellektuellen Autobiographie", daß ihn an den empirischen Wissenschaften (außer an der Physik) „die zahlreichen ungenügend verknüpften Tatsachen" störten. Aber was, wenn sie keiner logischen Verküpfung folgen, weil die Welt halt nicht von der Art ist? Carnap (1993), S. 11.

[100] Es ist die Frage, ob man Adornos und Horkheimers Projekt einer „Dialektik der Aufklärung" nicht fortführen müßte. Erledigt ist das Problem jedenfalls nicht.

Grund ist der, daß wir logische Gesetzmäßigkeiten besser durchschauen als mathematische, denn die Kristallstruktur der Logik ist stärker ausgeprägt als die der Mathematik. (Wer wollte z. B. an Schlußfiguren wie dem 'modus ponens', wer könnte am Nichtwiderspruchsprinzip zweifeln?)

Nach Vorarbeiten von Leibniz wurde das logizistische Programm im 19. und 20. Jahrhundert ernstlich angegangen, und zwar von Frege, Russell, Carnap und mit Einschränkungen auch von Quine. Frege hatte die Logik mit seiner „Begriffsschrift" auf eine ganz neue, bis heute stilbildend wirkende, Basis gestellt. Um die Mathematik (jedenfalls die Arithmetik) aus ihr abzuleiten, fügte er ein weiteres Gesetz hinzu, das klassentheoretische Annahmen machte. Freges Entwurf wurde später von Russell kritisiert. Russell entdeckte nämlich einen fundamentalen Widerspruch, der von diesem besonderen Gesetz herrührte. Darauf unternahm er es selbst, in den 'Principia Mathematica', zusammen mit Whitehead, das logizistische Programm durchzuführen, indem er seine 'Typentheorie' entwickelte. Damals dachte niemand daran, daß dieses Programm grundsätzliche Probleme aufwerfen würde. Man glaubte eben an die vollständige Durchsichtigkeit des 'logischen Kristalls'.

Die Bombe schlug ein, als Kurt Gödel 1931 seine Unvollständigkeitssätze formulierte. Aus ihnen folgt, daß die Stufenlogik korrekt nur unvollständig formalisiert werden kann und daß das formalistische Mathematikverständnis David Hilberts zum Scheitern verurteilt ist. Hilbert hatte versucht, wenigstens die Mathematik zu einem selbstexplikativen System zu machen. Gödel konnte zeigen, daß Mathematik nicht auf Evidenz zu gründen und das, was an ihre Stelle tritt, der Beweis der Widerspruchsfreiheit, mit ihren Mitteln nicht zu leisten ist. Viele Mathematiker, Logiker und Philosophen empfanden diese Risse im 'logischen Kristall' als Katastrophe. Frege war durch Russels Kritik für den Rest seines Lebens niedergeschmettert – er wurde kränklich und fühlte sich von Grund auf gescheitert. Allerdings hatte er über 30 Jahre in völliger Einsamkeit, d. h. praktisch ohne äußere Anerkennung, an einem Werk gearbeitet, das sich nun als widersprüchlich herausstellte.[101] Noch 50 Jahre später bezeichnete Quine die Wirkung von Gödels Entdeckungen als „verheerend", sah sie also ebenfalls negativ.[102]

Russell selbst mußte einen ähnlichen Rückschlag hinnehmen, den auch er als katastrophal empfand. Er entwickelte um 1900 eine Axiomatisie-

[101] Zu Frege vgl. auch Kutschera (1989), zum Biographischen: Stepanians (2001). Die Beispiele für 'Risse im logischen Kristall' ließen sich beliebig vermehren. Dazu gehört etwa auch die Entdeckung von Alonzo Church und Alan Turing im Jahre 1936, daß es für die elementare Logik kein Entscheidungsverfahren geben kann.

[102] Quine (1985), S. 180.

rung der Mengenlehre, entdeckte aber noch im selben Jahr, daß innerhalb dieser Axiomatisierung ein Widerspruch abgeleitet werden konnte. Dies stürzte ihn in eine schwere Depression. Später hat er mit Hilfe der erwähnten 'Typentheorie' versucht, das Problem zu lösen, aber die Typentheorie enthielt Ad-hoc-Annahmen, die in keiner Weise einsichtig waren, sondern nur dazu dienen sollten, den aufgetretenen Widerspruch zu vermeiden.

Warum waren Russell und Frege über ihre Entdeckungen so deprimiert? Könnte man es nicht – ganz im Gegenteil – als einen Adelstitel ansehen, wenn der Mensch an seine Grenzen stößt? Nur wer seine Grenzen sieht, ist wirklich Mensch. Warum sollte dies bloß für Individuen und nicht auch für die Menschheit insgesamt gelten, denn auf diesem Niveau bewegen sich die Entdeckungen von Frege, Russell, Whitehead oder Gödel.

Doch nicht nur in der Logik und Mathematik, auch in der Physik zeigten sich ähnliche Phänomene: Große Forscher waren frustriert, wenn ihr geliebter 'logischer Kristall' Risse aufwies. Die Kontingenz der Welt war ihnen jederzeit ein Dorn im Auge.

Die Idee vom 'logischen Aufbau der Welt' artikulierte sich in der Entwicklung der klassischen Physik zunächst einmal als Idee vom Totaldeterminismus. Nachdem man herausgefunden hatte, daß nicht nur der Apfel von der Gravitationskraft zur Erde gezogen wird, sondern daß auch die Gestirne von derselben Kraft auf ihren Bahnen gehalten werden, nachdem sich also gezeigt hatte, daß in der Welt prinzipiell alles gravitiert, schloß man daraus auf einen Universaldeterminismus, weil die Gleichungen der klassischen Physik deterministisch sind.

Dieser Schluß war voreilig, auch er war vom Wunsch nach totaler Durchschaubarkeit motiviert. In Wahrheit hätte man schon im 18. Jahrhundert wissen können, daß der Totaldeterminismus eine riskante Idee war, denn er schloß 1) nicht aus, daß jenseits der damals zur Verfügung stehenden Meßgenauigkeit andere Verhältnisse herrschen könnten, 2) schloß das Gravitationsgesetz nicht aus, daß es weitere Eigenschaften der Materie geben könnte, die vielleicht nichtdeterministisch sind und 3) blieb unklar, welche Rolle der Experimentator in diesem vorgeblich deterministischen Geschehen hatte. Machte es Sinn, ein Gesetz zu überprüfen, das seine eigene Überprüfung determinierte?

Jedenfalls hatte man schon im 18. Jahrhundert Gründe, die Welt für nur teilweise determiniert zu halten. Sehr sprechend ist in dieser Hinsicht die Auffassung Kants: Dieser hat in seiner „Kritik der reinen Vernunft“ nichts mehr an den Pranger gestellt, als die dogmatische Verabsolutierung empirischer Gegebenheiten zu transzendenten Ideen. Daß auch der Totaldeterminismus eine solche kritikwürdige Idee sein könnte, lag ihm fern, weil auch er an einer totalen Durchschaubarkeit der Natur interessiert war.

Als zu Beginn des 20. Jahrhunderts der quantenmechanische Indeterminismus entdeckt wurde, wehrten sich namhafte Physiker wie Max Planck oder Albert Einstein vehement dagegen. Einstein ersann immer neue Gedankenexperimente, um den Indeterminismus ad absurdum zu führen. Besonders beeindruckend ist das Beispiel Max Plancks, weil schließlich er es war, der die Quantentheorie auf den Weg gebracht hatte. Er wehrte sich nicht nur gegen ihren Indeterminismus, sondern viel früher schon gegen die Einführung der Statistik. Als er sie zur Ableitung seiner Strahlungsformel des schwarzen Körpers benötigte, sprach er von einem „Akt der Verzweiflung“, so tief saß sein positives Vorurteil für den Determinismus.[103]

Bis heute suchen Physiker wie David Bohm nach ‘verborgenen Parametern’, um zum alten Determinismus zurückzukehren. Einstein selbst verbrachte die letzten 30 Jahre seines Lebens damit, eine ‘Vereinigte Feldtheorie’ zu entwickeln, die alle damals bekannten physikalischen Kräfte in einem Formalismus vereinigen sollte. Dabei versuchte er nicht nur, die Kontingenzen der Quantentheorie zu vermeiden, sondern auch die der Naturkonstanten, wie Lichtgeschwindigkeit, Feinstrukturkonstante, Gravitationskonstante usw. Auch Einstein fühlte sich deprimiert und gescheitert, als ihm dieser Versuch mißlang.

Hinter all diesen Phänomenen steckt eine mächtige Idee, nämlich, Kontingenzen aus der Welt zu schaffen, um die reine Durchschaubarkeit zurückzubehalten. Man kann dagegen nicht einwenden, daß es jederzeit Aufgabe der Wissenschaft sei, Vielheit auf Einheit zurückzuführen. Dies ist wohl wahr, darf aber nie dazu führen, Vielheit abstrakt zu negieren oder zu verdrängen. Das aber ist, was hier geschieht.

Die Logizisten und Reduktionisten berufen sich dagegen meist auf das ‘Occamsche Rasiermesser’, wonach man nur ein Minimum an Erklärungsgründen heranziehen solle: „Entia praeter necessitatem non esse multiplicanda.“ Kant zitiert in seiner „Kritik der reinen Vernunft“ diesen Satz, fügt aber sofort das Gegenprinzip hinzu, das man heute gewöhnlich nicht mehr zitiert: „Entium varietates non temere esse minuendas.“[104] Das heißt, man solle die Erklärungsgründe auch nicht leichtfertig minimieren. Das ist aber genau die Tendenz der Logizisten, die mit Carnap alles auf eine einzige Kategorie zurückführen wollen und die den traditionellen Philosophen kategorialen „Überreichtum“ vorwerfen. Die Logizisten haben also Tendenz, ins andere Extrem zu verfallen.

Die Revolution der Quantentheorie blieb auf die Mikrowelt beschränkt. Die nächste Revolution, hervorgerufen durch die Chaostheorie, bezog die Grenzen der Berechenbarkeit auf unseren Mesokosmos. Beeindruckend

[103] Nach Wuchterl (2002), S. 349.
[104] KrV B 680; 684.

ist in diesem Zusammenhang die Entdeckung chaotischer Phänomene durch E. N. Lorenz Anfang der 60er Jahre des letzten Jahrhunderts. Sie stand im Zusammenhang mit der Frage nach den Wetterprognosen. Lorenz arbeitete als einer der ersten mit Computern und entdeckte das, was man später den 'Schmetterlingseffekt' genannt hat, die sensitive Abhängigkeit nichtlinearer Systeme von den Anfangsbedingungen. Nachdem Lorenz diesen Effekt erstmals gefunden hatte, traute er den eigenen Ergebnissen nicht. Es schien ihm unglaublich, daß ein System wie das Wetter chaotischen Charakter haben könnte. Obwohl wir diese Erfahrung lebensweltlich schon seit Jahrtausenden machen, so daß der chaotische und launische Charakter des Wetters in die Metaphorik unserer natürlichen Sprache eingedrungen ist, glaubte Lorenz nicht an seine eigenen Messungen und vermutete einen Computerfehler, wie er etwa bei der Rundung von Zahlen auftritt. Erst als er diese Fehlerquelle ausschließen konnte, ließ er sich davon überzeugen, daß sich das Wetter chaotisch verhält.

Man muß sich die prägende Kraft solcher Vorurteile vor Augen führen, um ihre epochale Bedeutung einzuschätzen: Die Griechen waren davon überzeugt, daß die Materie das Prinzip der Zerstreuung, des Chaotischen sei. Aus diesem Grunde projektierte Plato keine eigentlich mathematische Naturwissenschaft, sondern nur einen mathematisierenden Naturmythos, während Aristoteles der Anwendung der Mathematik auf die Natur enge Grenzen setzte. Weil die Griechen dieses Vorurteil hatten, führten sie so gut wie keine Experimente mit dem Naturstoff durch. Lorenz' Entdeckung des chaotischen Charakters der meteorologischen Phänomene hätte sie nicht im mindesten erstaunt. Sie hätten sich vielmehr über das Gegenteil gewundert, daß nämlich selbst im Chaos noch Gesetze herrschen (wie in der Rede vom 'deterministischen Chaos' zum Ausdruck kommt). Nach Aristoteles nimmt der Zufallscharakter der Phänomene zu, wenn wir die 'scala naturae' hinabsteigen. Daß das Wetter chaotisch ist, hätte er von vornherein erwartet.

Lorenz hatte als typisch moderner Mensch eine ganz andere Voreinstellung, wie auf ihre Weise auch Planck und Einstein gegenüber der Quantentheorie. Archimedes, der als einer der wenigen alten Griechen wirklich Experimente durchführte und präzise Messungen vornahm, mußte vorgeben, die später nach ihm genannten Gesetze rein spekulativ, d.h. apriorisch, gefunden zu haben. Man glaubte eben nicht an die gesetzliche Beschreibbarkeit der materiellen Dynamik. Heute glauben wir so sehr an sie, daß wir die gegenteiligen Phänomene nicht mehr wahrhaben wollen, auch wenn sie auf der Hand liegen.

Allerdings muß gesagt werden, daß bedeutende Wissenschaftler das Problem einer Gegenläufigkeit von Formalismus und inhaltlicher Bestimmtheit oft klar gesehen haben. Sie wußten, daß wir die Inhalte verlieren, wenn wir die reine Form stark machen und umgekehrt. Glücklicherweise ist nicht jeder, der Formalwissenschaft betreibt, ein Formalist. Sehr beeindruckend finde ich in diesem Zusammenhang das Beispiel des Physikers und Physikhistorikers Pierre Duhem, der vor fast 100 Jahren lebte. Duhem ging in die Geschichte der Wissenschaftstheorie als Ahnherr ein, und von Frank, Nagel bis zu Quine haben sich die bedeutendsten Vertreter der Analytischen Wissenschaftstheorie auf ihn berufen. Quine übernahm von ihm insbesondere seinen Theorienholismus und die damit verbundene Ablehnung eines 'experimentum crucis', insofern es dazu dienen sollte, isolierte Hypothesen zu falsifizieren.

Was jedoch weder Quine noch die anderen Analytischen Wissenschaftstheoretiker übernommen haben, war Duhems konsequente lebensweltliche Fundierung der Physik. Duhem vertrat die auch hier stark gemachte Konzeption, wonach das Formale nur die Basis unseres Weltverständnisses liefern kann. Das Inhaltliche verliert man auf diese Weise aus dem Blick. Man muß also, will man die Wahrheit über die Welt wissen, den Blick zugleich aufs Inhaltliche, Kontingente und Konkrete, nicht nur einseitig aufs Formale, Notwendige oder Abstrakte richten. 'Wahrheit' ist nach Duhem immer konkret. Er sagt:

„Notwendigkeit und Wahrheit sind die beiden äußersten Pole der Wissenschaft. Aber diese beiden Pole fallen nicht zusammen, sie sind das Rote und das Violette im Spektrum. In der zwischen ihnen befindlichen Verbindung, der einzigen wirklich erlebten Realität, variieren die Wahrheit und Notwendigkeit im umgekehrten Sinn, je nachdem welchem der beiden Pole man sich zuwendet … Wenn man sich entschließt, nach dem Notwendigen zu gehen, so wendet man dem Wahren den Rücken, man arbeitet dann in der Beseitigung alles dessen, was Erfahrung und Intuition ist, man beschäftigt sich mit dem Schema der reinen Überlegung, dem formellen Spiel der Symbole ohne Bedeutung. Dagegen muß man, um die Wahrheit zu erlangen, den Weg im umgekehrten Sinne machen: das Bild, die Eigenschaft, das Konkrete gewinnen ihre vorherrschenden Rechte wieder; man sieht dann die Urteilsnotwendigkeit in der erlebten Zufälligkeit gradweise vergehen. Schließlich sind es nicht die gleichen Eigenschaften, durch die die Wissenschaft notwendig und durch die sie wahr ist, durch die sie streng und durch die sie objektiv ist."[105]

Duhem eröffnet hier ein Spannungsfeld, innerhalb dessen sich unser Wissen definiert. Notwendigkeit (d.h. formallogische Richtigkeit) und Wahrheit (d.h. inhaltlicher Bestimmungsreichtum) verhalten sich gegenläufig und stehen in einem Spannungsverhältnis. Indem die Physikalisten und Logizisten diese Spannung auflösen, um sich am bloßen Kalkül zu be-

[105] Duhem (1998), S. 363.

friedigen, haben sie die Welt verarmt wie ein betoniertes Gelände, auf dem kein Gras mehr wächst.

Duhem kann nicht im Verdacht stehen, ein kulturkonservativer Wissenschaftskritiker zu sein, schließlich war er ein Physiker und Physikhistoriker von Gnaden. Aber die gängige Wissenschaftstheorie stellt es so dar, als sei ihre formalistische Art, die Physik zu begreifen, alternativlos. Daß es sich nicht so verhält, läßt sich an vielen anderen Beispielen verdeutlichen. So war z.B. Werner Heisenberg ein großer Physiker, aber sicher kein Physikalist. Allgemein gilt der alte Streit über die Natur des Lichtes zwischen Newton und Goethe als erledigt und zwar zugunsten von Newton. Nun hat sich aber Heisenberg mit Goethes Farbenlehre beschäftigt und sie akzeptiert, denn Heisenberg sah wohl, daß wir uns nicht nur quantifizierend und distanziert zur Natur verhalten, sondern auch qualitativ und sympathetisch.

Heisenberg hat eine ganz ähnliche Auffassung wie Duhem. Die Naturwissenschaft ist für ihn lediglich die „natürliche Folgerung einer bestimmten Stellung zur Wirklichkeit", d.h. sie beschreibt die Wirklichkeit nicht als solche, sondern nur unter einer ganz bestimmten, formalen Rücksicht: „Die Mathematik ist die Ordnung schlechthin, in ihrer reinsten, von allem Inhalt befreiten Form."[106]

In dieser Hinsicht ist Physik imstande, maximal zu objektivieren. Das heißt aber für Heisenberg nicht, daß sich Objektivität und Subjektivität starr gegenüberstehen wie 'res extensa' und 'res cogitans' bei Descartes, sondern es gibt eine Vermittlung beider auf je verschiedenen Stufen: „Die Begriffe 'objektiv' und 'subjektiv' bezeichnen zwei Pole, von denen eine Ordnung der Wirklichkeit ihren Ausgang nehmen kann." Der Übergang vom Objektiven zum Subjektiven heißt nun nicht, daß es im Subjektiven weniger real zugeht, sondern nur, daß unsere eigene Verwobenheit in die Prozesse dort nicht von der Erkenntnis subtrahiert werden kann: „Wenn also gesagt wird, daß es sich um eine Ordnung handeln soll, die vom Objektiven zum Subjektiven aufsteigt, so ist damit gemeint, daß in immer steigendem Maße das Erkenntnisverfahren, das uns von der Wirklichkeit Kunde gibt, selbst einen Bestandteil der Zusammenhänge bildet, die den betreffenden Bereich ausmachen." Von daher darf man auch das Ästhetische nicht als rein subjektives Phänomen fassen: „Der Schimmer der Farben, die ohne jede Trübung von ihren Blüten leuchten, ein Windhauch, der den Duft der Rose zu uns herüberträgt, berührt das Innerste unserer Seele. Das ist wohl ein objektiver Tatbestand, so wie irgendein Tatbestand der Naturwissenschaft." Die Stufen des Übergangs vom besser zum weniger gut Objektivierbaren reichen bei Heisenberg in aufsteigender Reihenfolge vom

[106] Heisenberg (1989), S. 32; 47.

Physikalischen über das Chemische, Organische, Psychische und Ethische bis hin zum Religiösen. Glaube und Wissenschaft gehen an die Realität heran von „genau entgegengesetzten Polen“ aus, Wissenschaft vom objektiven, Glaube vom subjektiven Pol aus.[107] Ganz ähnlich hat sich auch Max Born geäußert, der gleichfalls ein affirmatives Verhältnis zur Goetheschen Naturwissenschaft hatte und der ebenfalls eine Zweipoligkeit unseres praktischen und theoretischen Weltverhaltens geltend machte.[108]

Man sieht hier, daß die Möglichkeitsbedingung, um von der Physik zur Religion überzugehen, genau diese Verdrehung des Blickwinkels ist. Kurioser- oder vielleicht bezeichnenderweise spielt auch die Kristallmetapher bei Heisenberg eine wichtige Rolle. Aber er begreift sie ganz anders als in der Kristallographie. Er behandelt nämlich die 'Artefakte', d.h. die 'Störstellen', nicht als bedauernswerte Abweichung vom mathematischen Sollwert, der auf absolute Durchschaubarkeit hin stilisiert wird, sondern er bringt solche Kontingenzen mit der Sinnkategorie in Zusammenhang. Wenn ein Kristall sich zufällig auf eine bestimmte Weise bildet, dann kann dies nach Heisenberg trotzdem Sinn haben, da es sich um ein historisches Ereignis handelt: „Zusammenhänge einer Art, die uns berechtigen, das Wort 'Sinn' zu verwenden, können sich auch an Ereignisse anknüpfen, die ohne jeden Grund auch anders hätten ablaufen können.“[109]

Dies ist ein sehr tiefgründiger Gedanke. Er negiert den Zufall als Gegeninstanz zu Zweck und Sinn. Entsprechend hatte auch Duhem behauptet, daß man, wenn man sich vom formalen Schema auf das Inhaltliche richtet, „die Urteilsnotwendigkeit in der erlebten Zufälligkeit gradweise vergehen“ sieht. Ich werde diesen Zusammenhang zwischen Historizität, Sinnkategorien, Gesetzlichkeit und physikalisch definierten Kontingenzen im sechsten Kapitel näher ausführen. Es handelt sich um einen fundamentalen Zusammenhang: Kontingenz ist das Tor zu Sinn und Freiheit in einer nomologisch interpretierten Welt.

Man wird über solche Zusammenhänge in der Wissenschaftstheorie kaum etwas finden. Gewisse Apriori-Entscheidungen hindern fast alle Wissenschaftstheoretiker daran, solche Reflexionen auf die Kontingenz wirklich ernst zu nehmen. Sie halten so etwas für eine private, willkürliche Gedankenflucht.[110] Auf jeden Fall wird bei Heisenberg deutlich, daß es

[107] Heisenberg (1989), S. 50ff.; 130.

[108] Born (1983), S. 1ff.

[109] Heisenberg (1989), S. 95.

[110] Der Wissenschaftstheoretiker Manfred Stöckler hat z.B. die Platonische Grundüberzeugung Heisenbergs auf ein bloßes epistemisches Prinzip 'heruntergekocht'; Stöckler (1993). Peter Janich spricht in solchen Zusammenhängen abschätzig von „Hobby- oder Altersphilosophien von Naturwissenschaftlern“; Janich (1992), S. 203.

sehr wohl möglich ist, ein bedeutender Physiker zu sein, ohne deshalb zum Physikalisten zu werden. Man wird solche Beobachtungen sehr häufig machen können. Der Physikalismus ist eher eine Erfindung der Philosophen als die herrschende Überzeugung der Physiker. Auch Max Born[111] und viele andere vertraten eine ähnliche Auffassung wie Heisenberg. Der Mainstream der Analytischen Wissenschaftstheoretiker ignoriert dies, aber die größten Gelehrten in Logik, Mathematik und Physik entsprechen oft nicht dem Bild, das sie sich aufgrund von Apriori-Entscheidungen zurecht gemacht hatten und das gewöhnlich als 'kanonisch' gilt. Zum Beispiel war auch Frege alles andere als ein Logizist im Sinne Carnaps oder Quines. Er vertrat, jedenfalls in seinen früheren Schriften, keinen univoken Seinsbegriff, sondern er anerkannte ein eigenes Reich des Gedankens im Sinn von Poppers Welt. Er glaubte auch nicht an die normativ bestimmte 'Identität von Logik und Sein'. In seiner „Begriffsschrift" vergleicht er die logische Sprachreinigung mit einem Mikroskop, das für den Zweck der größeren „Schärfe der Unterscheidung" nützlicher sei als das Auge, „aber eben dadurch für alle anderen unbrauchbar."[112]

Überhaupt hatte Frege keinen formalistischen Begriff von Logik.[113] Er wußte wohl, daß Logik immer nur Form eines Inhalts sein kann, der ihr von außen zukommt und auf den sie verwiesen bleibt. So kann die formale Sprache der Logik niemals auf ihre Verwurzelung in der natürlichen verzichten. Daher findet in ihr auch immer eine Verschränkung von Sinn und Bedeutung, Intension und Extension statt. Selbst wenn die formale Logik ihre Kalküle im rein extensionalen Bereich abwickeln sollte, verschwinden deshalb die Begriffsintensionen nicht als eigenständige Größe. Dies gilt nach Frege noch nicht einmal im Bereich der Mathematik, um wieviel weniger in dem der Alltagssprache, deren Eigenwert er anerkannte und von der er nicht glaubte, daß sie jemals durch formale Sprachen ersetzt werden könnte.

Von den formalsprachlichen Wissenschaftstheoretikern wurden solche Differenzierungen oft nicht beachtet. So bezeichnete Carnap die Sprache der Logik als „Grundsprache" und die natürliche als bloße „Hilfssprache".[114] Auch Quine hielt Begriffsinhalte, ja die gesamte Verwurzelung der Logik in der Alltagssprache für ein zu überwindendes Übel. Dementsprechend glaubte er durch seine Sprachreinigung nur zu gewinnen. Die kano-

[111] Auch Max Born lehrt, daß inhaltlicher Reichtum und Präzision eines Diskurses sich umgekehrt proportional verhalten: Born (1983), S. 1 ff.

[112] Frege (1971), S. XI.

[113] Vgl. die Darstellung des Verhältnisses von Rhetorik und Logik bei Frege in der Arbeit von Gottfried Gabriel (1991), S. 65 ff.

[114] Carnap (1998), S. 133.

nische Notation würde den durch sie beschriebenen Inhalten „keine Beschränkung auferlegen".[115] Eine solche Auffassung ist so ähnlich, als würde man Schnittblumen für die 'wahren' Blumen halten und solche mit Wurzeln ablehnen, weil noch etwas Dreck an ihnen klebt. Doch die Schönheit der logischen Form wurzelt gerade in diesem 'Dreck' des Gewöhnlichen und zieht aus ihm ihren Saft, während Schnittblumen rasch verwelken. In Wahrheit kann es immer nur darum gehen, Licht und Finsternis, Reales und Ideales zu vermitteln. Die Wahrheit liegt, wie Hegel sagen würde, in der Vermittlung, und das war es auch, was Heisenberg und Duhem mit ihren dialektischen Formeln zum Ausdruck brachten.

Der Formalismus stieß also schon im engeren Bereich von Logik, Mathematik und Physik an seine Grenzen, viel mehr aber dort, wo er sich inhaltlich reicher bestimmten Gebieten zuwandte, wie etwa der Ökonomie. Die Ökonomie ist durch das Geld bereits quantitativ bestimmt und scheint sich daher der Mathematisierung leichter anzubieten als etwa die Psychologie, wo wir unsicher sind, ob sich Gefühle, Willensregungen oder Bewußtseinszustände überhaupt für die mathematische Behandlung eignen.

Doch wie, wenn es gelänge, soziale, politische oder ökonomische Zusammenhänge nach Art der Theoretischen Physik zu stilisieren? Könnte man dann nicht vielleicht die Klarheit, Überprüfbarkeit und technische Wirksamkeit der Theoretischen Physik auch auf solche Bereiche übertragen?

Bereits Machiavelli hatte seine Staatstheorie am Geiste der neuzeitlichen Wissenschaft ausgerichtet. Deutlicher war dies der Fall bei Thomas Hobbes. Dieser war mit Gelehrten wie Pierre Gassendi, René Descartes, Francis Bacon, vor allem aber mit Galileio Galilei persönlich befreundet und bemühte sich, seine Sozialtheorie 'more geometrico' durchzuführen, indem er sich an den axiomatisch aufgebauten 'Elementen' des Euklid orientierte.[116] Gleichwohl ist seine Staatstheorie nicht im strengen Sinne mathematisch aufgebaut. Hobbes, wie auch Machiavelli, übertrugen das Verfahren neuzeitlicher Physik nur analogisch auf die Staatstheorie.

Dies änderte erst sich im 20. Jahrhundert. Der Mathematiker John von Neumann brachte im Jahr 1944 zusammen mit dem Ökonomen Oskar Morgenstern das Buch „Theory of Games and Economic Behaviour" heraus, das zum Gründungsdokument der mathematischen Spieltheorie wurde.[117] In diesem Buch erhoben die beiden explizit den Anspruch, für die Sozialwissenschaften das in die Wege geleitet zu haben, was Newton

115 Quine (1980), S. 394.
116 Vgl. etwa die Darstellung bei Münkler (1993).
117 Vgl. den Nachruck unter Neumann/Morgenstern (1961).

einstmals für die Physik konkret durchgeführt hatte. Sie behandelten Begriffe wie 'Nutzen' oder 'Präferenz' auf dieselbe Art wie Newton den der 'Kraft', 'Masse' oder 'Beschleunigung' und unterstellten, daß solche Begriffe auf dieselbe Art objektiv meßbar und kalkulierbar gemacht werden könnten wie in der Physik. Der Titel des Werkes, den Morgenstern und von Neumann ursprünglich ins Auge gefaßt hatten, signalisierte womöglich einen noch höheren Anspruch: „General Theory of Rational Behaviour". 'Rational' ist nach dieser Auffassung ein Subjekt, das seinen Nutzen unter Bedingungen optimiert, die auch Ungewißheit oder Zufall einschließen, was die Berechnungen im einzelnen beliebig kompliziert macht.

Nachdem die Ökonomen zunächst einmal gleichgültig gegenüber der Spieltheorie waren, setzte diese sich nach und nach durch, und die Idealkonstruktion des allzeit seinen Nutzen optimierenden 'homo oeconomicus' wurde durch immer ausgefeiltere mathematische Modelle beschrieben. Dabei schien man aber immer mehr die Realität aus dem Blick zu verlieren, denn diese Modelle waren empirisch wenig aussagekräftig. Der deutsche Ökonom Reinhard Selten, der im Jahr 1994, d. h. ganz bewußt zum 50-jährigen Jubiläum der Spieltheorie, mit dem Nobelpreis für Ökonomie ausgezeichnet wurde, hatte diese Theorie weiterentwickelt, allerdings mit einem gewissen empirischen Vorbehalt. Selten hatte bemerkt, daß die Spieltheorie oft nicht das reale Verhalten der Akteure beschreibt. Aus diesem Grunde arbeitete er doppelgleisig, sowohl mathematisch-theoretisch als auch empirisch-experimentell. Dabei zeigten sich gravierende Differenzen zwischen den beiden Vorgehensweisen. Obwohl Selten sowohl seine empirischen als auch seine theoretischen Arbeiten veröffentlichte, wurden lange Zeit nur seine theoretischen Arbeiten beachtet, während man die empirischen auf sich beruhen ließ. Es herrschte eben ein positives Vorurteil für die Anwendung der mathematischen Methode. Inzwischen hat sich das Blatt gewendet. Im Jahr 2002 wurde der Nobelpreis für Ökonomie an zwei Kritiker der ökonomischen Spieltheorie verliehen, an den aus Israel stammenden Psychologen Daniel Kahnemann und den amerikanischen Experimentalforscher Vernon Smith. Kahnemann macht insbesondere darauf aufmerksam, wie stark ökonomisches Handeln von psychologischen Voraussetzungen abhängt, die nichts mit starren mathematischen Regeln zu tun haben. Z.B. konnte er zeigen, daß ein numerisch gleich großer Gewinn und Verlust weniger freut, als er im negativen Falle schmerzt.

In diesem Umschwung artikuliert sich ein längst fälliger neuer Trend: Man akzeptiert zwar die Spieltheorie im Bereich der Ökonomie, aber nicht als Beschreibung und Erklärung realer ökonomischer Prozesse, sondern als Handlungsanleitung, wie man sich verhalten *sollte*, wenn man *aus-*

schließlich monetäre Zielvorstellungen verfolgen würde. Das heißt, man unterscheidet nun scharf zwischen normativen und deskriptiven Theorien, denn die Menschen verhalten sich eben nicht sehr oft 'rational' gemäß den Prinzipien der Spieltheorie, auch dann nicht, wenn es sich um Wirtschaftssubjekte handelt.[118]

In der „General Theory of Rational Behaviour" von 1944 waren von Neumann und Morgenstern zunächst gar nicht auf die Idee gekommen, normative und deskriptive Geltungsansprüche zu unterscheiden. Sie hatten in aller Naivität angenommen, man könne das menschliche Verhalten ausrechnen wie die Bewegungen der Planeten im Schwerefeld der Erde. Im Gegensatz zu sozialen Regeln stellt sich aber bei Naturgesetzen die Frage nach der Differenz zwischen normativen und deskriptiven Geltungsansprüchen nicht, denn Naturgesetze können keine Normen sein. Sie erzeugen kein Sollen. Kein Stein kann sich entschließen, nicht zu fallen.

Man sieht am Beispiel von Morgenstern und Neumann, welch unglaubliche Wucht das Programm der Mathematisierung und Physikalisierung entfaltet: Es wird in seinem Rahmen überhaupt nicht mehr danach gefragt, ob ein bestimmtes Verfahren seinem Gegenstand angemessen ist oder nicht. Die Formalisierung scheint ihren Sinn in sich selbst zu haben, unabhängig von den konkreten Auswirkungen, und dies in einem Bereich, der unter einem derart großem Erfolgszwang steht, denn in der Ökonomie geht es schließlich um ungeheuere Mengen Geld. Man würde daher a priori vermuten, daß sich gerade in diesem Bereich keine Theorie länger halten kann, die nicht mit den Daten in Übereinstimmung ist. Die Geschichte der ökonomischen Spieltheorie belehrt uns jedoch eines Besseren: Der *Glaube* an die wahrheitsstiftende Macht des Formalen ist selbst in diesem Bereich so stark, daß er sich mühelos gegen die Praxis durchsetzt. Wir *glauben* an die Mathematik, so wie wir früher an Jesus Christus geglaubt haben, wobei mir der Glaube an Jesus weit rationaler vorkommt, weil er uns, anders als die Spieltheorie, keine diesseitigen Erfolge verspricht.

Das Nichtbeachten der Differenz zwischen dem Deskriptiven und dem Normativen scheint zunächst nur ein Kunstfehler zu sein, den man durch Neudefinition leicht vermeiden kann. Man würde dann eine mathemati-

[118] Der Ökonom Werner Güth und der Rechts- und Sozialphilosoph Hartmut Kliemt kommen in einer Darstellung der „Langzeiteffekte der 'Theory of Games and Economic Behaviour'" (von 1944) zu dem Schluß: „Eine wirklich allgemeine und erklärungskräftige Sozialtheorie zu formulieren, bleibt aber auch nach dem Aufstieg der Spieltheorie ein unerfülltes Desiderat. Denn die Spieltheorie erfüllt zwar aufgrund ihrer mathematischen Form und weiten Anwendbarkeit auf soziale Interaktionen beliebiger Art Allgemeinheitsansprüche, bietet aber als solche gewiß keine realwissenschaftlichen Erklärungen;" Güth/Kliemt, in: Grüske (2001), S. 112.

sche Spieltheorie von einer empirisch arbeitenden Ökonomie unterscheiden. Die eine würde uns sagen, was wir tun sollten, wenn wir ausschließlich an unserem Profit oder Erfolg interessiert sind, die andere würde uns sagen, wie sich die Menschen in Wirklichkeit verhalten.

Aber so einfach ist das nicht. Wenn von Neumann die Gesellschaft wie einen physikalischen Gegenstand betrachtet, wird er zum Machiavellisten. Die Physik ist wertfrei, solange sie sich auf intrinsisch wertfreie Gegenstände bezieht. Bezieht sie sich jedoch auf Handlungssubjekte, deren Handeln unter Normen steht, dann bringt die physikalistische Betrachtungsweise Normativität zum Verschwinden, sei es im Rahmen reduktionistischer Modelle in der Leib-Seele-Debatte, sei es im Rahmen reduktionistischer Sozialtheorien. Moralität dort nicht zu sehen, wo sie hingehört, ist nicht einfach nur unmoralisch, sondern der höchste Akt von Amoralität, weil er Moral vom Prinzip her außer Kraft setzt. So gesehen kann Mathematik mörderisch sein, und dies umso mehr, als uns ihre immanente Klarheit über diesen radikalen Defekt hinwegtäuscht.

Wenn Quine der konsequenteste Physikalist unter den Logikern und Philosophen war, dann John von Neumann unter den praktizierenden Wissenschaftlern. Wer wissen möchte, was es mit einer 'Identität von Logik und Sein' *konkret* auf sich hat, sollte sich mit ihm beschäftigen.[119] Ich habe schon seine Arbeit zur Spieltheorie erwähnt, aber diese war nur eine Facette aus seinem reichen Schaffen. Vielleicht hat es nie zuvor in der Geschichte einen Mathematiker gegeben, der zugleich auf allen Gebieten schöpferisch tätig war, so etwa in den Grundlagen der abstrakten Mathematik und der Theoretischen Physik, in den anwendungsorientierten Feldern der Spieltheorie oder der Militär- und Computertechnologie. Alle heute existierenden PCs haben eine 'Von-Neumann-Architektur'. Auch die heute stark expandierende 'Komplexitätstheorie' und die Theorie der 'zellulären Automaten' wurden von ihm auf den Weg gebracht.

Von Neumann, der mit 17 Jahren seine erste mathematische Abhandlung veröffentlichte, war ein Mensch, dem sich alle Erfahrung sofort in einen mathematischen Kalkül verwandelte, und zwar derart, daß er den Kalkül sofort axiomatisierte. So gelang ihm 1923 die Axiomatisierung der Mengenlehre, 1930 die der Funktionalanalysis und 1932 überraschte er die Fachwelt mit einer Axiomatisierung der Quantentheorie, indem er zu Ehren seines mathematischen Lehrers die Zustandsvektoren im sogenannten 'Hilbertraum' einführte, eine Darstellung, die noch heute jeder Physikstudent lernen muß.

Später warf er sich auf ganz andere Gebiete, auf denen er durchweg innovativ war. So kam ihm schon früh die Idee, solche wenig geordnet er-

[119] Ich beziehe mich im folgenden auf die Biographie von Macrae (1994).

scheinenden Phänomene wie das Wetter oder die Ökonomie zu mathematisieren. In der Ökonomie entwickelte er die bereits erwähnte Spieltheorie, die übrigens auch auf die Militärtechnik anwendbar ist. Auch seine Arbeiten zur Computertechnologie waren zukunftsweisend. Längst bevor die technische Realisierbarkeit in den Blick kam, entwickelte er die Idee selbstlernender und sich reproduzierender Computer. Auch auf diesem Feld war allerdings schon immer die militärische Nutzanwendung primär. Die ersten Rechner, wie z.B. der berühmte 'ENIAC' von 1946, wurden zur Berechnung der Flugbahn ballistischer Raketen entwickelt. In den vierziger Jahren war von Neumann maßgeblich am Bau der ersten Atombombe beteiligt und später, als der Spion Klaus Fuchs den Russen das Geheimnis verraten hatte, drängte er die amerikanische Regierung zum Bau einer Wasserstoffbombe, um den Rüstungsvorsprung zu bewahren.

Es finden sich bei ihm keine Anzeichen moralischer Skrupel gegenüber dieser militärischen Verzweckung von Wissenschaft, wie sie von Albert Einstein, Norbert Wiener, Robert Oppenheimer und vielen anderen bekannt sind. Einstein hatte dem amerikanischen Präsidenten Roosevelt geraten, eine Atombombe zu bauen, weil er fürchtete, daß die Deutschen an einer solchen arbeiteten. Nach dem Abwurf über Hiroshima und Nagasaki betrachtete Einstein diesen Rat als den größten Fehler seines Lebens. Norbert Wiener, der 'Vater der Kybernetik', war durch die militärische Verstrickung seiner Wissenschaft so eingeschüchtert, daß er zeitweise plante, seinen Beruf als Mathematiker an den Nagel zu hängen, um als Farmer auf dem Lande zu arbeiten. Bertrand Russell wurde durch solche Erfahrungen zum militanten Pazifisten.

Am 16. Juli 1945 ließen die Amerikaner, rechtzeitig zum Fest der heiligen Dreifaltigkeit, die erste Atombombe platzen, an einem Ort, der ebenfalls sinnigerweise 'Trinity' hieß. Robert Oppenheimer, der das 'Manhattan-Projekt' zum Bau der Bombe in Los Alamos leitete, war so erschüttert, daß er sagte: „In grober Weise ... haben die Physiker die Sünde kennengelernt, und diese Erfahrung ist unverlierbar." Sein Auftraggeber war weniger feinsinnig. Oppenheimer gegenüber Truman: „Mr. President, an meinen Händen klebt Blut." Truman zog ein Taschentuch und sagte lapidar: „Wollen Sie abwischen?"[120] Eine moderne Version des Pilatus, der seine Hände in Unschuld wäscht.

Solche moralischen Anwandlungen hatte von Neumann niemals. Als es darum ging, die optimale Höhe auszurechnen, in der die amerikanischen Bomben explodieren sollten, um größtmögliche Zerstörung hervorzurufen, führte er diese Rechnungen durch, ohne jemals zu fragen, was er eigentlich tat. Er betrachtete das Problem als rein technisches. Als Berater

[120] Nach Strathern (1999), S. 72f.

der amerikanischen Präsidenten Truman und Eisenhower setzte er sich jederzeit auf Seiten der 'Falken' ein und sorgte dafür, daß kräftig weiter an der Rüstungsspirale gedreht wurde.

Von Neumann hielt alle Pazifisten für Träumer, aber man muß kein blauäugiger Idealist sein, um die Atombombenabwürfe über Hiroshima und Nagasaki für das zu halten, was sie waren: ein gigantisches Verbrechen. Der Philosoph John Rawls, wohl kaum ein antiamerikanischer Denker, beurteilte Hiroshima und Nagasaki, wie auch die Bombardements deutscher Städte am Ende des Zweiten Weltkrieges, eindeutig als Verbrechen. Truman hielt übrigens Japaner für Tiere, nicht für Menschen, so ähnlich wie die Nazis Juden nicht für Menschen hielten, um sie beruhigt töten zu können.

So sehr diese Fakten bekannt sein mögen, man muß sie immer wieder in Erinnerung rufen. Es ist heute üblich, die Verbrechen der Kirche als Argument gegen sie ins Feld zu führen. Kreuzzüge, Inquisition, Hexenverfolgungen, Cäsaropapismus, die Konquistadoren in Süd- und Mittelamerika – man kennt die breite Blutspur, die das Christentum hinter sich her zog. Die Blutspur von Wissenschaft und Technik ist allerdings nicht weniger lang. Alles, was der Mensch tut, ist offenbar durch und durch ambivalent, und es gibt keine Gründe, die Wissenschaft für das Reich des Wahren und Guten zu halten, denn die Präzision der Kalkülvernunft schließt Barbarei keineswegs aus.

Von Neumann wurde bei der Beobachtung der ersten Atomtests verstrahlt. Er erkrankte deshalb früh an Krebs und starb im Jahr 1957, erst 54jährig. Der herannahende Tod versetzte ihn in große Panik. Er kehrte zum katholischen Glauben seiner Kindheit zurück, ohne daß ihm diese plötzliche Konversion entscheidenden Trost gespendet hätte. Auf dem Totenbett erinnerte er sich an die 'Pascalsche Wette', die etwas von einem spieltheoretischen Kalkül an sich hat. Pascal gab den Ungläubigen zu bedenken, daß es 'rationaler' sei, an Gott zu glauben, als ungläubig zu bleiben, denn die bloße Möglichkeit, für ewig in der Hölle zu schmoren, sei viel aufwendiger und schmerzhafter als der Akt des Glaubens an einen Gott, den es möglicherweise überhaupt nicht gibt.

Diese Verwandlung des Glaubens in einen reinen Nutzenkalkül, die so sehr der von Pascal vertretenen 'logique du cœur' widersprach, schien auch von Neumann einzuleuchten, d.h. selbst die extreme existentielle Drucksituation des bevorstehenden Todes brachte von Neumanns 'logischen Kristall' nicht zum Platzen, befreite ihn nicht vom alles verzweckenden Funktionalismus, dem er sein Leben lang gedient hatte.

Die Überzeugung von einer 'Identität von Logik und Sein' ist also *von sich aus* wertblind und religiös gesehen steril. Es bedarf einer eigenen existentiellen Anstrengung, um sich von ihrer Enge zu befreien. Wissenschaft garantiert von sich aus kein gelungenes Leben, und wo sie sich zum ausschließlich Kalküle bildenden Verstand verengt, zieht sie eine breite Blutspur und den Schatten des Bösen hinter sich her.

Während dieser Zusammenhang in Bezug auf die Hochrüstung jedem einsichtig sein wird, täuschen sich viele über seine Auswirkungen auf die menschliche Psyche. Die physikalistischen Identitätslehren und funktionalistischen Modelle haben aber dort dieselben desolaten Konsequenzen: Sie machen blind für die Verantwortung und zementieren einen rein instrumentellen, machtförmigen Umgang der Menschen untereinander.

3.7 Der Schadstoffausstoß des Wissens: Wolfgang Stegmüller

Ich habe noch nie ein Buch gelesen, in dem von einem „Schadstoffausstoß des Wissens“ die Rede gewesen wäre.[121] Während wir jedem Menschen sein Gesäß, jedem Motorrad seinen Auspuff, der Kultur ihre Kläranlagen oder Müllkippen, dem Universum seinen Wärmetod und sogar Gott die Hölle zugestehen, glauben wir, daß das Wissen nur Wahres und Wertvolles, ausschließlich Positives hervorbringt. In einer Welt, die durch und durch ambivalent ist, halten wir das Wissen mit von Neumann für unschuldig. Dabei ist es nicht so, daß die Physiker im allgemeinen für diese Dialektik blind wären. Die Engführungen, die durch eine überhandnehmende Formalisierung entstehen, waren ihnen oft sehr bewußt. So sagt z.B. Erwin Schrödinger: „Durch diese partielle ‘Elephantiasis’ sind andere Entwicklungsrichtungen der Kultur, der Erkenntnis, des okzidentalen Gehirns, oder wie man es nennen will, vernachlässigt, ja mehr, als es schon früher der Fall war, verwahrlost worden. Ja, fast scheint es, als sei ein ganz direkt schädigender, rückbildender Einfluß von dem *einen* gewaltig sich entwickelnden Organ auf jene anderen ausgeübt worden.“[122] Auch Einstein hat sich manchmal so geäußert. Er war überzeugt, „daß der erschreckende Verfall im ethischen Verhalten der Menschen in erster Linie mit der Mechanisierung und Entpersönlichung unseres Lebens zu tun hat – ein verhängnisvolles Nebenprodukt der Entwicklung des wissenschaftlich-technischen Geistes.“ Und er fügt hinzu: „Nostra culpa“.[123] Der im näch-

[121] Vielleicht mit der Ausnahme des Theologen Karl Rahner, der den Begriff der „gnoseologischen Konkupiszenz“ entwickelt hat; dazu: Rahner (1954) Bd. X, S. 89ff.; 104ff. Rahner sagt: „Man sollte einmal eine Lehre der faktischen Sündigkeit unserer Erkenntnis und ihrer Institutionen entwickeln. Die Wissenschaft ist kein Paradies der Unschuld;“ Rahner (1954) Bd. XIV, S. 70.

[122] Schrödinger (1961), S. 16f.

[123] Einstein nach Wuchterl (2002), S. 370f.

sten Kapitel vorzustellende Physiker Wolfgang Pauli sprach sogar von einer „Kollektivschuld“ der Physiker. Leider haben solche Überlegungen in den Schriften der meisten Wissenschaftstheoretiker keine Spuren hinterlassen. Sie pflegen weiter ihre romantische Idee von der Unschuld des Wissens.

In den Schlössern Ludwig XIV. gab es so gut wie keine Toiletten. Die Adligen waren so edel, daß ihr Schadstoffausstoß nicht ernstlich bedacht wurde. Erzeugten sie notgedrungen doch etwas Entropie, dann wurde dieser peinliche Ausstoß sofort von den dafür zur Verfügung stehenden Lakaien entfernt, so daß die Illusion des Reinen, Edlen erhalten blieb. Nicht umsonst waren die Wände von Versailles bis hinauf zur Decke verspiegelt. So spiegelten sich die Edlen narzißtisch in sich selbst und brauchten ihren eigenen und vor allem den Dreck der Welt mehr nicht zur Kenntnis zu nehmen.

Ich möchte in diesem Abschnitt auf die Exkremente des Geistes hinweisen, die zwar immer entstehen (warum sollte der Geist davon eine Ausnahme machen?), die aber dann besonders widerlich sind, wenn man ihre Existenz verdrängt und zwar in einem über Ludwig XIV. hinausgehenden Maß. Dieser hatte wenigstens seine Lakaien. Dagegen erwarten die Szientisten in den Spiegelungen ihrer Wissenschaft überhaupt nur die Helle des Seins, die mit der reinen Logik identisch sein würde. Daß hier zugleich ganz übler Dreck entsteht, kommt ihnen erst gar nicht in den Sinn. Daher existieren auch keine Lakaien, um ihn zu entfernen. Er modert inmitten des Wissenschaftsbetriebs einfach so vor sich hin.

Der Wissenschaftstheoretiker Wolfgang Stegmüller hat in unendlicher Fleißarbeit ein gigantisches Werk an logischem Scharfsinn hervorgebracht, ein wahres Versailles des Geistes. Bekannt wurde er zunächst einmal durch sein Buch „Hauptströmungen der Gegenwartsphilosophie“, in dem er sehr einfühlsam die verschiedenen Richtungen in der Philosophie des 20. Jahrhunderts beschrieb. Später warf er sich einseitig auf die von Carnap, Nagel, Hempel und Quine hervorgebrachte formalsprachliche Wissenschaftstheorie und orientierte sich mit diesen Autoren ebenso einseitig an der Theoretischen Physik, indem er den Physikalismus auf alle Bereiche übertrug. Sein mehrbändiges Werk „Probleme und Resultate der Wissenschaftstheorie und Analytischen Philosophie“, fast 3000 Seiten stark, besteht hauptsächlich aus logischen Formeln und wirkt wie die Buch gewordene Idee des ‘logischen Kristalls’. Hier erreicht das Prinzip einer ‘Identität von Logik und Sein’ einen Höhepunkt, jedenfalls in Deutschland.

Beim Durchwandern dieses weiträumigen Gedankenpalastes trat ich zu meiner Überraschung beständig auf ganz widerliche *Exkremente* des Geistes, die offenbar weder Produzent noch Leser jemals bemerkt hatten.

Es scheint, daß die Logizisten die Tatsache, daß auch der Geist Schadstoffe produziert, so erfolgreich verdrängt haben, daß ihr Geruchssinn nicht mehr anspricht.

Ich werde diese unappetitliche Seite des Physikalismus nicht unerwähnt lassen, weil sie mit zur Sache gehört. Der Physikalist berauscht sich an den reinen Formen der Logik. Er blendet alles Kontingente, Lebensvolle aus. Wandert man gedanklich nachvollziehend durch ein solches Werk, so mit Verwunderung, vor allem aber mit Beklemmung und Angst. Dieser logizistische Spiegelsaal oder besser noch, diese Pyramide des Geistes ist zugleich ein geometrisches Ewigkeitssymbol und Mausoleum, eine Kultstätte des Todes, in der Art, wie uns die antiken Pyramiden zugleich erschrecken und faszinieren. Niemals hat sich der Totenkult pompöser inszeniert.

Stegmüller berief sich also auf die Theoretische Physik und auch dies in Bezug auf alle Gebiete. Hier einige Beispiele, mit welcher Leichtigkeit Physikalisten seiner Art vorgehen. Da sie a priori davon überzeugt sind, daß das logisch Durchschaubarste in der Realität verwirklicht ist, gehen sie mit den einfachsten Modellen heran, ohne zu prüfen, ob diese Modelle überhaupt eine Chance haben, auf die Gegenstände zu passen. Dabei rechtfertigen sie sich mit dem Hinweis, daß es sich um rein logische Analysen handele.

Gegen solche Analysen wäre natürlich nichts einzuwenden, aber Stegmüller *physikalisiert* die Wirklichkeit, und das ist etwas anderes. In diesem Zusammenhang versucht er etwa, die Freudsche Psychoanalyse zu physikalisieren. Dabei faßt er z. B. das menschliche 'Bewußtsein' kurzerhand als mathematische Funktion auf: „Den Begriff des Bewußtseins B führen wir als eine Funktion ein mit Zeitpunkten als Argumenten und Werten aus der Potenzmenge E."[124] („E" sind „Erlebnisse".)

Wie immer, formuliert Stegmüller zahlreiche logische Formeln, die die Sache 'wissenschaftlicher' erscheinen lassen sollen, aber es ist klar, daß mit einem derartigen Vorgehen noch nicht einmal die Vorbedingungen für eine sinnvolle Freudinterpretation erfüllt sind, denn wenn das Bewußtsein eine mathematische Funktion wäre, könnten wir z. B. kein Gedächtnis haben, weil eine solche 'Funktion' immer nur einzelne Zeitpunkte herausgreift, abgesehen davon, daß auch hier, wie bei der Physikalisierung von Willensakten, nicht klar ist, wie man sie eigentlich messen sollte. Natürlich handelt es sich um eine Fortsetzung des Carnapschen Programms, Psychisches und Physisches mit Hilfe mathematischer Funktionen ineinander überzuführen.

Im gleichen Sinne bildet Stegmüller auch Marxens Theorie auf ein no-

[124] Stegmüller (1974) Bd. II/3, S. 418.

mologisches Wissen von der Geschichte ab und untersucht, inwiefern diese Theorie Prognosen erlaubt, indem er großzügig von Marxens „Humanismusphilosophie" abstrahiert.[125] Nun ist allgemein anerkannt, daß der schwächste Teil von Marxens Werk in seiner prophetischen Eschatologie besteht und daß Marx, wenn er für uns heute noch von Bedeutung sein sollte, gerade als „Humanismusphilosoph" in Frage kommt. Die Ursache für Stegmüllers enge 'Interpretation' liegt natürlich darin, daß er, wie alle Analytischen Wissenschaftstheoretiker, den Sinn von Wissenschaft ausschließlich in Vorhersagbarkeit und Beherrschbarkeit sieht.[126] Daher greift er aus Marxens Werk nur das heraus, was in sein nomologisches Schema paßt.

Daß sich Stegmüller an Marx und Freud versucht, ist wiederum nicht zufällig. Autoren wie Herbert Marcuse, Erich Fromm oder T. W. Adorno hatten in den sechziger Jahren die Ansätze von Marx und Freud zu einer kritischen Gesellschaftstheorie verbunden. Bei Marcuse heißt es schlicht: „Geschichte ist Negation von Natur."[127] Diese Eigenständigkeit des Geschichtlich-Normativen versucht Stegmüller seinerseits zu naturalisieren und damit zu neutralisieren. Der Szientismus zieht der Norm den Stachel.

Bei Stegmüller ist es so, daß er blind formalisiert, wo es nur irgend geht. Seine Wissenschaftstheorie besteht zu ungefähr 95% aus Formeln, zu 4,99% aus nüchternen Kommentaren zu diesen Formeln und zu 0,01% aus Bildern und Metaphern. Mit diesen Metaphern möchte ich mich nun beschäftigen. Stegmüller würde dies für überflüssig halten, weil er wie Carnap und Quine die Sprache nur von ihrer logischen Form her sieht. In Wahrheit hat Sprache immer zugleich auch expressive und rhetorische Qualitäten und diese Qualitäten, die sich in Metaphern, Analogien und Bildern ausdrücken, sind ihr nicht äußerlich, auch wenn sie in solchen Texten ganz an den Rand gedrängt werden.

Um es gleich vorweg zu sagen: Stegmüllers Metaphern sind extrem brutal, grausam, zynisch, manchmal sogar nekrophil. Wenn Stegmüller z. B. auf 'Kausalität' zu sprechen kommt, dann fällt ihm nur ein Mensch ein, der, durch Syphilis verursacht, unter progressiver Paralyse leidet, oder ein Mann der bei einer Bergtour an Erfrierungen stirbt, weil ein plötzlicher Wettersturz eintrat, oder eine Schiffskollision, verursacht durch den Kapitän, der am Radargerät einschlief, oder zwei Autos, die frontal zusammenstoßen. Als Illustrationen für Kausalverhältnisse im Alltag gibt Stegmüller folgende Litanei von Grausamkeiten an, obwohl doch ein oder zwei Beispiele genügt hätten: „Das Auto verunglückte, weil ein Reifen bei hoher

[125] Stegmüller (1974) Bd. II/3, S. 448.
[126] Stegmüller (1974) Bd. I, S. 203; II/1, S. 268.
[127] Marcuse (1967), S. 247.

Geschwindigkeit platzte; Hans starb, weil er Tollkirschen aß; der Hubschrauber stürzte ab, weil er in einen Sandsturm geriet; im Februar war heuer die Temperatur überdurchschnittlich hoch, weil Föhn herrschte; der Brand der Wiener Börse wurde durch einen brennenden Zigarettenstummel verursacht; ein schwerer Sturz von Herrn N. N. bildete die Todesursache; schwere Beschädigungen am Schiff 'Michelangelo' wurden durch einen 16 Meter hohen Brecher bewirkt; das Lawinenunglück wurde durch einen unvorsichtigen, ein Schneebrett abtretenden Fahrer hervorgerufen usw."[128] (Alles in nur einem Satz!)

Stegmüller gibt in seiner Wissenschaftstheorie nicht nur einzelne makabre Beispiele, sondern oft regelrechte Sammlungen aus 'Frankensteins Gruselkabinett'. Ich kann mich andererseits nicht entsinnen, daß in seinem Werk jemals von einem Sonnenaufgang, der Geburt eines Kindes, einem bedeutenden Kunstwerk, einer gelungenen Party, einem genialischen Einfall oder auch nur vom Zwitschern eines Vogels die Rede gewesen wäre. Stegmüllers Texte geben sich fast immer formallogisch-distanziert und nur selten mal auch konkret, aber dann wird es sofort blutrünstig.

Als Beispiel für Doppelverursachung führt Stegmüller einen Wüstenwanderer an, der zugleich das Opfer zweier Anschläge wird: ein Unbekannter kippt ihm Gift in das Trinkwasser, ein anderer bohrt ihm ein Loch in den Kanister. Völlig pervers ist folgendes Beispiel für eine solche Doppelverursachung: Jemand stürzt sich in Suizidabsicht kopfüber von einem 35stöckigen Hochhaus herab und wird im 18. Stockwerk von einem Scharfschützen beschossen, so daß „die Gewehrkugel den Stürzenden genau ins Herz traf".[129]

Wie muß es in einem Menschen aussehen, dem nur solche Beispiele einfallen? Ich glaube nicht, daß es sich um eine persönliche, leicht sadistische Marotte handelt, die man auf sich beruhen lassen kann, so wie es mir gleichgültig sein würde, wenn Einstein eine Schwäche für Krimis oder Western gehabt hätte, solange er nur gute Physik treibt. Es gibt, so scheint mir, eine geheime Affinität zwischen Nekrophilie und diesem auf die Spitze getriebenen Logizismus.

Man muß schon ans andere Ende des philosophischen Spektrums gehen, etwa zu den Dekonstruktivisten, um diesen Zusammenhang einzusehen. So bringt z. B. Jacques Lacan in seinen Schriften die Sprache ganz bewußt zum Entgleisen. Auch Lacans Schriften zeichnen sich durch besonders grausame oder verquere Metaphern aus, aber er bedient sich dieses Mittels gezielt, um die eingefahrene Ordnung des Diskurses zum Kippen zu bringen und um auf unbewußte Motive aufmerksam zu machen,

[128] Stegmüller (1974) Bd.I, S. 145.
[129] Stegmüller (1974) Bd.I, S. 588; 627.

die sich hinter der glatten Oberfläche verbergen.[130] Nichts lag einem Logizisten wie Stegmüller ferner, als eine solche Psychoanalyse der Sprache, wo er doch im Gegenteil versuchte, selbst das Bewußtsein und seine Abgründe in bloße Mathematik zu verwandeln.

Fündig würde man auch bei Adorno. Adornos ursprüngliche Motivation lässt sich als Negation all dessen ansehen, was die formalsprachliche Wissenschaftstheorie zum Ziel hat. Quines fundamentaler Grundsatz lautet: „No entity without identity."[131] Formallogiker wie Quine sind, wie ich gezeigt habe, hauptsächlich daran interessiert, Identitätskriterien scharf zu formulieren, um möglichst viele wahrheitserhaltende Schlüsse im Geflecht unserer natürlichen Sprache herauszuheben, d.h. um das bucklige Gelände der natürlichen Sprache großflächig einzuebnen. Adorno nun nimmt dazu die Gegenposition ein. Sein Grundsatz könnte lauten: 'No entity with identity', denn: „Identität ist die Urform von Ideologie."[132] Tatsächlich hat sich Adorno immer und mit Emphase gegen das 'identifizierende Denken' gewehrt. Dieses Denken sei machtförmig und so affin zur Ökonomisierung und Verdinglichung des Menschen, daß die moderne Existenz unter einem universalen Verblendungszusammenhang stehe, aus dem uns höchstens noch die Kunst (oder Adorno?) befreien kann.

Adorno ist so radikal wie Quine oder Stegmüller, jedoch auf die entgegengesetze Weise: „Auschwitz bestätigt das Philosophem von der reinen Identität als dem Tod."[133] Adorno und Horkheimer haben immer wieder die formale Logik der Mimikry ans Tote bezichtigt. Deshalb sucht Adorno nach der Art, „wie die Sprache das Wort außerhalb der Logik gebraucht." Zu diesem Zweck orientiert er sich an der Kunst, auch was seine eigene Sprache anbelangt, denn es gilt, daß „in der Philosophie die Darstellung nicht wie in den positiven Wissenschaften äußerlich ist, sondern daß ihr die Darstellung, also die Sprache, ein zentrales Medium ist."[134]

Die Vermittlung von Form und Inhalt ist auch für die religiöse Sprache fundamental, aber die Ablehnung alles 'identifizierenden Denkens' ist ein sinnloses Programm. Noch nicht einmal die Kunst, etwa als Dichtung, emanzipiert sich von der Logik, jedenfalls dann nicht, wenn sie gut ist. Quine und Adorno sind strikte Antipoden. Ihr Gegensatz signalisiert eine Zerrissenheit der Kultur, die man nur begreifen kann, wenn man diese schroffen Gegensätze zusammendenkt.

Trotz der Adornoschen Übertreibungen gibt es einen systematischen

[130] Lacan (1978).
[131] Quine (1995), S. 74.
[132] Adorno (1989), S. 151.
[133] Adorno (^{4}1982), S. 355.
[134] Adorno (^{3}1982), S. 153, (^{4}1982), Bd. I S. 63.

Zusammenhang zwischen formaler Logik und Nekrophilie. Er stellt sich dann her, wenn es dem Formallogiker nicht genügt, daß sich bestimmte Diskurse in ihrer deduktiven Form der logischen Analyse besonders bequem darbieten, sondern wenn er fordert, daß *jeder* Diskurs, um sinnvoll zu sein, in diese Form gebracht werden müsse, ja daß selbst der Weltprozeß diese Form habe. In diesem Fall ontologisiert er naiv sein Vorgehen, ohne die Konsequenzen abzusehen, denn er normiert den Weltprozeß auf starre Bedingungsverhältnisse hin, die das geschichtliche Werden zum Stillstand und die Spontaneität des Lebendigen zum Verschwinden bringen.

Stegmüllers Schüler berichten, daß der Meister eine Villa in Lochham am Starnberger See besaß, inmitten der schönsten Landschaft, die man sich denken kann. Stegmüller pflegte allerdings beim Arbeiten (und er arbeitete beständig) die Rolläden herunterzulassen, weil ihn das sich verändernde Licht der Sonne störte. Wie Quine war er bemüht, das Veränderliche auszuschließen. Damit hatte er aber zugleich das Lebendige ausgeschlossen.

Zeitloses Sein ist tot wie der Stein. Als logische Struktur könnte man das Sein mit einem Knochengerüst vergleichen, das das Lebendige zwar trägt, aber dort, wo es dominiert, zum Symbol des Todes wird. Diese vermittelnde Einsicht fehlt bei Adorno. Er läuft frontal Sturm gegen die formale Logik, um ihr eine 'dialektische' entgegenzusetzen. Dies ist so ähnlich, als würde man in der medizinischen Fakultät die Knochengerippe abschaffen, weil sich sonst gewisse besonders sensible Arzthelferinnen beim Küssen daran stören ... Adornos übertriebene Sensibilität ist kein Argument gegen einen verantwortungsvollen Gebrauch der formalen Logik.

So wie das Knochengerüst die mechanische Basis für die höheren Lebewesen darstellt, stellen mathematisch-logische Kalküle die Basis für unser rationales Denken und mathematisch-physikalische Gesetze die Basis für das gesamte kosmologische Geschehen dar. Carnap spricht oft vom „logischen Skelett", wenn er die formallogische Struktur einer Rede kennzeichnen will.[135] Stegmüller gebraucht ganz ähnliche Metaphern. Für ihn ist z. B. der Strukturkern einer Theorie ihre „geistige Substanz" oder auch ihr „stählernes Skelett", dem die „wechselnden organischen Teile" gegenüberstehen. Diesem Skelettartigen, Substantiellen, setzt er dann das „amöbenhafte Wachstum des organischen Überbaus" entgegen, das sekundär sei.[136]

Man erkennt hier die Problematik eines solchen szientifischen Platonismus: Natürlich gibt es keinerlei Gründe, formale Logik, Mathematik

[135] Carnap (1998), S. 36; 64 usw.

[136] Stegmüller (1974) Bd. II/2, S. 253.

und mathematische Physik mit Adorno der Mimikry ans Tote zu verdächtigen oder eine direkte Linie zu den Konzentrationslagern des Dritten Reiches auszuziehen. In diesen formalen Disziplinen werden vielmehr die Grundlagen für alles übrige bereitgestellt. Negativ wirkt sich das Formale erst aus, wenn man es verabsolutiert. Dann nimmt man das Fleisch des Konkreten, das Spiel des Kontingenten, Lebendigen und Geschichtlichen weg und zurück bleibt ein dürres, starres Gerippe, als ein sprechendes Symbol des Todes. Nicht die Logik, ihr Mißbrauch ist tödlich. Die Physikalisten blicken permanent in die falsche Richtung. Sie sind wie Röntgenärzte, die zwar einen besonderen Einblick in die Tiefen des materiellen Körpers haben, aber damit noch keinen Einblick in die Tiefen der menschlichen Seele. Carl Gustav Jung bezeichnet diesen oberflächlichen Menschentypus als „Mann ohne Schatten".[137]

Geisteswissenschaftler und Theologen im besonderen haben oft zu viel Respekt vor den logischen und mathematischen Formeln. Manche von ihnen übernehmen sogar deren Wildwuchs, der die Theologie im Endeffekt ersticken würde.[138] Vielmehr sollten sie dort ansetzen, wo sie stark sind: auf der Ebene der symbolischen Vermittlung. Dies könnte zwar erschreckend sein, wie die Gewaltphantasien Stegmüllers zeigen, aber ein solches Erschrecken würde die Theologie davor bewahren, harmlos zu werden, das schlimmste Laster, dessen sich die Theologie schuldig machen kann. Dies war auch die Auffassung von Wolfgang Pauli und Carl Gustav Jung, die genau in jenes Rattenloch des Verdrängten hinabstiegen, das sich der Szientist erspart. Ich werde im nächsten Kapitel den Dialog dieser beiden Gelehrten und ihren Versuch einer symbolischen Vermittlung von Physik und Religion beschreiben. Wer sich stets nur in der Klarheit des Oberflächenbewußtseins aufhält, wird von Religion nichts wissen können, denn wer zu Gott will, muß wie Dante durch die Hölle, zuzüglich der sieben Stufen des Berges der Läuterung. Weil das ziemlich mühsam ist, erspart es sich, wer nur irgend kann. Pauli und Jung konnten es nicht – sie wären sonst zugrunde gegangen. Doch wer von Gott reden will, muß zuvor in die Latrine des Geistes hinabgestiegen sein. Zum Wissen gehört der entsprechende Schadstoff hinzu.

137 Jung (1982), S. 235.

138 Vgl. die Arbeit von Linus Hauser (1996), die sich affirmativ auf Stegmüllers Logizismus und Formalismus bezieht.

4. Der existentielle Widerspruch: Die Pauli-Jung-Debatte

Eine Wissenschaftstheorie wie die von Stegmüller macht sich einseitig an der Verstandesklarheit fest, die ein mathematischer Kalkül erzeugt. Diese Klarheit möchte sie über alle Gegenstände verbreiten. Weil die Gegenstände dem aber nicht gewachsen sind, melden sie sich als verdrängte, verbogene Wirklichkeit wieder, in diesem erschreckenden Falle als nekrophile Instanz. Die allen Fleisches und aller Lebendigkeit entkleidete tragende Struktur des Realen grinst uns an wie ein Knochengerippe. Das ist, was der Philosoph Franz von Kutschera „die falsche Objektivität" genannt hat.[1] Wer dort, wo Subjektivität gefragt ist, 'objektiv' sein will, ist es *gerade nicht*.

Der Logizist ist aber nicht nur Feind des Lebensvollen, Spontanen, Unvorhersehbaren, sondern a fortiori auch des Mentalen, Psychischen oder Innerlichen, denn dieses sperrt sich noch mehr gegen die Kraft einer deduktiven Logik. Was hier aber gänzlich außer Reichweite bleibt, ist das Unbewußte, denn dieses ist objektiv noch viel weniger faßbar. Nach Carl Gustav Jung ist die Integration unbewußter Antriebe in das Bewußtsein Möglichkeitsbedingung für ein gelungenes Leben und Vorbedingung für jedes religiöse Weltverhalten. Wer seine dunklen Seiten nicht kennt, sollte nicht glauben, daß er zur religiösen Klarheit gelangen wird. Diese Dialektik ist aus der Geschichte der Spiritualität wohlbekannt. Der Mystiker muß zuerst durch die „dunkle Nacht der Seele" (Johannes vom Kreuz), wenn er zur Erleuchtung gelangen will. Diese „dunkle Nacht der Seele" impliziert vor allem die demütigende Einsicht in die Schattenseiten der eigenen Person.

Im Gespräch zwischen dem Physiker Wolfgang Pauli und dem Psychoanalytiker Carl Gustav Jung ging es darum, wie die das Unbewußte ausschließende physikalische Wissenschaft mit den unbewußten Antrieben vereinigt werden könnte, die den Schlüssel zur Religion liefern.

4.1 Wolfgang Pauli

Pauli war eine Art physikalischer Mozart, ein wissenschaftlicher Senkrechtstarter, wie sie selten in Erscheinung treten. Geboren gerade zur Jahrhundertwende, hatte er sich schon als Abiturient mit nur 18 Jahren das

[1] Kutschera (1993).

gesamte Wissen der damaligen Physik angeeignet. Über die eben erst entstandenen beiden Relativitätstheorien schrieb er mit 21 Jahren einen enzyklopädischen Artikel von 250 Seiten, der so brillant war, daß selbst Einstein sich darüber verwunderte und ihn noch Jahrzehnte später empfahl. Zuvor hatte Pauli sein Studium innerhalb von nur drei Jahren mit einer glänzenden Dissertation beendet, war innerhalb von drei weiteren Jahren habilitiert und war nach zwei Jahren bereits Professor. 1945 erhielt er den Nobelpreis für das später nach ihm benannte 'Pauli-Prinzip'. Dieses besagt, daß innerhalb eines Atoms niemals zwei Elementarteilchen mit halbzahligem Spin in allen vier Quantenzahlen übereinstimmen dürfen. Sie müssen sich also immer in einem der Energie-, Impuls-, Spinwerte usw. unterscheiden.

Als intellektuelle Superbegabung scheint Pauli zunächst einmal auf nichts gesetzt zu haben als eben diesen Intellekt. Aus der Distanz sagt er später: „Ich war in der ersten Lebenshälfte zu anderen Menschen ein zynischer, kalter Teufel und fanatischer Atheist und intellektueller Aufklärer."[2] Kein Wunder, daß ihm seine erste Frau davonlief und zwar mit einem Chemiker, was für Pauli eine schlimmere Demütigung war, als wenn es sich um einen Stierkämpfer gehandelt hätte. Ein Stierkämpfer, so Pauli, hätte wenigsten Muskeln, wenn schon auch kein Gehirn. So viel zu Paulis Zynismus. Sollte er später kein „kalter Teufel und fanatischer Atheist" mehr gewesen sein, so blieb ihm doch immer noch dieser Zynismus, der ihn zeitlebens gefürchtet sein ließ, so daß er „der fürchterliche Pauli" oder einfach nur „die Geißel Gottes" genannt wurde.

Die Demütigung des Verlassenwerdens behandelte Pauli mit Kneipen- und Bordellbesuchen, viel Alkohol und Nikotin, was erfahrungsgemäß nicht weiterhilft, jedenfalls wandte er sich nach einiger Zeit an Jung, bei dessen Schülerin Erna Rosenbaum er ab 1932 in Behandlung war. Pauli schrieb in diesem Zusammenhang seine Träume minutiös nieder. Jung hat sie später unter dem Titel „Traumsymbole des Individuationsprozesses" veröffentlicht, ohne Namensnennung und so, daß alle auf die Person Paulis hinweisenden Spuren getilgt waren.

Pauli und Jung korrespondierten außerdem über Jahrzehnte hinweg und gaben gemeinsam das Buch „Naturerklärung und Psyche" heraus, das Überlegungen Jungs zum Phänomen der „Synchronizität" und Untersuchungen Paulis zu Keplers ideeller Bestimmung der physikalischen Wissenschaft enthält, worauf ich zurückkommen werde.

Pauli hatte auch engen Kontakt zu Jung-Schülern oder -Vertrauten wie Aniela Jaffé oder Marie-Louise von Franz. Mit letzterer war er sehr vertraut – vermutlich in verschiedenster Hinsicht –, allerdings brach er den

[2] Nach Meier (1992), S. 31.

Kontakt zu ihr und zu Jung ganz plötzlich wieder ab. Von den Jungianern wird dies allgemein so gedeutet, daß er den Individuationsprozeß unterbrochen habe, also im Klartext, daß er vom 'rechten Wege' abgewichen sei.[3] Als ob man jederzeit so genau wüßte, was der 'rechte Weg' ist!

Nach Jung ist es das Ziel personaler Integrität, Bewußtes und Unbewußtes zu versöhnen. Daher mußte sich Pauli, der in der ersten Lebenshälfte ein abgespaltener, wurzelloser Intellektueller war, seinen unbewußten Seiten zuwenden. Er berichtet öfters davon, daß er von einem „dunklen Mann", einem Perser, geträumt habe, der nicht zum Studium zugelassen wurde, d.h. der nicht den offiziellen Standards der Wissenschaft entsprach. Dieser „dunkle Mann" oder „Fremde" unterlief die Unterscheidung zwischen „physisch" und „psychisch", indem er z.B. die Mathematik auch auf die „hermetische", d.h. innere Welt, anwandte. Pauli wunderte sich, daß sich seine Träume physikalisch ausdrückten und nicht etwa psychologisch, was er eher erwartet hätte. Er fand also anfangs die physikalische Sprache seiner Träume befremdlich und wehrte sich dagegen. Aber die Träume „insistierten" auf diesem Stil und erzeugten spontan eine „Korrespondenz zwischen psychologischen und physikalischen Sachverhalten".[4] Von daher rührte Paulis Idee einer „Hintergrundphysik" und einer systematischen Darstellung dieser „Korrespondenz" zwischen Psychischem und Physikalischem. Pauli sagt: „Unter 'Hintergrundphysik' verstehe ich das Auftreten von quantitativen Begriffen und Vorstellungen der Physik in spontanen Phantasien in einem qualitativen, übertragenen, also symbolischen Sinn."[5]

Der romantische Naturphilosoph Gotthilf Heinrich Schubert schrieb zu Beginn des 19. Jahrhunderts ein Buch mit dem Titel „Ansichten von der Nachtseite der Naturwissenschaft". In diese 'Nachtseite' war Pauli hinabgestiegen. Was er zutage förderte, war sehr verwunderlich, so daß es die Mehrheit seiner braven Physikerkollegen und der noch viel braveren Wissenschaftstheoretiker erschreckt hätte. Um dies zu verhindern, verheimlichte Pauli seine Einsichten und verfügte, daß sie auch nach seinem Tode geheim bleiben sollten. Bevor er den Kontakt mit Marie-Louise von Franz abbrach, überreichte er ihr ein 21seitiges Manuskript mit dem Titel „Die Klavierstunde – eine aktive Phantasie über das Unbewußte." Dieser Text wurde gegen Paulis Willen und zu unserem Glück schließlich doch noch veröffentlicht. Er enthält, wie zu zeigen ist, tiefe Einsichten über das Verhältnis zwischen Naturwissenschaft und Religion.

Pauli verhielt sich im Lehrbetrieb wie ein ganz gewöhnlicher Physiker.

[3] Franz in: Atmanspacher (1995), S. 332; ähnlich auch Erkelens (2002), S. 83.

[4] Nach Meier (1992), S. 34; 47; 110 ff.

[5] Nach Meier (1992), S. 176.

Er verheimlichte also künstlich sein reiches Innenleben. Sein Schüler und Nachfolger Markus Fierz sagt über Pauli: „Wer ihn gekannt hat, der hat es auch spüren können, daß in diesem Mann die Gegensätze des himmlisch Lichten und des archaisch Dunklen gewaltig wirkten.“ Pauli verheimlichte insbesondere, daß er gravierende Aversionen gegen die Apparatewissenschaft hatte und daß er den gesamten herrschenden Betrieb und seine nur auf das Äußerliche, Materielle gerichtete Tendenz für gefährlich hielt. Seine verdrängte Wut schaffte sich auf zerstörerische Weise Luft: In seiner Anwesenheit gingen unverhältnismäßig oft die Experimentieranordnungen der Laboratorien zu Bruch, und zwar auch größere und sehr teure Anordnungen. So brannte z.B. bei einem Besuch Paulis in Princeton 1950 ein riesiges Zyklotron ab, das Millionen gekostet hatte. Die Ursache des Brandes wurde niemals gefunden. Dieser Effekt ist von vielen, durchaus nicht abergläubischen Menschen, wie z.B. von den Physikern Markus Fierz, Charles P. Enz und Karl von Meyenn, gut bezeugt. Das Ganze ging so weit, daß Pauli bei seinem Freund, dem bekannten Molekularphysiker Otto Stern in Hamburg, Laborverbot hatte.[6]

Ein modifiziertes ‘Pauli-Prinzip’ machte die Runde: ‘Es ist unmöglich, daß sich Wolfgang Pauli und ein funktionsfähiges Gerät in ein und demselben Raum befinden.’

Pauli fraß also seine grundlegenden Zweifel am Wissenschaftsbetrieb in sich hinein. Diese Zweifel waren von der Art, daß er zum Dissidenten hätte werden müssen, der sich frontal gegen den herrschenden Betrieb stellt. Als hochgeachteter Nobelpreisträger hätte er damit einen Skandal ausgelöst, weit größer als die Skandale, die etwa Erwin Chargaff in der Genetik, Joseph Weizenbaum in der Informatik oder Paul Feyerabend in der Wissenschaftstheorie hervorgerufen haben.

Jede Disziplin braucht, um nicht selbstgerecht zu werden und um nicht einzuschlafen, ihren Dissidenten, so wie früher jeder Fürst einen Hoffnarren brauchte, der ihm die Wahrheit sagte, ohne daß er ihn gleich aufhängen ließ. Leider existiert die Institution des ‘Universitätsnarren’ nicht, obwohl dies wichtig wäre, denn der intellektuelle Betrieb an den Universitäten hat immer Tendenz, sich gegen Alternativen zu verschließen und die eigenen Vorgehensweisen zu verabsolutieren. Diese Gefahr ist besonders groß bei einer so renommierten, erfolgreichen und mächtigen Wissenschaft wie der Physik. Da es nichts auf dieser Welt gibt, was nicht auch seine Schatten wirft, und zwar umso dunkler, je heller das Licht ist, das diese Schatten hervorruft, wäre auch nichts wichtiger gewesen, als daß Pauli die Rolle eines Physikdissidenten in der Öffentlichkeit gespielt hätte.

[6] Nach Fierz (1988), S. 190; Enz/Meyenn (1988), S. 115ff.; vgl. auch Fischer (2002), S. 135ff.

Davor ist er zurückgescheut, was man andererseits auch wieder verstehen kann. In der scientific community galt er als das „Gewissen der Physik“, weil er unnachgiebig auf Klarheit und Wahrheit bestand. Der älter werdende Einstein hatte ihn auf einem Bankett in Princeton 1945 zu seinem „geistigen Sohn“, also zu seinem Nachfolger im Geiste, bestimmt.[7] Daß ein solcher Mann zugleich ein Mystiker und dezidierter Wissenschaftskritiker sein könnte, ahnte die Öffentlichkeit nicht und hätte es ihm auch gehörig übel genommen.

In Paulis Träumen tauchte immer wieder das Motiv einer „noch nicht angetretenen Professur“ auf.[8] Er hat sie niemals angetreten und blieb stattdessen bei der Schulwissenschaft. Für die hier zu behandelnde Problematik ist Paulis stummer Protest wichtig, weil er an einem prominenten Beispiel zeigt, wie tödlich die Zerrissenheit des modernen Subjektes im Spannungsfeld zwischen Wissenschaft und Religion geworden ist. Die gängige Literatur zu diesem Thema krankt daran, daß die meisten Autoren leichtfertig über einen Abgrund hinwegtänzeln, der sie in Verzweiflung stürzen müsste, wenn sie eine Ahnung von seiner Bodenlosigkeit hätten. Viele Theologen, die sich zu diesem Thema äußern, tun dies in einer Art ‘Ritt über den Bodensee’ und merken es noch nicht einmal. Sie sind sozusagen an der falschen Stelle nicht gestorben.

Der Dialog zwischen Pauli und Jung ist von herausragender Bedeutung für das Verhältnis zwischen Physik und Religion, wird aber in diesem Zusammenhang nur selten beachtet. Die Gründe dafür sind kontingenter Natur, vermutlich haben sie damit zu tun, daß beide, Pauli und Jung, antichristlich und antiphilosophisch eingestellt waren.[9] Dadurch haben sie sich aus den entsprechenden Diskussionszusammenhängen ausgeklinkt, so daß ihr Gespräch im Zürcher Binnenmilieu oder bei den Esoterikern hängen blieb. Dorthin gehört es aber nicht, denn dieser Dialog ist paradigmatisch für das grundsätzliche Spannungsverhältnis zwischen Physik und Religion.

Dabei gilt es, ein Doppeltes zu beachten: Wolfgang Pauli war einerseits existentiell, anderseits intellektuell an einem Brückenschlag interessiert. Was das Intellektuelle betrifft, so weisen seine Versuche einer Überbrückung auf die fast unlösbaren Schwierigkeiten hin, die dabei entstehen müssen, weil die Gegensätze zu weit auseinanderliegen. Trotzdem sind Paulis tastende Versuche lehrreich, weil sie, wie im Fall einer symbolischen

[7] Nach Fischer (2000), S. 7.

[8] Nach Meier (1992), S. 91.

[9] Jung rechnet mit Nietzsche Philosophie und Theologie zur „ancilla psychologiae.“ Grund: „Der wesentliche Inhalt aller Mythologien und aller Religionen und aller -ismen sei archetypischer Natur“: Jung (1966) Bd. VIII, S. 186; 233. Pauli spricht herablassend vom „philosophischen Gesangverein“ – Meier (1992), S. 138 – und hat sich jederzeit sehr negativ über die Theologie geäußert.

Deutung der Mathematik, auf eine unüberwindliche Schwierigkeit oder wie im Fall der 'Synchronizitätseffekte' auf eine interessante Überbrückungsmöglichkeit hinweisen, nämlich auf eine gewisse Dialektik zwischen Zweck und Zufall, die ich im sechsten Kapitel näher darstellen werde. Im Zentrum des Jung-Pauli-Dialogs steht allerdings das Existentielle. Hier bricht der Gegensatz in aller Schärfe auf.

Ich möchte diese Schärfe ohne Abschwächung darstellen, weil ich glaube, daß die Verwissenschaftlichung aller Bereiche oder, wie Jürgen Habermas sagen würde, die 'Kolonialisierung der Lebenswelt' seelische Verwüstungen hervorgerufen hat, über die wir uns gewöhnlich keine Rechenschaft mehr ablegen. Wir akzeptieren gerne die Segnungen von Wissenschaft und Technik, lassen uns von der Automatisierung verwöhnen, von der Werbung einlullen oder vom allgemein herrschenden Konsumwahn benebeln, gewinnen die ganze Welt und wollen nicht wahrhaben, daß wir beständig Schaden an der Seele nehmen. Weil wir keine Balance zwischen Innen- und Außenwelt, Gefühl und Intellekt, Kontemplation und Aktion mehr haben, regrediert unsere Psyche und dröhnt sich zum Ersatz voll mit billigen Surrogaten aus der Esoterik oder mit bloßer Populärwissenschaft.

So wie die überhandnehmende Technisierung Tendenz hat, Natur als eine eigenständige Größe zu eliminieren, so hat die Verwissenschaftlichung Tendenz, alles Seelische – und damit die Religion – in den Mülleimer der Geschichte zu verfrachten. Insbesondere die Theologen sehen den Gegensatz zumeist nicht in dieser Schärfe. Sie akkomodieren sich dem herrschenden Betrieb und erzeugen oberflächliche Synthesen aus Chaostheorie und Schöpfungstheologie, die ich im fünften Kapitel näher darstellen und kritisieren werde.

Wenn die genannte Analogie zwischen einer technisch gebrochenen und einer wissenschaftlich entseelten Natur stimmt, dann wäre der Ort des Theologen dort, wo die Schwachen sind. Das sind nicht nur die Unterprivilegierten der Dritten Welt, die im Schatten der Globalisierung dahinvegetieren, sondern das wäre auch die äußere und innere Natur, die wir technisch und wissenschaftlich gebrochen und in die Defensive gedrängt haben.

Die ökologische Krise hat dazu geführt, daß wir sensibler geworden sind in unserem Umgang mit der natürlichen Umwelt. Wir wissen, daß eine total durchgeführte Technisierung der äußeren Natur unsere eigene Natur zerstören müßte. Wir brauchen den Pol des Unverfügbaren, Von-sich-aus-Gewachsenen, des Nicht-Gemachten, um uns daran zu erinnern, daß alles Herrichten abkünftig ist und daß Machen und Macht keine Letztwerte sind. Wer nur noch zwischen Beton und Plastik, Glotze und Computer lebt, wird das Gefühl dafür verlieren, daß Macht und Glück nicht dasselbe sind.

Für unsere Psyche gilt etwas Ähnliches. Wenn wir nur noch berechnen, dann *sind* wir berechnend. Der nur noch berechnende und berechnete Mensch wäre vom Roboter ununterscheidbar. Dieser bräuchte dann auch keine Religion mehr, sondern nur noch etwas Strom.

Jung und Pauli sind der Meinung, daß wir durch ein Übermaß an objektivierender Wissenschaft sehr nahe an diesen Extremzustand herangekommen sind. So, wie das Mittelalter einseitig das Innerliche, Geistige herausgestellt habe, sei die Kultur der Moderne ins materialistische Gegenteil verfallen. Jung sagt: „Die so notwendige Erweiterung des Bewußtseins durch die Wissenschaft hat nun aber die mittelalterliche Einseitigkeit, nämlich die seit alters vorherrschende und allmählich überfällig gewordene Unbewußtheit, durch eine andere Einseitigkeit ersetzt, nämlich durch eine Überbewertung 'wissenschaftlich' fundierter Anschauungen. Diese bezogen sich samt und sonders auf die Erkenntnis des äußeren Objektes, und zwar in einer derart einseitigen Weise, daß heutzutage die rückständige Beschaffenheit der Psyche und vor allem der Selbsterkenntnis zu einem der dringensten Zeitprobleme geworden ist.“[10]

Jung mußte in der Arbeit mit seinen Patienten immer wieder die Erfahrung einer Regression des Unbewußten, Psychischen machen. Je großartiger wir unsere äußere Welt gestalten, umso mehr bilden sich unsere inneren Fähigkeiten zurück, weil wir sie vernachlässigen. Jung sagt in seiner Untersuchung über „Das Seelenproblem des modernen Menschen“: „Wir haben mit einer Leidenschaft ohnegleichen eine monumentale Welt um uns aufgerichtet; aber eben gerade weil sie so überaus großartig ist, liegt auch alles Großartige außen und was wir dagegen auf dem Grund der Seele finden, muß notwendigerweise sein, wie es ist, nämlich ärmlich und unzulänglich.“[11] Jung, der selbst und in Gestalt seiner Patienten permanent dieser Unzulänglichkeit ausgesetzt war, hat ihren Anblick oft mit sehr drastischen Worten beschrieben. Er konnte sich nicht verhehlen, daß es eine Latrine des Geistes gibt. Jedes Gegensteuern gegen die herrschende Tendenz der Verdrängung müßte allerdings in uns einen schmerzhaften Prozeß der 'Individuation' auslösen. Dieser Prozeß spielt sich jedoch nicht auf einer rein intellektuellen Ebene ab, sondern er erfaßt den ganzen Menschen und kann daher dramatische Ausmaße annehmen, wie insbesondere bei Wolfgang Pauli deutlich wird.

Ich sagte, daß Pauli und Jung antichristlich eingestellt waren. Dies hatte verschiedene Gründe. Einer davon war sicher der, daß sie von der Harmlosigkeit vieler christlichen Theologen angewidert waren, die das Kreuz predigen und die Bequemlichkeit lieben. Die existentielle Harmlosigkeit

[10] Jung (1966) Bd. VIII, S. 247.
[11] Jung (1966) Bd. X, S. 107.

ist eines der schlimmsten Laster vieler Theologen. Sie steht im diametralen Gegensatz zur Predigt Jesu und zu allem, was die Propheten des Alten Testaments gelehrt haben. Bei Pauli und Jung bricht etwas von dieser genuinen Schärfe des Prophetischen auf, eine Schärfe, deren Fehlen die meisten theologischen Schriften so langweilig macht, daß sich noch nicht einmal mehr jemand über sie ärgert. So jedenfalls haben es Jung und Pauli gesehen. Ich glaube, daß man ihren existentiellen und antichristlichen Protest sehr ernst nehmen sollte.

4.2 Carl Gustav Jung

Person und Werk Carl Gustav Jungs sind heftig umstritten. Erscheint er den einen als erleuchteter Weiser, so den anderen als Irrationalist, wenn nicht als Faschist.[12] Zwar hat Jung zu Beginn den aufkommenden Faschismus begrüßt, wie z.B. auch Martin Heidegger, er hat aber, wie dieser, seinen Irrtum sehr rasch eingesehen.[13] Irrationalistische oder okkultistische Tendenzen hatte er allerdings schon immer[14], ja er bewegte sich Zeit seines Lebens auf der Kippe, ganz wie sein Vorbild, Friedrich Nietzsche. Dies gilt auch für seine wissenschaftliche Tätigkeit. Sammelte er auf der einen Seite akribisch die Träume kranker Patienten, um seine Theorie des „kollektiven Unbewußten" und der „Archetypen" erfahrungswissenschaftlich zu untermauern, so gab er sich andererseits großflächig-romantischen Spekulationen hin über die Identität von Geist und Materie, über numinose Ergriffenheit oder über die Einheit aller Religionen, aber auch über Astrologie und Alchemie und sogar über fliegende Untertassen. Auf diese Art ist der Status seiner Rede völlig unklar. Handelt es sich um Theologie, Philosophie, um Mystik oder um Erfahrungswissenschaft?

Jung ist der Antityp zu Carnap. Hielt sich Carnap jederzeit in der beruhigten Welt der Verstandesklarheit auf, so stieg Jung in die verbotenen Gemächer des Unbewußten hinab, wo Hexen, Sex und Götter hausen

[12] Gerhard Wehr (1985) stellt Jung als einen Weisen dar, während Ernst Bloch in seinem „Prinzip Hoffnung" von ihm als von einem „faschistisch schäumenden Psychoanalytiker" spricht: Bloch (1985a), S.65.

[13] Micha Brumlik, selbst Jude, spricht diesen in seiner durchaus kritischen Jungdarstellung vom Vorwurf des Faschismus frei: Brumlik (1993), S.47.

[14] Jungs Mutter soll über mediale Fähigkeiten verfügt haben. Jungs erste wissenschaftliche Arbeit, seine Promotion, handelte über den Fall eines spiritistischen Mediums. Inzwischen weiß man, daß es sich um seine Cousine Helene Preiswerk handelte: vgl. Zumstein-Preiswerk (1975). In seiner Autobiographie „Erinnerungen, Träume, Gedanken" berichtet Jung über zahlreiche 'ψ-Phänomene'.

oder einfach nur der Blödsinn. Dementsprechend enthalten seine Schriften Juwelen geistiger Klarheit – neben allerhand esoterischem Geraune.

Weil wir den Menschen – trotz tausendfacher gegenteiliger Erfahrung – nach wie vor für ein 'animal rationale' halten, können wir mit solchen Phänomenen nicht gut umgehen, da wir insbesondere vom Wissenschaftler ein Höchstmaß an Rationalität erwarten. Es hat sich aber im letzten Kapitel gezeigt, daß selbst (und gerade) Wissenschaftler, die höchste formallogische Präzision anstreben, einen Schadstoffaustoß des Wissens produzieren, der außerordentlich giftig ist, so ähnlich wie die Atomkraftwerke, die neben angenehm billigem Strom zugleich hochgiftiges Plutonium erzeugen, das dann 24000 Jahre lang strahlt. Doch während wir die Schattenseiten einer übermäßigen Technisierung langsam einzusehen beginnen, sind wir nach wie vor im Unklaren über ihre psychischen Folgen.

Jung wirft dem durchschnittlichen Zeitgenossen vor, daß er – aufs Äußere und auf ein durchrationalisiertes Leben gerichtet – den Kontakt zu seinem Unbewußten verloren habe. Seine therapeutische Erfahrung lehrte ihn, daß die Menschen nicht ganz und heil werden können, wenn sie der Intuition nicht denselben Stellenwert zuerkennen wie dem Intellekt, den Ahnungen der Nacht ebenso viel wie den Klarheiten des Tages. Öffnen wir uns dem Helldunkel des Unbewußten, dann kann es allerdings geschehen, daß uns die Dämonen überwältigen, um das bewußte Ich inflationär zu überschwemmen. Im großen Stil ist dies nach Jung in den Ideologien des 20. Jahrhunderts geschehen, im Stalinismus und im Faschismus. Individuell kann eine solche Inflation des Unbewußten zum Größenwahn führen.

Jung hat oft sehr bescheiden über seine eigenen Entdeckungen gesprochen, doch manchmal hat auch ihn der schwarze Strom fortgerissen, so z. B. wenn er die Theologie und Philosophie schlichtweg 'Magd der Psychologie' (ancilla psychologiae) nennt.[15] Im genialisch-überbordenden Schwung des Unbewußten geschieht es ihm häufig, daß er die Geltungsansprüche durcheinanderbringt. Er spricht dann ununterscheidbar zugleich als Prophet, als Psychotherapeut, als Identitätsphilosoph und als Mystiker. Dieses merkwürdige Genus hat häufig dazu geführt, daß ihn die Theologen und Philosophen genauso wenig ernst nahmen wie er sie, zu beiderlei Schaden. Dabei hat Jung eine wichtige Entdeckung gemacht, die besonders unsere religiöse Grundbefindlichkeit betrifft und die man nicht ohne Schaden ignorieren kann. Daß er mit dieser Entdeckung zugleich überhöhte Geltungsansprüche stellte, steht auf einem anderen Blatt. Aber haben sich nicht auch Freud, Marx, Nietzsche und Schopenhauer überschätzt und ebenso Naturwissenschaftler wie Darwin, Mach oder Prigo-

[15] Jung (1966) Bd. VIII, S. 186.

gine? Auch in diesen Fällen sondern wir die Spreu vom Weizen und beklagen uns nicht darüber, daß wir beides nur vermischt erhalten.

Jungs Psychologie arbeitet mit Begriffen wie „kollektives Unbewußtes", „Archetypus", „Selbst", „Schatten", „Anima", „Komplex" usw., Begriffe, die in den allgemeinen Sprachgebrauch eingedrungen sind. Im Endeffekt geht es ihm darum, Wege aufzuzeigen, wie das Unbewußte ins Bewußtsein integriert werden kann, d.h. um eine „Realisierung des Schattens, das heißt um das Innewerden des inferioren Persönlichkeitsteiles, welches nicht in ein intellektualistisches Phänomen umgedeutet werden darf, weil es ein den ganzen Menschen betreffendes Erleben und Erleiden beinhaltet." Ziel sei „die Synthese von bewußten und unbewußten Inhalten."[16]

Micha Brumlik spricht in Bezug auf die Differenz zwischen der Freudschen und Jungschen Psychologie von einem „Zensur-" und einem „Artikulationsmodell". Bei Freud würden die Träume hauptsächlich als Wunscherfüllung unter der Herrschaft triebeinschränkender gesellschaftlicher Normen gesehen. Träume hätten hier rein kompensatorischen Charakter, wohingegen der Traum bei Jung eine Artikulation des Unbewußten in seiner Ganzheit sei.[17]

Jung hatte entdeckt, daß in den Träumen moderner Menschen, die sich noch nie mit Mythologie oder vergleichender Religionswissenschaft beschäftigt haben, immer wieder dieselben Vorstellungen auftauchten, die man aus der Geschichte der Mythologie oder der Mystik kennt. Er ging deshalb davon aus, daß das Unbewußte kollektiven Charakter haben müsse. Dieses Unbewußte produziert also immer wieder ähnliche Muster und Modelle, die Jung mit Philo von Alexandrien auch „Archetypen" nennt. Ihr Ort ist zunächst das Triebhafte, Archaische, ja Biologische: „Trieb und archaischer Modus koinzidieren im biologischen Begriff des pattern of behaviour." Der Mensch habe „a priori Instinkttypen in sich", die man etwa mit denen der Blattschneideameise vergleichen könne. Beispiele für immer wiederkehrende archetypische Vorstellungen seien: Der Gegensatz Chaos-Ordnung oder hell-dunkel, oben-unten, rechts-links, die Vereinigung des Gegensatzes in einem Dritten, die Quaternität (Viereck, Kreuz), Rotation (Kugel), oder die Zentrierung als Höhepunkt solcher Symbolisierungsleistungen.[18] Man könne diese „Archetypen" auch mit den Platonischen Ideen vergleichen, weil sie zeitlos seien und als Konstanten unser psychisches Innenleben regulierten.

Jung hat das Verdienst, vielen modernen Menschen die religiöse Sphäre überhaupt erst wieder zugänglich gemacht zu haben. Er verfügte in dieser

[16] Jung (1966) Bd. VIII, S. 234ff.
[17] Brumlik (1993), S. 49.
[18] Jung (1966) Bd. VIII, S. 214ff.

Hinsicht über ein beträchtliches Charisma, das auch die Fähigkeit zur Kulturkritik einschloß. Jung und Freud waren zwar als Therapeuten zunächst einmal auf das Individuelle ausgerichtet, aber beide sahen in den Pathologien der Individuen einen Ausdruck der Schiefheiten der Gesellschaft als ganzer, die sie mit ihren Mitteln kritisierten. Ich denke, daß Jungs Kritik an einer veräußerlichten, symbolarmen Kultur durchaus etwas Wahres trifft und daß sie vor allem für das Verhältnis von Physik und Religion von großer Bedeutung ist.

Jung vertritt die These, daß die Seele erst im 17. Jahrhundert „subjektiv" wurde.[19] Diese Beobachtung ist zutreffend. Die sich entwickelnde neuzeitliche Naturwissenschaft 'entseelte' die Natur und führte dazu, daß sich das Psychische in das Innere des Menschen zurückzog. Vorher war das anders. In der Aristotelischen Tradition waren z. B. auch die Tiere und Pflanzen beseelt und selbst die Steine verfügten über ein spontanes, der Seele verwandtes Prinzip. In dieser traditionellen Sichtweise war die Seele ebenso gut 'drinnen' wie 'draußen'. Jung zitierte gerne Goethe mit dem Satz: „Alles Außen ist auch Innen."[20]

Die Ursache, weshalb Jung auf solche klassischen, der modernen Naturwissenschaft fremden Traditionen zurückgriff, war die, daß er seine therapeutischen Erfahrungen in den modernen Konzeptionen nicht unterbringen konnte. Erstens einmal zeigte sich ihm die Psyche nicht als subjektives, sondern als kollektives Phänomen. Sodann schien sie ihm keinesfalls weltenthoben, wie in der dualistischen Konzeption des Descartes. Natürlich konnte er sich auch nicht mit den zeitgenössischen materialistischen Theorien anfreunden, wonach die Seele aus dem einfachen Grunde nicht weltenthoben ist, weil sie nicht über die materielle Dynamik hinausragt. Seine Erfahrung als Psychotherapeut lehrte ihn vielmehr das Gegenteil: Die Psyche hat Macht auch über die Materie. Hier kann er sehr schroff werden. Danach ist es nicht das Gehirn, das die Seele schafft, sondern gerade umgekehrt.[21] Man fühlt sich erinnert an Arthur Schopenhauers „Metaphysik der Natur". Ganz allgemein war der Einfluß Schopenhauers auf Jung beträchtlich.[22]

Ein wesentlicher Grund für die merkwürdig klingende Behauptung, das Innere, Geistige schaffe sich das Äußere, Materielle, liegt in dem, was Jung die „Synchronizitätsphänomene" nennt, d. h. in bestimmten Erfahrungen,

[19] Jung nach Atmanspacher (1995), S. 309.

[20] Jung (1966) Bd. IX/I, S. 114.

[21] Jung (1966) Bd. VIII, S. 203.

[22] Jung hat den entscheidenden Einfluß Schopenhauers auf sein Denken immer wieder betont. Auch sein Konzept der Synchronizitätsphänomene ist direkt von Schopenhauer beeinflusst; Jung/Pauli (1952), S. 10.

die eine zwar nicht kausale, aber doch merkbare Wirkung des Psychischen auf die Materie zum Ausdruck bringen. Manchmal spricht er auch, statt von einem „akausalen Zusammenhang" von einer „sinngemäßen Koinzidenz" oder von einer „Koinzidenz aufgrund von 'Ähnlichkeit'"[23], Begriffe, die das Gemeinte besser zum Ausdruck bringen.

Wolfgang Paulis Art oder vielmehr Unart, durch seine bloße Präsenz physikalische Apparaturen zum Kollabieren zu bringen, wäre ein Beispiel dafür. Es geht also um materielle Wirkungen, die in keinem Kausalzusammenhang zu stehen scheinen, aber doch merkbar sind; ich werde auf dieses Problem zurückkommen.

Jung scheint nach einiger Zeit die Distanz zu seinen eigenen Entdeckungen verloren zu haben. Er entwickelte eine metaphysische Identitätsphilosophie, die kontinuierlich in eine entsprechende Spiritualität und Mystik überging, indem er ständig versicherte, nichts anderes zu treiben als Naturwissenschaft.[24] In Wahrheit bewegte er sich permanent auf metaphysischem Terrain, so wenn er betonte, es gehe ihm darum, die „'Beseeltheit' des Stoffes zu erschließen" oder darum, die „analogia entis" der Tradition zurückzugewinnen. Den Verdacht, er treibe Metaphysik, wiegelte er großflächig ab. In seinen Schriften gehe es nicht „um eine philosophische Ansicht, sondern um einen empirischen Begriff, der ein der Erkenntnis notwendiges Prinzip postuliert. Das ist weder Materialismus noch Metaphysik".[25]

Nun rechnet man aber mit guten Gründen seit Kant die transzendentalen Möglichkeitsbedingungen empirischer Wissenschaften zur Metaphysik. Letztlich will Jung sogar auf eine Identitätslehre hinaus: „Da Psyche und Materie in einer und derselben Welt enthalten sind, überdies miteinander in ständiger Berührung stehen und beide auf unanschaulichen transzendentalen Faktoren beruhen, so besteht nicht nur die Möglichkeit, sondern auch eine gewisse Wahrscheinlichkeit, daß Materie und Psyche zwei verschiedene Aspekte einer und derselben Sachlage sind."[26]

Man erkennt die Verwandtschaft seiner Konzeption mit der Weizsäckers. Auch Jung versucht, empirische Gegebenheiten so zu verallgemeinern, daß sie das ganze Feld der Metaphysik abdecken und damit über-

[23] Jung/Pauli (1952), S. 9; 62.

[24] In seiner Abhandlung „Theoretische Überlegungen zum Wesen des Psychischen" berichtet Jung, daß er zunächst einmal als Naturwissenschaftler begonnen habe. Er sei dann durch die Dynamik seiner Entdeckungen in den Bereich der Theologie bzw. der vergleichenden Religionswissenschaft hineingeraten. Doch wenig später erhebt er wieder den Anspruch, nichts als Naturwissenschaft zu treiben: Jung (1966) Bd. VIII, S. 243; 249.

[25] Jung in: Meier (1992), S. 85; 100; ders. in: Jung/Pauli (1952), S. 99.

[26] Jung (1966) Bd. VIII, S. 241.

flüssig machen würden, um kontinuierlich in eine Mystik als Alleinheitslehre hineinzugelangen. Die Problematik einer solchen Konzeption habe ich im vorletzten Kapitel am Beispiel Weizsäckers verdeutlicht. Bei Jung kommt hinzu, daß er eine folgenschwere Vertauschung von 'oben' und 'unten' vornimmt, die dazu führt, Christus durch Dionysos oder die Platonischen Ideen durch das Unbewußte zu ersetzen. Auch hier bewegt er sich in der Tradition Schopenhauers, der ganz ähnlich vorgegangen war.

Zunächst sind die Jungschen „Archetypen" am Übergang vom Biologischen zum Psychischen lokalisiert, d.h. ihr Ort sind die eher 'unteren Stockwerke' des Geistes, wo das Unbewußte noch nicht bewußt, das Allgemeine noch nicht geschichtlich und das Kollektive noch nicht individuell geworden ist.

Mit Jung zu fordern, daß dieser Bodensatz der Seele nicht verdrängt werden solle, weil er sonst ideologisch deliriert, ist eine durchaus vernünftige Forderung, aber Jung geht weiter. Im Überschwang seiner Entdeckerfreude identifiziert er dieses archetypische Fundament mit den Platonischen Ideen am Geisteshimmel und vertauscht so das Unten und Oben.[27] Sodann – und das hängt damit zusammen – läßt er die Archetypen zwischen bloßen Formen im kantischen Sinn und inhaltlich bestimmten Platonischen Ideen changieren, ohne sich zwischen diesen einander ausschließenden Alternativen zu entscheiden.[28]

Mir scheint dieses Changieren der Archetypen zwischen unten und oben, zwischen bloßen Formen und inhaltlich bestimmten Ideen das Grundproblem der Jungschen Psychologie zu sein. Hätte er die Archetypen dort belassen, wo sie hingehören, ins untere Stockwerk der Seele, wo der Trieb ins Menschliche übergeht, dann hätte er nicht den Anspruch stellen müssen, Philosophie und Theologie zu *ersetzen*. Vernunft, die aufs Ideelle geht, wäre damit noch nicht abgegolten und der Glaube, der aufs Geschichtliche geht, wäre nicht nur eine sekundäre Ausprägung bereitstehender ewiger Formen, die akzidentell erfüllbar sind, so daß Isis und Osiris, Jesus und Maria, Tristan und Isolde, Yin und Yang zu ein und demselben wird. Dann wäre auch der Vorwurf ostasiatischer Mystiker, er verwechsle das Unbewußte mit dem Überbewußten, gegenstandslos. Es ist schon so, daß er das Mystische zunächst im animalischen Bereich sucht: „Der 'moderne' Mensch ist zu allen Zeiten einsam, denn jeder Schritt zu

[27] Sehr deutlich z.B. in Jung (1966) Bd. VIII, S. 242.

[28] In seiner Untersuchung über „Die Archetypen und das kollektive Unbewußte" führt er die Archetypen zunächst als Platonische Idee ein, daß nämlich „aller Phänomenalität die Idee präexistent und übergeordnet sei." Kurze Zeit später stuft er sie jedoch zu inhaltslosen Kantischen Formen herab: Jung (1966) Bd. IX/I S. 92; 95.

höherer und weiterer Bewußtheit entfernt ihn von der ursprünglichen, rein animalischen participation mystique mit der Herde, dem Eingetauchtsein in ein gemeinsames Unbewußtes."[29] Ob der Begriff der 'Mystik' hier angebracht ist?

Der blinde Trieb unterscheidet nicht zwischen Subjekt und Objekt und wird auch von alters her zum irrationalen Teil des Menschen gerechnet. Indem Jung die Triebsphäre 'nach oben' verlagert, hebt er das Irrationale auf den Thron und verbindet es mit einer Identitätslehre, die als ursprüngliche Ganzheit jede Art von begrifflicher Differenzierung unterläuft. Auf diese Art konstitutiert die Jungsche Psychologie eine Gegenwelt, die nicht mehr mit den öffentlich geführten wissenschaftlichen Diskursen korrelierbar ist. Es wird sich zeigen, daß Wolfgang Pauli an dieser entscheidenden Stelle von Jung abweicht.

Auch wenn man die Hochstilisierung der Archetypen zu Platonischen Ideen nicht mitmacht, bleibt von der Jungschen Psychologie doch einiges übrig, denn die Entdeckung überindividueller Determinanten im psychischen Haushalt der Menschheit, ihre versteckte Wirksamkeit in der Kultur oder Subkultur, die Notwendigkeit, den eigenen „Schatten" anzuerkennen, die Forderung nach Ganzheit der Person über das intellektuelle Oberflächenbewußtsein hinaus und ihre Bedeutung für die religiöse Selbstdeutung des Menschen – all diese Spezifika der Jungschen Psychologie behalten ihren Wert auch dann, wenn man den romantischen Überschwang von seiner Lehre abzieht.[30]

Als Begründung für die Behauptung, die Psyche überbrücke von sich aus die Subjekt-Objekt-Spaltung und könne direkt auf die Materie einwirken, führt Jung die sogenannten „Synchronizitätsphänomene" an.[31] In der Tat, wenn es so etwas gibt wie Paulis direkte, zerstörerische Einwirkung auf physikalische Apparaturen, dann verfügt die Psyche über immaterielle Kräfte, die die gängige Ontologie in Frage stellen, wonach die Psyche entweder nur ein Sekundäreffekt der im Gehirn feuernden Neuronen ist oder sich doch zumindest auf bloße Subjektivität beschränkt, die ins Körperinnere eingeschlossen bleibt.

[29] Jung (1966) Bd. X, S. 92. Den Vorwurf, er verwechsle das Unbewußte mit dem Überbewußten, erwähnt Jung manchmal – z. B. in (1966) Bd. VIII, S. 204 –, ohne ihn jedoch ernstlich zu widerlegen.

[30] Brumlik kritisiert in seiner Darstellung Jungs Identifikation des Unbewußten mit Gott, seine parapsychologischen und quantenphysikalischen Spekulationen einer letzten Identität. Der „harte Kern" der Jungschen Psychologie sei „eine strukturalistische Theorie kulturell universaler Bildsymbole und ihrer psychischen Dynamik": Brumlik (1993), S. 126 ff.

[31] Die entscheidende Publikation dazu („Synchronizität als ein Prinzip akausaler Zusammenhänge") findet sich in Jung/Pauli (1952).

Ich möchte die Synchronizitätsphänomene zugleich halten und kritisieren. Kritisieren möchte ich die Funktion, die ihnen bei Jung zugesprochen wird, nämlich eine Art empirischen Gottesbeweis zu liefern. So etwas gibt es nicht. Halten möchte ich sie, insofern sie eine Verschränkung von Zufall und Sinndimension darstellen, ein außerordentlich tiefgründiger und für das Verhältnis von Religion und Physik ganz wesentlicher Gedanke.

Synchronizitätsphänomene stellen sich zunächst einmal spontan ein. Jung berichtet vom 1. April 1949, an dem er beabsichtigte, Fisch zu essen.[32] An diesem Tag begegneten ihm 'zufällig' verschiedene Fischsymbole in völlig unterschiedlichen Zusammenhängen und extrem großer Häufigkeit. Natürlich kann man solche Häufungen als 'Zufall' abtun, aber kaum einer von uns, der nicht schon sehr merkwürdige Koinzidenzen erlebt hätte, und diese hinterlassen ein eigentümliches Gefühl in uns. Aus dem Zweiten Weltkrieg gibt es viele Berichte von Müttern, die die Stunde 'wußten', da ihr Sohn erschossen wurde. Solche Phänomene, die praktisch jeder schon einmal erlebt hat, zeigen, daß es mehr zwischen Himmel und Erde gibt, als sich die Vernunft träumen läßt. Andererseits träumt die Vernunft wirklich in solchen Fällen, d. h. ihr Schlaf gestattet es nicht, solche existentiellen Erfahrungen in harte Wissenschaft zu verwandeln. Das ist es aber, was Jung wollte.[33]

Diese Frage ist für das Verhältnis von Physik zu Religion von ganz entscheidender Bedeutung. Die Bibel ist voller Wunder, aber die Exegeten erklären uns, daß wir sie nicht wörtlich nehmen sollten. Aber was, wenn es überhaupt nie ein Wunder gegeben hätte, weder zur Zeit Jesu noch heute, was sollte uns dann veranlassen zu glauben, daß die Welt von einem transzendenten Wesen erschaffen wurde, das den Einschränkungen der Materie nicht unterliegt? Rudolf Bultmann behauptet im Rahmen seiner „entmythologisierten" Bibelauslegung: „Man kann nicht elektrisches Licht und Radioapparat benützen, in Krankheitsfällen moderne medizinische und klinische Mittel in Anspruch nehmen und gleichzeitig an die Geister- und Wunderwelt des Neuen Testaments glauben."[34] Wenn dieser Schluß zwingend ist, dann kann man, wie mir scheint, überhaupt nicht mehr an das Neue Testament glauben. Die Rede vom 'Schöpfergott' wird dann inhaltsleer.

Die Gegenposition (die ich genauso wenig akzeptiere) ist die, empirisch-testbare Effekte Gottes oder des Geistes in der Welt zu unterstellen. Manche Gläubige führen Nahtod-Erlebnisse, Telekinese, Teleportation,

[32] Jung/Pauli (1952), S. 8.

[33] Der Parapsychologe Hans Bender berichtet, daß über die Hälfte der Deutschen an parapsychologische Phänomene glauben. Allerdings hält auch er sie nicht für methodisch reproduzierbar: Bender (1974), S. 9; 18.

[34] Bultmann (1941), S. 16.

Bilokation oder ganz allgemein parapsychologische oder 'ψ-Phänomene' als eine Art Gottesbeweis an, während szientifische Materialisten wie Konrad Lorenz, Bernulf Kanitscheider oder Gerhard Vollmer solche Erfahrungen als Gegeninstanz zu ihrem Materialismus gelten lassen würden.[35] Ich möchte im folgenden zeigen, daß solche Phänomene, deren Möglichkeit ich nicht leugne, weder als Bestätigung eines theistischen Glaubens noch als Widerlegungsinstanz für den Materialismus zu gebrauchen sind. Die Frage nach dem 'Geist' liegt auf einer ganz anderen Ebene, ohne daß man ihn wie Bultmann vollständig 'wegrationalisieren' müsste.

Jung führt sein Synchronizitätsprinzip als Alternative zum Kausalitätsprinzip ein und versucht dann, dieses Prinzip in der Erfahrung aufzuweisen. Er beruft sich dabei auf die Versuche eines gewissen J. B. Rhine, der systematische ψ-Experimente durchgeführt hatte, mit positiven Ergebnissen, wie es scheint.[36] Man lässt in solchen Experimenten 'televisionär' begabte Menschen in einem abgeschlossenen Raum Spielkarten erraten, die in einem anderen, davon isolierten Raum aufgedeckt werden. Nach Jung haben diese Ergebnisse die wissenschaftliche Dignität der Synchronizitätseffekte erwiesen. Andererseits sagt er: „Die archetypischen Gleichartigkeiten verhalten sich zur kausalen Determination kontingent, d.h. es bestehen zwischen ihnen und den Kausalvorgängen keine gesetzmäßigen Beziehungen."[37] Aber wenn das richtig ist, dann kann es keine Rhineschen Experimente geben, denn diese gehen ja von einer gesetzlichen Verbindung zwischen der archetypischen und der materiellen Ebene aus, die Jung gerade bestreitet.

Jungs ambivalentes Verhältnis zu den Synchronizitätsphänomenen macht das zugrundeliegende Problem deutlich: Entweder es verhält sich so, daß diese Phänomene spontan, d.h. nichtreproduzierbar auftreten, dann bezeichnen sie den Ort, wo Kontingenzen, die der Kausalnexus offen läßt, unvorhersehbar in Sinnkorrespondenzen umschlagen. Oder aber es handelt sich um ein reproduzierbares, wissenschaftstaugliches Phänomen, dann ist es nomologisch beschreibbar und erregt den Verdacht, daß ein bisher noch nicht verstandener physikalischer Mechanismus dahinterstecken könnte.[38]

35 Lorenz (1973), S.87; Kanitscheider in: Achtner (2002/03) und Vollmer in: Keil/Schnädelbach (2000), S.64.

36 Jung/Pauli (1952), S.15ff.

37 Jung/Pauli (1952), S.102.

38 Für Materialisten wie Vollmer oder Kanitscheider ist dies desolat. Sie können nämlich jetzt nicht mehr angeben, welche Erfahrung ihre Position eigentlich noch widerlegen könnte, d.h. sie müssen eingestehen, daß auch ihre materialistische Weltanschauung im letzten metaphysisch ist. Vgl. meinen Beitrag in Achtner (2002/03), S.115–130.

Der wohl bekannteste ψ-Fachmann in Deutschland, Walter von Lucadou, Physiker und Psychologe, beschäftigt sich seit Jahrzehnten mit solchen Phänomenen und bekennt, daß er bis heute noch keine Entscheidung darüber habe fällen können, ob sie auf Aberglaube, echter Einwirkung von Geistern und Gespenstern oder doch auf versteckten physikalischen Mechanismen beruhen.[39] Vermutlich hat er recht. Solche Phänomene sind nicht eindeutig fixierbar und begründen deshalb keine wissenschaftlich haltbaren Schlüsse.

Bleibt die Vermittlung von Sinnperspektiven mit nomologisch beschreibbaren Verhältnissen über das Scharnier des Zufalls. Diese Dialektik bezeichnet den „harten Kern" hinter den Synchronizitätsphänomenen. Er ist für das Gespräch zwischen Physik und Religion von entscheidender Bedeutung, wie sich bei Wolfgang Pauli zeigen wird.

Jung hat den 'Geist' nicht nur in ψ-Phänomenen experimentell dingfest zu machen versucht, er sympathisierte auch mit dem Gedanken, daß die neuere Physik den 'Geist in der Materie' finden könne, jedenfalls hat er die Relativitäts- und Quantentheorie so gelesen. Danach gilt: „Sogar die Physik verflüchtigt unsere materielle Welt."[40]

Ein Grund für Jungs Gespräche mit Pauli war, zu prüfen, ob es sich tatsächlich so verhält. Obwohl Pauli nicht dieser Meinung war, haben manche Jung-Anhänger auf diese Weise den Pauli-Jung-Dialog zu interpretieren versucht, d.h. sie forderten eine 'geistige Physik'. Mit dieser Vorgehensweise endet man bei ziemlich abseitigen, spiritualistischen Physikdeutungen.[41]

All diese Versuche erinnern an das, was ich oben über Weizsäcker dargelegt habe. Sie entsprechen dem Zeitgeist. Danach ist es dem Wissenschaftsgläubigen einerseits nicht wohl mit seinem Diesseitsglauben und er sucht nach Alternativen. Aber anstatt wirklich Ernst mit der Religion zu machen, sucht er empirische und theoretische Berufungsinstanzen für seinen halbherzigen Glauben. ψ-Phänomene, Quanten- und Informationstheorie, überzogene indische Gurus und eine idealistisch interpretierte

[39] Vgl. Lucadou (1995).

[40] Jung (1966) Bd. X, S. 106.

[41] In diesem Sinn hat Herbert Erkelens vor kurzem ein sehr umfangreiches Buch zum Pauli-Jung-Dialog geschrieben. Er projektiert dort romantisierend „eine neue Naturwissenschaft, die Geist und Materie nicht voneinander trennt, um etwa Materie mit Hilfe des Geistes zu dominieren"; „Mathematisierung und Formalisierung der Materie" seien „die eigentliche Übeltat der Klassischen Mechanik"; Erkelens (2002), S. 33; 45. Solche „Übeltaten" wird die Physik begehen, solange sie existiert und wenn sie nicht zur Weltbewältigung dienen würde, könnten wir leicht auf sie verzichten. Die romantische Vorstellung von einer Einheitswissenschaft, die zugleich Weisheit wäre, ist ernstlich nicht zu verwirklichen.

Physik werden dann zum Fetisch einer Religiosität, die auf halbem Wege stehen bleibt.

Problematisch scheint mir auch die Berufung auf das 'Irrationale', die man im Zusammenhang mit dem Jung-Pauli-Dialog in der Literatur ständig wieder findet. Weil Jung selbst das Irrational-Triebhafte an die Stelle des Ideellen und Vernünftigen setzte, folgten ihm die Kommentatoren dieses Dialogs zumeist und schienen nicht zu bemerken, daß eine Berufung auf das Irrationale aus jedem systematischen Denken heraus- und in die Beliebigkeit hineinführt, daß aber vor allem Pauli selbst diesen Weg nicht gegangen ist, weil er wohl sah, daß dieser ins argumentative Nichts führt.

Das Irrationale kann nicht zum Prinzip gemacht werden, denn Prinzipien sind Gründe. Gründe stehen aber zum Begründeten ex definitione in einem vernünftigen Verhältnis. Daher kann das Irrationale niemals Prinzip sein und als solches herangezogen werden.

Zwar empfinden alle religiösen Menschen ihre religiöse Erfahrung als geheimnisvoll und nicht von der Art, daß sie sich dem Intellekt direkt erschließen würde. Man hat angesichts dieser allgemein verbreiteten Erfahrung nur zwei Möglichkeiten: Entweder man trennt den Bereich religiöser Erfahrung völlig ab vom Intellekt und weigert sich, im Sinn einer 'theologia negativa', irgendwelche Aussagen über Gott oder das Absolute zu machen, wie das manche Zenbuddhisten tun, oder aber man hält am Geheimnischarakter des Religiösen fest, unterstellt aber zugleich, daß auch die religiöse Erfahrung einen verstehbaren Aspekt hat. Dann kann sich die Systematik auf diesen Aspekt beziehen, möge er auch zweitrangig gegenüber dem Geheimnis sein. Eine solche Position, die das Mysterium als Zentralphänomen des Religiösen wahrt und trotzdem nicht auf die Ratio verzichten will, wird mit guten Gründen von vielen Theologen und Religionsphilosophen gehalten.[42]

Was man aber nicht tun kann, ist, die prinzipielle intellektuelle Nichtverstehbarkeit des Religiösen zu behaupten, d.h. diesen Bereich zum irrationalen zu erklären und gleichzeitig über das Verhältnis von Religion zur Psychologie oder zur Naturwissenschaft Aussagen zu machen, die einen Wahrheitsanspruch stellen und sich in die begründende Rede einer Gesamtsystematik einfügen. Das ist es aber, was man bei vielen Jung-Anhängern findet. Ein Irrationalismus der Prinzipien ist also selbstwidersprüchlich.[43] Aus diesem Grund ist es nicht einsichtig, wenn die meisten bisheri-

[42] Vgl. z.B. die Religionsphilosophie von Frido Ricken, die vornehmlich diesen Punkt herausarbeitet: Ricken (2003).

[43] In seiner Schrift über die Synchronizitätseffekte spricht Jung dem Intellekt den Zugang zum Archetypischen ab. Der Intellekt könne „das Einzelne als Teil eines Ganzen“ nicht begreifen. Einige 30 Seiten später erwähnt er allerdings das

gen Kommentatoren des Jung-Pauli-Dialogs glaubten, das Irrationale stark machen zu sollen. Dieser Dialog läßt sich auf einer solchen Hintergrundfolie weder verständlich noch in seiner Bedeutung für heutige Probleme fruchtbar machen.[44]

4.3 Vermittlungsfiguren: „Die Klavierstunde"

Es geht jetzt darum, verschiedene Vermittlungsfiguren darzustellen und gegebenenfalls zu kritisieren, die Pauli im Gespräch mit Jung entwickelt hat. Vorweg ist aber nochmals zu betonen, daß dieses Gespräch von seiner Substanz her existentiell und nicht primär intellektuell oder philosophisch war. Dementsprechend ist sein wesentliches Resultat auch keine Theorie, die man 'getrost nach Hause tragen' könnte. Die eigentliche Leistung Paulis besteht in einem neuen Mythos oder in einer symbolisch verschlüsselten Erzählung, die im Stil eher den biblischen Erzählungen gleicht als einer wissenschaftlichen oder metaphysischen Abhandlung. Dies zu betonen, ist sehr wichtig. Pauli, ein weltberühmter First-class-Physiker, äußert sich geradezu kindlich, wenn es darum geht, seine religiösen Erfahrungen auszudrücken. Mir scheint, daß es nur so geht, und daß viele Publikationen, die über das Verhältnis von Physik und Religion handeln, sehr gerne die existentielle Ebene überspringen, wodurch sie das Wichtigste verpassen.

Paulis Konzept unterscheidet sich in einem zentralen Punkt vom Jungschen: Er akzeptiert den Irrationalismus nicht als Prinzip. Pauli sagt: „Eine Flucht aus dem bloß Rationalen, bei dem der Wille zur Macht als Hintergrund niemals ganz fehlt, in dessen Gegenteil, zum Beispiel in eine christ-

„Tao", wie es sein Freund, der Sinologe Richard Wilhelm, dargestellt hatte. Das „Tao" gehöre ebenfalls zum archetypischen Bereich und sei verantwortlich für die Synchronizitätseffekte: „Die Wirklichkeit, meint Wilhelm, sei begrifflich erkennbar, weil nach chinesischer Auffassung in den Dingen selbst etwas irgendwie 'Rationales' stecke. Dies ist der Grundgedanke der sinngemäßen Koinzidenz." Damit sind wir nun plötzlich doch wieder im rationalen Bereich; Jung/Pauli (1952), S. 37; 72!

[44] Z.B. geht der von Atmanspacher, Primas usw. herausgegebene Sammelband „Der Pauli-Jung-Dialog und seine Bedeutung für die moderne Wissenschaft" zurück auf eine Tagung der ETH Zürich des C. G. Jung-Instituts im Jahr 1993 auf dem Monte Verità bei Ascona. Diese Tagung handelte über das Thema: „Das Irrationale in den Naturwissenschaften. Wolfgang Paulis Begegnung mit dem Geist der Materie" und versucht dieses „Irrationale" stark zu machen. Gleich im Vorwort betonen die Herausgeber, daß das Psychologische und Religiöse jenseits von Ratio, Logik und Intellekt im irrationalen Bereich zu finden sei; Atmanspacher (1995), S. 6. Auch Fischer 'argumentiert' in seiner Darstellung ganz ähnlich: Fischer (2000), S. 147.

liche oder buddhistische Mystik, ist naheliegend und gefühlsmäßig verständlich. Ich glaube jedoch, daß demjenigen, für welchen der enge Rationalismus seine Überzeugungskraft verloren hat und dem auch der Zauber einer mystischen Einstellung, welche die äußere Welt in ihrer bedrängenden Vielheit als illusorisch erlebt, nicht wirksam genug ist, nichts übrig bleibt, als sich diesen verschärften Gegensätzen und ihren Konflikten in der einen oder anderen Weise auseinanderzusetzen.“ Pauli visiert denn auch nicht eine Lösung dieses Konflikts an, sondern bezeichnet die Synthese zwischen Mystik und Physik lediglich als einen „ausgesprochenen oder unausgesprochenen Mythos unserer eigenen, heutigen Zeit.“[45] Man sieht, wie bescheiden Pauli ist und wie sehr er sich den vorschnellen Synthesen verweigert!

Seine Skepsis gegenüber dem Irrationalen hat unter anderem den Grund, daß er die Archetypen anders faßt als Jung. Nach Pauli sind sie nur „symbolische Bilder“, die die Brücke zwischen den Sinneswahrnehmungen und den eigentlichen Platonischen Ideen bilden, d.h. sie nehmen keinesfalls die Stelle der Ideen selbst ein.[46] Im Briefwechsel mit Jung drückt Pauli seine Überzeugung aus, daß es verkehrt wäre, die Archetypen und den Bereich des kollektiven Unbewußten als nichtseiend zu bezeichnen, es sei aber auch falsch, sie als aktuell existierend zu begreifen, weil dies auf einen Platonismus mit einem überhimmlischen Ort hinauslaufe. Vielmehr seien die Archetypen nur der Möglichkeit nach seiend. Jung geht in seinem Antwortbrief auf diesen Vorschlag nicht weiter ein[47], obwohl es sich um einen ganz entscheidenden Punkt handelt, denn wenn man die Archetypen sozusagen ‘ein Stockwerk tiefer’ ansiedelt, wird man die damit verbundene Identitätsmetaphysik, den überhöhten religiösen Anspruch und vor allem den Irrationalismus vermeiden. Es scheint also, daß Pauli sehr klug mit der Jungschen Archetypenlehre umging, indem er ihren positiv-schöpferischen Impuls aufnahm, die damit verbundenen überhöhten Geltungsansprüche aber ablehnte.

Ich möchte nun im folgenden verschiedene Vermittlungsfiguren nachzeichnen, die Pauli in aller Bescheidenheit vorschlug, um den ‘garstigen Graben’ zwischen Wissenschaft und Religion zu überbrücken.

Pauli setzt ein mit einer Untersuchung über den „Einfluß archetypischer Vorstellungen auf die Bildung naturwissenschaftlicher Theorien bei

[45] Pauli (1961), S. 112. Paulis Aversionen gegen allzu simple Lösungen wird öfter deutlich: „Ein Rückgriff auf den archaischen Standpunkt, dessen Einheit und Geschlossenheit mit einer naiven Unwissenheit über die Natur erkauft war, ist für den Modernen offenbar ausgeschlossen“; Jung/Pauli (1952), S. 163.

[46] Jung/Pauli (1952), S. 112.

[47] Pauli nach Meier (1992), S. 96.

Kepler."[48] Dieser Ansatz ist wiederum sehr geschickt gewählt, denn nirgends wird die moderne Trennung zwischen Wissenschaft und Weisheit, Psychischem und Physischem deutlicher als bei Kepler, in dessen Lebenswerk sich diese Trennung geschichtsmächtig vollzog, obwohl Kepler im Gegenteil glaubte, sie zu konsolidieren. Kepler hatte in einer frühen Periode seines Schaffens mit den traditionellen Aristotelischen Begriffen wie 'Form' und 'Materie' gearbeitet, stufte sie aber später zu den neutraleren der 'Kraft' und des 'Stoffes' herab, womit er faktisch und ohne es zu wollen eine 'Entseelung' der Natur einleitete, die dann in der Folge zu jenem Gegensatz führte, den Pauli überwinden möchte.[49] Es war sinnvoll, den Prozeß, der zum modernen Gegensatz zwischen innen und außen, Geist und Materie, Subjekt und Objekt usw. geführt hat, in seiner geschichtlichen Genese nachzuvollziehen, um seinen systematischen Stellenwert zu ermessen. Pauli ging es aber, wie gesagt, niemals darum, einfach zur Tradition zurückzukehren, wie das z.B. der Weizsäcker-Schüler Klaus Meyer-Abich empfiehlt, für den Kepler nach wie vor eine systematische Instanz ist, zu der einfach zurückgekehrt werden sollte.[50] Pauli blickt nicht zurück, sondern in die Zukunft.

Zugleich muß man berücksichtigen, daß sein Bemühen um eine Vermittlung zwischen Physik und Psychologie, Zeichen und Symbol, Wissenschaft und Weisheit einen sehr ernsten Hintergrund hatte. Er sagt, daß es für ihn eine „Lebensnotwendigkeit" gewesen sei, etwas mehr von dem „objektiven", d.h. „mitteilbaren" Sinn der Traumsymbole zu verstehen. Zugleich glaubte er – und dies gewiß nicht zu Unrecht –, daß sein „persönliches Problem auch ein kollektives" sei.[51]

Das macht ja die Differenz zwischen einer Persönlichkeit von Rang und dem Bildzeitungsleser X aus, daß die Neurosen des Bildzeitungslesers X so langweilig sind wie dieser Leser oder seine Bildzeitung, während eine Persönlichkeit wie Pauli exemplarisch an seiner Zeit leidet: Das Genie ist auf instruktive Weise krank – seine Krankheit ist nicht weniger von allgemeinem Interesse als seine physikalischen Theorien oder seine moralischen Intuitionen. Gerade in dieser Hinsicht sticht Pauli deutlich von jenen Physikerkollegen ab, die ich im dritten Kapitel beschrieben habe. So war Pauli zwar während des Krieges in den USA, beteiligte sich aber als einer der wenigen Physiker nicht am Bau der Atombombe. Trotzdem fühlte er sich nach Hiroshima und Nagasaki schuldig am Massenmord. Er be-

[48] Jung/Pauli (1952), S. 109–194.

[49] Vgl. auch die Darstellung bei Jammer (1964), S. 55 oder bei Dijksterhuis (1956), S. 347.

[50] Meyer-Abich (1988), S. 84.

[51] Nach Meier (1992), S. 30; 32.

schrieb die Atmosphäre unter amerikanischen Physikern als „kriminell“ und wünschte dringend, in die Schweiz zurückzukehren. Gleichwohl fand er, daß er mit den anderen Physikern zusammen in einer „Kollektivschuld“ stehe.[52]

Es ist mir unverständlich, weshalb nicht *alle* Physiker so reagiert haben. Während wir die Verbrechen der Kirche, wie Inquisition, Hexenwahn, Kreuzzüge, Unterdrückung der Meinungsfreiheit usw., umstandslos der christlichen Religion selbst anlasten (wovon aber nichts im Neuen Testament steht), betrachten wir die Welt der Wissenschaft und insbesondere die der Physik als das Reich des Wahren, Guten und Schönen. Aber die Physik ist so ambivalent wie alles, was der Mensch hervorbringt. Auch sie bleibt sündhaft, nicht weniger als die Kirche, die Kunst oder die Politik.

Wenn sich also Pauli mit den Synchronizitätseffekten, dem Verhältnis von Zeichen und Symbol oder mit Keplers Auffassung von der Wissenschaft beschäftigte, so hatte dies einen ernsten Hintergrund und war weit mehr als das Hobby eines alternden Nobelpreisträgers, der in seiner Freizeit ‘armchair-philosophy’ betreibt.[53]

Was Pauli suchte, war eine „Hintergrundphysik“: „Unter ‘Hintergrundphysik’ verstehe ich das Auftreten von quantitativen Begriffen und Vorstellungen der Physik in spontanen Phantasien in einem qualitativen, übertragenen, also symbolischen Sinn.“ ... „Die Sprache des Hintergrunds ist zunächst eine Gleichnissprache. Sie scheint von der Ratio zu verlangen, sie durch bewußte Arbeit in eine ihren Anforderungen genügende, hinsichtlich des Unterschiedes von ‘Physisch’ und ‘Psychisch’ neutrale Sprache zu übersetzen.“ Zu diesem Zweck legte Pauli eine Art von ‘Lexikon’ an, das es erlauben würde, Physikalisches in die Sprache der Innerlichkeit zu ‘übersetzen’. Dieses ‘Lexikon’ ist nie fertig geworden. Pauli gibt verschiedene Beispiele für physikalische Begriffe, die in einer solchen „Hintergrundphysik“ auftreten könnten, etwa „Welle, elektrischer Dipol, Thermoelektrizität, Magnetismus, Atom, Elektronenschalen, Atomkern, Radioaktivität“. Diese „Hintergrundphysik“ vermittle einen „zweiten Sinn“ der gewöhnlichen physikalischen Begriffe. Sie ziele auf eine zukünftige, die Physik und die Psychologie einschließende Naturbeschreibung, von der das jetzt Existierende nur eine vorwissenschaftliche Stufe sei.[54]

Die Vorstellung bei Pauli ist also, daß die Verschärfung unseres Weltbezugs vom Symbol zum Zeichen, von der Intension zur Extension oder vom

[52] Nach Erkelens (2002), S. 35f.

[53] Dies ist die Art, wie manche Wissenschaftstheoretiker, wie etwa Peter Janich, solche Bemühungen abqualifizieren. Er spricht sehr herablassend von solchen Altersphilosophien; Janich (1992), S. 203.

[54] Nach Meier (1992), S. 44; 176ff.

Teleologischen zum Nomologischen, die die Physik relativ zur Lebenswelt vornimmt, von der Physik her rückgängig gemacht werden kann, denn dies will ja die Rede vom „zweiten Sinn" der physikalischen Begriffe sagen.

Ich hatte im Kapitel über Weizsäcker gezeigt, daß zwischen Religion und Wissenschaft kein logisches Implikationsverhältnis herrscht. (Dort ironisch 'Schluß vom Pferd auf den Geist' genannt.) Man gelangt von den physikalischen Vorstellungen als solchen nie mehr zurück zu ihrem religiösen Hintergrund. Daher haben Paulis spirituelle Auslegungen physikalischer Begriffe oft etwas Bemühtes. Jung und Pauli haben z.B. den radioaktiven Kern eines Atoms mit der Energiequelle des kollektiven Unbewußten verglichen, dessen äußerste Schicht das individuelle Bewußtsein bilde oder Pauli liebte den „Ring i" der komplexen Zahlen als ein Mandalasymbol des Selbst.[55] Der Physiker Hans Primas nennt die Zahl i „ein exquisites Beispiel für ein mathematisches Zeichen mit Symbolkraft".[56]

Man kann und soll niemanden daran hindern im „Ring i" der komplexen Zahlen ein Symbol des allumfassenden, ganzheitlichen Wesen des 'Selbst' zu sehen, aber wer es nicht so sieht, sieht auch nicht weniger als jemand, der zu diesem Zweck seinen Fingerring betrachtet – der zudem den Vorteil hat, leichter zugänglich zu sein.

Die Differenz wird vielleicht deutlich, wenn man sich die ästhetische und religiöse Wirkung einer vom Sonnenlicht durchfluteten Rosette über dem Portal einer gotischen Kathedrale vorstellt. Jung rechnete auch solche Rosetten, und dies zu Recht, unter die Mandalasymbole. Aber welch ein Unterschied! Der „Ring i" der komplexen Zahlen wird den wenigsten Menschen einen Schauder des Unendlichen über den Rücken jagen, selbst wenn sie tiefgläubig sind. Die lichtdurchflutete Rosette im Halbdunkel einer gotischen Kathedrale erzeugt jedoch selbst im bekennenden Atheisten eine Art von religiösem Gefühl, ob er will oder nicht.

Gerade in Bezug auf mathematische Zeichen bestätigt sich, was auch die Überlegungen zu Weizsäcker ergaben: Wir können nicht zurück zu Kepler. Der Preis der Verwissenschaftlichung ist ein Verlust an Sinnperspektiven und symbolischer Präsenz, und wenn all dies doch einen Sinn haben sollte, dann nicht als Implikation unseres wissenschaftlichen Weltverständnisses.[57]

[55] Nach Meier (1992), S. 16; 18; 94. Vom „Ring i" der komplexen Zahlen spricht er z.B. in der gleich zu behandelnden „Klavierstunde".

[56] Primas in: Atmanspacher (1995), S. 222.

[57] Der Pauli-Schüler Markus Fierz, der die Symbolvermittlung der Physik stark machen wollte, gesteht resignierend: „Es ist schwierig, den symbolischen Charakter in den Theorien der heutigen, lebendigen Wissenschaft zwingend nachzuweisen." In der Entwicklung der Wissenschaft spielten Symbole zwar eine große Rolle, aber:

Bei Jung und Pauli finden sich viele Zahlenspekulationen, wonach die Drei als Sinnbild der Trinität überholt sei und durch die Vier als Sinnbild der Ganzheit ersetzt werden müsse. Keplers Symbolik beruhte auf dem Glauben an die Trinität, die er sich durch eine Kugel mit Gottvater als Zentrum, Gottessohn auf der Oberfläche und dem Heiligen Geist im Zwischenraum vorstellte, eine sehr künstliche Vorstellung, die einfach dazu diente, die Dreizahl mit der Kugel als dem Symbol der Ganzheit zu verbinden.

Für Pauli war dagegen die Vierzahl das Symbol der Ganzheit. Er war davon angetan, daß die DNA vier Basissequenzen enthält, begeistert über seine Entdeckung, daß das Elektron nicht nur drei Translations-Freiheitsgrade, sondern auch noch einen vierten Spin-Freiheitsgrad hat, daß er das Neutrino als viertes Teilchen fand usw. Aber was, wenn er ein fünftes Teilchen entdeckt hätte? Jung spielte mit „Quaternitäten“ herum wie Denken / Fühlen / Empfinden / Intuieren. Aber wo bleibt das Wollen, das doch eine fundamentale menschliche Möglichkeit bezeichnet? Bei Pauli findet man „Quaternitäten“ wie Energie / Raumzeit / Kausalität / Synchronizität oder sogar Einstein / Pauli / Jung / Bohr. Aber wo bleibt die Materie neben der Energie oder Freud neben Jung und Heisenberg neben Bohr? All dies erscheint höchst willkürlich. So willkürlich wie die Drei, die Kepler überall fand. Er würde heute darauf verweisen, daß wir drei Varianten von Neutrinos kennen: Elektron-, Myon- und Tauon-Neutrinos und daß diese Neutrinosorten wiederum in eine Dreiheit von Mikroteilchen eingebettet sind, also 3 × 3 = 9, eine besonders heilige Zahl, die der Zahl der Engelshierarchien entspricht usw. Wenn man will, kann man solche Entsprechungen überall finden. Das Ganze erinnert fatal an die Zahlenspekulationen der Pythagoreer. Diese liebten ‘vollkommene Zahlen’, die die Summe ihrer Teiler sind, wie z. B. 6 = 3 + 2 + 1 oder 28 = 1 + 2 + 4 + 7 + 14. Die Vier war ihnen das Symbol der ‘Gerechtigkeit’. Ebenso gab es Zahlenspekulationen bei den Assyrern und Babyloniern oder auch bei den Juden, die die Zahl 40 liebten, um die 666 für den Teufel zu reservieren. All dies sind willkürliche Spielereien. Die reine Mathematik ist offenbar noch weniger symbolisch aufgeladen als die mathematische Physik.

Ich habe in diesem Buch zahlreiche mißlungene Beispiele dafür erwähnt, wie gläubige Menschen die Ergebnisse der Physik in religiöse Vorstellungen rückverwandeln, im ersten Kapitel etwa der Versuch von Jean Guitton, aus dem Energiebegriff der Physik eine ‘energeia’ im Aristoteli-

Es ist für uns „das Symbol entleert und abgestorben; es wurde historisch. Die ehemals im Symbol lebendige Idee hat zudem oft einen anderen Ausdruck gefunden; und damit wird es möglich, den symbolischen und den wissenschaftlichen Aspekt getrennt zu betrachten“: Fierz (1988), S. 57f.

schen Sinn und aus der Energie-Masse-Äquivalenz einen 'actus purus' zu machen oder den Versuch Max Plancks, die Extremalprinzipien als 'digitus Dei' zu deuten. Diese Prinzipien erwecken, wie Planck sagte, in jedem „Unbefangenen" den Eindruck, „als ob die Natur von einem vernünftigen, zweckbewußten Willen regiert würde."

Doch solche Rückprojektionen überzeugen nur denjenigen, der ohnehin schon glaubt. Wer gläubig ist, dem wird alles zum Symbol Gottes, auch eine Pfütze oder ein Fliegenbein. Aber für den Außenstehenden bleibt es unverständlich. Wer immer noch der Meinung ist, daß sich physikalische Begriffe unmittelbar in religiöse Symbole rückverwandeln lassen, der müßte auch erklären können, warum noch nie ein Atheist solche Extrapolationen überzeugend fand. Wenn der 'Finger Gottes' in den Konstrukten der Physik unmittelbar wahrnehmbar gemacht werden könnte, dann wäre unverständlich, warum es den Atheisten nicht wie Schuppen von den Augen fällt, sobald sie darauf aufmerksam gemacht werden.

Pauli hat einmal das Verhältnis von physikalischer Weltkonstruktion zur sinndurchtränkten Welt des gläubigen Menschen mit einer geometrischen Projektion verglichen, d.h. daß die heute herrschende Physik nur ein eindimensionaler Ausschnitt aus einer „... zweidimensionalen sinnvolleren Welt sei, deren zweite Dimension wohl nur das Unbewußte und die Archetypen sein könnten."[58]

Wenn ich ein höherdimensionales Objekt in einen weniger dimensionalen Vektorraum hineinprojiziere, kann ich den höheren aus dem tieferen nicht mehr rückgewinnen, weil bei der Projektion Information verloren geht. Ich würde aber, wenn ich das Urbild kennte, viele Eigenschaften der Projektion verständlich machen können – in diesem Falle würde es mir wirklich wie Schuppen von den Augen fallen. Auf dieser Vorstellung beruht z.B. das Platonische Höhlengleichnis, welches so das Verhältnis von Geist und Materie zum Ausdruck brachte.

Ich glaube aber, daß diese traditionelle Platonische Vorstellung, auf die Physik angewandt, in die Irre führt: Die Physikalisierung der Natur ist eher damit vergleichbar, daß wir eine Rose in flüssiges Helium tauchen, wodurch sie kristallisiert. Durch diese Veränderung wird sie womöglich noch schöner als vorher, aber der Weg zurück zum Leben ist uns nun verbaut, denn wenn wir die Rose wieder auftauen, dann sind ihre Zellen durch die Anomalie beim Gefrieren des Wassers zerstört. Wir haben keine Rose mehr vor uns, sondern schlaff herunterhängendes, ziemlich unschönes Gewebe. Daher das Bemühte einer Rückverwandlung physikalischer Vorstellungen in religiöse Symbole. Sie zünden nicht so wie der Blick auf die Rosetten der gotischen Kathedralen. Daher verwundert es auch nicht,

[58] Nach Meier (1992), S. 122.

daß es Pauli niemals gelungen ist, seine „Hintergrundphysik" systematisch darzustellen, etwa in Form eines Lexikons, das physikalische Begriffe auf nachvollziehbare Weise mit ihrem metaphysischen Hintergrund verbindet. Die Physikalisierung der Welt ist eine kognitive und existentielle Einbahnstraße und verhält sich zu unserem konkreten Dasein, wie sich Geld zu Glück verhält: Man kann ohne Geld glücklich sein, mit Geld vielleicht sogar noch mehr, durch das aber Geld aber niemals. Nichtmetaphorisch gesagt: Man kann Sinn erfahren, ohne Physiker zu sein, man erfährt ihn möglicherweise tiefer, wenn man Physiker ist, man erfährt ihn aber *niemals* in den Ergebnissen der Physik; und nur weil es sich so verhält, wird erklärbar, weshalb so viele Menschen die Physik als eine atheistische Instanz ansehen und damit trotzdem nicht recht haben. In demselben Sinne verstehen wir zwar, warum die Menschen ihr Glück im Geld suchen, sind zugleich aber sicher, daß sie es dort nicht finden werden. Die Quantifizierung und Formalisierung unseres Weltbezuges durch die Ökonomie und die Quantifizierung und Formalisierung, die durch die Physik eingetreten ist, sind strukturparallele Phänomene.

Was Pauli mit seiner „Hintergrundphysik" sucht, ist eine „psycho-physische Einheitssprache, die symbolisch eine unsichtbare, potentielle, nur indirekt durch ihre Wirkungen erschließbare Realität zu beschreiben hat".[59] Es ist aber sehr die Frage, ob es eine solche „psycho-physische Einheitssprache" überhaupt geben kann. Die logische Form, die Sätze über Psychisches haben, kann nicht direkt auf die logisch Form abgebildet werden, die Sätze über Physisches oder Physikalisches haben, weshalb viele neuere Leib-Seele-Theoretiker einen Sprachendualismus vertreten.[60] Erfolgversprechender ist der andere Weg, den Pauli in seinem symbolischen Text ging: „Die Klavierstunde – eine aktive Phantasie über das Unbewußte."[61] Hier steht nicht die Physik im Mittelpunkt, sondern die eigene existentielle Situation. Sie drückt sich personal und symbolisch aus, nicht sach- und zeichenhaft oder kosmologisch. In dieser Erzählung treten verschiedene Personen auf, wie das erzählerische Ich, ein Mädchen, das später schwan-

[59] Nach Meier (1992), S. 83f.

[60] So z. B. die These bei Zoglauer (1998). Pauli betont zwar einerseits, daß er keinen „Gegensatz zwischen mathematischer und symbolischer Naturbeschreibung anerkennen kann, da für mich die mathematische Darstellung eine symbolische Beschreibung kat exochen ist." Auf derselben Seite betont er jedoch zugleich, daß die Physik alles Gefühlsmäßige, Wertende, Emotionale und Individuelle ausblenden müsse, um sich auf das Quantitative zu beschränken. Doch dann sieht man nicht, wie es eine „psycho-physische Einheitssprache" geben könnte, besonders, wenn sie als mathematische gedacht werden soll; nach Meier (1992), S. 191f.

[61] Abgedruckt in: Atmanspacher (1995), S. 317–330, neuerdings wieder in: Erkelens (2002), S. 138–151.

ger wird, eine weise Dame aus Ostasien, der 'Meister' als eine Art Jesusfigur, der Hauptmann von Kapernaum, der ironischerweise zugleich 'Hauptmann von Köpenick' genannt wird usw.

Die weise Dame erteilt Pauli eine „Klavierstunde", die als „aktive Phantasie" erlebt wird. Bei einer solchen „aktiven Phantasie" geht es um eine Art Wachtraum, bei dem das Bewußtsein nicht außer Kraft gesetzt wird wie im nächtlichen Traum. Der Text von Paulis „Klavierstunde" ist symbolisch verschlüsselt und mehrdeutig, er hat einen schwebenden, poetischen, mystischen oder sogar erotischen, aber auch ironischen Charakter und widerspricht somit allem, was man von einem nüchternen Physiker landläufig erwarten würde. Aber so spricht sich genuin religiöse Erfahrung aus.[62]

Im Grunde geht es in diesem Text darum, wie der Mensch ganz und heil, vielleicht sogar 'heilig' werden könnte, jedenfalls sollen alle Möglichkeiten des Menschseins in die Balance gebracht werden.

In der „Klavierstunde" ist nun nirgends von physikalischen Vorstellungen wie Welle, elektrischem Dipol, Thermoelektrizität, Magnetismus, Atom oder Ähnlichem die Rede, d. h., die gesamte „Hintergrundphysik" bleibt außen vor. Nur ein einziges Mal erwähnt Pauli die Naturwissenschaft, und zwar den „Ring i" der komplexen Zahlen, aber auch hier geht es nicht eigentlich um Mathematik: „Das Instinktive oder Triebhafte, das Intellektuelle oder Rationale, das Spirituelle oder Übersinnliche" sollen irgendwie symbolisch zur Einheit kommen und daran erinnert ihn der „Ring i" der komplexen Zahlen.

Paulis Text enthält auch eine „Vorlesung an die fremden Leute", d. h., in diesem Tagtraum hat Pauli die alternative Professur wirklich angetreten, der er sich im Leben stets verweigerte. Hier spricht er aus, was er immer für sich behalten wollte, und zwar bis ins Grab.

Ich möchte zwei Punkte aus Paulis „Klavierstunde" hervorheben, die diesen Text auch philosophisch interessant machen, nämlich sein Verständnis von 'Zufall' und vom 'Lebendigen'. Der Text stellt es nämlich so dar, als sei der Repräsentant des Geistigen in der Welt nicht etwa das physikalische Gesetz oder Vorstellungen, die damit zusammenhängen, sondern das, was das Gesetz offen läßt, die materiellen Kontingenzen und die Spontaneität des Lebendigen.

Pauli berichtet zunächst einmal, daß er seit längerer Zeit einen „ernsten Kummer" habe: „Da waren nämlich zwei Schulen: in der einen älteren verstand man Worte, aber nicht den Sinn, in der anderen neueren verstand

62 Man sollte den Theologen im Schlußexamen einen solchen Text abverlangen und ihnen, wenn sie es nicht schaffen, das Examen verweigern. Dann gäbe es noch weniger Theologen als jetzt, dafür aber bessere.

man den Sinn, aber nicht meine Worte. Ich konnte sie nicht zusammenbringen die beiden Schulen.“

Hier drückt sich die Komplementarität zwischen Sinnkorrespondenz und Berechenbarkeit aus. Es erscheint jene Dame aus Ostasien, die ihm eine Klavierstunde gibt, da er schon länger nicht mehr gespielt habe: „Es kommt mir vor, als ob die weißen Tasten wie die Worte und die schwarzen wie der Sinn sind.“ Auch hier wieder die Komplementarität zwischen Sinn und Berechenbarkeit. In diesem Wachtraum wird dann von „Zensoren“ gesprochen, womit Männer „ohne Schatten“ gemeint sind, die nur das Intellektuelle gelten lassen, und die auf die Sinnperspektiven verzichten. Über sie sagt die Dame: „Die Zensoren wollen die Welt ohne das Klavierspielen verstehen ... Auch die ‘besten unter den Zensoren’ wissen ja nicht, daß ihr mathematischer Zufall das ist, was übrig bleibt, wenn man nichts von unserem Klavierspielen weiß.“

Hier wird deutlich, daß das mathematische Schema Kontingenzen offen läßt, hinter denen sich der Sinn verbirgt. Diese hinter dem Zufall verborgene Finalität sei auch nötig, um die Evolution zu verstehen. Hier genüge keinesfalls der „blinde Zufall“, vielmehr müsse man ein ganzheitliches, zweckmäßiges Wirken anerkennen. Dies sei der gesuchte „... dritte Typus von Naturgesetzen, der in einer Korrektur der Schwankungen des Zufalls durch sinnhafte oder zweckmäßige Koinzidenzen nicht kausal verbundener Ereignisse besteht“.

Er, Pauli, sei sicher, daß das „ganzheitliche Auftreten sinngemäßer Koinzidenzen in der biologischen Evolution einen psychischen Faktor anzeigt“. Auf diese Weise könne man die Einheit der Natur auch als psychische Größe denken. Es komme darauf an zu verstehen, „wie in der Natur die Zufallsschwankungen so wechseln, daß sie Sinn oder Zweck in Erscheinung treten lassen.“ „Synchronizität“ wird hier zum finalen Prinzip, das die Erscheinungen durchdringt, um sich hinter Zufällen zu verbergen. In diesem Sinn scheint mir das Synchronizitätsprinzip haltbar: nicht als empirischer Gottesbeweis aufgrund vorgeblich reproduzierbarer ψ-Phänomene, sondern als sich spontan einstellende Sinnkorrespondenz. Solche kontingenten Phänomene eröffnen Freiheit, Sinn, Finalität in einer vom Kausalgesetz bestimmten Welt.

Der Text der „Klavierstunde“ enthält beträchtliche Härten. Nicht nur, daß er den Geltungsanspruch der Physik radikal begrenzt, indem er die Kontingenzen, die die Naturgesetze offen lassen, als Einfallstor von Sinnperspektiven bezeichnet, die der Physik für immer verschlossen bleiben; er geht auch so weit, der gängigen Biologie die Kompetenz über wesentliche Aspekte ihres ureigensten Themas, das Lebendige, zu bestreiten. Leben sei nur als realteleologischer Prozeß zu begreifen, nicht als rein kausaler.

Und dies im Rahmen einer Wissenschaftskritik, die an Schärfe nichts zu wünschen übrig läßt! Pauli vergleicht die materialistisch eingestellten Physiker mit den Zensoren der damals noch herrschenden kommunistischen Diktaturen im Ostblock. Nach seiner Auffassung gibt es eine freiwillige Selbstzensur innerhalb der scientific community, die es nicht erlaubt, Geist als eigenständige Größe zuzulassen. Hätte Pauli diese Vorlesung wirklich gehalten, es wäre zu einem handfesten Skandal gekommen. Leider hat er uns diesen Skandal erspart. Auf diese Art konnten seine umstürzlerischen Ideen in der Subkultur der Esoterik verpuffen, ohne dorthin zu gelangen, wo sie hingehören: in die Philosophie, in die Wissenschaftstheorie und in die Theologie.

Ich möchte jedenfalls in Bezug auf den Pauli-Jung-Dialog ein Dreifaches festhalten:

1) Die Spannung zwischen Physik und Religion ist zunächst eine existentielle, die ihren Ausgleich primär nicht in theoretischen Lehren, sondern in einer bestimmten spirituellen Praxis findet.

2) Diese Praxis spricht sich primär nicht in Theorien, sondern in symbolischen Erzählungen aus, in denen das Personale im Mittelpunkt steht.

3) Insofern ein solcher Ausgleich einen intellektuellen Aspekt hat, bezieht er sich *gerade nicht* auf das, was in der Physik im Mittelpunkt steht, auf die Gesetzmäßigkeiten, sondern auf das, was sie offen läßt: auf Kontingenzen im Bereich des Anorganischen oder auf Spontaneität im Bereich des Lebendigen, die dann zu Sinnträgern werden.

5. Wissenschaft und Lebenswelt

Der Ertrag der bisherigen Untersuchung hat kein konkretes Resultat erbracht: Über Gott können wir von der Physik her weder positiv noch negativ etwas aussagen. Sowohl der Versuch, in ihren Ergebnissen Spuren Gottes zu finden, als auch der gegenteilige Versuch, diese Wissenschaft als atheistische Instanz stark zu machen, beruhten auf demselben Fehler, nämlich dem, die Physik als eine Lehre vom 'Wesen der Dinge' zu interpretieren.

Gleichwohl sollte deutlich geworden sein, daß die weitläufigen Untersuchungen über eine idealistische oder materialistische Physikinterpretation nicht nutzlos waren. Das dritte Kapitel hatte den Zweck, die Schuttberge abzutragen, die uns den Blick auf das Geistige verstellen. Der unglaubliche Fortschritt in den Disziplinen von Logik, Mathematik und Physik seit dem 19. Jahrhundert hat sich in einem historisch kontingenten Prozeß mit einer materialistischen Ideologie verbunden, die von manchen Autoren als zwingend ausgegeben wird. Dieses vorgebliche Zwangsverhältnis aufzulösen, ist eine notwendige Bedingung dafür, daß uns Geistiges überhaupt erst wieder zu Gesicht kommt. Insbesondere der schwebende Charakter des Zukünftigen, bloß Möglichen, das finale Ausgerichtetsein auf Erfüllung ist eine Seinsweise, die man anerkennen muß, will man dem Menschen gerecht werden. A fortiori gilt dies für sein Transzendenzbestreben, das nichts ist als die Aufgipfelung dieser natürlichen Disposition.

Dieses Transzendenzbestreben scheint von Autoren wie Planck, Einstein oder Weizsäcker positiv eingeholt und mit der physikalischen Wissenschaft verbunden, so daß meine Kritik an diesen Autoren kontraproduktiv erscheinen möchte, wenn es doch andererseits mein Ziel ist, den Blick auf das Geistige wieder zu eröffnen. Aber einerseits ist dieser Blick gestohlen, weil er auf Trugschlüssen beruht. Und was nicht wahr ist, kann auch nicht gut sein. Andererseits führt die Projektion religiöser Bedürfnisse in eine dazu disparate Physik in Engführungen hinein, die das Gottesbild notgedrungen verkürzen. Bei all diesen Autoren wie Planck, Einstein, Schrödinger oder Heisenberg wird Gott zum apersonalen, rein weltimmanenten Seinsprinzip, was zwingend ist, wenn man Gott in den Ergebnissen der Physik sucht, denn diese Wissenschaft hat keinen Begriff vom Menschen.

Weil sie stattdessen die Grundlage zu technischer Weltbewältigung liefert, hat eine an der Physik orientierte Gottesvorstellung zugleich Tendenz, in einen transzendentalen Machbarkeitswahn zu führen, wie bei Weizsäcker und seinem Guru Gopi Krishna, nach dem sich religiöse Erfahrung empirisch-meßbar darstellen und zu genialen psychischen Gaben führen soll.

Die abrahamitischen Religionen lehren einen zugleich immanenten und transzendenten Gott, der Person ist und sich nicht manipulieren und für unsere Zwecke ausbeuten läßt. Eine solche Gottesvorstellung liegt nicht in der Verlängerung der Theoretischen Physik, sondern in der Verlängerung praktischer Vollzüge, die auf Sinnperspektiven ausgerichtet sind.

Sowohl der Versuch, in den Ergebnissen der Physik Spuren Gottes zu finden, als auch der gegenteilige Versuch, diese Wissenschaft als atheistische Instanz stark zu machen, beruhen also meiner Ansicht nach auf demselben Fehler, nämlich dem, die Physik als eine Lehre vom 'Wesen der Dinge' anzusehen.

Aber eine Wissenschaft, die so stark abstrahiert, wird nicht mit einem derart überhöhten Anspruch auftreten können. Es hat sich ja gezeigt, daß der Physikalist, unabhängig von seiner metaphysischen Grundüberzeugung, genötigt ist, Praxis außen vor zu lassen. Sowohl Weizsäcker als auch Carnap sind gezwungen, sich auf die 'reine' Theorie zu beschränken, mögen sie sich auch sonst in allen wesentlichen Punkten unterscheiden. Der Physikalist, ob Carnap, Quine oder Stegmüller, sieht sich genötigt, Praxis zu ignorieren oder in einer Sonderwelt unterzubringen, wie Weizsäcker und Russell es tun.[1]

Philosophisch gesehen scheint es nur eine Lösung für dieses Dilemma zu geben: Man muß den Primat der Theorie vor der Praxis radikal bestreiten, was auf einen Primat der Lebenswelt vor der Wissenschaft hinausläuft. Die reale Welt ist gerade jene, die wir mit all unseren Sinnen wahrnehmen und die Konstrukte der Wissenschaften sind lediglich Momente an ihr. Es mag immerhin so sein, daß die Physik das quantitativ-mathematische Moment an der Realität stärker und weit überzeugender hervorhebt als es sich unser Alltagswissen träumen läßt, aber das sollte uns nie dazu verleiten zu glauben, daß die abstrakten Formeln der Physik irgendetwas mit den 'Wesensgründen des Seins' zu tun haben. Sie treffen zwar etwas Reales, aber nur um den Preis vermehrter Abstraktion.

Eine gewichtige philosophische Tradition seit Husserl, Heidegger und Gadamer hat den Primat der Lebenswelt vor der Wissenschaft, der Her-

[1] Ulrich Steinvorth hat in einer Sammlung von 1971 theoretische und praktische Aufsätze von Russell zusammengestellt, um auf die unüberbrückbare Differenz aufmerksam zu machen. Allerdings hielt auch Russell seine eigene Ethik für defizitär und nicht in Übereinstimmung mit seiner theoretischen Philosophie, wie aus diesen Aufsätzen deutlich wird.

meneutik vor der Kausalanalyse oder der natürlichen vor den formalen Sprachen gelehrt. Ich sehe nicht, wie man Theorie und Praxis jemals in ein sinnvolles Verhältnis bringen könnte, es sei denn, man übernähme diese Gewichtung.

Dies gilt schon rein philosophisch. Theologisch ist eine solche Gewichtung ebenfalls gefordert, denn die religiöse Erfahrung, auf die die Theologie sich bezieht, ist niemals vergleichbar mit der wissenschaftlichen Laborerfahrung und ihrer Fassung als abstrakte Theorie, sondern sie ist die Aufgipfelung und Intensivierung dessen, was wir im Alltag ständig erleben. Wäre es anders, würde man keinen Satz der Bibel verstehen können. Die Bibel setzt die Realität unserer lebensweltlich-praktischen Erfahrung ständig voraus, indem sie ihre Tiefendimension sichtbar macht.

Die fundamentale Bedeutung einer Anerkennung von lebensweltlichen Erfahrungen für die Religion wird bei Philosophen von Wittgenstein bis Putnam deutlich. Der Wittgenstein des 'Tractatus' erscheint zwar in diesem Werk auch als religiöser Denker und nicht nur als Wissenschaftstheoretiker, aber er kann seiner eigenen Religiosität keinen Ort im eigenen Denken zuweisen, wie schon aus dem Vorwort des 'Tractatus' deutlich wird: „Was sich überhaupt sagen läßt, läßt sich klar sagen; und wovon man nicht reden kann, darüber muß man schweigen."

Wittgenstein hat nun aber gerade nicht geschwiegen, und er spricht vor allem auch im 'Tractatus' zuweilen ziemlich dunkel. In seiner Spätphilosophie gibt es einen Primat der Praxis vor der Theorie, der natürlichen vor den formalen Sprachen, eine wesentliche Nichtreduzierbarkeit verschiedenster Sprachspiele, darunter auch dem religiösen. Im Gefolge der Spätkonzeption Wittgensteins entwickelte sich dann eine analytische Religionsphilosophie, die ganz von dieser Weichenstellung eines Ernstnehmens unserer natürlichen Sprache und der in sie eingelassenen Kategorien lebt.

Hilary Putnam auf der anderen Seite war zunächst szientifischer Materialist mit einer religiösen Hintergrundüberzeugung. In seiner reduktionistischen Epoche war er, wie er später bekennt, innerlich zwiegespalten und hatte die eigene Religiosität ganz einfach verdrängt.[2] Sie trat explizit erst zutage, nachdem er den Primat der Praxis vor der Theorie und eine „Common-sense-Lesart der Welt" gegenüber der Wissenschaft anerkannt hatte.[3] Dieser Zusammenhang ist offenbar systematisch und hängt nicht

[2] In seinem Buch „Für eine Erneuerung der Philosophie" blickt er auf sein altes Ego zurück und fragt sich, wie er Wissenschaft und Glaube damals zusammenbringen konnte: „Die Antwort lautet, daß ich sie überhaupt nicht in Einklang brachte. Ich war durch und durch Atheist, und zugleich war ich gläubig. Diese beiden Seiten meiner selbst hielt ich einfach getrennt"; Putnam (1997), S. 11.

[3] Putnam (1999), S. 23.

an Personen wie Putnam oder Wittgenstein. Nur wenn wir unser ganz gewöhnliches In-der-Welt-sein ernst nehmen, werden wir der Religion einen Ort in dem Gesamt unserer Erfahrung zuweisen können.

Die Physikalisten bestreiten allerdings seit dem 'Wiener Kreis' die Eigenständigkeit lebensweltlicher Erfahrungen. Quine sagt: „Die Wissenschaft ist eine Fortsetzung des Alltagsdenkens."[4] Er stellt sich das etwa so vor, daß unsere Sinne durch die Außenwelt gereizt werden und daß unser Verstand nur ein passiver Verarbeitungsautomat ist, der diese Sinnesreizungen verschiedentlich umknetet, so daß am Schluß eine physikalische Theorie dabei herauskommt, also im Prinzip noch dasselbe Konzept wie bei Carnap. Wie das konkret geschehen soll, hat Quine niemals deutlich machen können, auf jeden Fall gibt es nach ihm ein Kontinuum von den Sinnesaffektionen zu alltagssprachlichen und dann zu formalsprachlichen Sätzen, die ohne Bruch ineinander übergehen sollen. Die Differenz zwischen Lebenswelt und Wissenschaft wird hier zugunsten der Wissenschaft eingezogen. In diesem Sinne ist der Stegmüller-Schüler W. K. Essler der Meinung, daß unsere lebensweltlichen Überzeugungen nur die Vorstufe wissenschaftlicher Theorien seien und mit diesen untergehen werden. Die Lebenswelt enthält also die Wissenschaft von gestern. So glaubten nach Essler die meisten Menschen zur Zeit Newtons noch an die Aristotelische Physik, zur Zeit Einsteins an die Newtonsche und wenn die Menschen Einstein rezipiert haben werden, wird die Physik schon wieder ganz woanders stehen.[5]

Ich glaube, daß dieser Fortschrittsgedanke das Verhältnis von Wissenschaft und Lebenswelt ganz falsch beschreibt. Die Masse der Menschen wird *niemals* Einsteins Relativitätstheorie, vor allem aber nicht die Quantentheorie akzeptieren, denn unsere gewöhnliche Sinneserfahrung lehrt uns nichts von einem vierdimensionalen Zeit-Raum-Kontinuum, von Längenkontraktionen, Zeitdilatationen, unendlichdimensionalen Vektorräumen, Tunneleffekten, verschränkten Systemen, Unschärferelationen oder nichtlokalen Wechselwirkungen, ja sie lehrt uns noch nicht einmal etwas über Punktmassen, Momentanbeschleunigungen oder reibungsfreie Ebenen, d.h. das gewöhnliche vorwissenschaftliche Bewußtsein hat noch nicht einmal den Stand Newtons erreicht und es ist nicht zu erwarten, daß es ihn jemals erreichen wird. Übrigens gibt es empirische Untersuchungen, die dies bestätigen.[6]

Unsere natürliche sinnliche Ausstattung, unsere in die Alltagssprache ein-

[4] Quine (1979), S. 49.

[5] Essler (1972), S. 298.

[6] Vgl. die Untersuchungen des Frankfurter Physikdidaktikers Walter Jung (1985, 1986), die zeigen, daß Kinder heute noch 'Aristotelisch' denken. Es gibt durchaus so etwas wie ein 'lebensweltliches Apriori'.

gelassenen Kategorien lassen uns die Welt anders wahrnehmen als sie der Physiker wahrnimmt, und es ist noch keineswegs ausgemacht, daß sie der Physiker in jeder Hinsicht besser erkennt; denn was würde geschehen, wenn es sich wirklich so verhielte, wie Essler annimmt, daß nämlich die Lebenswelt mit einem 'cultural lag' von einigen hundert Jahren die jeweils neuesten Ergebnisse der Physik in sich aufnimmt? Ich glaube, daß wir uns in einem solchen Fall in der uns umgebenden mesokosmischen Welt nicht mehr zurechtfinden würden, weil die Kategorien der Lebenswelt nicht die der Theoretischen Physik sind. Mit Einsteins oder Heisenbergs Kategorien im Hinterkopf könnten wir noch nicht einmal einen Teller Suppe auslöffeln. Es gibt eine wesentliche Differenz zwischen dem Physischen und dem Physikalischen.

5.1 Das Physische und das Physikalische

Ich hatte den Unterschied zwischen dem Physischen und dem Physikalischen schon im dritten Kapitel erwähnt, und zwar in Bezug auf den Unterschied zwischen „Quantität und Qualität“ oder zwischen „Kausalität und Finalität“. Mein Argument war, daß man Qualität nicht auf Quantität oder Finalität nicht auf Kausalität zurückführen kann, wie der Physikalismus seit Carnap behauptet.

Unser lebensweltlicher Naturbezug ist qualitativ und final bestimmt, während physikalische Theorien quantitativ und kausal bestimmt sind. Das eine läßt sich nicht ohne Verluste ins andere übersetzen. Ich möchte diese Differenz nun des weiteren am Begriff der 'Substanz' und am Begriff der 'Materie' verdeutlichen, indem ich zeige, daß weder der Substanz- noch der Materiebegriff innerphysikalische Begriffe sind, daß wir aber im Alltag und in vielen außerphysikalischen Disziplinen nicht auf sie verzichten können.

In der englischen Sprache gibt es keine Differenz zwischen dem 'Physischen' und dem 'Physikalischen'. Beides wird mit demselben Wort 'physical' bezeichnet. Dementsprechend machen viele Analytische Philosophen hier keinen Unterschied. Quine, für den eine „physikalische Sprache“ fundamental ist, bezieht diese Sprache auf „physical objects“, zu denen er gleichermaßen Autos, Flugzeuge, Tiere, Pflanzen usw. rechnet, also das, was man in der Aristotelischen Philosophie eine 'materielle Substanz' genannt hätte.[7] Allgemein hat sich dieser Sprachgebrauch in der Philosophie fast überall durchgesetzt,[8] und dies selbst bei einem Autor wie Hilary Putnam,

[7] Quine (1980), S. 17.

[8] So z. B. bei Autoren wie Donald Davidson, Peter Bieri, Ansgar Beckermann, Friedrich Kambartel usw.: Davidson, in: Bieri (1981), S. 76; Bieri (1981), S. 39; Beckermann: in Keil/Schnädelbach (2000), S. 139f.; Kambartel (1989), S. 66.

der doch sonst, wie gesagt, auf die „Common-sense-Lesart" der Welt großen Wert legt.

Gewöhnlich gilt die klassische, Newtonsche Physik als eine Physik der materiellen Substanzen, hier vorgestellt als 'Massenpunkte'. Gemäß dieser Physik soll der eigentliche Wirklichkeitsträger die materielle Substanz sein, mit diversen akzidentellen Eigenschaften wie der, sich an einem bestimmten Ort zu befinden, einen bestimmten Impuls oder Drehimpuls zu besitzen usw. Auch Kräfte sind nach dieser Auffassung akzidentelle Eigenschaften der materiellen Substanzen.

So naheliegend, wie eine solche substantielle Auffassung der klassischen Physik auch sein mag, sie ist keinesfalls zwingend. Man formuliert diese Physik gewöhnlich, indem man Massenpunkte und Raum- und Zeitkoordinaten als Grundgrößen ansetzt. Alle anderen Parameter wie 'Kraft', 'Energie' oder 'Impuls' lassen sich dann von hier aus näher bestimmen.

Ende des 19. Jahrhunderts gab es allerdings eine Richtung, die die Newtonsche Physik im Kraftbegriff fundierte, so daß der Begriff des 'Massenpunktes' oder, was man für identisch hielt, der 'materiellen Substanz' nicht mehr vorkam. Beide Formulierungen der Newtonschen Physik sind logisch äquivalent, beschreiben also dieselbe Erfahrung. Sie beruhen jedoch auf ganz verschiedenen ontologischen Grundannahmen. Also können diese Annahmen nicht durch die entsprechende Physik gestützt werden, sondern es handelt sich um bloße Konventionen.

Mir scheint aber, daß schon die Identifikation von 'Massenpunkt' und 'materieller Substanz' etwas Gewaltsames hat. Das Ding-Eigenschafts-Schema der natürlichen Sprache, das ich der Einfachheit halber mit dem Substanz-Akzidenz-Schema identifiziere, bezeichnet ein ontologisches Gefälle: Dinge sind Träger von Eigenschaften, niemals umgekehrt.

Wenn die Physik nun von Dingen und Eigenschaften handeln würde, dann müßte dieses ontologische Gefälle in ihr irgendwie erkennbar sein. Es gibt aber in dieser Wissenschaft keine Anhaltspunkte, etwas als ein 'Ding' oder als eine bloße 'Eigenschaft' zu klassifizieren. Mir scheint, daß dies schon allein daran liegt, daß die Physik sich nicht der natürlichen Sprache, sondern der mathematischen bedient. In einer natürlichen Sprache kann man Dinge als Eigenschaftsträger identifizieren, aber wie sollte dies in einer formalen möglich sein, wenn sie, wie die klassische Physik, aus Differentialgleichungen, d.h. aus bloßen Relationen besteht?

Philosophen wie Peter Strawson haben einsichtig gemacht, daß das Ding-Eigenschafts-Schema eine unverzichtbare kategoriale Einteilung bezeichnet, über die wir verfügen müssen, wenn wir uns in unserer gewöhnlichen Welt zurechtfinden wollen, wie sie in der natürlichen Sprache beschrieben wird. Strawson sieht in diesem Schema ein Nachfolgekonzept der Aristotelischen Substanz-Akzidenz-Unterscheidung, die ja auch Aristoteles selbst bezeichnenderweise bei der Analyse der natürlichen Sprache gefunden hatte.[9]

Bertrand Russell reagierte sehr gallig auf Strawsons Überlegungen: „Ich darf gleich zu Anfang sagen, daß ich völlig außerstande bin, in irgendeinem der Argumente Strawsons auch nur die geringste Stichhaltigkeit zu erkennen.“[10] Das ist ziemlich heftig für Russell, der ansonsten sehr vornehm war. Ähnlich kritisch hat sich übrigens auch Quine zu Strawson geäußert.

Die Schärfe des Konflikts bezeichnet ein nicht gelöstes Problem, denn hier geht es in der Tat ums Ganze. Seit Wittgenstein I und II hat sich die formalsprachliche von der normalsprachlichen Philosophie getrennt, wobei die formalsprachlichen Philosophen die eigenständige Bedeutung der natürlichen Sprache nicht anerkennen. Tatsächlich entscheidet sich an dieser Stelle nicht nur philosophisch, sondern auch theologisch alles. Daher die Schärfe des Konflikts.

Mir scheint jedoch, daß Strawsons Argumente die besseren sind. Quine hat von seinem physikalistischen Standpunkt aus die Bedeutung des Ding-Eigenschafts-Schemas bestritten, um sich auf eine reine Ereignisontologie zurückzuziehen. Ich glaube, daß dies für einen Physikalisten konsequent ist. Die Physik beschreibt tatsächlich keine Substanzen, sondern nur sich in der Zeit ändernde Größen von der Kategorie der ‘Ereignisse’. Die Frage ist dann aber, ob man Substanzen durch Ereignisse ersetzen kann, was sehr problematisch scheint.[11]

In der Physik sollte man besser von ‘System’ und ‘Eigenschaften’, statt von ‘Ding’ und ‘Eigenschaften’ sprechen. Während ‘Ding’ ein ontologischer Begriff ist, läßt man es in der mathematischen Systemtheorie offen, ob Systeme im eigentlichen Sinne ‘existieren’. Es genügt, daß wir sie für unsere Zwecke aus der Umwelt gedanklich isolieren können, um sie zu berechnen. Bei einem solchen Vorgehen müssen wir die Frage nicht beantworten können, was denn ein ‘System’ außer seinen ‘Eigenschaften’ noch sein könnte, weil das System in diesem Sinne gar nichts sein muß.

Die Fragestellung ändert sich jedoch, wenn wir lebensweltlich gegebene, mesokosmische Objekte betrachten. Ein Stuhl, ein Tisch oder eine Katze sind klar von ihrer Umwelt geschieden. Dies sind ‘Substanzen’ im aristotelischen oder modernen Sinn: In Bezug auf sie können wir der Rede von Dingen, die Träger bestimmter Eigenschaften sind, eine klare Bedeutung zuweisen, während sich echte Substantialität in der Physik verliert.

[9] Strawson (1972), S. 175.

[10] Russell nach Wolf (1993), S. 127.

[11] Vgl. die entsprechenden kritischen Überlegungen bei Runggaldier/Kanzian (1998), S. 129.

Unübersehbar wird dies in der Quantentheorie, aber auch schon die elektromagnetischen Feldtheorien des 19. Jahrhunderts standen quer zu den traditionellen Vorstellungen von 'Substantialität'. Die jahrzehntelange, vergebliche Suche nach einem 'Äther' als dem Träger elektromagnetischer Wellen war durch das herkömmliche Ding-Eigenschafts-Schema motiviert, denn in unserer Lebenswelt sind Wellen dynamische Eigenschaften von sie tragenden Substanzen, so etwa bei Wasser- oder bei Schallwellen. Die elektromagnetischen Wellen benötigen hingegen keinen Träger. Sie folgen nicht dem Ding-Eigenschafts-Schema und sind auch nicht in ihm interpretierbar. Gravierend verschärft sich dies in der Quantentheorie. Der Welle-Teilchen-Dualismus ist vielleicht die deutlichste Aufhebung des traditionellen, aus der Alltagssprache vertrauten Schemas. Wenn etwas zugleich Welle und Teilchen sein kann, dann wäre nach diesem Schema ein Ding zugleich seine Eigenschaft und umgekehrt, wodurch die ganze Konzeption ad absurdum geführt wird. In der Lebenswelt unabdingbar, hat es in der Physik einfach keinen Ort.

Nicht nur in der klassischen Physik, auch in der Quantentheorie gibt es das Problem logisch äquivalenter Formulierungen. Man kann die Quantentheorie als Feldtheorie oder als Partikeltheorie formulieren. Die ontologischen Vorstellungen, die wir mit solchen logisch äquivalenten Formulierungen verbinden, sind aber völlig verschieden. Sie zeigen einmal mehr, daß das Ding-Eigenschafts-Schema in der Physik versagt.

Sollte jemand diese Argumente nicht akzeptieren und einwenden, daß wir das Wesen der Materie durch ihre von der Physik beschriebenen Eigenschaften auf ähnliche Weise erkennen, wie wir das Wesen eines Menschen aus seinen Akten erkennen, dann müßte man zurückfragen, ob die Physik denn wirklich Ausdrucksphänomene beschreibt, die eine zugrundeliegende Wesenheit erkennen lassen oder ob es sich dabei um die Projektion einer klassischen Wesensmetaphysik in eine dazu völlig disparate Wissenschaft handelt. Jedenfalls wäre dann das Bild, das die Quantentheorie von der Materie liefert, in keiner Weise verträglich mit dem, was wir so landläufig unter 'Materie' verstehen. Ich habe im zweiten Kapitel Heisenberg zitiert, der in der Physik kleinste Demokritsche Klötzchen suchte und nicht fand: „Vielleicht gab es gar keine kleinsten Bausteine, die man nicht mehr teilen kann. Vielleicht konnte man die Materie immer weiter teilen, aber am Schluß ist es eigentlich gar kein Teilen mehr, sondern man verwandelt Energie in Materie, und die Teile sind nicht mehr kleiner als das Geteilte.“[12] Brigitte Falkenburg spricht in ihrer Darstellung des Teilchenbegriffs in der Physik von der „Geschichte einer enttäuschten Erwar-

[12] Heisenberg (1973), S. 159.

tung", da sich die Partikel nicht als Substanzen im klassischen Sinn herausgestellt hätten.[13]

Liest man gewisse Analytische Philosophen, so hat man den Eindruck, daß sie diese Geschichte einer enttäuschten Erwartung noch nicht zur Kenntnis genommen haben und immer noch an die Demokritschen Klötzchen glauben. Jedenfalls sprechen sie über das 'Physikalische', als wäre es das verkleinerte 'Physische', d.h. wie über winzige Sandkörner oder ähnliche Substanzen.[14] Aber wenn die Quantentheorie ein Bild der Materie hat, dann ist es sicher nicht in Übereinstimmung mit diesen naiven Vorstellungen. Auch hier zeigt sich wieder, daß mit der Nichtunterscheidung von Wissenschaft und Lebenswelt wichtige Einsichten verloren gehen. Mit dem Kollabieren des Ding-Eigenschafts-Schemas hängt eng zusammen, daß wir dem Begriff der 'materiellen Substanz' oder der 'Materie' in der Physik keinen Inhalt geben können. Interessant ist in diesem Zusammenhang die Monographie des Physikhistorikers Max Jammer über den Begriff der 'Masse'. Diese Untersuchung endet ohne Ergebnis, obwohl oder gerade weil Jammer von vornherein nach der „materiellen Substanz" als dem „Träger wechselnder Eigenschaften" sucht.[15] Ist das hier Gesagte richtig und ist das Ding-Eigenschafts-Schema kein Schema der Theoretischen Physik, sondern eines der Alltagssprache, dann braucht man sich über dieses negative Ergebnis nicht zu wundern.

Obwohl fast überall das Gegenteil angenommen wird, könnte man doch dreist behaupten: Die Physik weiß nicht, was Materie ist. Wolfgang Stegmüller bezeichnete es denn auch als „Treppenwitz des 20. Jahrhunderts", daß der Materiebegriff der „rätselhafteste für die Wissenschaft" sei, obwohl jeder glaubt, er wisse, worum es sich dabei handelt.[16]

In vielen physikalischen und wissenschaftstheoretischen Untersuchungen wird keine Differenz zwischen dem Begriff der 'Materie' und dem der 'Masse' gemacht, was der ebenso verbreiteten Aufhebung der Differenz zwischen dem 'Physischen' und dem 'Physikalischen' entspricht. Albert Einstein spricht fast immer gleichbedeutend von „Massenpunkt" und „materiellem Punkt", ähnlich auch Werner Heisenberg.[17] Zahlreiche Wissenschaftstheoretiker haben diesen ungenauen Sprachgebrauch übernommen, wie z.B. Bernulf Kanitscheider oder Wolfgang Stegmüller.[18] Entsprechend ist er dann auch in die meisten Lexika eingedrungen.

[13] Falkenburg (1994), S. 209.
[14] So z.B. Rorty (1997), S. 254.
[15] Jammer (1964), S. 4.
[16] Stegmüller (1989), Bd. II, S. 585.
[17] Einstein (1990), S. 49f.; Heisenberg (1973), S. 159; (1991), S. 7.
[18] Kanitscheider (1991), S. 185, Stegmüller (1989), Bd. II, S. 599f.

Die Ursache für eine solche Identifikation des Masse- und Materiebegriffs liegt darin, daß sich der Massebegriff historisch aus dem der 'Materie' ebenso entwickelt hat, wie der Kraftbegriff aus dem der 'Form'. Aber so wenig wie der Kraft- und Formbegriff gleichbedeutend sind, sind es die Begriffe von 'Materie' und 'Masse', denn wenn der Masse- und der Materiebegriff identisch wären, dann müßten Energien, Wellen, Felder oder Kräfte etwas Nichtmaterielles, nämlich etwas 'Geistiges' sein.

De Broglie hatte in den zwanziger Jahren die Idee, der Materie zugleich Welleneigenschaften zuzusprechen. Er brachte eher 'materielle' Größen wie den Impuls p oder die Energie E mit 'subtileren' Größen wie Frequenz ν und Wellenlänge λ in ein mathematisches Verhältnis, gemäß:

$$\nu = E/h \text{ und } \lambda = h/p$$

Ganz allgemein hat sich im Gefolge dieser Beziehungen die Rede vom Gegensatz zwischen „Licht und Materie" durchgesetzt (so der Titel von de Broglies einschlägigem Werk). In der Kosmologie spricht man von einem frühen 'strahlungsdominierten' und einem späteren 'materiedominierten' Universum, als ob das Licht keine Materie wäre. Hier setzen sich alte Vorstellungen durch, die uns seit dem Griechentum suggerieren, das Licht sei göttlich, so wie die Materie irdisch ist. In Wahrheit gibt es keine Veranlassung, irgendeinen physikalischen Spezialbegriff mit dem der 'Materie' zu identifizieren. 'Materie' ist die Totalität aller physikalischen Phänomene und deshalb keine besondere von ihnen. Weil das so ist, finden sich in den Physiklehrbüchern normalerweise keine Materiedefinitionen, es sei denn im Vorwort, wo der Autor von einer Metaebene aus argumentiert.[19]

Stegmüller hatte nicht übertrieben, als er die Ungeklärtheit des Materiebegriffs den „Treppenwitz des 20. Jahrhunderts" nannte. So gut wie nirgends, weder bei Carnap, (E.) Nagel, Hempel, Stegmüller, Essler oder einem der anderen Analytischen Wissenschaftstheoretiker findet sich jemals eine Materiedefinition.[20] Auch in den meisten wissenschaftstheoretischen, ja selbst in den ingenieurwissenschaftlichen Lexika vermißt man

[19] So wird z. B. der Materiebegriff in dem von Gobrecht herausgegebenen Standardwerk „Bergmann-Schaefer" zum „Aufbau der Materie" anfänglich in technisch-praktischen Zusammenhängen eingeführt. In den folgenden über 800 Seiten, die rein fachwissenschaftlich sind, spielt er überhaupt keine Rolle mehr.

[20] Russell versucht es zumindest. Er definiert Materie physikalistisch als „eine Folge von Ereignissen". Körper seien „eigentlich nur mathematische Konstruktionen, die aus Ereignissen aufgebaut sind." Lebensweltliche Begriffe wie „Kraft", „Ursache", „Wirkung" usw. müsse man eliminieren. Rein innerphysikalisch mag dies plausibel sein. Aber wie sollen wir uns in einer solchen begrifflich ausgedünnten Welt *praktisch* zurechtfinden; Russell (1993), S. 139, 155 ff.?

eine solche Definition, so z. B. bei Hiersig, Seiffert/Radnitzky, Braun/Rademacher, Mittelstraß usw. Was 'Materie' ist, scheint sich von selbst zu verstehen.

Tatsächlich gehört der Materiebegriff nicht in die Theoretische Physik, sondern er leitet sich aus unserem praktischen Weltumgang ab. Erst wenn wir aktiv auf die Materie einwirken, wissen wir, womit wir es zu tun haben, nämlich gut aristotelisch mit dem, was die Form ermöglicht oder ihr widerstreitet.[21] Selbst Weizsäcker, der ja eine sehr theorielastige, platonistische Physikdeutung bevorzugt, ist gezwungen, bei der Materiedefinition auf die Praxis zurückzugreifen: „In der Atomphysik definieren wir die Materie durch ihre möglichen Reaktionen auf Experimente des Menschen und durch die mathematischen – also geistigen – Gesetze, denen sie genügt."[22]

Nun ist aber Experimentieren ein Handeln und Handeln definiert sich durch seine Ausrichtung auf Zwecke. Dasselbe gilt für technisches Handeln. Weil aber Zweckmäßigkeit und Intentionalität keine physikalischen, sondern geistige Begriffe sind, ergibt sich das Paradox, daß wir Materie nur als Korrelat des Geistes definieren können.

Viele Materialisten scheinen die Intuition zu haben, daß 'da draußen' ein 'Ding-an-sich' existiert, genannt 'Materie', das von unserer Art, es aufzufassen, völlig unberührt bleibt und zu dessen Definition wir nicht auf subjektive, geistige Akte zurückgreifen müssen. Auf eine wenig durchschaubare Weise soll dann dieses materielle 'Ding-an-sich' unmittelbares Objekt der Physik sein.

Macht man sich klar, was diese Intuition bedeuten könnte, so löst sie sich in nichts auf. Wie wir seit Kant wissen könnten, läßt sich ein 'Ding-an-sich' prinzipiell nicht intelligibel machen, und dann hat eben die Physik darüber hinaus das Mißliche an sich, daß sie im Ernst keinen Materiebegriff kennt.

Das Ganze hat eine unfreiwillig ironische Pointe: Die Materialisten unter den Leib-Seele-Theoretikern bekämpfen die Alltagspsychologie mit Begriffen wie 'Person', 'Freiheit', 'Wollen', 'Fühlen', 'Ahnen' oder 'Denken' als 'oberflächlich' und 'unwissenschaftlich'. Stattdessen berufen sie sich auf einen Materialismus, der vorgeblich durch die Physik gestützt wird. Nun kennt aber die Physik keinen Materiebegriff, sondern dieser Begriff ist ein Begriff aus unserem alltäglichen, praktischen Umgang mit der Welt, d. h. an dieser entscheidenden Stelle müssen die Materialisten genau von dem Gebrauch machen, was sie hinter sich gelassen zu haben vorgeben.

[21] Met. a 995a14–18.

[22] Weizsäcker (1962), S. 95.

Die Ursache für diesen schlechten Zirkel liegt in der Nichtunterscheidung des 'Physischen' vom 'Physikalischen'. Begriffe wie 'Masse' oder 'Partikel' sind physikalische Begriffe. Der Begriff der 'Materie' kennzeichnet hingegen das 'Physische'. Beide gehen nicht ineinander über. Die Differenz zwischen Wissenschaft und Lebenswelt bleibt bestehen.

5.2 Die Gorgo des Materialismus

Der moderne Materialismus ist eine sehr merkwürdige Erscheinung. Er gibt sich wissenschaftlich, aber in Wahrheit hat er mit Wissenschaft nicht viel zu tun, sondern ist die Projektion weltanschaulicher Bedürfnisse in ein dazu ganz disparates Unternehmen hinein.

Offenbar haben alle Menschen eine tiefe Sehnsucht nach dem großen Ganzen, dem absolut Stabilen, das bleibt, während alles übrige sich ändert. Früher befriedigten die Menschen diese Sehnsucht in ihrem religiösen Glauben, der sie einer Gottheit versicherte, die den Wandlungen des Irdischen nicht unterworfen wäre. Heute, wo dieser Glaube seine Plausibilität verloren hat, suchen viele Menschen (auch sehr intelligente) das Stabile, Endgültige in der Materie. Sie ist das wahre 'An-sich', das, worauf sich die besten Wissenschaften beziehen. Daß es sich dabei um eine Wunschvorstellung handelt, kann relativ leicht gezeigt werden, denn 1) beweist die notwendige Bezogenheit einer Wissenschaft auf die Materie nicht ihren materialistischen Charakter und 2) ist nichts weniger ein 'An-sich' als die Materie.

Wenn Gott existiert, dann sehen wir ein, daß er das 'An-sich' aller Dinge sein muß, aber eine empirische Größe wie die Materie, hat keine Chancen, ein 'An-sich' zu sein. Gleichgültig, wie wir unseren Begriff von 'Materie' gewinnen, indem wir handelnd mit ihr umgehen oder indem wir die Physik zu Ende denken, in jedem Fall müßte die Materie, wenn sie ein 'An-sich' sein sollte, von der Art sein, daß unser Erkennen keine Spuren in ihrem Begriff hinterließe. Wir müßten also das Kunststück fertigbringen, Begriffe zu bilden, die wir auf die Materie anwenden, um hinterher den subjektiven Anteil an diesen Begriffen wieder abzuziehen, so daß nichts als das rein Objektive zurückbliebe. Dies setzte einen göttlichen Blick voraus, derart, daß wir Subjekt und Objekt von einem neutralen Standpunkt aus miteinander vergleichen könnten, einen Standpunkt, den wir im Ernst nicht einnehmen können. Für den Begriff der 'Materie' gilt, was für alle empirischen Begriffe gilt: Wenn sie etwas Reales beschreiben, dann niemals ohne auf subjektive Perspektiven rückbezogen zu sein.[23]

[23] Das ist die Pointe an Hilary Putnams Konzept des „internen Realismus“ als

Ein weiterer Grund, weshalb die moderne Physik als Berufungsinstanz für den Materialismus herangezogen wird, scheint auch der zu sein, daß sie *notwendigerweise* auf Materie bezogen ist, eine Eigenschaft, die niemand bestreiten wird. Die Frage ist nur, ob die notwendige Bezogenheit physikalischer Theorien auf die Materie diese schon zu materialistischen Theorien macht.

Man sieht, daß dies nicht der Fall ist, denn dieselbe Notwendigkeit gilt auch für technische Geräte. Ein technisches Gerät, das nicht aus Materie bestünde, würde nicht funktionieren. Aber diese notwendige Bezogenheit auf die Materie wäre nur dann ein Argument für den Materialismus, wenn der Plan, der die Zweckbestimmung eines Gerätes enthält, ebenfalls etwas Materielles wäre. Dem ist aber nicht so, denn die Zwecke und Absichten, die wir in technische Geräte investieren, damit sie real werden, sind sicher keine materiellen Gegenstände, sondern ihrerseits etwas Geistiges.

Weil es so ist, hält auch niemand die schönen Künste für eine materialistische Berufungsinstanz. Kein Musiker könnte komponieren, wenn die Materie nicht in Schwingung versetzt würde, kein Bildhauer könnte schaffen, wenn der Stein sich nicht gestalten ließe. D.h., auch die Künste sind notwendigerweise auf die Materie bezogen. Niemand kommt aber deshalb auf den Gedanken, die Künste als Berufungsinstanz für den Materialismus heranzuziehen. Der Fall der Kunst ist aber in dieser Hinsicht nicht prinzipiell verschieden vom dem der Technik oder der Theoretischen Physik.

Gleichgültig, an welcher Stelle man den modernen Materialismus näher prüft, er weist keine argumentativen Stärken auf, mit denen eine Auseinandersetzung lohnte. Es handelt sich eben mehr um eine sozialpsychologisch erklärbare Weltanschauung als um eine wirklich wissenschaftliche oder philosophische Theorie, was nicht hindert, daß sie geschichtsmächtig und breitenwirksam wurde.[24]

Es gibt heute Menschen, die ernsthaft glauben, sie seien ihr Gehirn oder ihre Gene. Auch große Wissenschaftler reden so. Der Hirnphysiologe Wolf Singer spricht vom Gehirn wie von einem Subjekt, das etwas 'will', 'fühlt' oder 'denkt'. Das Gehirn ist ein komplexes Gebilde mit verschiedenen

einer reformulierten Kantischen Position. In Deutschland vertritt Günter Abel eine ganz ähnliche Philosophie. Vgl. auch McDowell (2001) oder Brandom (2001), zwei Autoren, die Subjektvermitteltheit des Erkennens in der Analytischen Philosophie stark gemacht haben.

[24] Der Wissenschaftstheoretiker Bas van Frassen hat, obwohl Empirist, diese Schwäche des szientifischen Materialismus wirksam kritisiert. Für ihn ist der Materialismus eine Weltanschauung wie andere auch. Aber dann ginge es darum, ihn *philosophisch* zu rechtfertigen. Physik, Chemie, Biologie helfen hier nicht weiter; Frassen (2002), S. 49ff.

elektrischen und chemischen Eigenschaften, unter denen alles vorkommen mag, aber mit Sicherheit keine Willensregungen, Gefühle oder Gedanken. Nachdem Singer im Gehirn nur kausale Determinationen, aber keinen freien Willen gefunden hat, schließt er, daß es diesen freien Willen nicht gibt. Oder aus dem Mangel an einer zentralen Steuerungsinstanz schließt er auf das Nichtvorhandensein eines bewußt wollenden Ego.[25] Aber wie müßte ein Gehirn aussehen, das 'frei' wäre und wie würde sich Personalität auf dem Niveau von Neuronen ausdrücken können?

Der Begriff der 'Freiheit' läßt sich auf alles Mögliche anwenden, sicher nicht auf das Gehirn. Wenn Quine eine „physikalische Sprache" für fundamental hält und „physical objects", wie Autos, Flugzeuge, Tiere, Pflanzen usw., gleichermaßen zur 'materiellen Substanz' rechnet, dann verwandelt sich seinem verdinglichten Blick alles in bloße Materie.

Man fühlt sich an die Gorgonen der Antike erinnert, diese geflügelten, schreckenerregenden Fabelwesen, wie Stheno, Euryale oder Medusa, mit ihren Schlangenhaaren und dem tödlich versteinernden Blick. Der antike Mythos berichtet, daß Perseus den Blick der Medusa mit Hilfe eines Spiegels besiegte, dessen Gebrauch ihn Athene und Hermes zuvor gelehrt hatten. Dieser Mythos ist sehr tiefgründig, denn Athene ist die Göttin der Weisheit und der Spiegel das Symbol des reflexiven Denkens. Perseus überwindet also die auf den Stein, d.h. die krude Materie, zielende Dynamik der Gorgo mit Hilfe des reflexiven Denkens. Das Problem der Griechen war also die Frage, wie angesichts der aus dem Unbewußten stammenden, zerstörerischen, blinden Dynamik die heilsame, helle Ratio zur Geltung gebracht werden könnte.

Heute ist das Problem eher, daß wir durch ein Übermaß an Rationalität den Zugang zum Unbewußten verloren haben, was nicht verhindert, daß es im Jungschen Sinne quicklebendig ist und sich trotz unserer geschärften Ratio und gerade in deren Lücken durchsetzt. Wir müssen heute ernstlich damit rechnen, daß uns das Gesicht der Gorgo aus der Wissenschaft entgegenstarrt.

Weil es sich bei dem verbreiteten szientifischen Materialismus nicht um eine rational nachvollziehbare Lehre handelt, sondern um eine epochale Befindlichkeit, die sich mit der Macht eines Verhängnisses durchsetzt, sind ihre Thesen zuweilen von unzulässiger Grobheit. Viele Bücher zur Hirnphysiologie eröffnen von vornherein die unechte Alternative zwischen einem materialistischen Monismus und einem ontologischen Dualismus. Der Begriff des 'Geistes' wird dann nach Descartes als freischwebende Geistsubstanz gefaßt, sozusagen ein in der Hinterwelt geheimnisvoll anwesendes, selbstgenügsames 'Ding-an-sich', das – man weiß nicht wie –

[25] So Singer im 'Spiegel' 1/2002.

trotzdem die Macht hat, unmittelbar in die materiellen Prozesse einzugreifen. Weil aber alle Ergebnisse der Hirnphysiologie auf eine sensible Abhängigkeit unseres Geistes vom Gehirn hinweisen, scheint der Schluß auf einen materialistischen Monismus zwingend.

Ob Descartes so simpel dualistisch gedacht hat, mag man bezweifeln. Sicher ist, daß es in der abendländischen Tradition ganz andere Geistkonzepte gab, die durch eine solche, viel zu einfache, 'Argumentation' nicht getroffen werden. Für Hegel, der sich hierin auf Aristoteles stützt, ist 'Geist' keine freischwebende, in einer Hinterwelt existierende nebulöse Entität, sondern 'Geist' ist das, was sich in konkreter Materialität ausdrückt und nur existiert, sofern es konkret zum Ausdruck kommt. 'Geist' ist also eher eine Weise zu sein, als eine Substanz, auf die man mit dem Finger hindeuten könnte. Ganz entsprechend unterschieden die Aristoteliker im Mittelalter das 'quo est', das, wodurch etwas ist, vom konkreten, raumzeitlich bestimmten Seienden, das sie 'quod est' nannten. Wir teilen heute allgemein die Überzeugung, daß 'Sein' = Gegebensein in Raum und Zeit ist, beschränken uns also auf das mittelalterliche 'quod est'. Weil dieses materiell definiert ist, suchen wir den Geist außerhalb des Konkreten in einer nebulösen Hinterwelt. Eine mächtige, leider vergessene Tradition hat so einfach nicht gedacht. Für sie war der Geist eine Weise zu sein, ein 'quo est', ein Wodurch, kein Ding unter Dingen. In der Leib-Seele- oder Gehirn-Geist-Debatte wird diese Alternative der aristotelischen Tradition weder in der Hirnphysiologie noch – von Ausnahmen abgesehen – in der Analytischen Philosophie wirklich berücksichtigt.[26]

Wenn Quine Objekte wie Autos, Flugzeuge, Tiere und Pflanzen unterschiedslos als rein materielle, physikalische Objekte ansieht, dann hat er den Gorgonen-Blick des durchgängigen 'quod est'. Diesen Blick hat er auch in Bezug auf technische Artefakte, die auf eine Präsenz des Geistes hindeuten, die oft übersehen wird, weil technische Geräte so massiv-materiell vor uns dastehen, daß wir nicht mehr damit rechnen, es könnte in ihnen der Geist als ein 'Wodurch' präsent sein. Die Ursache liegt darin, daß wir Maschinen gerne als bloß materielle, physikalisch beschreibbare Systeme interpretieren (was sie natürlich auch sind) und ihre geistig-kulturelle Komponente vernachlässigen, die sich gesellschaftlichen Zwecksetzung verdankt und in einem historischen Kontext steht.

Hempel spricht für viele Wissenschaftstheoretiker, wenn er eine Maschine „ein ausschließlich durch physikalisch-chemische Gesetze bestimm-

[26] In Putnam (1994), S. 22 beziehen sich Hilary Putnam und Martha Nußbaum auf die Aristotelische Leib-Seele-Konzeption in einem affirmativen Sinn. Ähnlich auch Rager/Quitterer/Runggaldier (2003). Insgesamt aber scheint diese Position nicht sehr im Zentrum des Interesses zu stehen.

tes System“ nennt. Ganz ähnlich haben sich nicht nur Quine, sondern auch Autoren wie Nagel, Putnam und viele andere geäußert.[27] Leider sind Wissenschaftstheoretiker in der Minderzahl, die auf der Eigenständigkeit technischer gegenüber rein physikalischen Kategorien bestehen, wie etwa Lorenzen, Polanyi und Poser.[28] Dagegen gibt es eine Mehrheit von einflußreichen Philosophen, die Maschinen als rein materialistisch und physikalisch erklärbare Gebilde ansehen.

So wirken sie zunächst auf uns. Ein Schaufelbagger, ein Windkraftwerk, ein Radio: Sie drängen sich massiv unseren Sinnen auf und scheinen nichts als die Verkörperung physikalischer Kräfte, die sie kanalisieren. Aber eben hier liegt der entscheidende Punkt: Technische Artefakte sind nicht einfach physikalische Objekte wie Sterne, Steine oder Wolken, in denen die physikalischen Kräfte wirksam sind, sondern sie kanalisieren diese Kräfte auf eine Art, wie es die Natur von sich aus niemals tun würde. Daher kennt die Natur kein Rad, kein Radio oder Radar, keine Handys und keine Waschmaschinen. Es wäre eine Natur denkbar, in der alle uns bekannten Gesetze gültig wären, ohne daß eines dieser Artefakte existieren würde. Daß sie da sind, verdankt sich *unserer* Zwecksetzung, *unserem* Plan.

Es gibt eine bis heute verbreitete Einteilung, wonach Elementarteilchen, Gene, Radios und Computer in den Kompetenzbereich der Naturwissenschaften fallen, während sich die Geisteswissenschaften mit so ‘weichlichen’ Dingen wie Dichtung, Malerei, Religion oder der nutzlosen Frage beschäftigen, wie wir das Verstehen verstehen sollten? Eine solch oberflächliche Einteilung verfrachtet die technischen Artefakte in die falsche Kategorie. Alle Artefakte verdanken sich menschlicher Zwecksetzung und haben daher ihren primären Ort in der Kultur, wenngleich sie gewöhnlich Kultur und Natur vermitteln. An ihnen kann man exemplarisch einsehen, was ‘Geist’ ist und was es heißt, daß er konkret wirksam wird.

‘Geist’ ist keine freischwebende, selbstgenügsame Substanz, die in einer metaphysischen Hinterwelt geheimnisvoll anwest, sondern er ist *die Art der Dinge, zu sein* und dies wird schon am Beispiel technischer Artefakte deutlich. In einem Windkraftwerk sind alle Gesetze der Physik erfüllt. Es erscheint völlig geheimnislos-diesseitig, massiv-materiell. Aber ein solches Kraftwerk drückt zugleich die Zwecktätigkeit der Ingenieure aus, die eine Menge Geist investieren mußten, bis es funktionierte; es drückt aber auch den Zeitgeist aus, der es uns geraten sein läßt, erneuerbare, rückstandsfreie Energiegewinnung dem bisherigen Raubbau vorzuziehen. All diese

[27] Hempel (1977), S. 152; E. Nagel (1961), S. 526; Putnam (1997), S. 15.
[28] Lorenzen (1987), S. 245; Polanyi (1985), S. 41f; Poser (2001), S. 177.

ideellen Bestimmungen verkörpern sich im Windkraftwerk. In seiner Art, zu sein drücken sich solche Bestimmungen aus, und man erkennt gerade an solchen technischen Beispielen, daß die Definition des Geistes als einer Art zu sein, nichts Abgehobenes, Kraftloses an sich hat, wie manche Supervenienztheoretiker glauben, für die der Geist eine Art von unselbständigen Überbau darstellt. Ihre spezifische Art, zu sein, macht die Maschine zu einem höchst effizienten Instrument der Weltbewältigung: Sie verleiht uns Macht. Der Geist ist also nichtsubstanziell und wirksam zugleich.

Natürlich gibt es sehr verschiedene Weisen, zu sein. Auch ein Stein ist auf eine bestimmte Weise, ohne daß man ihm deshalb Geist zuschreiben müßte. Auch existieren Tiere, Pflanzen und Menschen auf je verschiedene Art und sicher nicht auf die Weise technischer Artefakte. Mit dem vagen Ausdruck, Geist sei „eine Art zu sein", wollte ich keine hinreichende Begriffsbestimmung liefern, sondern nur den Blick der Gorgo reflexiv brechen, der uns suggeriert, alles sei überhaupt nur Materie und der Geist – wenn er existierte – müsse eine separate Welt jenseits des Konkreten ausmachen, wie das die Theosophen, Anthroposophen oder die Swedenborgianer lehren. Diese stellen sich vor, daß man die Materie wie einen Schleier wegziehen kann, um sodann der 'geistigen' Welt ansichtig zu werden, die bei ihnen allerdings aussieht wie die unsrige auch, nur ein bißchen farbiger, durchsichtiger, schwere- und müheloser – insgesamt halt viel netter.

Ich glaube nicht, daß das Christentum eine solche Hinterwelt gelehrt hat. Verglichen mit den visionären Berichten von Blavatsky, Steiner oder Swedenborg, wirkt die Bibel entschieden 'dieseitig'.[29] Der Auferstandene ißt mit seinen Jüngern Fisch, um ihnen zu zeigen, daß er kein Gespenst sei. Thomas legt den Finger in seine Seitenwunde. Wie immer man diese Texte deuten sollte: Sie verklären das Gewöhnliche, setzen es aber nicht außer Kraft. Auch Religion definiert eine 'Weise zu sein'.

Der Gorgo verdickt sich alles Sein spontan zu Stein. Sie ist der geborene Materialist. Die Alternative bestünde nicht darin, die Materie wegzuschieben und den Geist in einer ominösen Hinterwelt zu lokalisieren, sondern darin, den Seinsbegriff zu verflüssigen, vom 'quod est' zum 'quo est' überzugehen, die Weisen des Seins als das zu begreifen, *wodurch* etwas ist. Man geriete auf diese Art nicht aus der konkreten Welt heraus, sondern der Blick auf sie hätte sich gewandelt. Es wäre der Blick der Anerkennung und der Liebe, der inverse zum bösen Blick der Gorgo.

[29] Vgl. die im Literaturverzeichnis angeführten 'Geheimlehren' dieser Autoren. Insbesondere bei Swedenborg unterscheidet sich das Jenseits substantiell nicht sehr vom Diesseits.

5.3 Die Populärwissenschaft

Der Begriff 'Populärwissenschaft' bezeichnet eine Paradoxie. Als ob Wissenschaft jemals 'populär' werden könnte! Je weiter sie fortschreitet, desto mehr muß man befürchten, daß jede Popularisierung auf eine ungebührliche Simplifikation hinausläuft. In Deutschland wird Populärwissenschaft aus zwei weiteren Gründen sehr skeptisch beurteilt: zum einen – und das kann man durchaus nachvollziehen – ist Populärwissenschaft ein Hort willkürlicher Spekulationen, die sich um die exakten Ergebnisse der Wissenschaft herumranken wie die Riesenhecke um das Dornröschenschloß, zum anderen – und das läßt sich kaum nachvollziehen – erlaubt es der deutsche Tiefsinn wohl nicht, daß etwas zugleich wahr und verständlich sein könnte. In den angelsächsischen Ländern sieht man das anders. Dort wird es als ein Adelstitel angesehen, wenn Wissenschaftler zugleich klug und verständlich reden. In diesen Ländern gibt es Vortragsreihen, wie die „Reith Lectures“ oder die „Gifford Lectures“, in denen die besten Gelehrten vor einem allgemeingebildeten Publikum aufgefordert sind, die Ergebnisse ihrer Fachwissenschaft in einer Sprache zu präsentieren, die jeder versteht. In den Naturwissenschaften spielt 'Scientific American' eine entsprechende Rolle, das zumindest seit einiger Zeit als 'Spektrum der Wissenschaft' auch in Deutschland erscheint. Aber könnte man sich vorstellen, daß es bei uns eine solche Zeitschrift auch für die Geisteswissenschaften geben könnte, daß sich also z.B. Philosophen entschließen würden, verständlich zu reden?

Es gibt zwei Gründe, weshalb Populärwissenschaft unumgänglich ist: Zum einen brauchen insbesondere die Naturwissenschaften sehr viel Geld. In einer demokratischen Gesellschaft sind sie dem Steuerzahler verpflichtet. Man muß einsehen können, wozu sie ihre immensen Summen verbrauchen. Ein zweiter Grund ist nicht weniger gewichtig: Wenn sich die Wissenschaften immer weiter spezialisieren, dann werden wir irgendwann einmal handlungsunfähig werden, sofern niemand mehr den Überblick behält. Jeder Wissenschaftler neigt aus verständlichen Gründen dazu, sein Fach für das bedeutendste zu halten. Wenn man also die Entscheidung den Spezialisten selbst überläßt, wird sich der Machtgierige durchsetzen, nicht der Kluge und Verantwortungsvolle. Wollen wir verantwortbare Entscheidungen treffen, dann müssen wir aufgrund vorläufigen, sehr allgemeinen Wissens und nicht aufgrund von Fachwissen entscheiden.

Ich gehe auf das Thema 'Populärwissenschaft' aus zwei Gründen ein: Zum einen wird hier deutlich, wie dringend es ist, Wissenschaft und Lebenswelt klar zu unterscheiden und nach Prinzipien aufeinander zu beziehen, zum anderen bedienen sich viele Theologen der Populärwissenschaft als Vermittlungsinstanz, weil es dort 'geistiger' zuzugehen scheint als in der trockenen Wissenschaftstheorie. Doch wenn sich Theologie auf einem solchen Niveau bewegt, dann hat sie verloren, weil jeder Einsichtige leicht sieht, daß die privaten Anmutungen der Populärwissenschaft mit wirklicher Wissenschaft nicht viel zu tun haben. Das ist auch dann der Fall, wenn sie von bedeutenden Physikern produziert wird, die ansonsten mit Recht hohes Ansehen genießen, wie z.B. Albert Einstein. Einsteins Überlegungen zur Ontologie der Physik sind oft nicht auf dem Niveau seiner Theorie.

In einem Artikel über „Maxwells Einfluß auf die Entwicklung der Auffassung des Physikalisch-Realen“ drückt er seine Überzeugung aus, daß die klassische Physik Newtons „das Physikalisch-Reale“ in der Konzeption von „materiellen Punkten“ gesehen habe. In den Feldtheorien des 19. Jahrhunderts trete dagegen „das kontinuierliche Feld ... neben dem materiellen Punkt als Repräsentant des Physikalisch-Realen auf“, während die Entwicklung im 20. Jahrhundert auf reine Feldtheorien hinauslaufe, relativ zu denen Partikel nur noch als „Knoten“ oder Singularitäten im Feld zu begreifen seien. Es gehe nun darum, den Partikelbegriff durch den Feldbegriff ganz „zu ersetzen“ und dann das „Physikalisch-Reale als Feld aufzufassen“. Letztlich will Einstein auf eine Aufhebung des Materiellen hinaus: „Können wir den Materiebegriff nicht einfach fallen lassen und eine reine Feldphysik entwickeln? Was unseren Sinnen als Materie erscheint, ist in Wirklichkeit nur eine Zuammenballung von Energie auf verhältnismäßig engem Raum. Wir könnten die Materiekörper auch als Regionen im Raum betrachten, in denen das Feld außerordentlich stark ist.“[30] Diese Auffassung verkoppelt Einstein sodann mit seiner spinozistischen Grundüberzeugung, wonach sich im ‘ordo rerum’ der ‘ordo idearum’ spiegelt. Auf diese Art scheint es, als bewiese die Relativitätstheorie einen spinozistischen Idealismus. Von hierher ist diese Auffassung in andere Disziplinen eingewandert, denn Philosophen und Theologen lieben es, wenn es in der Physik wieder ‘geistig’ klingt. So spricht Peter Rohs von einer „feldtheoretischen Transzendentalphilosophie“ oder Wolfhart Pannenberg sogar vom „Feld des heiligen Geistes“.[31]

So genial Einstein in der Fachwissenschaft war, so schlecht begründet sind oft seine populärwissenschaftlichen Spekulationen. Man kann, wie gesagt, Theorien in der Physik oft logisch äquivalent so formulieren, daß der Partikel- oder der Feldbegriff im Zentrum steht, aber das heißt eben, daß weder die eine noch die andere Ontologie durch die Physik begründet wird; ferner ist der Materiebegriff kein fachphysikalischer Begriff, d.h. diese ganzen Extrapolationen hängen in der Luft. Aber viele Theologen

[30] Einstein (1953), S. 207–212; (1988), S. 98; 108; Einstein/Infeld (1995), S. 233.
[31] Pannenberg (1998), Bd. II, S. 77; Rohs (1998).

werfen sich mit Vorliebe auf solche, durch die Wissenschaft nicht wirklich abgedeckten Spekulationen. So z.B. Ulrich Kropac und Cornelia Liesenfeld in ihren Arbeiten zum Verhältnis von Physik und Theologie. Diese beiden Autoren nehmen einfach die privaten Spekulationen von Planck, Einstein und Heisenberg beim Wort und halten sie für strenge Wissenschaft. Man muß aber unterscheiden zwischen gesicherten Ergebnissen der Wissenschaft und bloßen Spekulationen, die sich darum herumranken.

Heute sind es besonders Chaos- und Selbstorganisationstheorie, die die theologische Phantasiebildung anregen. So heißt es in einem Sammelband von Konrad Hilpert und Gotthold Hasenhüttl zum Thema „Schöpfung und Selbstorganisation“: „Die positiven Seiten von Chaos geraten wie in den alten Mythen wieder in den Blick: Chaos wird kreativ.“ Und die Selbstorganisationstheorie wird dafür gelobt, daß sie weder materialistisch noch reduktionistisch sei, sie sei vielmehr „für Ganzheitlichkeit und eine Kongruenz zwischen menschlicher Erfahrung und dem Sein von Welt und Mensch offen.“[32]

All dies sind bloße Wunschvorstellungen, die mit Chaos- und Selbstorganisationstheorie nicht viel zu tun haben. Allerdings wurden diese Wunschvorstellungen von Physikern selbst ‘angeheizt’, indem sie die neuen Theorien populärwissenschaftlich aufbereiteten. Am ausführlichsten ist dies geschehen in dem Buch „Die Selbstorganisation des Universums“ aus der Feder des Physikers Erich Jantsch, das eine hohe Verbreitung fand und einflußreich war bis hinein in die Germanistik und Jurisprudenz. Jantsch geht in seinem Buch zunächst einmal vom fachwissenschaftlichen Kern der Selbstorganisationstheorie als einer Theorie der dissipativen Strukturen in der Nichtgleichgewichtsthermodynamik aus. Diese Dynamik wird durch nichtlineare Differentialgleichungen beschrieben, indem man zeigen kann, daß es in der Natur unter bestimmten Bedingungen zu spontaner Strukturentstehung kommt, wobei der Anstoß zu dieser Strukturentstehung aus dem System selbst stammt. Oft sind Zufallsprozesse Ursache eines solchen spontanen Entstehens von Komplexität, weshalb man von ‘Selbstorganisation’ spricht. In seiner populärwissenschaftlichen Schrift zu diesem Thema reichert Jantsch das ‘Selbst’ in ‘Selbstorganisation’ sukzessive an. Zunächst bezeichnet es das Zufällige, dann das Spontane bei Lebensprozessen, weiter das Freiheitsgeschehen beim Menschen und schließlich noch das SELBST ostasiatischer Religionen als den Urgrund allen Seins.[33] Auf solchen lockeren Assoziationsketten beruht das Buch von Jantsch, der sukzessive den harten Kern der

[32] Hilpert/Hasenhüttl (1999), S. 9; 106.

[33] Vgl. meine Kritik an solchen Extrapolationen in: Mutschler (1992b).

Selbstorganisationstheorie spekulativ verflüssigt, um ihn schließlich auf alle Gebiete, also nicht nur auf das Lebendige, sondern auch auf soziale und psychologische Phänomene, wie auch auf Kunst, Religion und Ethik zu beziehen.

Auf diese Weise glaubt er sogar, genuin philosophische Grundfragen beantworten zu können. So sind nach ihm Geist und Materie nur „komplementäre Aspekte ein und derselben Selbstorganisations-Dynamik, Geist als ihr dissipatives und Materie als ihr konservatives Prinzip." Das heißt: „Geist erscheint in dieser Sicht mithin als Selbstorganisations-Dynamik schlechthin. Er tritt überall auf, wo es dissipative Selbstorganisation gibt." Auf diese Art wird für Jantsch der Sinn- oder Geistbegriff, der sonst auf das Soziale beschränkt bleibt, zur physikalisch ableitbaren Zentralkategorie.[34]

Es ist klar, daß diese verwegenen metaphysischen Spekulationen kein Ergebnis der Physik *sein können*, was schon daraus ersichtlich ist, daß Jantsch das technische Instrumentarium der physikalischen Selbstorganisationstheorie (also etwa das Arbeiten mit nichtlinearen Differentialgleichungen, wiederholbaren Experimenten, strenger Quantifizierung usw.) außerhalb des physikalischen Bereichs nirgends anwendet.

Es gibt nun seit den siebziger und achtziger Jahren eine weitläufige Selbstorganisationsmetaphorik in den unterschiedlichsten Wissenschaften, z.B. auch in der Soziologie wie etwa bei Günter Küppers, der das Entstehen von Theorien in der scientific community nach Prinzipien der physikalischen Selbstorganisationstheorie 'erklärt', indem er die entsprechende Theorie nur metaphorisch anwendet.[35]

Früher hat man den Philosophen haltlose Spekulationen vorgeworfen, während die Naturwissenschaftler bei der Sache blieben, aber heute hat sich das Verhältnis oft umgekehrt: Die Philosophen orientieren sich an der Strenge der Naturwissenschaft, bleiben hart bei der Sache, während viele Naturwissenschaftler einen unstillbaren Drang zu großflächigen Spekulationen haben. Mir scheint, daß das eine mit dem anderen zusammenhängt: Die Philosophen hätten nicht aufhören sollen, großflächig zu spekulieren, denn sie werden niemals die logische Strenge und empirische Überprüfbarkeit der Naturwissenschaft erreichen. Andererseits haben wir ein legitimes Bedürfnis, den Zusammenhang verschiedener Disziplinen zu durchschauen und zu wissen, ob es etwas ihnen Gemeinsames gibt. Früher war es die Aufgabe der Metaphysik, dieses Gemeinsame herauszuarbei-

[34] Jantsch (1988), S. 227; 253; 290.

[35] Vgl. Küppers/Krohn (1989): Die „Selbstorganisation der Wissenschaft". In diesem Buch werden sogar mathematische Formeln angeschrieben, die aber niemals wirklich angewendet werden.

ten. Aber weil sich die Philosophen dem Blick auf das Ganze verweigern, liegt ein echtes Bedürfnis brach, und dieses Bedürfnis wird nun von der Populärwissenschaft erfüllt: Sie ist der Platzhalter der Metaphysik in einer Epoche, die irrtümlicherweise glaubt, auf Metaphysik verzichten zu können.[36] Allerdings erfüllt sie dieses Bedürfnis auf eine verquere Weise, indem sie vorgibt, strenge Wissenschaft zu sein. Auch hier zeigt sich eine Komplementarität zwischen dieser modernen Form von Metaphysik und der alten: Zur Zeit Hegels war es üblich, das große Ganze spekulativ zur Geltung zu bringen, aber so, daß damit ein Unhintergehbarkeitsanspruch verbunden war, d.h. der Philosoph glaubte, man könne auf dem Niveau der Totalität die intellektuelle Klarheit der empirischen Wissenschaften überbieten. Dabei könnte man wissen, daß wir umso bescheidener sein sollten, je umfassender unsere Theorien werden, denn desto vieldeutiger werden unsere Begriffe und desto weiter entfernen sie sich von der Erfahrungsbasis.

Weil der Geltungsanspruch klassischer Metaphysik viel zu hoch gehängt war, stürzte die Philosophie im Lauf des 19. Jahrhunderts in die Krise, von der sie sich bis heute nicht mehr erholt hat, und versucht nun ihr Heil, indem sie sich an den Naturwissenschaften orientiert. Dadurch macht sie sich aber erst recht überflüssig, denn die Empirie beherrschen andere besser. Stattdessen läßt der Philosoph einen weiten Bereich brach liegen, der dann von den Naturwissenschaftlern besetzt wird: den Bereich der 'analogia entis', den Bereich der Entsprechungen zwischen den verschiedenen Aspekten der Wirklichkeit. Ein Buch wie das von Erich Jantsch hatte deshalb so großen Erfolg, weil es virtuos auf der Klaviatur der Analogien spielt und diese Analogien als Ergebnis strenger Wissenschaft ausgab. Auf diese Weise läßt sich ein metaphysisches Bedürfnis befriedigen, ohne daß man den Preis bezahlen muß, der im Riskanten der Spekulation liegt, denn je mehr wir das große Ganze in den Blick nehmen, je allgemeiner unsere Konzepte werden, desto riskanter und ungesicherter werden sie auch. Im Endeffekt geraten wir auf die Kippe zur Absurdität, was nichts anderes heißt, als daß wir an die Grenzen der Vernunft gestoßen sind. Die Totalität des Existierenden ist kein Gegenstand wie andere Gegenstände.

Am Beispiel Einsteins wird deutlich, daß es leider keine Möglichkeit gibt, unkontrollierte populärwissenschaftliche Synthesen von präzisen Darstellungen der hard science dadurch zu unterscheiden, daß man sich

[36] Auf diese Dialektik hat schon vor Jahren Dieter Henrich aufmerksam gemacht. In einer Polemik gegen die Metaphysik-Phobie von Jürgen Habermas zeigt er, daß die Metaphysik, von Autoren wie Habermas tabuisiert, sich in die Weltanschauungsproduktion von philosophierenden Physikern flüchtet; Henrich (1987), S. 1–43.

an den bedeutendsten Wissenschaftlern orientiert. Auch diese neigen oft zu populärwissenschaftlichen Extrapolationen. Dies wird auch deutlich an Jantschs Gewährsmann, dem Nobelpreisträger Ilya Prigogine, der neben Hermann Haken die physikalische Selbstorganisationstheorie entwickelte, also innerwissenschaftlich zu den bedeutenden Autoren zählt.

Auch Prigogine hat seine eigene Theorie in alle möglichen Richtungen hin extrapoliert, so daß Jantsch auf ihn zurückgreifen konnte. Schon der Titel seines ersten bekannteren Buches, „Dialog mit der Natur", ist Programm für das, was er in der Folgezeit an überhöhten Geltungsansprüchen stellte.

Gewöhnlich unterscheidet man die Sozial- von den Naturwissenschaften als 'dialogisch' versus 'monologisch'. Das Dialogische ist selbstverständlicher Grund der Sozialwissenschaften. In der vormodernen Physik war auch das Naturverhältnis dialogisch, weil man die Natur von Subjektanalogien her interpretierte. Seit Galilei und Newton sind wir aber gewöhnt, Natur zu objektivieren, wir entkleiden sie zusehends aller Subjektanalogien, wodurch sich ein dialogisches Verhältnis zu ihr von selbst verbietet. Dies liegt allein schon an den experimentellen Zwangsbedingungen, denen wir sie unterwerfen, um jederzeit reproduzierbare Ergebnisse zu erzielen. Kant hat daher in der „Kritik der reinen Vernunft" das physikalische Experiment mit einem Kreuzverhör verglichen. Der Naturforscher sei in der Position „eines bestallten Richters, der die Zeugen nötigt, auf die Fragen zu antworten, die er ihnen vorlegt."[37] Eine solche Position ist asymmetrisch und monologisch, nicht auf gegenseitiger Anerkennung beruhend. Francis Bacon hatte das Experiment sogar mit der Folter verglichen, einer strengen Verweigerung des Dialogs.

In Goethes Naturlyrik und Naturwissenschaft gibt es hingegen einen echten 'Dialog mit der Natur'. Konsequenterweise lehnte Goethe die Anwendung von Mathematik und kontrolliertem Experiment ab. In seinen „Maximen und Reflexionen" bezieht er sich auf Francis Bacon und beklagt: „Die Natur verstummt auf der Folter." Und weiter: „Mikroskope und Fernrohre verwirren eigentlich den reinen Menschensinn." Klassisch kommt sein Naturkonzept im „Faust" zur Geltung, wo Faust den „Erdgeist" beschwört und von seinen „Brüdern im stillen Busch, in Luft und Wasser" spricht.[38] Zu Brüdern hat man ein echt dialogisches Verhältnis, aber nur insofern man auf Manipulation, Berechenbarkeit und experimentelle Wiederholbarkeit verzichtet. Dem Physiker, der all dies gebraucht, gönnt die Natur daher nur einen, wie er sagt, „kalt staunenden Besuch".

[37] KrV B XIII.

[38] Goethe GA, Bd. XXI, S. 15; 60; Bd. IX, S. 97.

Hat Goethe nicht recht? Wer moderne Physik studiert, kommt aus dem Staunen nicht mehr heraus, daß sich die Natur durch relativ einfache Gleichungen beschreiben läßt. Solche Gleichungen lösen Staunen und Faszination aus, aber sie eröffnen kein dialogisches Verhältnis.

Prigogine hat nun den Anspruch gestellt, *innerhalb* der Physik selbst das dialogische Moment zur Geltung zu bringen. Antiszientifische Kritik an der modernen Physik seit Goethe, Schelling, der Romantik oder seit Hegel lief häufig auf diesen Punkt hinaus: Die Physik sei unfähig, das Dialogische zur Geltung zu bringen, das unser Naturverhältnis zutiefst bestimme. Prigogine nimmt diesen Vorwurf auf und behauptet, daß er sich nur auf die herkömmliche Physik beziehe. Seine eigene Theorie sei in der Lage, das Goethesche Anliegen einer Metaphysik der Natur innerhalb der Physik selbst einzubringen.[39]

Die Phänomene spontaner Strukturentstehung, wie sie die physikalische Selbstorganisationstheorie beschreibt, sind in der Tat sehr suggestiv. Die Anstöße zu solcher Entstehung liegen oft in mikrophysikalischen Zufällen, den 'Bifurkationspunkten' im Phasenraum, wo sich die Trajektorien unvorhersehbar verzweigen. Es sieht hier so aus, als zeige die Natur eine eigene Form der Spontaneität, des Schöpferischen, Nichtmanipulierbaren. Jedenfalls beschreibt Prigogine diese Kontingenzpunkte mit solchen Kategorien. Er spricht emphatisch von einem „partizipatorischen Universum", davon, daß sich in diesen Kontingenzpunkten die „Eigenrechte" der Natur meldeten, dies sei der Ort, wo die Natur regelrecht „wähle", wir hätten nun den aristotelischen Sinn von „physis" wiederentdeckt usw.[40]

Diese Rede hat viele Theologen beeindruckt, deren eigener Ansatz durch und durch dialogisch ist. Soll die Schöpfungstheologie wahr sein, dann muß das Dialogische auch auf Natur beziehbar sein, was die bisherige Physik ausschloß. Wenn nun plötzlich in der Physik selbst vom „Dialog" die Rede ist, dann fühlen sich die Theologen zu Hause und wähnen, die lange Geschichte der Entfremdung zwischen Naturwissenschaft und Theologie sei an ihr Ende gekommen. Das erwähnte Buch von Hilpert und Hasenhüttl zum Thema „Schöpfung und Selbstorganisation" ist nur eines von vielen Beispielen, wo Theologen dem Sirenengesang der Populärwissenschaft erlegen sind.[41] Die Pointe an dieser Art von Populärwissenschaft ist nämlich nicht nur, daß sie sehr spekulativ ist, was ausreichen sollte, um sie abzulehnen, sondern pikanterweise auch die, daß sie die traditionelle Metaphysik und Theologie überflüssig machen möchte.

[39] Prigogine/Stengers (1981), 96ff.

[40] Prigogine/Stengers (1981), S.129, 170, 269, 293.

[41] Ein anderes ist S. N. Bosshards Werk über „Die Selbstorganisation von Natur und Mensch aus naturwissenschaftlicher, philosophischer und theologischer Sicht."

Einer der ersten, der diese unhaltbaren populärwissenschaftlichen Extrapolationen in der Theologie hoffähig machte, war der evangelische Theologe und Biologe Günter Altner. In dem von ihm herausgegebenen Buch „Die Welt als offenes System. Eine Kontroverse um das Werk von Ilya Prigogine" sind neben affirmativen auch sehr kritische Beiträge enthalten. So kritisieren 'Erlanger' Philosophen, wie Rüdiger Inhetveen und Rudolf Kötter, Prigogines Anspruch, das Monologische der Physik auf einen Dialog hin überschritten zu haben und entlarven seine Extrapolationen als bloße Metaphorik. Ernst Ulrich von Weizsäcker bestreitet mit guten Gründen den Anspruch der Selbstorganisationstheorie, Lebendiges hinreichend zu fassen, und Enno Rudolph zeigt, wie unbedarft Prigogines Philosophiekritik letztlich ist.[42]

All dies hat nicht sehr viel genützt. Theologen wie Sigurd Daecke im evangelischen und Alexandre Ganoczy im katholischen Bereich haben die Chaos- und Selbstorganisationstheorie in ihrer populärwissenschaftlichen Variante unter Theologen verbreitet, so daß diese Mode jetzt allgemein grassiert. Daecke feiert in seinen Büchern naiv die „wiedergewonnene Harmonie" zwischen Religion und Naturwissenschaft: „Die Zeiten, in denen Naturwissenschaft und Religion als unvereinbare Gegensätze betrachtet wurden, sind längst vorbei." Er beruft sich auf Jantsch, für den das Göttliche im Kosmos anwesend sei. Bei solchen Physikern finde man eine regelrechte „natürliche Theologie".[43] Das ist das Wunschdenken eines bestenfalls gutmeinenden, auf jeden Fall aber ziemlich weltfremden Theologen.

Auch wenn man nicht verlangen kann, daß ein Theologe fachwissenschaftlich gebildet ist, so sollte ihn doch sein Instinkt vor solchen populärwissenschaftlichen Synthesen warnen, denn sie sind ein Nest eklatanter Widersprüche und offenbarer Ungereimtheiten, die auch ohne Fachkenntnisse durchschaubar sind. So heißt es z.B. in Prigogines „Dialog mit der Natur": „Der experimentelle Dialog mit der Natur, den die moderne Wissenschaft entdeckte, beruht weniger auf passiver Beobachtung als vielmehr auf praktischer Tätigkeit. Es kommt darauf an, die physikalische Realität zu manipulieren, sie derart zu „inszenieren", daß sie so eng wie möglich einer theoretischen Beschreibung entspricht. Hier hat man den Widerspruch in einem einzigen Satz. Was haben Manipulation und Dialog gemein, so daß sie identifiziert werden können? Nur eine Seite später drückt sich Prigogine noch drastischer aus: „Der experimentelle Dialog stellt somit ein höchst eigenartiges Verfahren dar. Die Natur wird durch das Experimentieren wie in einem Gerichtsverfahren im Namen postulier-

[42] Altner (1986), S. 32ff., 48ff., 95ff.

[43] Daecke (1993), S. 7, 208ff.

ter Prinzipien einem Kreuzverhör unterzogen." 'Dialog' also = 'Gerichtsverfahren'."[44]

Solche Ungereimtheiten haben aber viele Theologen nicht davon abgehalten, die Populärwissenschaft als Berufungsinstanz heranzuziehen, wenn es darum geht, Schöpfungstheologie und Naturwissenschaft zu vermitteln. So betont z.B. Jürgen Moltmann in seiner „Ökologischen Schöpfungslehre" gegen den Physikalismus zu Recht, daß man „das analytische Denken mit seinen Subjekt-Objekt-Distinktionen zu verlassen und ein neues, kommunikatives und integriertes Denken zu lernen" habe: „Die Art der ganzheitlichen Wahrnehmung ist notwendigerweise unschärfer als die segmentierende Herrschaftserkenntnis, aber beziehungsreicher." Moltmann beruft sich dann auf Prigogines „Dialog mit der Natur". Bei Prigogine gebe es Systeme, die im Sinne Karl Rahners auf „Selbsttranszendenz" hin ausgerichtet seien usw.[45]

Die Selbstorganisationstheorie Prigogines ist aber ganz klar ein Instrument der Weltbewältigung. Eine gemeinsam mit Grégoire Nicolis herausgegebene Buchreihe trägt den Untertitel „Die Beherrschung des Komplexen". Liest man diese Bücher, so kann man nicht im Zweifel sein, daß es sich gerade darum handelt, das Komplexe technisch verfügbar zu machen, das sich bisher der willkürlichen Steuerung entzog: Das ist die Pointe an der physikalischen Selbstorganisationstheorie. Karl Rahner auf der anderen Seite hat sein Konzept der „Selbsttranszendenz" als ein philosophisches eingeführt, und es ist auch nur so verständlich, denn wenn evolutionäre Prozesse sich selbst überbieten können, d.h. wenn sie die Möglichkeit zu echtem Mehrwerden haben, dann sind dies teleologische Begriffe, die keinen Ort in der strengen Wissenschaft haben und die eher zu Goethes Konzept der 'Konnaturalität' passen als zur modernen Physik.[46]

Theologie manövriert sich ins Abseits, wenn sie die Populärwissenschaft unbesehen für bare Münze nimmt. Es gibt allerdings auch kritische Literatur zu diesem Thema, außer dem genannten Band von Altner z.B. die Untersuchung des Physikers und Philosophen Theodor Leiber zur Chaostheorie. Diese Studie enthält eine ausführliche, halbformale Darstellung der Chaostheorie und eine vernichtende Kritik der sich 'parasitär' um sie herumrankenden weltanschaulichen Extrapolationen. Ebenso gibt es eine Studie zu diesem Thema aus der Feder des evangelischen Theologen und Mathematikers Wolfgang Achtner, die genauso kritisch ausfällt.[47]

[44] Prigogine/Stengers (1981), S. 47f.

[45] Moltmann (1985), S. 17; 209; 213.

[46] Vgl. meine Darstellung der Evolutionsmetaphysik Rahners in: Mutschler (1994) und (2002a).

[47] Leiber (1996), Achtner (1997). Vgl. auch die kritische Studie zur Selbstorganisationstheorie von Manfred Stöckler (1991).

Dasselbe gilt für eine Studie zum Zeitbegriff, die der Religionsphilosoph Reinhold Esterbauer vorgelegt hat.[48] Leider haben solche besonnenen, kritischen Stimmen nicht den Einfluß im theologischen Betrieb, den sie verdienen.

Die ausufernde populärwissenschaftliche Literatur soll im folgenden nicht näher dargestellt werden. Hier nur der Hinweis auf einige, in der Öffentlichkeit – und leider auch in der Theologie – einflußreich gewordene Publikationen: David Bohm: „Die implizite Ordnung. Grundlagen eines dynamischen Holismus", Friedrich Cramer: Chaos und Ordnung. Die komplexe Struktur des Lebendigen", ders.: „Der Zeitbaum. Grundlegung einer allgemeinen Zeittheorie", Paul Davies: „GOTT und die moderne Physik", ders.: „Prinzip Chaos. Die neue Ordnung des Kosmos", ders.: „Die Urkraft. Auf der Suche nach einer einheitlichen Theorie der Natur", ders.: „Der Plan Gottes. Die Rätsel unserer Existenz und die Wissenschaft", Jean Charon: „Der Geist der Materie", Stephen Hawking: „Eine kurze Geschichte der Zeit. Die Suche nach der Urkraft des Universums", Pascual Jordan: „Der Naturwissenschaftler vor der religiösen Frage", Bernulf Kanitscheider: „Von der mechanischen Welt zum kreativen Universum", ders.: „Im Innern der Natur", Frank Tipler: „Die Physik der Unsterblichkeit", Steven Weinberg: „Die ersten drei Minuten. Der Ursprung des Universums", ders.: „Der Traum von der Einheit des Universums."

Die Reihe derartiger Bücher ließe sich beliebig verlängern. Es werden beständig neue Titel produziert, was nicht heißt, daß sie etwas Neues enthalten, denn in dieser Literaturgattung geht es eigentlich immer nur um das Gleiche: Durch die Physikalisierung unseres Weltbezuges sind wesentliche Qualitäten ausgeblendet worden, insbesondere Selbstsein, Sinnkategorien, Seinsentsprechungen usw. Diese Inhalte kompensatorisch wieder zur Geltung zu bringen, ist der wesentliche Inhalt solcher populärwissenschaftlichen Schriften. Daher sprechen sie von 'Gott', von 'Freiheit', von 'Spontaneität', von 'Unsterblichkeit', vom 'Geist der Materie', vom 'Innern der Natur', vom 'Plan Gottes', alles Begriffe, die in der Physik gerade *keinen* Ort haben. Es ist äußerst fahrlässig, wenn sich Theologen auf diese unseriöse Literaturgattung stützen. In vielem erinnert die Situation an die siebziger Jahre, wo eine Phalanx besonders 'progressiver', damals also marxistisch gesonnener, Theologen mit großer Begeisterung an ihrer Selbstaufhebung mitwirkte.

Paul Davies, auf den ich später noch einmal zurückkommen werde, scheint bei Theologen, die solche Interessen haben, besonders beliebt zu sein, da er am häufigsten zitiert wird. Dabei hat er aus seiner Zielvorstellung keinen Hehl gemacht: „Es mag seltsam erscheinen, aber meiner Auf-

[48] Esterbauer (1996).

fassung nach bietet die Naturwissenschaft einen sichereren Weg zu Gott als die Religion. Ob unsere Antworten richtig oder falsch sind, die Naturwissenschaft hat mittlerweile den Punkt erreicht, von dem aus ehedem religiöse Fragen auf wissenschaftlich haltbare Weise untersucht werden können." Es gebe „keinen Zweifel am Erfolg der naturwissenschaftlichen Methodik." „Dennoch halten immer wieder Menschen, die religiöse Erlebnisse hatten, ihre eigene persönliche Offenbarung für eine tragfähigere Glaubensgrundlage als noch so viele naturwissenschaftliche Experimente."[49] Ausgerechnet Paul Davies wird von Theologen wie Daecke und Ganoczy herangezogen, die bei ihm eine 'natürliche Theologie' gefunden haben wollen, weil dieser Autor sehr viel über Gott geschrieben hat. Dabei könnte es einen sehr schlichten Grund für diese Massenproduktion an theologisch-physikalischen Büchern geben (von Davies erscheint praktisch jedes Jahr eines): Solche Bücher erreichen hohe Auflagen. Es läßt sich sehr viel Geld damit verdienen.

Andererseits strömt die allgegenwärtige Populärwissenschaft in eine Lücke ein, die von der Philosophie offen gelassen wird. Hier werden naturwüchsig Sinngestalten produziert, auf die eigentlich die Theologie angewiesen wäre. Was diese ernstlich benötigt, wäre ein philosophisches Zwischenglied, eine echte Naturphilosophie, die zwischen Physik und Schöpfungstheologie vermitteln könnte. Vertritt man ein solches Konzept, dann hat man sich allerdings vor den sehr zahlreichen Gegnern der Metaphysik zu verantworten und gerät in eine Aporie, die im nächsten Kapitel unter dem Stichwort 'metaphysica generalis' behandelt wird. Die Populärwissenschaft unterläuft diesen heilsamen Zwang zur Rechtfertigung, indem sie vorgibt, nichts zu sein als empirische Wissenschaft.

Es ist, wie gesagt, besonders die Chaostheorie, die Anlaß gibt zu weltanschaulichen Spekulationen, die von Interesse sind, weil in ihnen – wie in einer Hohlform – deutlich wird, was uns fehlt: Die Vermittlung von kausaler und Sinnordnung, von mechanistischen Gesetzen und schöpferischer Spontaneität oder, in der Sprache Kants ausgedrückt, die Vermittlung von Natur und Freiheit.

Das folgende bezieht sich auf ein Buch von Paul Davies, „Prinzip Chaos – Die neue Ordnung des Kosmos": Diese „neue Ordnung" soll darin bestehen, daß die traditionelle Physik mechanistisch gewesen sei, die neuere dagegen schöpferisch: „Jetzt gibt es das neue Paradigma des schöpferischen Universums, nach dem die physikalischen Vorgänge etwas Progressives, Innovatives haben. Das neue Paradigma betont die kollektiven,

[49] Davies (1986), S. 15; 23ff. Davies scheint in letzter Zeit seinen harten Physikalismus in Frage zu stellen. In Davies (1995) verschiebt er die Frage nach Gott in die Metaphysik.

kooperativen und organisierten Erscheinungen der Natur; es sieht sie weniger aus einer analytischen und reduktionistischen, sondern vielmehr aus einer synthetischen und holistischen Sicht." Es werde immer deutlicher, „daß die Natur schöpferische Kraft besitzt", daß es eine „schöpferische Potenz des Universums" gibt. Mit Berufung auf Prigogine spricht Davies sogar von einer „Materie mit eigenem Willen" und legt ein Telos in die Gesamtentwicklung hinein: „In gleichgewichtsfernen offenen Systemen haben Materie und Energie ganz allgemein eine Tendenz, immer höhere Stufen der Organisation und Komplexität anzustreben."[50] Im Grunde könne man sogar zwei „Richtungen" im Universum unterscheiden, eine zerstreuende und eine schöpferische, eine, die durch den II. Hauptsatz der Thermodynamik ausgedrückt werde und eine, die sich in der selbstorganisierenden Kraft der Materie ausdrücke.

Der II. Hauptsatz sagt aus, daß sich in geschlossenen Systemen in the long run der wahrscheinlichste Zustand durchsetzt, der in der Regel der ungeordnetste ist. Dieser Satz drückt also eine Tendenz der Natur zur Zerstreuung und Strukturzerstörung aus. Dem sei die Selbstorganisationsdynamik der Natur entgegengesetzt. Davies spricht auch von einem „optimistischen" und einem „pessimistischen Pfeil" im Universum und fügt hinzu: „Dennoch ist das fortschrittliche Wesen des Universums eine objektive Tatsache."[51]

Nun ist klar, daß all diese weltanschaulichen Semantisierungen sicherlich keine „objektiven Tatsachen" sind. Ohne das fachwissenschaftliche Substrat genauer zu kennen, sieht man bei Davies schon an den verwendeten Begriffen, daß sie nicht aus der Physik stammen können. „Pessimismus" und „Optimismus" sind Grundhaltungen des Menschen, die nichts zu tun haben mit kosmologischer Dynamik. Das Schöpferische ist dasjenige, was neue Sinnhorizonte eröffnet. Es gibt zunächst keinerlei Gründe, in der Begrenzung der Determiniertheit der Materie, wie sie in der Chaostheorie zutage tritt, mehr zu sehen als Zufallsprozesse, die unseren rechnerischen und manipulatorischen Zugriff einschränken.

Was sich hier Bahn bricht, ist vielmehr eine uralte Metaphysik, die seit den Gnostikern lehrt, daß es zwei Urkräfte im Universum gibt, die durch ihr dialektisches Wechselspiel die Vielheit der Erscheinungen hervorbringen. Man denke an den Gegensatz zwischen 'Liebe' und 'Streit' bei Empedokles, zwischen 'Form' und 'Materie' bei Aristoteles, an entsprechende Konzeptionen der Romantik, an Schelling und Hegel, an Goethes „Systole" und „Diastole" (oder auch an seine Begriffe von „Polarität" und „Steigerung") und nicht zuletzt an Teilhard de Chardin, der ebenfalls zwei anta-

[50] Davies (1988), S. 8; 14 f.; 127; 171.
[51] Davies (1988), S. 35 f.

gonistische Kräfte im Universum annahm, eine „tangentiale“ und eine „radiale Energie“, wobei er erstere als eine zerstreuende Kraft mit dem Entropiesatz in Verbindung bringt, während letztere eine Kraft der Vereinigung sein soll, die die Gestaltfülle im Universum produziert.

Man mag solche Spekulationen für überschwänglich halten, sie scheinen aber archetypischer Natur zu sein, weil sie immer wieder auftauchen und offenbar jede Form von wissenschaftlicher Aufklärung überdauert haben. Nicht legitim ist jedoch Davies' Versuch, derartige Spekulationen als Ergebnisse der Physik auszugeben. In Wahrheit handelt es sich um die Rückprojektion menschlicher Qualitäten in die Natur: Wir sind aufgespannt zwischen den Polen von Geist und Materie, wir erleben den Gegensatz zwischen zerstreuenden und sammelnden Tendenzen, zwischen Liebe und Tod. Wir sind an unserer Selbsterhaltung interessiert und deuten deshalb den II. Hauptsatz als „pessimistischen“ und die Selbstorganisationsdynamik der Materie als „optimistischen Pfeil“. Wir bringen es nicht fertig, rein kausal zu denken, sondern wir interpretieren den Weltprozeß jederzeit auch final, um eine Sinnordnung in ihm, wenn nicht zu erkennen, so doch zu unterstellen.

5.4 Strukturwissenschaft und erweiterter Physikalismus

Es scheint sich heute ein Umschwung in der Auffassung von 'Naturwissenschaft' zu vollziehen. Vermutlich wird zur Zeit die Physik als Leitwissenschaft von der Informatik und der Genetik abgelöst, die sich wechselseitig immer stärker durchdringen. Wenn in der Analytischen Philosophie von 'Physikalismus' die Rede ist, dann ist oft ein solch erweiterter Wissenschaftsbegriff gemeint.

Man kann sich fragen, ob eine solche Benennung sinnvoll ist. Die Informatik ist zunächst keine Natur-, sondern eine Ingenieurwissenschaft. Betrachtet man Naturprozesse durch die Brille der Informatik, dann ist es fraglich, ob wir uns noch im Rahmen echter Naturwissenschaft bewegen. Dies wurde im zweiten Kapitel im Zusammenhang mit Weizsäcker deutlich. Informationsgeschehen spielt zwar auf einem physikalischen Substrat, aber dies legt weder Syntax noch Semantik oder gar die entsprechende Pragmatik fest. Pragmatisches Geschehen erschließt sich erst einem hermeneutischen Zugriff, der nicht mehr im Kompetenzbereich der Naturwissenschaft liegt. Wenn man also von der Informationstheorie Gebrauch macht, wird man irgendwo auf der Schnittlinie zwischen Natur- und Geisteswissenschaften, Erklären und Verstehen, kausalem und finalem Denken liegen.

Vielleicht besteht die Zukunft der Wissenschaften aus solchen Synthesen. Dann macht es aber keinen rechten Sinn mehr, hier noch von 'Physik' oder von 'Physikalismus' zu sprechen. Ich habe oben (Teil 5.2 dieses Kapitels) darauf hingewiesen, daß viele Analytische Philosophen keine Differenz zwischen technischen und physikalischen Systemen machen. Das ist der Grund, weshalb sie manchmal auch die Computer zu den rein physikalischen Systemen rechnen. Aber diese Redeweise ist unangemessen, jedenfalls müßte man dann das, was bisher 'Physik' genannt wurde, in Zukunft anders nennen.

Ich habe in diesem Buch einen eng definierten Physikbegriff zugrundegelegt, weil ich glaube, daß die philosophischen und theologischen Probleme von völlig anderer Art sind, wenn man auch Disziplinen wie Hirnphysiologie, Bioinformatik, Bionik, Spieltheorie usw. noch zur Physik rechnet. Vielleicht werden ja solche Disziplinen in Zukunft im Zentrum des wissenschaftlichen Interesses stehen, aber dann wird sich die religiöse Frage im Verhältnis zu ihnen ganz anders stellen. Jedenfalls ist meine Argumentation nicht auf diesen erweiterten Physikbegriff hin ausgerichtet.

Unter 'Physik' im herkömmlichen Sinne verstehen wir eine Disziplin, die sich nicht nur des kontrolliert wiederholbaren Experiments und quantitativ bestimmter mathematischer Methoden bedient, sondern zugleich eine Disziplin, die an entscheidender Stelle auf Naturkräfte zurückgreift. Es gibt heute mathematische Strukturtheorien, die sich vom Bezug auf die Naturkräfte freimachen. Dadurch werden sie universell anwendbar, sogar auf soziale oder psychische Prozesse. Auch hier fragt es sich, ob man dann noch von 'Physik' reden sollte, wenn für eine Disziplin der Bezug auf das Physische oder auf die Naturkräfte nicht mehr bindend ist. Im Grunde gehören Chaos- und Selbstorganisationstheorie schon in diese Sparte. Solche Disziplinen enthalten keine neuen physikalischen Grundgesetze, keine bisher unbekannten Naturkräfte. Sie definieren vielmehr bestimmte mathematische Verfahren, die Modelle in ganz verschiedenen, bisher von den Geisteswissenschaften bestimmten Bereichen haben.

Abgesehen von der inflationären, bloß noch metaphorischen Anwendung des Begriffes der 'Selbstorganisation' bei Autoren wie Jantsch oder Küppers, gibt es einen wissenschaftlich seriösen Gebrauch des Selbstorganisationskonzeptes in ganz verschiedenen Bereichen. So hat man z.B. entdeckt, daß der Übergang vom Trab zum Galopp beim Pferd, der Übergang von normaler Herzfrequenz zum Herzinfarkt oder der von normal fließendem Verkehr auf Bundesautobahnen zum 'Verkehrsinfarkt' ganz ähnlichen mathematischen Gesetzen folgt. Man kann also derart verschiedene Phänomene durch ein und dieselbe Dynamik beschreiben.

Im Grunde ging die Kybernetik von Beginn an so vor: Sie betrachtete komplexe Systeme als 'black box', abstrahierte von ihrer physikalischen Mikrostruktur und berücksichtigte nur, wie sich bestimmte Inputgrößen nach mathematisch beschreibbaren Mustern in Outputgrößen verwandeln. Weil die Kybernetik von der konkreten Realisation abstrahierte, weil sie keine Aussagen über besondere Naturkräfte machte, war sie universell anwendbar, auf den Flug von Raketen ebenso wie auf den Flug von Vögeln.

Solche Strukturtheorien sind äußerst effizient, aber sie führen leicht in eine philosophische Falle: Wenn ein und dasselbe Konzept in ganz verschiedenen, auch nichtphysikalischen, Bereichen anwendbar ist, legt sich eine wiederum platonische Auffassung nahe, wonach wir in solchen abstrakten Konzepten das Wesentliche erfaßt hätten und wonach die Anwendung in den verschiedenen Bereichen rein sekundär bliebe.

Die Kybernetik war von Anfang an in Gefahr, sich so zu verstehen. Die universelle Anwendbarkeit in Technik und Natur verleitete zum Anspruch, eine Großtheorie gefunden zu haben, die jenseits des Gegensatzes von Technik und Natur, Subjekt und Objekt stünde. Daraus haben Autoren wie Gotthard Günter und Heinz von Foerster eine kybernetische Weltanschauung gemacht.[52] Die Spieltheorie, die ich im dritten Kapitel erwähnt habe, ist ebenfalls eine mathematische Strukturtheorie, die auf so verschiedenen Feldern wie Ökonomie, Biologie und Militärtechnik Anwendung findet. Auch die Spieltheorie wurde von denen, die sie erstmalig entwickelt haben, als eine Art von 'Physik' angesehen, wie im dritten Kapitel gezeigt. Liest man ein Buch wie Klaus Schindlers „Mathematik für Ökonomen", so findet man dort Kalküle, die auch in einem Lehrbuch für Physiker stehen könnten; etwa, wenn Schindler die Technik der Lagrange-Multiplikatoren behandelt, um irgendwelche Maxima mit verschiedenen Nebenbedingungen abzuleiten. Das sieht dann zwar nach Physik aus, in Wahrheit handelt es sich jedoch um mehrdimensionale Nutzenfunktionen, die sich auf die Haushalts-, Konsum-, oder Allokationstheorie beziehen. In solchen Fällen beschreibt der mathematische Kalkül nur ein bestimmtes Moment an diesen ökonomischen Prozessen, nicht sie selbst.

Es scheinen sich in jüngster Zeit immer mehr mathematische Strukturtheorien zu entwickeln. Dazu gehört etwa auch die „Katastrophentheorie". Peter Saunders wendet sie in einem Buch zu diesem Thema auf alle möglichen Bereiche an, auf Wirtschaftsprozesse, auf die Evolution, die Morphogenese, aber auch auf psychische und politische Begebenheiten wie den Vietnamkrieg, die deutsche Invasion in Belgien 1914, in Polen 1939, die Kubakrise usw. In jenem Buch steht folgender Satz (Kapitel sechs): „Nun wenden wir uns von den Hunden ab und den Menschen zu." Die einzelnen 'Objekte' scheinen hier gegenüber der mathematischen Form von untergeordnetem Interesse, obwohl Saunders betont, daß er ständig genötigt sei, die Bedeutung seiner Berechnungen „in Begriffen des

[52] Vgl. Günter (1976ff.), Foerster (1999).

Systems, für das wir ein Modell entwickeln wollen", zu untersuchen.[53] Doch das ist der springende Punkt: Während wir in der Physik so tun können, als bezeichne das mathematische Schema das Wichtigste am Gegenstand, verhält es sich bei den Strukturtheorien gerade nicht so.

Will man solche Strukturtheorien zur 'Physik' rechnen, dann muß man diesen Begriff völlig neu definieren und die philosophischen Probleme, die sich im Gefolge einer so verstandenen 'Physik' ergäben, wären wiederum von ganz anderer Art als die, die ich in diesem Buch beschrieben habe.[54] Der entscheidende Punkt wäre dann der Hinweis auf die Abstraktheit der entsprechenden Theorie, die immer die Gefahr mit sich bringt, spezifische Inhalte zu unterschätzen, die durch die Theorie nicht miterfaßt werden, denn die Stärke von solchen Strukturtheorien ist zugleich ihre Schwäche: Nur weil sie von spezifischen Inhalten abstrahieren, sind sie universal anwendbar. Universale Anwendbarkeit impliziert aber keinen universalen Erklärungsanspruch.

Populärwissenschaftliche Synthesen im allgemeinen zeichnen sich dadurch aus, daß sie die Lebenswelt in die Wissenschaft hereinholen, ohne den Übergang deutlich zu machen. Solche Begriffsverschleifungen ergeben sich aber in der modernen Strukturwissenschaft noch viel leichter als in der herkömmlichen Physik und sind deshalb auch viel schwerer zu durchschauen. Zunächst einmal zwei konkrete Beispiele:

In der herkömmlichen Physik gibt es eine Strukturformel für den 'harmonischen Oszillator', der eine gedämpfte Sinusschwingung beschreibt:

$$a_1 \frac{\delta^2 u}{\delta t^2} + a_2 \frac{\delta u}{\delta t} + a_3 u = 0$$

Diese Formel läßt sich auf verschiedene Bereiche anwenden, die dann ihre Modelle sind. So funktioniert z.B. eine Kinderschaukel (wenn sie nicht zu weit ausgelenkt wird) nach diesem Prinzip. Ein anderes Modell wäre eine Metallkugel, die mit zwei Federn fest verbunden ist, oder ein elektrischer Schwingkreis, bestehend aus einem Kondensator, einer Spule und einem Widerstand. Solche Fälle kommen oft in der Physik vor. In diesem Sinn hat auch die Fourier-Gleichung:

$$\delta u/\delta t = a^*\Delta u$$

Modelle in der Hydrodynamik, der Wärmeleitung, Elektrizitätsleitung, dem Magnetismus usw.

[53] Saunders (1986), S. 123; 128.

[54] Der Physiker und Philosoph Jan Schmidt vertritt in dieser Hinsicht die Konzeption einer „nachmodernen Physik" und hat sich auch verschiedentlich zu deren theologischen Implikationen geäußert; Schmidt (1999), (2001).

Nun hat die allgemeine mathematische Struktur zu ihren Modellen dies Verhältnis, daß die Struktur in ihnen erfüllt ist, daß die konkreten Modelle aber darüber hinaus Eigenschaften aufweisen, die sich auf die verschiedenen Anwendungsbereiche beziehen. Man kann davon ausgehen, daß die meisten Physiker die mathematische Strukturformel als das Wesentliche an diesen verschiedenen Modellen ansehen und ihre konkreten Eigenschaften als akzidentell, d.h. sie ziehen zum Verständnis dieses Verhältnisses zwischen Struktur und Modell ein platonistisches Schema heran.

Ein solches Schema mag sinnvoll sein, wenn man das Verhältnis physikalisch-mathematischer Strukturen zu verschiedenen Modellen beschreibt. Es versagt aber schon dann, wenn die Struktur in technische Zusammenhänge eingebettet wird. So kann z.B. der genannte elektrische Schwingkreis in ein Radio eingebaut werden. Der Zweck der Nachrichtenübermittlung ist jedoch in der Formel für den harmonischen Oszillator nicht enthalten, bleibt aber für das Verständnis des Radios wesentlich.

Im Fall rein mathematischer Strukturtheorien, die sich von allen Bezügen auf die Naturkräfte freimachen, ist dieses Schema noch tückischer. Denn dort haben die Modelle fast immer wesentliche Eigenschaften, die nicht mehr akzidentell sind, relativ zur mathematischen Struktur. Man denke an die mathematisch gesehen identische Beschreibung eines Verkehrs- oder Herzinfarktes im Rahmen der Selbstorganisationstheorie. Für denjenigen, der einen Herzinfarkt erleidet, ist die Beschreibung bei der Änderung der Herzfrequenzen unwesentlich gegenüber der existenziellen Bedrohung durch die Krankheit, die er als Katastrophe erfährt.

Nehmen wir an, wir könnten mit Hilfe einer mathematischen Strukturtheorie aus der Kybernetik die Rückkoppelungsschleifen bei der Steuerung eines Marschflugkörpers, in einem Spatzenhirn und sogar in einem Menschenhirn mit ein und derselben mathematischen Formel beschreiben: Jedes Mal geht es um elementare Navigationsleistungen.

Doch dann würde uns die all diesen Vorgängen gemeinsame mathematische Beschreibbarkeit nicht dazu legitimieren, die entsprechende Formel für die 'Idee' und das 'Wesen' der verschiedenen Prozesse zu halten, weil nämlich die Modelle in diesem Fall wesentliche Eigenschaften haben, die in der Formel noch nicht enthalten sind. Zum Beispiel sind physische Navigationsleistungen für den Menschen in der Regel Mittel zu höheren Zwecken, von denen ein Vogel nichts weiß; die Steuerungsziele, die wir in einen Marschflugkörper einprogrammiert haben, werden nicht von der Rakete spontan erzeugt, wie das bei einem Vogel wohl der Fall ist.

Weil Physiker es gewöhnt sind, daß in ihrem Bereich das mathematische Schema alles Wesentliche enthält, übertragen manche Strukturtheoretiker diese Denkfigur auf ihre Wissenschaft, wo sie nicht mehr gilt. Indem sie die speziellen Eigenschaften der Modelle für unwesentlich halten, achten sie nicht darauf, daß solche vorgeblich 'unwesentlichen' Eigenschaften in den abstrakten Ansatz ihrer Strukturwissenschaft 'hochwandern'.

Übrigens ist diese Problematik, wie so vieles andere, schon in Carnaps „Logischem Aufbau der Welt" enthalten. Dieses Werk erweist sich immer wieder als Schlüssel für das Verständnis des modernen Szientismus. Carnap hatte ja seine Theorie so angelegt, daß sie eine reine Strukturtheorie sein sollte, sozusagen die logische Superstruktur der Welt. Relativ zu dieser Superstruktur würden dann alle konkreten Inhalte nur noch „subjektiv" und damit unwesentlich sein.

Vertritt man diese Konzeption, dann muß es zu unkontrollierten semantischen Überblendungen kommen, wozu auch die im dritten Kapitel im Zusammenhang mit der ökonomischen Spieltheorie erwähnten Verschiebungen gehören: Weil zweckrationale Handlungen, insofern sie ausschließlich auf monetären Profit ausgerichtet sind, durch die Spieltheorie richtig dargestellt werden, glaubten von Neumann und Morgenstern, daß sie eine Theorie für *jedes* rationale Verhalten des Menschen gefunden hätten. Aber selbst wenn die Spieltheorie gewisse Aspekte des ökonomischen Verhaltens richtig beschreibt, deckt sie die übrigen Aspekte rationalen Verhaltens nicht ab; und diese Aspekte, wie z. B. ethische oder rechtliche, können durchaus wesentlich für das Verständnis der entsprechenden Handlungen sein.

In diesem Sinne glauben Selbstorganisationstheoretiker wie Ilya Prigogine und Hermann Haken, daß ihre nichtlinearen Differentialgleichungen das Wesentliche sowohl an physikalischen als auch an psychischen oder sozialen Prozessen beschreiben, allein aus dem Grund, weil sie auf diese verschiedenen Gebiete beziehbar sind. Eine nähere Prüfung zeigt aber, daß solche Differentialgleichungen das Spezifische dieser Gebiete unbestimmt lassen. Aus diesem Grund ist es nicht legitim, solche speziellen Inhalte in die allgemeine Struktur 'hochzuziehen' und zu behaupten, die Selbstorganisationstheorie sei etwa für Spontaneität und Freiheit oder für gesellschaftliche Normen zuständig.

Um die semantische Falle der Strukturwissenschaft noch an einem besonders beeindruckenden Beispiel zu verdeutlichen, erwähne ich zum Abschluß dieses Kapitels die Bioinformatik von Bernd-Olaf Küppers, der auch einen sehr stark erweiterten Physikbegriff vertritt. Er rechnet zu deren 'harten Kern' nicht nur die mathematische Strukturtheorie, sondern auch die Spieltheorie, insbesondere aber die Informatik mit all ihren Implikationen. Küppers rechnet also Syntax, Semantik und Pragmatik mit zur 'Physik'. Er sagt: „Die zentrale Frage im Hinblick auf das Problem der

Lebensentstehung ist die, inwieweit sich der Begriff der semantischen Information überhaupt objektivieren und damit zum Gegenstand mechanistisch orientierter Naturwissenschaft machen lässt."[55]

Nach Küppers wird die „Ursemantik biologischer Information" durch ein „dynamisches Wertekriterium" definiert, „das heißt, wir gehen von einem bereits sinnvollen Resultat der Evolution aus (in unserem Fall verkörpert durch die Zielsequenz) und zeigen, daß mit Hilfe eines Selektionsmechanismus (diese Entstehung von Information) erklärt werden kann."[56]

Man sieht hier, daß in dieser Art von 'Physik' Sinnkategorien an entscheidender Stelle einfach nur vorausgesetzt und nicht etwa erklärt werden. Überhaupt ist Küppers' Konzept ohne die Unterstellung realteleologischer Begriffe unverständlich:

„Die genetische Information verschlüsselt bei allen Lebewesen den Plan für eine komplexe molekulare Maschinerie, deren wesentliche Aufgabe darin besteht, sich reproduktiv zu erhalten und ihren eigenen Bauplan möglichst effizient von Generation zu Generation weiterzugeben." Ließe sich dieser Satz logisch äquivalent ohne die Verwendung teleologischer Begriffe formulieren? Und was bedeutet es, wenn die „pragmatische Komponente" die für Sender und Empfänger relevanten „handlungstheoretischen Inhalte" umfassen muß? Ist der Begriff der 'Handlung' ein naturwissenschaftlicher Begriff? Und wie ist es, wenn sich Küppers auf Versuche seines Lehrers Manfred Eigen beruft, der den „Prozeß der biologischen Informationsentstehung auf dem Computer simuliert", indem er eine gewisse Zielsequenz definiert, „die als Referenz dient"?[57] Können solche Zielsequenzen als nichtteleologische Instanz gedacht werden?

Die semantische Falle der Strukturwissenschaft wird besonders deutlich, wenn man sich vor Augen führt, wie Küppers einen „informationstheoretischen Begriff des Naturgesetzes" dadurch zu gewinnen sucht, daß er die „naturgesetzliche Beziehung" durch den Begriff der „algorithmischen Komprimierbarkeit" definiert.[58]

Der Begriff der „algorithmischen Komprimierbarkeit" ist auf Natur-

[55] Küppers (1986), S. 62.

[56] Küppers (1986), S. 132 f.

[57] Küppers (1986), S. 50, 83, 130 f. In einer anderen Schrift vergleicht Küppers das genetische Material mit dem 'Sender' und die Umwelt mit dem 'Empfänger': „Die Umwelt stellt selbst wieder einen informationstragenden Kontext dar, der die genetische Information selektiv bewertet"; Küppers in: Krüger/Falkenburg (1995), S. 272 f. Das hieße, daß z. B. Wind und Wetter von sich aus Informationsträger wären mit der zusätzlichen Eigenschaft, von Lebewesen gesendete Informationen zu bewerten. Man sieht nicht, inwiefern solche mythologischen Vorstellungen noch Naturwissenschaft sein sollten.

[58] Küppers (1986), S. 160 f.

gesetze ebenso anwendbar wie auf Rechenvorschriften, die ein Computer abarbeitet. Aber diese formale Identität läßt das Spezifische der jeweiligen Bereiche unbestimmt und führt bei Nichtbeachtung dieser Differenz dazu, Qualitäten in die Natur hineinzulegen, die dort keinen rechten Boden haben.

Das Fallgesetz erzeugt über den Meßdaten, die Galilei an der schiefen Ebene gewonnen hatte, eine algorithmische Kompression. Ebenso erzeugen die Verkehrsregeln eine algorithmische Kompression über die möglichen Trajektorien der Automobile und Motorräder auf unseren Straßen. Während aber das Fallgesetz ein sinnfreies Konstrukt ist, wurden die Verkehrsregeln von Menschen zum Zwecke der Rechtssicherheit und des ungestörten Fortkommens eingeführt. Wenn man nun den Begriff des 'Naturgesetzes' formal als 'algorithmische Komprimierbarkeit' definiert, dann verschwinden diese Differenzen aus dem Blick. Die spezifischen Qualitäten, auf die sich das formale Schema beziehen läßt, vertauschen ihren Platz und lassen es als möglich erscheinen, daß werthafte und finale Begriffe Teil der 'Physik' sind. In Wahrheit zeigt sich hier – ganz im Gegenteil – die Unhintergehbarkeit finaler Begriffe, ein Problem, das seit den Tagen des 'Wiener Kreises' brach liegt, weil es als Dogma gilt, daß Kausalität imstande sei, Finalität zu ersetzen.[59]

Ich denke, es wird sich im Zusammenhang mit neueren Entwicklungen der Bioinformatik, Bionik, den Kognitionswissenschaften und der Hirnphysiologie ein neuer Wissenschaftstyp herausbilden, der sich gleichermaßen auf Natur- und Geisteswissenschaften stützen wird. Die Probleme, die sich in Bezug auf diesen neuen Wissenschaftstyp ergeben, werden nicht mehr die der traditionellen Physik sein, und sie liegen deshalb am Rande der hier behandelten Thematik.

[59] In Bezug auf Küppers könnte man geradezu von einer Hegelschen 'List der Vernunft' sprechen. Er akzeptiert dieses Dogma: „Die teleologischen Hypothesen stellen lediglich Scheinlösungen dar, die sich auf die jeweils aktuellen Erkenntnislücken der Physik und Chemie stützen;" Küppers (1987), S. 42. Darüber hinaus hat er in einem stark polemischen Buch gegen Schellings Naturphilosophie der Idee eines 'Natursubjekts' eine Absage erteilt und damit all denen, die eine solche Idee in letzter Zeit vertreten haben: Küppers (1992). In Wahrheit ist Küppers' Bioinformatik ohne die Unterstellung eines Natursubjektes unverständlich. Küppers ist ein 'Schelling wider Willen'.

6. Systematisches

Dieses Kapitel ist eine Schwarz-weiß-Zeichnung. Ich habe bisher versucht, Farbe in die Darstellung hineinzubringen, weil ich die Auffassung vertrete, daß man über Religion im Grunde nicht wissenschaftlich-distanziert reden kann wie über den Fahrplan der Bundesbahn. Mit der Religion ist es wie mit der Ethik oder der Ästhetik: Wer versuchte, über Tugend und Verbrechen oder auch über Schönheit rein distanziert zu reden, dem würden wir nichts glauben, genauso wenig, wie wir einen Fahrplan der Bundesbahn akzeptieren würden, der in Stabreimen abgefaßt wäre oder in Jamben und Trochäen.

In diesem Kapitel möchte ich gleichwohl einen Schritt zurücktreten, um distanziert und rein intellektuell das bisher Gewonnene zu betrachten. Auch wenn Religion ihrer Substanz nach existenziell und nicht primär intellektuell ist, so hat doch das Reden über Religion auch einen intellektuell faßbaren Aspekt und es ist nützlich, ihn als solchen darzustellen. Schlimm ist nur, wenn manche Theologen sich so verhalten, als hätten sie noch nicht bemerkt, daß die Welt farbig ist.

6.1 Zufallendes oder Zufall? Vertikales und horizontales Denken

Der Zufall wird von uns gewöhnlich nicht als das Zufallende angesehen, sondern als Unfall oder als Negation von Ordnung, d.h. als das Sinnlose. Etymologie artet manchmal in Etymogelei aus, aber zuweilen entbirgt der Assoziationshof von Wörtern auch etwas Wesentliches, und gerade so scheint es sich beim Zufall zu verhalten.[1] Die Angelsachsen haben es in dieser Hinsicht besser, denn das Wort „chance" drückt genau diese Doppeldeutigkeit von Ordnungslosigkeit und Glück aus, während die Franzosen mit dem Wort „accident" Ordnungslosigkeit und Unglück zusammendenken. Der Zufall gerät ihnen sofort zum Unfall, was die Angelsachsen ebenfalls ausdrücken können, indem sie allerdings zwei Wörter für den „Zufall" haben: „chance" und „accident".

Ob Glücksfall oder Unfall, der Zufall ist zunächst einmal weder das

[1] Vgl. dazu die Untersuchung über „Kontingenz und Religion" von Reinhold Esterbauer (1989).

eine noch das andere, sondern wirklich nur das Regellose. Daß er, wie verschiedene Sprachen nahelegen, zugleich Sinnträger – positiv oder negativ – werden kann, ist eine andere Geschichte. Es scheint, daß der Zufall zunächst einmal nur dieses an sich hat, daß er unsere Erwartungshaltungen auf regellose Weise durchkreuzt, um dann in bestimmte Sinnhorizonte eingegliedert werden zu können, nicht aber zu müssen, denn es würde auf Hochmut oder Aberglaube hinauslaufen, wenn wir den Zufall immer als Sinnträger interpretieren würden.

Der Begriff des 'Zufälligen' wird in der Diskussion zumeist als ein einstelliges Prädikat behandelt. Man sagt etwa 'Mutationen sind zufällig', wie man sagen würde 'dieser Tisch ist beige' oder 'Gerechtigkeit ist gut'. Diese Redeweise ist problematisch, denn sie läßt uns glauben, daß 'zufällig' eine Eigenschaft ist wie 'beige' oder 'gut'. Eigenschaften wie 'beige' oder 'gut' können wir näher explizieren, indem wir etwa 'beige' als ein Resultat subtraktiver Farbmischung beschreiben oder 'gut' als normativen Begriff. Aber 'zufällig' können wir nicht näher beschreiben, der Begriff hat nämlich gar keinen positiven Inhalt, er bezeichnet lediglich eine bestimmte Negation. Kant spricht in diesem Zusammenhang von 'limitativen Begriffen', eine Bezeichnung, die sich nicht durchgesetzt hat. Der Begriff 'Nicht-Storch' wäre ein solcher limitativer Begriff. Die Welt ist voller 'Nicht-Störche', nämlich alles, was kein Storch ist, und weil die Zahl dieser Tiere abnimmt, nehmen die Nicht-Störche permanent zu und die Welt wäre, wenn der Storch ausgestorben wäre, voll von Nicht-Störchen, es gäbe sozusagen nichts anderes mehr. Die Sache so zu formulieren, macht die Absurdität deutlich, die entsteht, wenn man limitative Begriffe als inhaltliche Begriffe deutet statt als bloße Negation.

Der Zufall negiert ein Ordnungsschema, sei es ein gedachtes oder eines, von dem wir überzeugt sind, daß es gilt. Wer sagt, 'ich habe zufällig einen Freund getroffen', der rangiert dieses Treffen in das System seiner Zwecksetzungen ein, relativ zu denen es kontingent erscheint. Im Rahmen dieser Zwecksetzungen war das Treffen nicht vorgesehen und konnte von dort her nicht abgeleitet werden. Berücksichtigt man zusätzlich die Zwecksetzungen des Freundes, so würde das Treffen womöglich nicht als kontingent erscheinen, denn man wüßte dann im Grenzfall, daß beide ihren Tagesplan so gestaltet hatten, daß sie sich dann und dann begegnen mußten. Die Frage nach dem Zufall ist also auf einen Verstehensrahmen hin relativiert. Es kann sehr wohl sein, daß etwas in einem Verständnisrahmen 'zufällig' ist, in einem anderen aber nicht. Für einstellige Prädikate wie 'beige' oder 'gut' gilt dies nicht, denn niemand, der bei Sinnen ist, bestreitet, daß Gerechtigkeit gut ist oder daß ein Tisch beige ist, wenn es sich so verhält.

Gewöhnlich wird man die Kontextrelativität des Zufallsbegriffs in Handlungszusammenhängen wohl zugestehen, aber zugleich glauben, daß es sich in der Natur anders verhält. Mir scheint aber, daß auch dort das Zufällige vom Referenzrahmen abhängt. Sage ich 'diese Mutation ist zufällig', dann gilt dies relativ zu dem Funktionszusammenhang eines Organismus. Es kann einen alternativen Referenzrahmen geben, in dem derselbe Prozeß keineswegs zufällig ist. Z. B. werden viele Mutationen durch hochenergetische elektromagnetische Strahlen hervorgerufen. Es kann durchaus sein, daß ein solcher Strahl entstehen mußte, wenn die materiellen Verhältnisse entsprechend waren, d. h., was vom Standpunkt des Organismus und seiner internen Funktionen als 'zufällig' beurteilt wird, kann von einem externen, physikalischen Standpunkt aus durchaus 'notwendig' sein.

Das heißt, daß der Zufallsbegriff ein zweistelliges Prädikat ist. Weil er keinen positiven Inhalt hat, sondern nur die Negation eines Ordnungsschemas bezeichnet, muß dieses Ordnungsschema explizit gemacht werden: Etwas ist zufällig relativ zu etwas anderem.

Demgegenüber fällt auf, daß der Zufallsbegriff in der Diskussion meist nicht kontextrelativ gebraucht wird. So spricht z. B. Jacques Monod in seinem berühmten Buch „Zufall und Notwendigkeit" vom „absoluten Zufall".[2] Doch wenn etwas nicht absolut sein kann, dann der Zufall. Die Ursache, weshalb Monod den Zufall verabsolutiert und für ein kontextfreie Größe hält, liegt natürlich darin, daß er auch den entsprechenden Referenzrahmen verabsolutiert hat, denn er verwendet auch den Gegenbegriff, den der 'Notwendigkeit', im Singular. 'Notwendigkeit' ist für ihn die Notwendigkeit der Naturgesetze, und weil er glaubt, daß die Gesetze der Natur deduktiv zusammenhängen und daß sie den einzig möglichen Referenzrahmen bilden, gerät ihm auch der Zufall zum Absolutum.

Der Grund ist wohl der, daß viele glauben, der strenge Referenzrahmen von Mathematik und Physik ermögliche eine eindeutige Ortsbestimmung des Zufälligen und des Notwendigen. Mir scheint aber, daß selbst innerhalb solcher exakter Disziplinen die Kontextrelativität des Zufalls gilt. So hat z. B. David Bohm eine alternative Formulierung der Quantentheorie vorgelegt, in der die Zufälligkeit des Einzelereignisses verschwindet. Seine Formulierung ist zwar nicht allgemein anerkannt, aber doch mit allen experimentellen Daten in Übereinstimmung: Was des einen Notwendigkeit, ist des anderen Zufall.

In der Mathematik, die als Inbegriff strenger Notwendigkeit gilt, ist man sich nicht im klaren, wie man eine Zufallsfolge von Zahlen überhaupt definieren soll, daher die Rede vom 'Pseudozufall'. In den Computern werden solche 'Zufallsfolgen' oft so hergestellt, daß man das Gerät eine Irrationalzahl, wie z. B. $\sqrt{2}$, mit Hilfe eines Rekursionsverfahrens errechnen läßt. Man nimmt dann die Stellen hinter dem Komma, die keinem erkenn-

[2] Monod (1979), S. 106.

baren Muster folgen, als Zufallszahlen. Für alle praktischen Nutzanwendungen sind solche Zahlen wirklich 'zufällig'. Vom Blickwinkel der entsprechenden Rekursionsformel her gesehen sind sie aber notwendig. Es gibt ein streng mathematisch bewiesenes Theorem, wonach kein mechanisches Verfahren existiert, um bei einer beliebigen Zahlenfolge zu entscheiden, ob sie 'zufällig' ist oder nicht. Man muß also immer damit rechnen, daß sich ein passender Algorithmus für sie findet.

Wesentlich ist, daß der Zufall im Bereich des Handelns zum Sinnträger werden kann. Das wurde im vierten Kapitel deutlich, im Zusammenhang mit den Jungschen Synchronizitätsphänomenen. Etwas, was relativ zum Kausalgesetz zufällig ist, kann also in einem finalen Schema als sinnvoll beurteilt werden. Das heißt: Der Zufall vermittelt zwischen kausalem und finalem oder zwischen horizontalem und vertikalem Denken.

Man spricht gerne von einer 'Kausalkette' und stellt sich diese als eine horizontal aufgespannte Kette vor. Das ist ein gutes Bild für die Sukzession von Ursachen und Wirkungen in der Natur. Weil Kausalität keine Wertunterschiede im Bereich der Objekte kennt, liegt in dieser Perspektive sozusagen alles 'auf einer Ebene'.

Anders das finale Denken: Weil Zwecke hierarchisch über den Mitteln liegen (sie verkörpern ein höheres Gut) und weil die Mittel wieder Unterzwecke sein können, die weitere Mittel unter sich haben, erzeugen hintereinandergeschaltete Zweck-Mittel-Relationen eine Wertehierarchie, die man sich naheliegenderweise vertikal vorstellt.

Wir anerkennen solche vertikalen Ordnungen heute noch im Bereich von Handlungsbeschreibungen, aber in der Regel nicht mehr im Bereich der Natur, die wir uns gerne rein kausal, d.h. rein horizontal denken. Aber man muß sehen, daß dies nicht immer so war. Die aristotelisch-thomistische Philosophie dachte sich auch Natur als vertikalen Sinnzusammenhang, aus dem einfachen Grund, weil diese Philosophie überall ein Telos unterstellte, sowohl im Bereich des Handelns als auch in dem der Natur.

Doch wenn wir uns im Bereich der Physik bewegen, dann denken wir rein horizontal. Ist es in der Biologie auch so? Ich zweifle, ob wir in Bezug auf das Lebendige durchweg so vorgehen können, denn dann müssen wir davon abstrahieren, daß zumindest höhere Lebewesen Interessen verfolgen, was ein teleologisches Datum ist. A fortiori versagt das rein horizontale Denken beim Menschen. Wenn wir uns selbst als Teil der Natur begreifen wollen, dann erscheint sie uns sofort in teleologischer Beleuchtung. Dies und den Zusammenhang mit dem Begriff des 'Zufalls' hat Kant in seiner „Kritik der Urteilskraft" des näheren dargestellt. Dort drückt er seine Überzeugung aus, wonach die „Gesetzlichkeit des Zufälligen Zweckmäßigkeit heißt".[3]

[3] KU B 344.

Dieser Satz wirkt zunächst einmal paradox. Das Zufällige ist ja gerade definiert als das nicht Gesetzmäßige, und außerdem hat man in der Tradition Zweck und Zufall als sich ausschließende Alternativen angesehen. Die Pointe bei Kant ist aber, daß auch er den Zufall kontextrelativ begreift und daß er nicht nur eine, sondern zwei Formen von 'Gesetzlichkeit' unterstellt, eine finale und eine kausale. Mit einem Wort: Horizontale und Vertikale vermitteln sich über den Begriff des 'Zufalls'. Dies ist deshalb möglich, weil der 'Zufall' selbst keinen Inhalt hat, sondern nur die Negation eines bestimmten Ordnungsschemas (hier des kausalen) bezeichnet.

Einmal darauf aufmerksam geworden, wird man diese Dialektik überall finden, besonders bei Autoren, die nur im horizontalen Schema denken. Weil sie Finalität nicht als Reflexionsform sui generis anerkennen, bemerken sie oft nicht, wenn sie insgeheim von der Physik zur Metaphysik übergegangen sind.

In der Selbstorganisationstheorie lagern sich finale Kategorien mit Vorliebe an die Kontingenzen im Phasenraum an, an die im letzten Kapitel erwähnten „Bifurkationspunkte". In Bezug auf sie spricht Ilya Prigogine davon, daß die Natur in solchen Punken „wählen" könne: „Was die Geschichte des Systems bestimmt, ist diese Mischung aus Notwendigkeit und Zufall."[4]

Andere Naturwissenschaftler, wie Werner Heisenberg, haben diesen Übergang ganz bewußt vollzogen: „Zusammenhänge einer Art, die uns berechtigen, das Wort 'Sinn' zu verwenden, können sich auch an Ereignisse anknüpfen, die ohne jeden Grund auch anders hätten ablaufen können."[5]

In neuerer Zeit hat der Biophysiker Alfred Gierer einen ähnlichen Gedanken so ausgedrückt: „Die Entwicklung des Lebens auf der Erde von den einfachsten Vorstufen bis zum Menschen ist in wesentlichen Zügen als Folge von Mutationen und Kombinationen der Erbsubstanz in Verbindung mit der Auswahl der am besten vermehrungsfähigen Organismen verständlich. Damit sind aber keineswegs alle Fragen beantwortet, die für das Selbstverständnis des Menschen im Zusammenhang mit der Evolution von Bedeutung sind. Wir wissen nicht, wie wahrscheinlich es war, daß Leben überhaupt entstand, und daß es sich zu den Formen entwickelte, die wir vorfinden – bis hin zur Stufe des Menschen mit Geist- und Weltverständnis. Der Mensch ist frei, sich als Zufallsprodukt oder Ziel der Evolution aufzufassen."[6]

Diese Auffassung Gierers wurde heftig attackiert. Der Grund ist, daß wir gewöhnlich Finalität und Kausalität als konkurrierende Gesichtspunk-

[4] Prigogine/Stengers (1981), S. 170.
[5] Heisenberg (1989), S. 95.
[6] Gierer (1988), S. 89.

te ansehen derart, daß Kausalität allein hinreichend wäre und daß Finalität in eine schlechte, überholte Metaphysik hineinführen müsse. Dies war auch die Auffassung von Weizsäcker und Drieschner, die ich im zweiten Kapitel erwähnt habe. Nach Drieschner ist es falsch, den naturwissenschaftlich definierten 'Zufall' im Lichte von Freiheitskategorien zu deuten, ebenso falsch wie die Konzeption von Spaemann und Löw, die noch in neuester Zeit Freiheit in den Lücken der Kausalität gesucht hätten.[7] Auch Lyre lehnt die Konzeption von Spaemann und Löw ab. Die Evolution könne zwar teleologisch beschrieben werden, aber man brauche zu ihrer Erklärung keine außerphysikalischen Ursachen.[8]

Wie im zweiten und dritten Kapitel näher ausgeführt, ist es falsch, Finalität als Lückenbüßer für Kausalität anzusehen. Die beiden liegen nicht auf derselben Ebene, d.h., man kann zugleich behaupten, daß 'Zufall und Notwendigkeit' alles abdecken, was ein Naturwissenschaftler an seinen Objekten wahrnimmt und dennoch darauf bestehen, daß es Finalität wirklich gibt. Bei Lyre ist z.B. unklar, weshalb er darauf beharrt, den Informationsbegriff semantisch und pragmatisch zu interpretieren, weshalb er diese Interpretation an Subjektivität rückbindet, die nach ihm kein physikalisches Datum ist und weshalb er dann immer noch glauben kann, rein physikalistisch zu denken, wenn er dieses im Grunde teleologische Instrumentarium auf die Natur anwendet. Finalität ist, wie auch im Zusammenhang mit Küppers' Bioinformatik gezeigt wurde, die große Unbekannte.[9]

Bei Kant kommt die Zweckmäßigkeit als „Gesetzlichkeit des Zufälligen" im systematischen Zusammenhang einer Vermittlung von 'Natur und Freiheit' vor. In diesem Zusammenhang findet sie sich auch bei vielen anderen Autoren, wie z.B. bei Ch. S. Peirce, A. N. Whitehead, Edgar Wind, Teilhard de Chardin, Karl Rahner, John Polkinghorne, Jan Barbour oder, wie im vierten Kapitel näher ausgeführt, bei C. G. Jung und Wolfgang Pauli.[10] Es handelt sich also um einen fundamentalen Zusammenhang. Daß er oft nicht gesehen wird, liegt nicht nur daran, daß wir das finale Denken (von dem wir beständig Gebrauch machen) nicht ernst genug nehmen, sondern daß wir den Begriff des 'Zufalls' oft nur als Gegenbegriff zu dem des 'Zweckes' ansehen.

Dies beruht auf einer alten Tradition, die bis auf Aristoteles zurückgeht. Bei ihm gab es nur eine Ordnung in der Natur, nämlich eine final be-

[7] Drieschner (2002), S. 16; 145ff.; 163f.

[8] Lyre (2002), S. 114f.

[9] Vgl. meinen Artikel „Gibt es Finalität in der Natur?": Mutschler (2003).

[10] Peirce (1991), S. 121; Whitehead (1987), S. 180; Wind (2001), S. 205ff.; Teilhard (1969), S. 105; Rahner (1954) Bd. V, S. 196; Polkinghorne (1988), S. 48; Barbour (2003), S. 302; Jung/Pauli (1952); vgl. auch Atmanspacher u.a. (1995).

stimmte. Was nicht in dieses Schema hineinpaßte, nannte er 'zufällig'[11], und weil er Naturgesetze im Sinn der Moderne noch nicht kannte, gab es für ihn keinen Anlaß, verschiedene Arten von 'Zufall' zu unterscheiden, wie wir es heute tun müssen, wo der Zufall, der ein finales Schema negiert, nicht derselbe ist wie der, der aus einem kausalen Schema herausfällt.[12]

In vielen Schriften findet man die alte Aristotelische Auffassung eines Gegensatzes zwischen 'Zufall' und 'Zweck', und zwar bezeichnenderweise bei 'konservativen' und bei 'progressiven' Autoren gleichermaßen. So definiert z. B. der Theologe und Biologe Paul Erbrich in seiner Monographie über den Zufall diesen Begriff gut scholastisch als das, „was zwar Wirkursachen hat, aber keine Zielursache".[13] Sodann wendet er diese Begriffsbestimmung auf die moderne Evolutionstheorie an. Da er als Theologe daran interessiert ist, überall Finalität zu finden, ist er genötigt, die Zufälle in der Evolution künstlich zu minimieren, um dem Zweckdenken Raum zu schaffen. Er ist also gezwungen, die immanente Logik der Biologie in Frage zu stellen, indem er zu zeigen versucht, daß die Evolution gar nicht so zufällig ist, wie es aufgrund der gängigen Darstellungen scheint.

Einem solchen, das Fundamentalistische streifenden, Gedankengang entspricht spiegelbildlich der bei vielen Evolutionstheoretikern verbreitete, wonach das Zufällige der Mutationen eine Instanz gegen die Zweckmäßigkeit des Geschehens sei. Die Zufälle, die der Biologe in der Evolution feststellt, sind aber auf das kausale, horizontale Denken bezogen. Sie sind vom Prinzip her nicht geeignet, Finalität zu negieren. Es verhält sich vielmehr gerade umgekehrt: Nur weil es Zufälle in der Evolution gibt, kann sie auch zweckmäßig sein. Gäbe es keine Zufälle in der Natur und wäre sie nur ein Spiegelbild rein deterministischer Gesetze, dann könnten wir sicher sein, daß es in ihr auch keine Zwecke gibt, während wir im anderen Fall, wie Gierer zu Recht sagt, frei sind, sie final oder afinal zu interpretieren.

Ich werde im Abschnitt über Metaphysik die These vertreten, daß finale Interpretationen der Evolution zwar möglich, aber keinesfalls notwendig sind, d. h., ich vertrete keinen teleologischen Gottesbeweis, auch nicht in einer abgeschwächten Form der bloßen Wahrscheinlichkeit, wie man das bei Richard Swinburne findet. Der physikalisch begriffene Kosmos ist offen für Gott, legt aber seinen Begriff nicht näher fest.

[11] Phys. 197b18–20.

[12] Als einer der wenigen unterscheidet der Physiker Günter Ludwig in einem Artikel über „Physik und Offenbarung" verschiedene Zufallsarten: Ludwig, in: Audretsch (1992), S. 50f. Die Kontextrelativität des Zufalls betont auch Ernest Nagel als einer der wenigen unter den Analytischen Wissenschaftstheoretikern: Nagel (1961), S. 335.

[13] Erbrich (1988), S. 100.

6.2 Gibt es eine göttliche Kausalität?

Ein Sonderfall des Verhältnisses zwischen vertikalem und horizontalem Denken ist die Frage nach der Wirksamkeit Gottes in der Welt.

Kann Gott in der Welt wirken? Etwa indem er die Herzen der Menschen bewegt? Die Frage scheint gering im Verhältnis zu der, ob Gott auch in den Lauf der Natur eingreifen kann? In der Bibel wird es so dargestellt. Auf der anderen Seite hat man den Eindruck, daß eine solche Vorstellung etwas Abergläubisches an sich hat, so als würden wir noch an die griechischen Götter glauben, die vom Olymp aus donnern und blitzen oder als 'deus ex machina' in den Gang der Geschehnisse eingreifen, als wäre die Welt ein Vaudevilletheater.

Nach einer bestimmten Auffassung, die vor allem in der angelsächsischen Philosophie verbreitet ist, ist Kausalität der 'Zement des Universums', das also, was die Dinge zusammenhält. Man redet auch von einer 'kausalen Geschlossenheit' der Welt. Ist diese Vorstellung zutreffend, dann kann es kein Eingreifen Gottes geben. Eine solche Vorstellung wäre dann in der Tat abergläubisch. Akzeptieren wird diese sehr verbreitete Position, dann scheinen wir die Allmacht Gottes und seine Transzendenz, d. h. eine wesentliche Grundvoraussetzung des christlichen Glaubens, aufgeben zu müssen. Die Frage nach dem Eingreifen Gottes in den Lauf der Welt, vor allem aber der Natur, wird oft auf diese aporetische Weise gestellt und dann je nachdem atheistisch oder fundamentalistisch beantwortet.

Mir scheint aber, daß man die Fragestellung auch weniger emphatisch und damit konkreter formulieren kann, indem man sie auf das Verhältnis zwischen Naturkausalität und menschlicher Freiheit abbildet. Denn dort entsteht eine ganz ähnliche Aporie, die jedoch den Vorteil hat, zugänglicher zu sein (was können wir schon über das Handeln Gottes wissen?).

In Bezug auf das Verhältnis zwischen Natur und Freiheit hat man ganz ähnlich mit dem Verweis auf die kausale Geschlossenheit der Welt argumentiert. Gewöhnlich expliziert man das Problem in der Form eines dreifachen Dilemmas:

1) Die physische Welt ist kausal geschlossen.
2) Aus der kausalen Geschlossenheit der Welt folgt die kausale Wirkungslosigkeit mentaler Ereignisse.
3) Mentale Ereignisse sind kausal wirksam.

Von diesen drei Prinzipien kann man immer nur zwei zugleich halten, so daß drei mögliche Positionen entstehen, die man dann immer weiter ausdifferenzieren kann. Auf diese Art entsteht die bereits erwähnte Leib-Seele-Industrie in der Analytischen Philosophie, die inzwischen zum Selbstzweck geworden ist, zu einer logizistischen Art von Scholastik, die der mittelalterlichen in nichts nachsteht. In der Analytischen Philosophie gilt es überdies als 'unanständig', These 1 zu bestreiten. Wer die kausale Geschlossenheit der Welt bestreitet, scheint im genannten Sinne abergläubisch zu sein, weil er wohl annimmt, daß irgendwelche Geister willkürlich in den Lauf der Natur eingreifen, oder weil er mit dem Neovitalismus à la Driesch annimmt, daß im Lebendigen die Gesetze der Physik außer Kraft gesetzt sind und ähnliche merkwürdige Vorstellungen mehr, die die Möglichkeit von Wissenschaft vom Prinzip her aufheben.[14]

Mir scheint jedoch nicht, daß die Negation der These 1 mit Notwendigkeit auf eine solche abergläubische Vorstellung hinauslaufen muß, denn man könnte sich ja fragen, ob die Kausalitätsvorstellung der Physik nicht viel liberaler ist, als diese These unterstellt, und ob vor allem nicht in der Rede von der 'kausalen Geschlossenheit der Welt' eine szientifische Metaphysik enthalten ist, die sich schwerlich rechtfertigen läßt.

Zunächst einmal gibt es, physikalisch gesehen, nicht nur im mikrophysikalischen Bereich indeterminierte Prozesse, sondern, wie die Chaostheorie gezeigt hat, in allen Bereichen, d.h. vor allem im Mesokosmos und vermutlich auch im Makrokosmos. Es ist nicht leicht zu sehen, was die Rede von der 'kausalen Geschlossenheit der Welt' angesichts dieser Ergebnisse eigentlich noch sagen will. Vor allem aber scheint diese Rede eine Art Gottesstandpunkt vorauszusetzen, denn sie macht ja eine Aussage über die Welt als Ganze, ein Standpunkt, der uns im Ernst nicht zur Verfügung steht. In Wahrheit läßt sich diese These nur als regulative Idee formulieren: Der Naturwissenschaftler betrachtet die Welt so, als *wäre* sie kausal geschlossen. Dies ist verträglich damit, daß er womöglich auf Kontingenzen stößt, die, je nachdem, prinzipieller oder faktischer Natur sein können. Das regulative Prinzip wird dadurch nicht außer Kraft gesetzt. Auf jeden Fall würde die Reformulierung der These 1 als erkenntnistheoretisches Prinzip die Problematik entschärfen, ohne sie zu lösen, denn auch dann wäre noch nicht positiv eingesehen, wie sich Natur und Freiheit wirklich zueinander verhalten.

Ich möchte mich nicht weiter an der großindustriellen Leib-Seele-Produktion der Analytischen Philosophie beteiligen. Thomas Nagel scheint mir den Punkt getroffen zu haben, wenn er in seinem Buch über das Verhältnis des objektiv-wissenschaftlichen und des subjektiv-lebensweltlichen Blickwinkels schreibt: „Ich selbst fühle mich den in diesem Buch aufgeworfenen Problemen nicht gewachsen. Sie scheinen mir einen ausnahmsweisen Grad der Intelligenz zu verlangen, der sich von dem meinen gründlich unterscheidet." Nach ihm können wir nicht erwarten, daß es für solche Fragen eine in sich geschlossene, einfache Lösung gibt. So etwas wäre nur im Rahmen einer „Weltanschauung" möglich. Nagel sagt:

[14] Vgl. Driesch (1922).

„Anstelle einer einheitlichen Weltanschauung erhalten wir ein dialektisches Widerspiel zweier in prekärer Weise aufeinander bezogener Auffassungsarten und die ihrem Wesen nach unabschließbare Aufgabe ihrer Vermittlung.“[15]

Es spricht vieles dafür, daß Nagels Bescheidenheit den Punkt trifft. Doch wenn dies der Fall ist, dann hat es Konsequenzen auch für die Theologie. Gesetzt, das Problem der 'Kausalität aus Freiheit' oder, wie man heute sagt, der 'mentalen Verursachung' ist von der Art, daß es die Fähigkeiten der menschlichen Vernunft übersteigt, warum sollte diese Vernunft dann imstande sein, das Wirken göttlicher Ursachen in der Natur zu durchschauen? Wenn wir schon beim Begriff des menschlichen Handelns scheitern, wie wollen wir dann das Handeln Gottes begreifen?

Im Fall des Menschen haben wir Gründe, an Naturkausalität als einer regulativen Idee festzuhalten und ebenso starke Gründe, den Begriff der 'Freiheit' nicht aufzugeben. Wie der Mechanismus genauer aussieht, der beides vermittelt, wird uns vielleicht für immer verborgen bleiben, jedenfalls ist die Forderung unbillig, wir müßten imstande sein, diesen Mechanismus im einzelnen zu durchschauen, wenn die Rede von menschlicher oder göttlicher Freiheit legitim sein sollte.

Der Theologe und Physiker John Polkinghorne verfolgt in seinen Schriften eine ähnliche Strategie, indem er die Frage nach dem Eingreifen Gottes auf die näherliegende Frage zurückbiegt, wie wir uns die Vermittlung von menschlicher Freiheit und Naturkausalität denken sollen: „If we do not understand how we ourselves interact with the physical world ... then it is scarcely surprising that we do not understand how God might do so either."[16] Er bemüht sich dann allerdings doch, einen konkreten Mechanismus zu entwickeln, wie man die beiden Formen von Kausalität zusammendenken könnte. Zu diesem Zweck macht er riskante Spekulationen über das kausale Wirken 'reiner Information' in instabilen Bifurkationspunkten, während ihn Arthur Peacocke hierin kritisiert, manches brauche zu diesem Zweck doch auch noch etwas Energie.[17] Ähnliche Spekulationen finden sich auch bei Hans Jonas, der sich das kausale Wirken des freien Willens ebenfalls an einem physikalischen Beispiel verdeutlicht, bei dem keine Energie benötigt wird, um trotzdem eine physikalisch meßbare Wirkung hervorzurufen.[18]

[15] Nagel (1992), S. 12; 26.

[16] Polkinghorne (1987), S. 73.

[17] Peackocke (1998), S. 205, Polkinghorne (1991), S. 45. Polkinghorne erhebt mit seinen Spekulationen allerdings einen geringen Geltungsanspruch: „Here we see a *glimmer* of how it might be that we execute our willed intentions“; Polkinghorne (1998), S. 62 f.

[18] Jonas (1987), S. 70 ff.

Ähnliche Überlegungen finden sich auch bei John Eccles, der zunächst gewisse „Module“ im Gehirn annahm, an denen der Geist physisch angreifen könne. Später versuchte er, die Verbindung über den Indeterminismus der Quantentheorie herzustellen.[19] Der Physiker Roger Penrose projektierte sogar eine zukünftige Quantentheorie, die den Freiheitsbegriff als physikalischen Binnenbegriff in sich enthalten würde.[20] All diese Konzepte wurden heftig attackiert und sind in der Tat auch ziemlich riskant.

Der Fehler liegt meines Erachtens schon im Versuch, ein Problem geschlossen zu 'lösen', das Chancen hat, unsere Kompetenz zu übersteigen. Es ist durchaus rational, Grenzen der Vernunft anzuerkennen, ohne daß man deshalb darauf verzichten müßte, von 'Kausalität aus Freiheit' zu reden. Wenn aber diese Rede sinnvoll ist, dann kann die Rede vom 'Eingreifen Gottes in die Natur' nicht von Hause aus sinnlos sein, denn sie steht für ein ähnliches Problem. Doch wenn wir das einfachere Problem nicht lösen können, warum sollten wir uns an das schwierigere wagen? Wie es Gott anstellt, in den Lauf der Natur einzugreifen, und wann er das tut, könnten wir ihm also selbst überlassen. Vielleicht kann er ja eingreifen und will es nicht, weil er Achtung vor seinem eigenen Werk hat oder weil es so gut gemacht ist, daß es nicht sein muß. Spekulationen darüber halte ich jedenfalls für ziemlich müßig. Es gibt auch Probleme, die man *nicht* haben muß.

6.3 Die Vermittlungsleistung der Metaphysik

Die bisherigen Überlegungen haben gezeigt, daß sich Physik und Religion, wenn überhaupt, nur über das vermittelnde Glied einer Metaphysik überbrücken lassen. Dies zeigte sich besonders im letzten Kapitel anhand der Populärwissenschaft, die eine Metaphysik wider Willen darstellt. Seriöse Autoren, wie John Polkinghorne, anerkennen ein vermittelndes, philosophisches Bindeglied und entwickeln gewisse Denkfiguren, um den garstigen Graben zwischen Religion und Physik zu überbrücken.

[19] Popper/Eccles (1982), S. 434ff.; Eccles (1996).

[20] In Penrose (1995) fordert dieser Autor schon im Titel eine „neue Physik des Bewußtseins“. Man weiß aber nicht genau, wie sie aussehen könnte, weil sie Penrose nur vage skizziert.

John Polkinghorne[21]

Polkinghorne war zunächst Physiker und hatte einige Jahre am Caltech bei Gell-Mann gearbeitet. Er war persönlich bekannt mit Paul Dirac, Abdus Salam, Richard Feynman und anderen berühmten Physikern. 1974 wurde er sogar „Fellow of the Royal Society“ in London.

Im Alter von 50 Jahren überlegte er sich, ob er nicht noch etwas anderes machen müßte als Elementarteilchenphysik. Er studierte anglikanische Theologie, ließ sich zum Priester weihen und schrieb dann viele Bücher über das Verhältnis Physik – Theologie, die leider nur zum Teil ins Deutsche übersetzt wurden und daher bei uns nicht in ihrer Bedeutung angenommen wurden.

Polkinghorne verweigert sich von vornherein allen oberflächlichen populärwissenschaftlichen Synthesen, die bei den deutschen Theologen so beliebt sind. Er kritisiert auch mit guten Gründen Kurzschlüsse, wie etwa Wolfhart Pannenbergs Feldontologie. Oder er lehnt David Bohms metaphysische Spekulationen eines „holographischen Weltbildes“ als zu phantastisch ab.[22] Für Polkinghorne ist klar, daß ein Brückenschlag von der Physik zur Theologie nur um den Preis einer leistungsfähigen Metaphysik oder einer ‘natürlichen Theologie’ möglich sein wird.

Ich möchte aus seinem reichen Schaffen nur einen bestimmten Aspekt herausgreifen, nämlich seine Art, ‘metaphysica generalis’ und ‘specialis’ aufeinander zu beziehen. Ich sehe hier ein ungelöstes Problem, wobei man der Gerechtigkeit halber hinzufügen sollte, daß es wohl auch sonst niemand gelöst hat, vermutlich aus dem einfachen Grunde, weil es unlösbar ist.

Meine Strategie in diesem Abschnitt ist nun, bestimmte Probleme sichtbar zu machen, die man im Endeffekt nur aushalten, nicht aber wirklich auflösen kann. Wenn ich in diesem Zusammenhang Polkinghorne zu kritisieren wage, dann nur im Bewußtsein dessen, daß seine Schriften eine Fülle von Einsichten enthalten, die zum Besten gehören, was es zum Thema ‘Physik und Theologie’ gibt. Ich übergehe also seine wichtigen Überlegungen zum Leib-Seele- und Geist-Materie-Problem, zum Verhältnis zwischen Kausalität und Finalität, zur Rolle des Zufalls, der Emergenz

[21] John Polkinghorne wird oft in einem Atemzug mit Arthur Peacocke genannt, der ebenfalls Physiker und Anglikanischer Theologie ist. Ich berücksichtige die Werke von Peacocke nicht weiter, weil er das Metaphysikproblem nicht ernst nimmt.

[22] Etwas frech, aber zutreffend bemerkt er: „It is scarcely surprising that theologians do not achieve great sophistication or insight when they turn to science“: Polkinghorne (1998), S. 83.

usw. und gehe sofort in medias res, nämlich zur Darstellung seiner Metaphysik der Physik, d.h. zur Frage, ob die Physik, zu Ende gedacht, zu so etwas wie 'Gott' führen kann?

Polkinghorne entlastet zunächst einmal die Metaphysik von ihrem traditionellen Sekuritätswahn, unhintergehbares Wissen zu liefern. Für ihn ist 'Metaphysik' die Reflexion auf praktische und theoretische Grundfragen des Menschen. Sie beruht bestenfalls auf dem besseren Argument, führt aber niemals zu unwiderlegbaren Apriori-Wahrheiten.

Polkinghorne sieht richtig, daß Theologie jederzeit teleologische Implikationen hat, weil nach christlicher Auffassung Gott mit dieser Welt etwas vorhat.[23] Diese Prämisse hat zur Folge, daß es zu einem Grundkonflikt mit der Physik kommen muß, denn diese Wissenschaft abstrahiert von aller Teleologie (wenn es sie gibt). Andererseits geraten wir mit der Behauptung einer durchgängigen Teleologie in die Metaphysik hinein, die also das Kunststück fertig bringen muß, Physik und Metaphysik, Kausalität und Finalität zu vermitteln.

Im Erfahrungsbereich der Physik glaubt nun Polkinghorne, zwei Hinweise auf die Existenz Gottes zu finden, einen allgemeinen und einen speziellen. Der allgemeine stützt sich auf die mathematische Weltordnung, der spezielle auf das „Anthropische Prinzip".

Über die die mathematischen Naturgesetze hat er sich so geäußert: „The 'unreasonable effectiveness of mathematics' in uncovering the structure of the physical world (to use Eugene Wigner's pregnant phrase) is the hint of the presence of the Creator, given to us creatures who are made in the divine image." – „I believe that the regularities of natural law are pale reflections of the consistency of the One who is their Ordainer." [24]

Unter „Ordnung" verstehen wir gewöhnlich eine sinnvolle Ordnung, vor allem, wenn sie auf ein personales Wirken zurückgeht. Gott hat also der Welt eine sinnvolle Ordnung aufgeprägt. Unter der Voraussetzung, daß Gott existiert, wird man dieses Prinzip akzeptieren, aber Polkinghorne will uns ja dessen Existenz erst plausibel machen, er darf also in seiner natürlichen Theologie die Existenz Gottes nicht zu einer Voraussetzung machen. Nun definiert aber kein mathematisches Gesetz von sich aus ein Telos, weshalb die Mathematisierung der Welt seit Galilei konsequenterweise mit einem Zurückdrängen des teleologischen Denkens verknüpft war. Ich habe im dritten Kapitel Steven Weinbergs klassische Formulierung dieses Zusammenhanges erwähnt: „Je begreiflicher uns das Universum wird, umso sinnloser erscheint es auch."[25] Nach Polkinghorne spiegelt

[23] Polkinghorne (1987), S. 29.
[24] Polkinghorne (1998), S. 4; (1991), S. 57.
[25] Weinberg (1980), S. 162.

sich denn auch Gott in den Naturgesetzen nur wie in einem „blassen Reflex". (Offenbar so blaß, daß andere diesen Reflex schon gar nicht mehr wahrnehmen).

Erfolgversprechender scheint der Weg über das „Anthropische Prinzip".[26] Dieses beruht auf der Beobachtung, daß fundamenale Konstanten der Physik, wie Elementarladung, Lichtgeschwindigkeit, Plancksches Wirkungsquantum usw. ziemlich genau die Werte haben müssen, die wir heute messen, sonst wäre auf Kohlenstoff basierendes Leben unmöglich. Diese Konstanten müssen nach heutiger Auffassung nicht so sein, wie sie sind, sie sind also kontingent relativ zu den Naturgesetzen. Es sieht danach so aus, als liege der kosmologischen Entwicklung ein 'design' zugrunde, die Absicht eines Schöpfers, der das fine-tuning der Naturkonstanten in weiser Voraussicht so eingerichtet hat, daß der Mensch entstehen konnte (daher „Anthropisches Prinzip").

Dieses Prinzip kommt in zwei Versionen vor, als 'schwaches Anthropisches Prinzip': 'Weil es in diesem Universum Beobachter gibt, muß das Universum Eigenschaften besitzen, die die Existenz dieser Beobachter zulassen' und als 'starkes Anthropisches Prinzip': 'Das Universum muß in seinen Gesetzen und in seinem speziellen Aufbau so beschaffen sein, daß es irgendwann unweigerlich einen Beobachter hervorbringt.' Die schwache Version des Prinzips stammt von R. H. Dicke (1961), die starke von B. Carter (1973).

Übrigens ist der ganze Gedankengang ein gutes Beispiel für das Umklappen des horizontalen ins vertikale Denken über das vermittelnde Glied des Zufalls. Allerdings hatte ich oben behauptet, daß dieser Übergang zwar möglich, aber keinesfalls notwendig ist. Man muß nicht jeden Zufall gleich als Sinnzusammenhang interpretieren, sondern eine solche Interpretation muß sich rechtfertigen lassen. Wie sieht es mit der Rechtfertigung des „Anthropischen Prinzips" in seiner starken, teleologischen Version aus?

Manche Physiker haben zur Lösung des Problems die Everettsche „Vielweltentheorie" herangezogen. Wenn es sehr viele Welten gibt, dann wird schon eine darunter sein, in der die Konstanten gerade jene Werte haben, die wir heute an ihnen feststellen und die Leben ermöglichen. Polkinghorne betont allerdings zu Recht, daß die Vielweltentheorie voraussetzungsreicher ist als eine teleologische Deutung, aber ist diese damit auch schon begründet?[27]

[26] Vgl. die wichtige Publikation zu diesem Thema von Barrow/Tipler (1986). Die Originalabhandlung von Tipler/Barrow ist noch nicht übersetzt. In Deutschland hat der Physiker Reinhard Breuer (1984) das „Anthropische Prinzip" bekannt gemacht.

[27] Polkinghorne (1988), S. 20ff.

Könnte es einen unwahrscheinlichen Zufall nicht einfach nur geben? Könnte ich nicht z.B. sechs Richtige im Lotto haben, ohne mir die Frage zu stellen, welchen Sinn es hatte, daß es gerade mich traf? Vielleicht hat die Menschheit, kosmologisch gesehen, sechs Richtige im Lotto, so daß sie das Glück hatte, in Erscheinung treten zu dürfen. Aber was nötigt mich, nach dem Urheber eines solchen Glücks zu suchen, wenn ich nicht schon vorher von seiner Existenz überzeugt war?

Die große Aufregung, die das „Anthropische Prinzip“ in der scientific community hervorgebracht hat, scheint mir ziemlich überflüssig. Ich halte die starke Version dieses Prinzips für zirkulär und die schwache für eine Trivialität, denn das „Anthropische Prinzip“ in seiner schwachen Form ist im Ernst weder anthropisch noch Prinzip. Anthropisch nicht, weil es gar nicht um den Menschen geht, sondern um auf Kohlenstoff basierendes Leben. Man könnte also auch vom „Bakteriellen Prinzip“ sprechen. Andererseits ist auch es kein Prinzip. Das „Pauli-Prinzip“ ist wirklich ein Prinzip, denn es sagt etwas Neues. Das „Anthropische Prinzip“ fordert aber nur, daß zum Verständnis eines Phänomens, wie dem des Lebens, hinreichende Bedingungen gefunden werden müssen. Es ist dies also die Forderung nach Erklärung der vorfindlichen Phänomene. Diese Forderung ist so alt wie die Wissenschaft und damit die schiere Selbstverständlichkeit.

Was aber, wenn es einem genialen Physiker gelänge, die Grundkonstanten aus einer umfassenden Axiomatik zu deduzieren? Dann wäre all diesen Spekulationen der Grund entzogen. Die ganze Aufregung um das vorgebliche „Anthropische Prinzip“ beruht meines Erachtens darauf, daß hier an prominenter Stelle deutlich wurde, daß wir *immer* imstande sind, die Kontingenzen, die der kausale Prozeß offen läßt, final zu deuten, mithin, daß die materielle, physikalisch begriffene Welt gegenüber einer metaphysischen Deutung jederzeit offen ist. Bernulf Kanitscheider hält hingegen das „Anthropische Prinzip“ für etwas Vorläufiges: „Es ist ein Platzhalter für einen zu entdeckenden Mechanismus ... es zeigt auf vorher unbemerkt gebliebene Lücken des Zusammenhangs.“[28]

Nehmen wir an, wir hätten diesen Mechanismus gefunden, würde dann die teleologische Interpretierbarkeit verschwinden? Offenbar nicht, denn auch ein solcher Mechanismus würde nichtnotwendige Voraussetzungen machen. Wir hätten dann zwar die Kontingenz der Konstanten zum Verschwinden gebracht, aber nur um den Preis, sie an eine andere Stelle zu verschieben. Die Konstanten wären dann kein Anlaß mehr zu teleologischen Interpretationen, wohl aber die Gesetze, die sie erklärbar machen.

[28] Kanitscheider (1991), S. 280. Kanitscheider ist sich in Bezug auf das „Anthropische Prinzip“ aber nicht sicher. In Kanitscheider (1996), S. 113ff. bekennt er sich stattdessen zur Vielweltentheorie.

Warum sind die Gesetze gerade so, daß sie Leben ermöglichen? Wir können darauf immer die Antwort geben: 'weil Gott es wollte'. Aber eine solche Antwort wäre ein Satz der Schöpfungstheologie und kein Satz der natürlichen Theologie, die die Existenz Gottes erst plausibel machen sollte.[29]

Es sieht also nicht so aus, als ob es Polkinghorne gelungen wäre, aus dem Erfahrungsbereich der Physik heraus die Existenz Gottes einsichtig zu machen. Diese Wissenschaft ist einfach zu nüchtern und zu formal, um eine Grundlage für so weitreichende Schlußfolgerungen zu bieten.

Alle bisherigen Überlegungen Polkinghornes gehörten in den Bereich der 'metaphysica specialis', weil sie sich nur auf den speziellen Erfahrungsbereich der Physik bezogen. Natürliche Theologie hat aber vom Prinzip her einen weiteren Horizont. Polkinghorne definiert sie als „the search for God through the exercise of reason and the inspection of the world".[30]

Dies ist ein weiterer Rahmen. In seinem Buch „Science and Christian Belief – Theological Reflections of a Bottom-Up Thinker" sucht Polkinghorne Argumente für die Existenz Gottes aus der ästhetischen und der ethischen Erfahrung.[31] Diese Argumente halte ich für einsichtiger. Sie haben allerdings mit Physik nichts mehr zu tun. Ganz allgemein wurde in der natürlichen Theologie selten aus der Physik argumentiert. Wenn man die Existenz Gottes in dieser Welt plausibel machen möchte, tut man immer noch am besten daran, die höchsten geistigen Leistungen des Menschen ins Feld zu führen. Hier, wenn überhaupt, wird man Spuren Gottes finden.

Geht man diesen Weg, dann wird man womöglich fündig, aber um den Preis, die Physik aus dem Auge zu verlieren.[32] Für die natürliche Theologie ist das nicht schlimm, denn sie ist nicht darauf festgelegt, Gott an einer ganz bestimmten Stelle zu finden, aber für Polkinghorne ist es schlimm, weil er den Gegensatz zwischen Physik und Theologie überbrücken möchte.

Zu diesem Zweck bräuchte er eine 'metaphysica generalis', mit so allgemeinen Seinsbestimmungen, daß sie nach dem Vorbild des traditionellen Thomismus den Überstieg vom 'esse commune' zum 'ipsum esse sub-

[29] Als einen theologischen Satz hat Wolfhart Pannenberg das „Anthropische Prinzip" interpretiert. Dies ist immer möglich und in diesem Fall auch sinnvoll; Pannenberg (1998), Bd. II, S. 138.

[30] Polkinghorne (1988), S. XII.

[31] Polkinghorne (1994), S. 56.

[32] In der katholischen Kirche gibt es, zumindest seit Thomas, eine durchgängige Tradition der 'natürlichen Theologie'. Sie wird heute noch fortgeführt von Autoren wie Béla Weißmahr. Seine „Ontologie" und „Philosophische Gotteslehre" geht von einer metaphysischen Anthropologie aus, nicht vom engeren Erfahrungsbereich der Physik; Weißmahr (1991. 1994).

sistens' plausibel machen würde. Eine solche 'metaphysica generalis' ist heute schwer zu begründen. Bei Polkinghorne findet sie sich noch nicht einmal in Ansätzen.

Er entwickelt zwar allgemeine Seinsbestimmungen des Verhältnisses von Materie und Geist, die einer Aristotelischen Position sehr nahe kommen, wonach Materie und Form auf verschiedenen Niveaus vermittelt sind, aber dieses Konzept paßt nicht mit dem zusammen, was er anderweitig über die „noetic world" sagt. Diese „noetic world" ist für ihn eine Art platonisches Reich subsistierender Ideen, die die mathematischen Formen in sich enthält. In dieser 'noetischen Welt' seien auch das Wahre, Gute und Schöne zu Hause. Gott selbst sei allerdings – wiederum frei nach Plato – nicht mit dieser Geisteswelt identisch.[33]

Dieser Platonismus paßt nicht zum durchgängigen Aristotelismus, den Polkinghorne ansonsten vertritt, abgesehen davon, daß eine so verstandene „noetic world" logisch inkohärent ist. Die abstrakten Kalküle der höheren Mathematik mögen eine platonistische Auffassung nahe legen, die Kunst sicher nicht, denn das Schöne ist nur schön, wenn es konkret erscheint. Hier sind wir wieder, und zwar ganz entschieden, im Diesseits. Mit einem Wort: Eine konsequente Metaphysik, die imstande wäre, Physik und Theologie zu überbrücken, gibt es bei Polkinghorne nicht. Seine Brückenschläge von der Physik her sind nicht einsichtig und dort, wo ihm der Brückenschlag gelingt, hat er viel mit Anthropologie, aber nur noch wenig mit Physik zu tun. Eine 'metaphysica generalis' hingegen fällt bei ihm aus.

Ich betone nochmals, daß diese Kritik Polkinghornes Verdienste nicht in Frage stellen soll. Seine Schriften enthalten eine Fülle von wichtigen Einsichten, so vor allem, wenn er eine Drehung des szientifischen Blickwinkels fordert. Er hat in verschiedenster Hinsicht deutlich gemacht, wie man vom quantitativen zum qualitativen, vom kausalen zum finalen Sprachspiel wechseln muß, wie man die 'Bottom-up'-Perspektive durch eine 'Top-down'-Perspektive ergänzen muß usw., wenn uns Religion überhaupt erst in den Blick geraten soll.[34] All dies betrifft aber eher existentielle und intellektuelle Grundeinstellungen zur Welt als die spezifischen Inhalte der Physik selbst.

[33] Polkinghorne (1988), S. 75 ff.

[34] Von daher scheint mir Astrid Dinters Buch (1999) über Polkinghorne etwas zu scharf, weil sie einseitig die genannten Inkonsistenzen hervorhebt, aber die Verdienste nicht deutlich macht.

Metaphysica generalis

Die Metaphysik teilt sich in 'metaphysica generalis' und 'metaphysica specialis'. Die 'metaphysica generalis' enthält die allgemeinsten Seinsbestimmungen, die für jedes Seiende konstitutiv sind, gleichgültig, in welche Kategorie oder in welchen Bereich es fällt. Die 'metaphysica specialis' enthält dagegen die Voraussetzungen einzelner Seinsbereiche oder besonderer Wissenschaften. In diesem Sinne gab es bei Kant eine „Metaphysik der Sitten" oder die „Metaphysischen Anfangsgründe der Naturwissenschaft".

Die Frage nach Gott gehört im Prinzip in die 'metaphysica generalis', sie könnte aber auch in einer 'metaphysica specialis' behandelt werden, dann nämlich, wenn es der entsprechende Erfahrungsbereich nötig oder möglich machen sollte. Reflektiert man auf die Möglichkeitsbedingungen der Physik, dann scheint der Gottesbegriff, wie bei Polkinghorne deutlich wurde, keinen Ort zu haben. Bei Kant zeigt sich dies darin, daß er Gott in diesem speziellen Zusammenhang nur noch als regulative Idee, d.h. als rein gnoseologische Größe zuläßt, daß er sich also einem Gottesbeweis oder einer natürlichen Theologie verweigert. Ansonsten enthält die „Kritik der reinen Vernunft" nur sehr formale Bestimmungen. Auch das Physik treibende Subjekt wird sehr abstrakt gefaßt, eigentlich nur als ein „X" der Synthesis.[35]

Was das Problem einer 'metaphysica generalis' anbelangt, so gibt es keinen direkten Übergang von der Physik zu einer solchen allgemeinen Metaphysik. Der Erfahrungsbereich der Physik ist zu speziell, um diesen Übergang für jeden denkenden Menschen nachvollziehbar zu machen. Aus diesem Grunde findet man bei Physikern alle möglichen Grundüberzeugungen, vom Sensualismus und Materialismus über den Platonismus, Spinozismus, Schopenhauerianismus und was der möglichen, aber auch unmöglichen, Positionen mehr sind. Allein diese Tatsache sollte stutzig machen, wenn manche Autoren, wie Hans-Peter Dürr, so rasch von „Physik und Transzendenz" sprechen.[36] Physik hat es mit Immanenz zu tun, nicht mit Transzendenz. Der direkte Weg von der Physik zu Gott über eine 'metaphysica generalis' scheint also verbaut.

Prüft man neuere Versuche, die Kantische 'metaphysica specialis' auf der Basis einer sehr viel weiter entwickelten Physik und einer Philosophie nach dem 'linguistic turn' zu reformulieren, so bestätigt sich die Kantische Analyse: Auch die spezielle Erfahrung der neuesten Physik gestattet keinen Rückschluß auf Gott.

Man kann die Philosophie der Physik von Peter Mittelstaedt als einen

[35] KrV A 104.

[36] So ein Titel von Dürr (1989), der nahelegt, es gebe da eine direkte Verbindung.

Versuch ansehen, den Kantischen Ansatz unter den veränderten wissenschaftlichen und philosophischen Bedingungen der Gegenwart zu reformulieren.[37] Das heißt, daß die fundamental neuen Theorien, wie Relativitäts- und Quantentheorie, unter Rücksicht des Raum-, Zeit-, Kausalitäts- oder Substanzbegriffes neu interpretiert und auf ihre subjektiven Voraussetzungen hin überprüft werden müssen. Die Subjektivität, die dabei investiert werden muss, ist bei Mittelstaedt mehr als das Kantische „X" der Synthesis, nämlich ein sprach- und dialogfähiges Wesen, aber Gott kommt im Zusammenhang seiner Überlegungen dennoch nicht vor. Die physikalische Erfahrungsbasis trägt keine solchen spekulativen Türme.

Ist das richtig, dann gibt es eigentlich nur eine einzige Möglichkeit, von der Physik zur Religion überzugehen, nämlich auf dem Weg über eine 'metaphysica generalis', die die Erfahrung in all ihren Facetten ernst nimmt, als wissenschaftliche, lebensweltliche, leibzentrierte, soziale, geschichtliche, ethische oder auch als ästhetische Erfahrung. Innerhalb eines solchen Rahmens wird dann die Physik nur einen Teilbereich ausmachen.

In neuerer Zeit scheint es eigentlich nur drei bedeutende Philosophen zu geben, die nicht nur genügend von Physik und Mathematik verstanden, sondern auch sonst in allen Erfahrungsbereichen zu Hause waren, um eine solche 'metaphysica generalis' zu entwickeln: Charles Sanders Peirce, Alfred North Whitehead und Ernst Cassirer.

Peirce und Whitehead haben jeweils ein umfassendes metaphysisches Konzept entwickelt, mit Grundbegriffen, die alles Seiende vom Wesen her betreffen sollen. Beide Philosophien sind 'dynamisch' in dem Sinn, daß das geschichtliche bzw. evolutive Werden für sie ein Grunddatum ist, relativ zu dem alles Beharrende als etwas Abgeleitetes erscheint. Beide erheben keinen Letztbegründungsanspruch, sondern ihre Metaphysik ist lediglich der Versuch, die Vielfalt der Erfahrung auf wenige Begriffe zurückzuführen, um ihren Zusammenhang durchschaubar zu machen. Eine solche Metaphysik ist insofern falsifizierbar, als sie bei neu auftretenden Typen von Erfahrung verändert werden muß, wenn sie sich nicht ins begriffliche Schema integrieren lassen. Ansonsten genügt sie nur den schwachen Kriterien der Widerspruchsfreiheit und der begrifflichen Kohärenz. Eine solche 'metaphysica generalis' tritt also mit sehr schwachen Geltungsansprüchen auf. Bei Peirce ist sie nur noch eine „verzweifelte Hoffnung", kein abrufbares Resultat mehr.[38]

[37] Vgl. Mittelstaedt (1963) und (1986).

[38] Peirce (1991), S. 133; auch Whitehead spricht nur von einer „Hoffnung des Rationalismus", alles in ein kohärentes System zu bringen. Diese Hoffnung sei „keine metaphysische Prämisse", sondern nur noch ein „Glaube"; Whitehead (1987), S. 96).

Das Problem, das ich bei solchen Ansätzen sehe, ist dieses: Das vorausgesetzte metaphysische Schema muß Finalität als ein Grunddatum ansetzen, damit menschliche Freiheit ihren Ort hat. Es muß diese Finalität aber auch für die physikalischen Gesetze behaupten, um auf alles anwendbar zu sein, was existiert. Ich habe aber erhebliche Zweifel, ob sich final definierte Begriffe ausfindig machen lassen, relativ zu denen die physikalischen Gesetze nur besondere Ausprägungen sein sollen.

Helmut Pape sagt in seiner Einleitung zu Peirces' „Naturordnung und Zeichenprozeß": „Vom Standpunkt der jetzigen Argumentation aus können wir sagen, daß Naturgesetze als Symbole sogar Finalursachen der unter sie fallenden künftigen Tatsachen sein müssen. Erst mit der Formulierung eines Naturgesetzes wird also für uns die Zweck- oder Finalursache geschaffen, nach der künftige Tatsachen als Fälle eines Gesetzes selektiert werden." – „Da nun eben diese Neigung auch das alleinige Fundamentalgesetz des Geistes ist, folgt, daß die physische Evolution in der gleichen Weise auf Zwecke (ends) hinarbeitet, in der die geistige Tätigkeit auf Zwecke hinarbeitet, und so wäre es unter einem Gesichtspunkt völlig richtig zu sagen, daß allein finale Verursachung primär ist." An anderer Stelle nennt er das Fallgesetz ein „Symbol" und fügt hinzu: „Jedes hinlänglich vollständige Symbol ist eine Zweckursache von wirklichen Ereignissen bzw. 'beeinflußt' sie in genau demselben Sinn, in dem mein Wunsch, das Fenster offen zu haben, d.h. das Symbol dafür, daß das angenehm wäre, in meinem Geist die physischen Tatsachen beeinflußt, daß ich mich von meinem Stuhl erhebe, zum Fenster gehe und es öffne."[39]

Das heißt: die Naturgesetze sind selbst etwas Erklärungsbedürftiges und ihr Explanans ist eine auf ein Ziel hingerichtete geschichtliche Entwicklung. Anthropomorph ausgedrückt: Sie sind wie die verfestigten Verhaltensgewohnheiten eines Menschen, der eigentlich auf Freiheit, Spontaneität und auf Neues ausgerichtet sein sollte.

Auf welches Ziel richtet das Fallgesetz die gravitierenden Gegenstände aus? Sich möglichst nahe zu kommen? Frische Luft ist ein Gut für den Menschen, aber welches Ziel oder Gut könnte es für unbelebte Gegenstände bedeuten, sich physisch nahe zu kommen? Oder welche finale Deutung wäre komplizierteren physikalischen Gesetzen angemessen, etwa den Maxwellgleichungen der Elektrodynamik oder der Wellenfunktion in der Quantentheorie? Geraten wir hier nicht in völlig willkürliche Spekulationen hinein?

Das zweite Problem ist die 'Vergeschichtlichung' der Naturgesetze, die in einem solchen Konzept gefordert werden muss. Wenn Naturgesetze so definiert sind, daß sie an jeder Raum- und Zeitstelle gleich gelten, dann

[39] Peirce (1991), S. 99; 365; 419.

sieht man nicht leicht, was mit ihrem geschichtlichen Charakter gemeint sein könnte.

Whitehead geht in diesem Zusammenhang davon aus, daß in verschiedenen Geschichtsepochen auch verschiedene physikalische Gesetze von Bedeutung sind, so sei „unsere gegenwärtige Epoche von einer Gesellschaft elektromagnetischer Ereignisse beherrscht." „Gesellschaften" sind für Whitehead dynamische, ontologische Grundgrößen, die er auch „actual entities" nennt, also Urereignisse, die sich epochal verändern: „In der Tat veranschaulichen lebende Gesellschaften die These, daß sich die Naturgesetze zusammen mit Gesellschaften entwickeln, die eine Epoche begründen."[40]

Ich gestehe, daß ich einer solchen Rede keinen nachvollziehbaren Sinn verleihen kann. Physikalische Gesetze müßten nämlich nach dieser Lesart den Gesetzen künstlerischer Produktion gleichen: Einmal malt der Maler figürlich, dann wieder abstrakt, einmal komponiert der Musiker gemäß der klassischen Harmonielehre, dann wieder nach dem Muster der Zwölftontechnik.

Solche geschichtlich wandelbaren Regeln sind auf den Zweck des epochal bedingten Ausdrucks bezogen, den der Künstler anstrebt. Naturgesetze lassen sich so nicht verstehen, weder als geschichtlich wandelbare noch vor allem als auf einen Zweck bezogene, was Whitehead mit Peirce behaupten muß. Auch Whitehead ist von seinem Ansatz her gezwungen, Sinnkategorien unmittelbar in die teleologiefreien modernen Naturgesetze hineinzuinterpretieren. Grundlage seiner Spekulationen ist ein „allgemeiner Zweck, der die Natur durchzieht". Aus einer gewissen „Konstanz der physischen Zwecksetzungen" folgt für ihn „die Beharrlichkeit der Naturordnung", d.h. die Beharrlichkeit der physikalischen Gesetze ist nach seinem metaphysischen Grundprinzip nichts anderes als ein Sonderfall der allgemeinen Zweckordnung der Natur.[41]

Auf diese Art kommt es zu einer inkohärenten Überblendung von kausalen und finalen, physischen und psychischen Begriffsinhalten: „Die Erfahrung hat Vektor-Charakter, ein gemeinsames Maß an Intensität und spezifische Formen von Empfindungen, die diese Intensität vermitteln. Wenn wir den Begriff einer quantitativen emotionalen Intensität durch 'Energie' ersetzen und den Begriff 'spezifische Form des Empfindens' durch 'Energieform' und uns daran erinnern, daß 'Vektor' in der Physik für eine eindeutige Übertragung von anderswoher steht …" (dann sehe man, daß Physik und Metaphysik in Übereinstimmung sind).[42]

[40] Whitehead (1987), S. 192; 206.

[41] Whitehead (1987), S. 196; 365 f.; 502.

[42] Whitehead (1987), S. 224. Eine teologische Deutung des Vektorbegriffs findet sich auch bei Cassirer ([10]1994), S. 263 ff.

Doch das Ausgerichtetsein mathematischer Vektoren und der intentionale Charakter von Empfindungen oder die Macht physikalischer Energien und die emotionale Intensität solcher Empfindungen sind bestenfalls entfernt analog. Man sieht nicht, wie sie mittels solcher äußerlicher Analogien zu einem kohärenten Begriff vereinigt werden könnten.[43]

Ich betone, daß sich meine Kritk an der Metaphysik von Peirce und Whitehead nur auf einen bestimmten Aspekt ihrer Werke bezieht und daß ich ansonsten über ihre bedeutenden Leistungen nicht weiter urteile. Ich möchte nur auf eine ganz bestimmte Schwierigkeit hinweisen, die sich auch bei Ernst Cassirer findet, eine Schwierigkeit, die dann entsteht, wenn wir eine gemeinsame Gattung für finale und kausale Begriffe finden wollen, worauf sich ein Metaphysiker dieser Art festlegen muß.

In der Leib-Seele-Debatte haben sich viele Autoren darauf geeinigt, daß wir zwar von einer ontologischen Einheit von Leib und Seele ausgehen sollten, daß wir aber über einen Sprachen- oder Aspektedualismus nicht hinausgelangen.[44] Das heißt, wir beschreiben geistige Zustände mit einem prinzipiell anderen Vokabular als Hirnzustände, wir können auch Zuordnungen zwischen beiden Beschreibungen vornehmen, aber wir sind nicht imstande, eine Einheitssprache zu entwickeln, die Gehirn und Geist gleichermaßen unter sich fassen würde. So etwas suchen aber die großen Metaphysiker, zu denen ich auch Ernst Cassirer rechnen würde, der sich selbst nicht so genannt hat.

Viele Anhänger von Cassirers Symboltheorie, wie z.B. Oswald Schwemmer, fassen seine Theorie nicht als Metaphysik auf, vermutlich weil sich Cassirer selbst nicht so verstanden hat.[45] Als Neukantianer hatte er ein sehr distanziertes Verhältnis zur Metaphysik, aber sein eigener Ansatz muß im Sinn einer 'metaphysica generalis' gelesen werden.

Cassirer sagt: „Unter symbolischer Form verstehen wir jene Energie des Geistes, durch welche ein geistiger Bedeutungsgehalt an ein konkretes sinnliches Zeichen geknüpft und diesem Zeichen innerlich zugeeignet wird."[46] Dies führt zu einer Verschränkung von Sinnlichkeit und Sinn, die

[43] Jan Barbour stützt sich in seiner Synthese auf die Whiteheadsche Prozeßmetaphysik, bezieht sie im Prinzip aber nur auf den Erfahrungsbereich der Biologie. Was Geschichtlichkeit, Ausgerichtetsein usw. im Bereich der Physik heißen könnte, wird auch bei ihm nicht deutlich.

[44] Dies ist z.B. nach Thomas Zoglauer das Wahrheitsmoment, das hinter dem Cartesischen Dualismus steckt: Zoglauer (1998), S. 37ff.

[45] Schwemmer (1997). Dagegen betont Andreas Graeser zu Recht, daß Cassirer von einer „idealistischen Grundvoraussetzung" ausgehe, die im transzendentalen, als einem „reinen", Denken wurzele; Graeser (1994), S. 135.

[46] Cassirer (^{8}1994), S. 175.

Cassirer auch „symbolische Prägnanz“ nennt.[47] Das Metaphysikproblem entsteht hier sofort, wenn Cassirer die symbolischen Formen nicht, wie in der Semiotik von Charles Morris, allein dem Subjekt und seinen Hervorbringungen zuschreibt, sondern sie zu einem Verbindenden zwischen Subjekt und Objekt macht oder schärfer noch, zu einer ontologischen Größe, die beidem zugrundeliegt. Symbolische Formen spielen denn auch bei Cassirer eine ganz ähnliche Rolle wie die „Ideen“ bei Hegel, auf den er sich nicht selten beruft.[48]

Ich hatte Cassirers „Philosophie der symbolischen Formen“ im zweiten Kapitel im Zusammenhang mit Weizsäckers Interpretation der logischen und mathematischen Zeichen erwähnt und dort darauf hingewiesen, daß formallogische und mathematische Zeichen keine Symbole im eigentlichen Sinne sein können, sondern daß Symbole jederzeit auf die natürliche Sprache angewiesen sind.

Cassirers „Philosophie der symbolischen Formen“ besteht nun aus drei Teilen: Sprache, Mythos, Wissenschaft. Es ist strittig, ob man diese Formen hierarchisch verstehen soll, aber mir scheint, daß Cassirer eine Aufstiegsmodell „Vom Mythos zum Logos“ wie bei Wilhelm Nestle vor Augen hatte, ein Aufstiegsmodell mit der Sprache als Mitte des ganzen Unternehmens, d.h. in aufsteigender Reihenfolge: Mythos – Sprache – Wissenschaft.[49]

Es ist einsichtig, wenn Cassirer in diesem Werk die natürliche Sprache sozusagen als transzendentalen Grund menschlicher Symbolisierungsleistungen darstellt. In ihr, als einem Urphänomen, durchdringen sich Sinn und Sinnlichkeit, und von ihr aus lassen sich Vorformen von Sprache, wie

[47] Cassirer ([10]1994), S. 235.

[48] Der erste Band seines großen Werkes spielt direkt auf Hegel an („Zur Phänomenologie der sprachlichen Form“). Das Metaphysikproblem wird jedoch nicht explizit angegangen, auch nicht in den „Nachgelassenen Manuskripten und Texten“, „Zur Metaphysik der symbolischen Formen“. Hier findet man Überlegungen zu zeitgenössischen Formen von Metaphysik. Die dem eigenen Ansatz zugrundeliegende wird aber kaum reflektiert, obwohl es dort sehr idealistisch heißt, es sei „Aufgabe jeder symbolischen Form“, einen „Übergang vom Reich der „Natur“ in das der „Freiheit“ herzustellen und obwohl er sich dort expressis verbis zum Hegelschen Programm einer „Substanz als Subjekt“ bekennt; Cassirer (1995), S. 109; 213.

[49] Das Symbol stelle sich „am prägnantesten und in wahrhaft typischer Weise“ in der Sprache dar, sagt Cassirer. Außerdem hätten die symbolischen Formen ein „Telos“ auf die reine Wissenschaft, nämlich die „Form“ der mathematischen Naturwissenschaft: Cassirer (1995), S. 4; 218. Verschiedentlich bekennt sich Cassirer explizit zum Programm eines Übergangs „Vom Mythos zum Logos“: Cassirer ([10]1994), Bd. II, S. 273.

Körpersprache oder religiöse Riten, aber auch Hochformen von Sprache, wie die Kunst, als symbolische Formen begreifen. Cassirer unterscheidet drei Aspekte, die zwar bei jeder symbolischen Form immer zugleich vorhanden sind, aber jeweils verschieden akzentuiert, nämlich die drei Aspekte der Ausdrucks-, Darstellungs- und Bedeutungsfunktion.

Problematisch erscheint mir die Verlängerung dieses Konzepts hinein in die Theoretische Physik, vor allem, wenn man sie als „höchste Ausbildung des Erfahrungsdenkens" ansieht und mit Max Planck den Fortschritt der Physik als eine fortschreitende „Desanthropomorphisierung" interpretiert.[50]

Echte Symbole sind immer anthropomorph, und man begreift auch nicht, was sich denn in mathematischen Zeichen ausdrücken oder darstellen sollte; ja selbst wenn man hier mit Cassirer die Bedeutungsfunktion in den Mittelpunkt stellen würde, wäre man im Zweifel, welche Bedeutung (in diesem emphatischen Sinne) z.B. die Einsteinsche Relativitätstheorie hat, die für Cassirer die höchste Ausprägung des wissenschaftlichen Denkens darstellt. Die Einsteinschen Gleichungen sind nämlich weder sinnlich, noch haben sie Sinn. Sie entsprechen in keiner Weise Cassirers Definition des Symbols.

Mit Gewinn anwendbar ist Cassirers Symboltheorie auf die Goethesche Farbenlehre und Morphologie, auf die er sich öfters bezieht. Goethe faßt die Natur als Ausdrucksphänomen, als Sinn in der Sinnlichkeit. Aber dies sind offenbar Kategorien, mit denen sich die moderne Physik nicht begreifen läßt.[51]

Es scheint also problematisch, mit einem Einheitskonzept der 'metaphysica generalis' menschliche Kulturleistungen und die höchsten Abstraktionen der Physik zugleich inhaltlich charakterisieren zu wollen. Die moderne Physik ist metaphysisch schwer einzuordnen.

Auch hier sei betont, daß diese Kritik sich nur auf ein ganz bestimmtes Detail in Cassirers reichem Schaffen bezieht. Dignität und Gewicht seiner Werke werden dadurch nicht in Frage gestellt.

[50] Cassirer ([10]1994), Bd. II, S. 40; 118.

[51] Cassirer handelt sowohl in „Freiheit und Form" als auch in „Idee und Gestalt" über Goethe. In der ersten Schrift spielt er die Differenz zwischen Goethe und Newton herab und behauptet, daß dieser Gegensatz in der modernen Physik aufgehoben sei, während er in der zweiten Schrift die Differenzen stärker gewichtet. Beide bedienten sich „völlig verschiedener Wege und Mittel", einmal stehe das Sinnliche, das andere Mal das Berechenbare im Vordergrund. Aber wenn das so ist, kann Cassirers Symboltheorie keine Metatheorie der Physik sein; Cassirer (1961), S. 236; (1971), S. 75; 78.

6.4 Die offenen Fragen

Physik und Religion liegen so weit auseinander, daß sie kaum vergleichbar scheinen. Wer inskünftig einen Beitrag zur Literaturgattung 'Physik und Religion' oder 'Physik und Theologie' liefern möchte, sollte sich zuvor folgende Fragen stellen:

Es scheint nur drei Möglichkeiten eines Brückenschlages zu geben: Entweder man vergleicht 1) die Inhalte beider Bereiche unmittelbar oder man schaltet eine Metaphysik dazwischen, die entweder 2) als 'metaphysica specialis' oder 3) als 'metaphysica generalis' konzipiert wird. Alle drei Möglichkeiten sind mit gravierenden Problemen verbunden:

1) Der evangelische Theologe Dirk Evers untersucht in seinem Buch „Raum – Materie – Zeit. Schöpfungstheologie im Dialog mit naturwissenschaftlicher Kosmologie" diese drei Begriffe sowohl in der Theologie als auch in der Physik. Eine verbindende Metaphysik lehnt er ab, denn von Gott gilt: „Als Schöpfer ist er auf alle Ebenen der Komplexitätshierarchie der Welt bezogen." Das heißt: „Wenn wir diese Einsicht ernst nehmen, dann müssen wir auf eine über die geschöpfliche Komplexitätshierarchie begründete ontologische Fundierung der Wirklichkeit verzichten."[52]

Evers stellt nun sehr materialreich und erudiert die verschiedenen Raum-, Zeit- und Materiekonzepte in Theologie und Physik vor, wobei aber deutlich wird, daß sie direkt nichts miteinander zu tun haben. Zwar sucht er einen „übergreifenden Identifikationszusammenhang", aber man sieht nicht, wo dieser außerhalb eines gemeinsamen ontologischen Fundaments gefunden werden könnte, vor allem, weil Evers die Dezentrierung des Menschen durch die wissenschaftliche Aufklärung für ein irreversibles Schicksal hält: „Der Kosmos hat die Bedeutung eines dem Menschen zugewandten göttlichen Prospekts verloren. Er hat sich in unvorhergesehener Weise ins Unbegrenzte geöffnet, ist als solcher stumm geworden gegenüber den Schicksalsfragen des Menschen ...".[53]

Man könnte Evers' Buch als mißlungen bezeichnen, wenn man es an der Zielvorstellung eines „übergreifenden Identifikationszusammenhanges" mißt, aber vielleicht ist es ja insofern gelungen, als es zeigt, wie wenig wir Physik und Theologie direkt miteinander vergleichen können. Gerade weil dieses Buch getreu die Fakten wiedergibt, weil es sich allen billigen populärwissenschaftlichen Synthesen verweigert, macht es die Aporie nur umso deutlicher. Man könnte sagen: Wer in Zukunft eine direkte Vergleichbarkeit zwischen Physik und Theologie behauptet, der möge sich an solchen Werken messen und präzise zeigen, wo sie in die Irre gehen, was nicht leicht fallen dürfte.

[52] Evers (2002); S. 252 f.

[53] Evers (2002), S. 150; 159.

2) Eine Metaphysik der Physik, die unmittelbar auf die Möglichkeitsbedingungen dieser Wissenschaft ausgeht, kann, wenn sie bei der Sache bleibt, nicht zu Gott führen. Dies wird deutlich an einem so unprätentiösen Werk wie dem von Peter Mittelstaedt. Dieser zeigt, welche ontologischen und subjektiven Voraussetzungen erfüllt sein müssen, damit moderne Physik möglich wird. Diese Voraussetzungen sind naturgemäß sehr sparsam und formal. Jeder, der inskünftig eine Metaphysik der Physik direkt auf Gott beziehen will, sollte sich an einem solchen Werk messen und genau angeben, wo hier ein Fehler liegt, denn dieser müßte ziemlich gravierend sein, wenn der Verweis auf Gott für die Physik konstitutiv wäre.

3) Sollte aber das verbindende Glied eine 'metaphysica generalis' sein, dann muß die Rückfrage erlaubt sein: Wenn so bedeutende Metaphysiker wie Peirce, Whitehead oder Cassirer Schwierigkeiten haben, das moderne physikalische Denken in ihre 'metphysica generalis' zu integrieren, wer traut sich dann zu, sie zu überbieten?

Es gibt allerdings auch ganz andere Versuche, Naturwissenschaft und Religion eher über Methodenfragen zu vermitteln. Vor Jahren schrieb Wolfhart Pannenberg das verbreitete Buch „Wissenschaftstheorie und Theologie". Der Pannenberg-Schüler Philip Clayton führt seine Methodenreflexionen weiter in „Rationalität und Religion – Erklärung in Naturwissenschaft und Theologie."

In diesem Werk geht es nicht um Inhalte wie Zeit, Raum und Materie oder um spezielle Fragen, wie sich z.B. die Idee einer 'creatio continua' mit der Selbstorganisationsdynamik der Materie vermitteln ließe usw. Clayton untersucht vielmehr den Begriff der 'Erklärung' in verschiedenen wissenschaftstheoretischen Schulen, von Hempel, Popper bis hin zu Toulmin und Hanson, wo sich eine 'pragmatische' oder 'kontextuelle' Wende vollzogen habe. Der so modifizierte Begriff einer 'Erklärung' wird dann ins Verhältnis gesetzt zu Erklärungsmodi der Sozialwissenschaften und weiter der Philosophie, Religionswissenschaft und Theologie. All dies ist außerordentlich erhellend, aber um den Preis, die Inhalte, d.h. die Ontologie, auszublenden. Es könnte ja durchaus sein, daß man diesen Preis bezahlen muß, um rational nachvollziehbar zu bleiben. Dies hieße, daß wir im kantischen Sinne auf Methodenfragen zurückgeworfen werden. Wir können dann das Unternehmen 'Theologie' im Gesamt der Wissenschaften, sei es der Sozial-, sei es der Naturwissenschaften, verorten und legitimieren, etwa so, daß wir „die Einheit des Sinns", die der religiöse Mensch immer setzen wird, mit Clayton „ein regulatives Ideal" nennen, „ein Ideal, das in allen Sinnzuweisungen vorausgesetzt wird."[54] Eine solche formale

[54] Clayton (1992), S.219. Der Innsbrucker Philosoph Otto Muck hatte schon vor 50 Jahren vorgeschlagen, das metaphysische Problem der Physik auf die Ebene der

Methodenreflexion ist immer möglich und nützlich, aber sie wird mit Kant auf eine großflächig-überwölbende, metaphysische Seinslehre verzichten müssen.

Gleichwohl stellt sich die Frage, ob solche rein methodologischen Reflexionen hinreichend sein können. In diesem Buch habe ich mich beständig auf konkrete Inhalte bezogen und immer wieder betont, daß das Spannungsverhältnis zwischen Physik und Religion ohne Metaphysik nicht zu bewältigen ist. Was letzteres anbelangt, so gehört fast alles, was ich hier gesagt habe, in die Sparte 'Metaphysik', so etwa die Überlegungen zum Verhältnis von Zufall, Zweck und Gesetzlichkeit, zur Realgeltung der Möglichkeitskategorie, zur Formbestimmtheit der Materie, zum Leib-Seele-Problem usw. Der Unterschied zu den philosophischen Systemen bei Peirce und Whitehead ist der, daß ich nur punktuelle metaphysische Fragen angegangen bin. Ein philosophisches System zu entwickeln, ist mir einerseits zu schwer, andererseits ist mir noch nie eines begegnet, das ohne Mängel war. Die Skepsis der meisten Philosophen gegenüber den 'Großerzählungen' der Metaphysik ist wohlbegründet. Das heißt aber nicht, daß metaphysische Fragen plötzlich ganz verschwinden würden. Es scheint nur, daß sie sich nicht ohne Gewaltsamkeit zu einem geschlossenen System vereinigen lassen.[55]

Durch eine Beschränkung auf methodologische Fragen – so wichtig sie sind – würde ein Zweites zu kurz kommen: Die Analogien, die quer stehen zu den verschiedenen Bereichen. Es hat etwas durchaus Suggestives, wenn man den Feldbegriff mit dem Geistigen, den Partikelbegriff mit der Materie assoziiert, oder wenn man die Selbstorganisationsdynamik der Materie in Termini von Spontaneität, Werthaftigkeit und Freiheit beschreibt und von einem „optimistischen Pfeil" redet, der dem „pessimistischen" des Entropiesatzes entgegengesetzt sei.

Im Bereich des Lebendigen sind wir sicher, daß solche Analogien nicht nur spekulativ sind, sondern durchaus auf etwas Reales hinweisen. Wenn man z.B. vom 'moralanalogen Verhalten' von Tieren spricht, dann ist damit gemeint, daß zwar Tiere im eigentlichen Sinne keine Moral haben, aber doch etwas damit Verwandtes und daß Menschen zwar keine Tiere sind, aber doch auch nicht so erhaben über das Tierreich, daß die blinde Triebsphäre in ihrem Verhalten sich nicht noch ausdrücken würde. Für die

Methodologie zu verlagern, weil der Weg über die Inhalte (noch) nicht gangbar sei. Solche vorsichtigen Stimmen wurden aber kaum gehört.

[55] In dieser Hinsicht finde ich Hilary Putnams Stil des Philosophierens überzeugend. Er weicht keiner Frage aus, hat keinen antimetaphysischen Affekt, verweigert sich aber dem großen, umfassenden System. Seine Philosophie ist systematisch, ohne sich zum System zu verfestigen.

Philosophie, insbesondere für die Ethik, sind solche Analogien höchst bedeutsam.

Aber wie verhält es sich im physikalischen Bereich? Niels Bohr verglich die Unschärferelation zwischen dem Ort und Impuls eines Teilchens mit dem Verhältnis zwischen Innen- und Außenperspektive des Menschen, also zwischen Freiheit und Notwendigkeit.[56] Ohne Zweifel gibt es eine solche Analogie. Nimmt man den Ort eines Teilchens scharf in den Blick, dann verschwimmt sein Impuls ins Unbestimmte. Genau das passiert heute so manchem Hirnphysiologen. Je genauer er das Gehirn untersucht, desto weniger Substantielles hat er zum Problem der Freiheit zu sagen, während idealistische Philosophen, wie etwa Fichte, der gegenteiligen Dialektik unterlagen. Indem Fichte die Freiheit zum einzigen Ausgangspunkt seiner Philosophie nahm, verdünnte sich sein Blick auf die materielle Außenwelt zu einem qualitätslosen, neutralen Nicht-Ich.

Doch was ist der Status von Analogien in der Physik? Meiner Meinung nach markieren sie den Übergang von der Physik zur Poesie, ein wenig betretenes Feld. So hat der am MIT angestellte Astrophysiker Alan Lightman einen Roman geschrieben mit dem Titel „Und immer wieder die Zeit – Einsteins Dreams." Das Buch ist deutlich daneben gegangen, weil es dem Autor nicht gelingt, die funktional-eindeutige Sprache der Physik in die schwebende Mehrdeutigkeit der Poesie und des Traumes zurückzuverwandeln. Es gibt nicht viele Physiker, die sich in der Poesie versucht haben, aber das meiste auf diesem Gebiet scheint mißlungen, und zwar aus ziemlich naheliegenden Gründen. So schrieb z.B. der Zürcher Astrophysiker Arnold Benz regelrechte 'Psalmen' auf physikalischer Basis.[57] Hat sich unser Weltbezug einmal zur objektivierenden Wissenschaft verfestigt, so ist eine Rücknahme in die Poesie kaum möglich.

Wenn so etwas gelingen sollte, dann nur einem echten Dichter, aber diese beschäftigen sich gewöhnlich nicht mit Physik. Allerdings gibt es auch Ausnahmen.

In seinem Essay „Beginnlosigkeit" fordert der Dichter Botho Strauß seine Kollegen auf, sich mit den verpönten Bereichen von Physik und Technik auseinanderzusetzen, und es gelingt ihm tatsächlich eine gewisse Poetisierung dieses ästhetisch sehr sperrigen Materials, indem er es behutsam in die Vagheit und Vieldeutigkeit der existentiellen Erfahrung rückübersetzt.

Ich hatte im zweiten Kapitel darauf aufmerksam gemacht, daß der Weg vom Symbol zum Zeichen kaum zurückgenommen werden kann, insofern die Zeichen immer abstrakter werden. Bei Botho Strauß ist es so, daß er

[56] Bohr (1931), S. 65.
[57] Benz (1997), S. 69ff.

nur anschauliche Begriffe in seine Poesie integriert, das sind aber meist technische Begriffe oder Begriffe aus der Biologie, die unserer sinnlichen Anschauung näher stehen. In seiner Schrift „Beginnlosigkeit" sagt das erzählende Ich: „Er sehnte sich nach dem TEXT vor der Schrift, der Botschaft vor dem Code, dem Fleck vor der Linie, er sehnte sich nach einem Verstehen von nicht absehbarem Entgleiten, auf dessen Welle das Bewußtsein dahintreiben konnte ohne Ziel und Schlußfolgerung, ohne verfrühte Figürlichkeit, nach Sätzen mit diffusem Hof und Hall und solchen, die einander sogleich in Vergessenheit senkten." – „Es ist daher wichtig, auf das Versprengte in jeder Sache oder Handlung zu achten, auch wenn sie scheinbar noch so kausal, zusammenhängend, schlüssig sich darbietet. Ein wesentlicher Trug unserer Erfahrungs- und Sinneswelt besteht darin, daß sie eine kreatürliche Tendenz besitzt, stets mehr Ordnung, auf Anhieb größere Schlüssigkeit und Kontinuität herzustellen, als tatsächlich vorhanden ist … Das Gewärtigen hingegen, das allein dem Vergessen zuliefert, beläßt es bei dem Gespür für das vorereignishafte diffuse Geschehen, für die unfertige Gestalt. Für Nebel und Wolken in allen Erscheinungen, den festen wie den flüchtigen."[58]

„Nebel und Wolken" – das Unfaßbare ist hier wichtig. Man sieht, daß Botho Strauß' Poesie auf einem Anti-Quine-Prinzip beruht, nämlich alles, auch die fest umrissenen Codes der Wissenschaft in die ursprüngliche Vagheit und Mehrdeutigkeit zurückzuführen. In der verschwebenden Metaphorik seiner Sätze kommt manchmal – wie ein Leuchten von Ferne – Gott vor. Mir ist keine neuere Dichtung bekannt, in der Physik und Religion eine derart gelungene Synthese eingehen würden. Aber wir sind auf diese Weise an die Grenze des wissenschaftlich und philosophisch Sagbaren gelangt. Doch ist dies einer der wenigen Orte, wo wir heute noch von Gott reden dürfen.

[58] Strauß (1997), S. 18; 133.

Epilog: Das schlichte Evangelium

Die Bibel fängt poetisch an und hört poetisch auf: Der Anfang der Genesis ist in Wahrheit ein liturgisches Gedicht. Auch das letzte Buch der Bibel, die Apokalypse, beschreibt das Ende der Welt in hochpoetischen und hochdramatischen Bildern. In der Bibel kommen andererseits an keiner Stelle Texte vor, die irgend mit dem vergleichbar wären, was wir heute Naturwissenschaft nennen. Auch enthält sie fast keine Metaphysik. Man hat in Teilen des Alten und Neuen Testaments Einflüsse griechischer Metaphysik nachgewiesen, aber sie sind für diese Texte nicht ausschlaggebend. Die Bibel enthält Erzählungen, d.h., ihre Art der Darstellung ist uneigentlich, indirekt.

Es ist sicher nicht richtig, wenn Arthur Peacocke darauf verweist, daß die moderne Physik mit ihren Modellen die Realität ebenso indirekt und uneigentlich zum Ausdruck bringe wie die Religion die ihrige, nämlich mit Hilfe von Metaphern.[1] Erstens bilden Modelle einen bestimmten Aspekt der Realität getreu ab, was Metaphern niemals leisten können (Zeichen sind eindeutig, Symbole mehrdeutig), und zweitens ist das in Metaphern Ausgedrückte spirituell erfahrbar, während wir keine Möglichkeit haben, hinter die abstrakten Gleichungen der Physik zurückzugehen. 'Hinter' den Formeln der Physik verbirgt sich nichts, was uns in intellektueller Anschauung oder sonstwie zugänglich wäre. Diese Formeln sagen, was zu sagen ist, und darüber hinaus gibt es eben nichts zu sagen.

John Polkinghorne vergleicht die Entwicklung der Theologie vom Neuen Testament bis hin zum Credo von Chalcedon mit der Entwicklung der Quantentheorie von Bohr bis Heisenberg. So könne man auch die Erfahrung, die die Bibel beschreibt, mit der experimentellen, schwach theoretisierten Erfahrung der Physik vergleichen und die verschiedenen Formulierungen des Credo mit der nach und nach voll entwickelten Quantentheorie.[2] Das hieße, daß die Theologie über der Offenbarung steht, die Theorie des Glaubens über der Glaubenspraxis. Man sieht an solchen erzwungenen Vergleichen, wie wenig sich Religion auf Physik abbilden läßt und weshalb es sehr leicht in die Irre führt, wenn man Theologie mit Physik vergleicht, statt Physik mit Religion.

Ich habe im Vorwort den Titel dieses Buches „Physik und Religion" mit

[1] Peacocke (1998), S. 24.

[2] Polkinghorne (1998), S. 32; 38.

'Kolibris und Leitzordnern' oder 'Bahnhöfen und Cumuluswolken', verglichen, doch das war stark untertrieben. Kolibris, Leitzordner, Bahnhöfe und Cumuluswolken sind zeiträumlich identifizierbare Gegenstände mit bestimmten Eigenschaften, während „Physik und Religion" noch nicht einmal solche allgemeinen Bestimmungen gemeinsam haben. Sie bezeichnen vielmehr die äußersten Pole menschlicher Möglichkeiten, die Physik, indem sie unser objektivierendes, theoretisches Weltverhalten ins Extrem treibt, Religion, indem sie Praxis und Subjektivität radikal zu Ende führt.

Weil es sich um die äußersten Pole menschlicher Möglichkeiten handelt und weil der Mensch ein gebrochenes, theologisch gesprochen: 'unerlöstes', Wesen ist, artikuliert sich in diesen divergierenden Möglichkeiten – wie vergrößert – die Spannungseinheit, die den Menschen ausmacht.

Weil solche Spannungen bedrohlich sind, würde sie jeder gerne loswerden, wenn es nur irgend ginge. Echte Religiosität treibt jedoch diese Spannung ins Extrem, um sie zu bewältigen. Daher die Rede vom 'Kreuz' und von der 'Umkehr' ('Metanoia') im Christentum. Auch Philosophien von Rang haben diese Gegensätze aufs Äußerste zugespitzt, statt sie zu verharmlosen, man denke an den Geist-Materie-Gegensatz bei Plato, den Sein-Sollens-Gegensatz bei Kant oder den zwischen Theorie und Spiritualität bei Wittgenstein. Christliche Philosophen, wie Kierkegaard, haben diese Gegensätze auf allen Ebenen vorangetrieben, etwa den Gegensatz zwischen dem Ästhetischen und Ethischen, vor allem aber den Gegensatz zwischen dem Ethischen und dem Religiösen. Bei Kierkegaard gibt es überall Brüche, die nur in der Hoffnung auf Erlösung erträglich werden. Brüche, keine Brücken, das ist es, was uns Kierkegaard anbietet.

Demgegenüber sind in der Öffentlichkeit – und leider auch bei den Theologen – Kompensationssysteme beliebt, wie das von Weizsäcker, wo die Physik gleitend in die Metaphysik und diese wiederum gleitend in die Mystik übergeht. Solche Kompensationssysteme sind heute überall in Mode. Erich Jantschs „Selbstorganisation des Universums" (im fünften Kapitel erwähnt) ist auch ein solches Kompensationssystem, das an keiner Stelle irgendwelche Brüche oder Spannungen aufweist. Eine pantheistisch vorgestellte Trift durchströmt das Universum und erzeugt Gestalten und Prozesse; der einzige sittliche Akt – wenn man es so nennen darf – besteht darin, sich dieser Trift auszusetzen, um sich vom Golfstrom des universalen Geistes sanft auf die Bahamainseln der Vollendung treiben zu lassen.

Ich habe stattdessen die Gegensätze betont. Kierkegaard, der ein großer Ästhet war, hat den Bruch zwischen der ästhetischen und ethischen Existenzform in dramatischen Wendungen beschrieben und er, der die ethische Existenzform sehr ernst nahm, hat dann noch einmal in sprachlich äußerst zugespitzter Form den Hiatus zwischen der ethischen und der religiösen Lebensform deutlich gemacht. Ich sehe nicht, wie man um solche Brüche herumkommen könnte, wenn man den Übergang von der Physik als einer durch die Theorie geprägten Lebensform zur Religion beschreibt. An dieser Stelle wäre der Bruch in zweifacher Hinsicht darzustellen, einmal als radikale kognitive Umstellung im theoretischen und dann als 'Umkehr' im praktischen Weltverhalten, d. h. in Bezug auf Verantwortung. Nun fällt aber auf, daß in den meisten Publikationen über Physik und Religion davon kaum die Rede ist.

Wenn die Bibel eine 'Umkehr' fordert, um sich zu Gott ins rechte Verhältnis zu setzen, so betrifft diese 'Umkehr' den *ganzen* Menschen, folglich nicht nur seinen Willen, sondern auch seinen Intellekt. Es gibt kaum ein theologisches Buch, das den Begriff der 'intellektuellen Metanoia' enthalten würde. Die meisten Theologen scheinen zu glauben, daß der Intellekt von sich aus 'in Ordnung' ist. Karl Rahner hat dagegen den Begriff der „gnoseologischen Konkupiszenz“ geprägt.[3] Mit diesem Begriff kritisierte Rahner die permanenten Versuche des Intellekts, Teilwahrheiten zu verabsolutieren.

Meiner Meinung nach gibt es die Verpflichtung zur intellektuellen 'Metanoia' in der Hinsicht, daß wir die herrschende Betonung des Quantitativen gegenüber dem Qualitativen, des Eindeutigen gegenüber dem Mehrdeutigen, der Struktur gegenüber der Geschichte usw. umkehren müssen. Der Blick des Physikers ist als Physiker auf Weltbewältigung ausgerichtet. Dies ist nicht die kognitive Einstellung, in der so etwas wie 'Religion' in den Blick kommen könnte.

Ich habe eine solche Drehung des Blickwinkels in ganz verschiedener Hinsicht gefordert, so vor allem in Bezug auf das Verhältnis von Kausalität zu Finalität oder vom aktuell Vorhandenen zum bloß Möglichen. Es läuft dies nicht auf eine Negation der Wissenschaft als solcher hinaus, denn daß ein Wissenschaftler *innerhalb* seines Gebietes die gegenteilige Gewichtung vornehmen wird, bleibt unbestritten, aber wir würden ja auch nicht glauben, daß der Manager einer großen Bank ernstlich religiös werden kann, wenn er das Streben nach Profit, das sein Handeln als Banker auszeichnet, auch in allen anderen Bereichen zur Geltung bringt. Das gleiche gilt für politisches Handeln, das prinzipiell strategisch ist. Wer immer nur strategisch handelt, wird von Gott nichts wissen können. In all diesen Bereichen akzeptieren wir also, daß die entsprechende Binnenlogik außerhalb ihres Bereiches suspendiert werden muß, ohne daß wir deshalb diese Binnenlogik als solche in Frage stellen würden. Nur religiöse Fundamentalisten glauben, daß sie die Binnenlogik der ausdifferenzierten Theorie- und Praxiswelten der Moderne zerstören müssen, um religiös zu sein.

[3] Vgl. die Anmerkung 121 in Kapitel 3.

Dagegen fordert es die ausdifferenzierte Moderne, daß wir 'umschalten' können. Ein guter Chirurg muß imstande sein, feinfühlig mit seinen Patienten umzugehen, während der Operation jedoch alle persönlichen Gefühle wegzudrängen, sonst schneidet er daneben. Entsprechend wird ein Physiker im Labor die kognitiven und praktischen Einstellungen des Alltags suspendieren und in einer 'Welt' leben, in der die Quantität über der Qualität steht, die Theorie über der Praxis, das Objektive über dem Subjektiven. Doch wehe uns, wenn er diese Binnenrationalität auf alles überträgt und daraus eine Weltanschauung macht, wie gewisse Wissenschaftstheoretiker, die ich im dritten Kapitel erwähnt habe! Dann sind die Katastrophen vorprogrammiert.

Außer bei Karl Rahner habe ich bei keinem Theologen die Forderung nach einer 'theoretischen Metanoia' gefunden, die Rahner aufgrund seines Theorems von der „gnoseologischen Konkupiszenz" einklagt, und zwar gerade im Zusammenhang des Gesprächs zwischen Naturwissenschaft und Theologie. Die meisten Theologen scheinen die Überzeugung von der Unschuld des Wissens zu teilen. Gerade so, als hätte es keinen Apfel im Paradies gegeben.[4]

Ein weiterer Bruch tritt im Bereich der Praxis ein. Physik ist zwar von sich her eine theoretische Wissenschaft, und ihre Ergebnisse sind auch dann gültig, wenn sie sich nicht technologisch anwenden lassen, aber kein Physiker darf sich der Illusion hingeben, daß er im herrschaftsfreien Raum arbeitet. Auch wenn er noch so sehr hinter der Wahrheit um ihrer selbst willen her sein sollte: Alles Wissen, das er produziert, läßt sich technologisch anwenden, weil es Macht über die Naturkräfte gibt.

In Bezug auf die Praxis ist 'Metanoia' den Theologen vertrauter, und in den Schriften über 'Naturwissenschaft und Theologie' liest man denn auch bei Autoren, denen eine 'Umkehr' des Verstandes ganz fremd wäre, gleichwohl die Forderung nach größerer sittlicher Verantwortung des Wissenschaftlers, die im Sinn christlicher 'Metanoia' verstanden wird.

Aber auch hier gibt es Defizite, die offen angesprochen werden müssen. Arthur Peacocke war z. B. als Biophysiker wesentlich an der Entzifferung der DNA beteiligt. Es könnte sich erweisen, daß die Gentechnologie ähnliche Auswirkungen haben wird, wie die Kerntechnologie, jedenfalls kann man diesen Fall realistischerweise nicht ausschließen. Ein Theologe hätte Veranlassung, seine Verantwortung für die Wissensproduktion ernst zu nehmen, zumal in der Biophysik der Schritt zur praktischen Anwendung viel kürzer ist als in der Theoretischen Physik. Gleichwohl stellt es

[4] Ich habe Karl Rahner im Zusammenhang dieser Untersuchung so selten erwähnt, weil seine Beschäftigung mit Naturwissenschaft sich im wesentlichen auf die Biologie beschränkt. Zur Physik hat er sich kaum geäußert.

Peacocke so dar, als produziere die Physik eine Art komtemplativen Wissens, dessen Sinnspitze in der Wahrheit liegt, so wie die Wahrheit Jesu Christi die Wahrheit unserer Existenz ist.[5]

Der Theologe Wolfhart Pannenberg hat sogar die „Physik der Unsterblichkeit“ von Frank Tipler begrüßt, eine vorgebliche physikalische Kosmologie, in Wahrheit aber ein Science-fiction-Roman, der eine Apotheose, d.h. Verabsolutierung des technischen Handelns darstellt. Frank Tipler imaginiert eine vom Körpersubstrat abgelöste menschliche Intelligenz, die das ganze Weltall erobert und so manipuliert, daß am Ende ein Informationsmaximum herauskommt, mit allen Insignien der traditionellen Gottesvorstellung, aber eben ein vom Menschen hergestellter Gott.[6] Wenn Theologie solche Babylonischen Türme tauft (kurz bevor sie umfallen), dann hat sie ihre Existenzberechtigung verspielt.

Theologie wäre der Bibel verpflichtet, und die ist getragen von einem prophetischen Pathos des Nichtangepassten. Jesus und die Propheten des Alten Testaments waren die schärfsten Kritiker der damals herrschenden Verhältnisse. Sie würden heute als Kritiker der ökonomischen Macht und, wie ich glaube, auch der in Wissenschaft und Technik verborgenen Macht auftreten. Ihr Protest richtete sich gegen die Unterdrückung der Schwachen, und das wären in unserer Zeit nicht nur die Unterpriveligierten in der Dritten Welt, sondern auch wir selbst, insofern unsere Psyche nicht mehr frei atmet, sondern, durch zunehmende Formalisierung und Funktionalisierung ihrer Spontaneität und Spiritualität beraubt, auf die Befriedigung rein materieller Güter starrt, die noch nie jemanden glücklich gemacht haben. Wenn die Physik über den Transmissionsriemen der Technik dazu dient, die Primärbedürfnisse der Menschen zu befriedigen, dann ist es gut, aber erst jenseits dieser Basis kommt die Sphäre der Sinnerfüllung in den Blick, die von keiner Technik, Wissenschaft oder Metaphysik garantiert wird.

Hier zählen Vertrauen, Liebe, Hoffnung. Solche existentiellen Grundhaltungen artikulieren sich eher in der Kunst als in der Wissenschaft. Daher wäre es, wenn man schon Physik und Religion ins Verhältnis setzen wollte, unabdingbar, die Kunst zu berücksichtigen. Man müßte, was ich hier nicht tun konnte, Romane wie Max Frischs „Homo faber“ oder Friedrich Dürrenmatts Theaterstück „Die Physiker“ analysieren, um zu begrei-

[5] Theologen mögen bedenken, welchen schlechten Eindruck solche Kurzschlüsse auf den Außenstehenden machen. David Noble beschreibt in seinem Buch „Die Erlösungsphantasien der Technologen“ religiöse Ideologien zur Rechtfertigung negativer Technologien. In diesem Zusammenhang taucht der Name Arthur Peacockes als eines Brunnenvergifters auf: Noble (1998), S. 251 f.

[6] Ich habe Tiplers Allmachtsphantasie kritisert in: Mutschler (1995 a).

fen, wie sich moderne Physik symbolisch vermittelt. Dabei würden jene Brüche zutage treten, auf deren Existenz ich so nachdrücklich hingewiesen habe. In jenen Werken kommt drastisch zum Ausdruck, was ich den „Schadstoffausstoß des Wissens“ genannt habe.

Leider sind Theologen, die die Kunst als fundamentales Medium der Religion in den Mittelpunkt rücken, sehr selten und werden von der Zunft nicht sonderlich geschätzt. Zu denken wäre an Hans Urs von Balthasars „Theodramatik“ oder an Alex Stocks „Poetische Dogmatik“. Solche Versuche sind meines Erachtens überfällig, denn die poetisch-symbolischen Welten sind das primäre Medium auch der Religion. Auf der anderen Seite sind zwar die Künstler die Virtuosen der symbolischen Vermittlung, wohingegen der religiöse Mensch der Stammelnde, manchmal auch der Stumme bleibt. Die Intensität, ja Überfülle seiner Erfahrung läßt ihn an Wort und Bild verzweifeln, so daß er zu schlichten, ganz uneigentlichen Metaphern greift, die das Gesagte eher verhüllen als klar zum Ausdruck bringen.

Es hat mich immer sehr beeindruckt, daß ein weltberühmter Physiker wie Wolfgang Pauli seine Träume so ernst nahm wie seine wissenschaftlichen Entdeckungen und daß er bei der Beschreibung seiner religiösen Erfahrungen so bescheiden wurde. Seine aktive Phantasie „Die Klavierstunde“ kommt mit der Schlichtheit und paradoxen Selbstverständlichkeit einher, die wir aus den Evangelien kennen. So spricht sich echte Religiosität aus.

Die Bibel enthält, wie gesagt, keine explizite Metaphysik, geschweige denn eine Wissenschaft von der Art der modernen Physik. Und doch gab es auch schon für den antiken Menschen eine Spannung zwischen den blinden Kräften des Kosmos und der Vorstellung von einem persönlich handelnden, liebenden Gott. Wohl am eindrücklichsten spricht sich dieser Gegensatz im ersten Buch der Könige aus, das Geschichten aus dem Leben des Propheten Elia enthält. Elia wirkte im Nordreich zur Zeit der Könige Achab und Achasja, d.h. im 9. Jahrhundert vor unserer Zeitrechnung. Elia gilt als der bedeutendste Prophet der vorklassischen Zeit und war ein glühender Verfechter des Jahweglaubens gegenüber den damals herrschenden Naturkulten der Baalsreligion. Dies brachte ihn in Gegensatz zu den Herrschenden, die ihn verfolgten, um ihn zu töten. In seiner Verzweiflung flüchtete er zum Berg Horeb, d.h. zum Sinai, wo auch Mose die Weisung Gottes empfangen hatte. Dort verkroch er sich lebensmüde in einer Höhle. In diesem dramatischen Augenblick erschien ihm Gott. Diese Theophanie wird in der Bibel mit den folgenden Worten beschrieben:

„Und siehe, Jahwe zog vorüber. Ein gewaltiger, heftiger Sturm, der die Berge zersprengt und die Felsen spaltet, ging vor Jahwe her; aber Jahwe war nicht im Sturm. Nach dem Sturm kam ein Erdbeben; aber Jahwe war nicht im Erdbeben. Nach dem Erdbeben kam ein Feuer; aber Jahwe war nicht im Feuer. Nach dem Feuer kam ein leiser, sanfter Windhauch. Da, als Elia das vernahm, verhüllte er sein Antlitz mit dem Mantel, ging hinaus und trat an den Eingang der Höhle."[7] Elia hört dann die Stimme seines Gottes, die ihm mitteilt, was er zu tun habe. Wie Mose empfängt er an diesem heiligen Ort die Weisung Gottes, die er dann in die Tat umsetzen wird.

An diesem Text finde ich bemerkenswert, daß Gott zwar als der Herr der Elemente vorgestellt wird, daß er sich jedoch nicht mit der Macht des Physischen identifiziert. So haben sich die heidnischen Götter verstanden. Sie waren die personifizierten Mächte des Kosmos. In der Bibel hingegen wird die Macht des Physischen durch die Macht der Liebe gebrochen. Ihr Symbol ist das kaum Wahrnehmbare, der sanfte Lufthauch. Es ist das dinglich nicht Vorstellbare und Feststellbare, das, was man ganz leicht übersehen und überhören könnte.

Die Mächte des Kosmos sind uns durch die moderne Physik in einem erschreckenden Maße dienlich geworden. Wir könnten die Wucht einer solchen Theophanie mit Atombomben selber herstellen. In einer solchen Machtdemonstration könnte aber der Gott der Bibel nicht anwesend sein, denn die Kraft seiner Liebe ist, wie es bei Paulus heißt, „in den Schwachen mächtig."[8]

[7] 1 Könige 19, 11 ff.
[8] 2 Korinther 12, 9.

Literaturverzeichnis

Abel, Günter: Interpretationswelten, Frankfurt 1995.

Achtner, Wolfgang: Die Chaostheorie, EZW-Texte 1997.

Achtner, Wolfgang (Hrsg.): Religion und Bildung, Gießener Hochschulgespräche III (WS 02/03).

Adorno, Th. W.: Philosophische Terminologie I & II, Frankfurt ^{4}1982.

Adorno, Th. W.: Negative Dialektik, Frankfurt ^{3}1982.

Adorno, Th. W.: Ästhetische Theorie, Frankfurt ^{9}1989.

Altner, Günter (Hrsg.): Zur Theologie der Natur, in: Evangelische Theologie, Zweimonatsschrift. 37. Jahrgang 1977.

Altner, Günter: Die Überlebenskrise in der Gegenwart. Ansätze zum Dialog mit der Natur in Naturwissenschaft und Theologie, Darmstadt 1979.

Altner, Günter (Hrsg.): Die Welt als offenes System. Eine Kontroverse um das Werk von Ilya Prigogine, Frankfurt 1986.

Anders, Günter: Die Antiquiertheit des Menschen, München 1980.

Apel, Karl-Otto: Transformation der Philosophie I & II, Frankfurt 1973.

Apel, Karl-Otto: Die Erklären-Verstehen-Kontroverse in transzendentalpragmatischer Sicht, Frankfurt 1979.

Armstrong, D. M.: A Materialist Theory of Mind, New York 1968.

Atmanspacher, H./Primas, H./Wertenschlag-Birkhäuser, E. (Hrsg.): Der Pauli-Jung-Dialog und seine Bedeutung für die moderne Wissenschaft, Berlin 1995.

Audretsch, Jürgen (Hrsg.): Die andere Hälfte der Wahrheit. Naturwissenschaft, Philosophie, Religion, München 1992.

Audretsch, Jürgen (Hrsg.): Verschränkte Welt. Faszination der Quanten, Weinheim 2002.

Aurobindo, Sri: Der integrale Yoga, Hamburg 1957.

Baatz, Ursula: Hugo M. Enomiya-Lassalle, Zürich 1998.

Balthasar, Hans Urs von: Theodramatik, Einsiedeln 1973ff.

Barbour, Jan G.: Wissenschaft und Glaube. Historische und zeitgenössische Aspekte, Göttingen 2003.

Barrow, John D.: Theorien für Alles. Die philosophischen Ansätze der modernen Physik, Heidelberg 1992.

Barrow, J. D./Tipler, F. J.: The Anthropic Cosmological Principle, Oxford 1986.

Bateson, Gregory: Geist und Natur eine notwendige Einheit, Frankfurt ^{2}1990 (= ^{1}1979).

Baumgartner, H.-M.: Endliche Vernunft. Zur Verständigung der Philosophie über sich selbst, Bonn 1991.

Becker, Alexander u. a. (Hrsg.): Gene, Meme und Gehirne. Geist und Gesellschaft als Natur, Frankfurt 2003.

Benk, Andreas: Moderne Physik und Theologie. Voraussetzungen und Perspektiven eines Dialogs, Mainz 2000.

Bergson, Henri: Schöpferische Entwicklung, Jena 1930.
Benz, Arnold: Die Zukunft des Universums. Zufall, Chaos, Gott?, Düsseldorf 1997.
Bieri, Peter (Hrsg.): Analytische Philosophie des Geistes, Königstein 1981.
Blavatsky, Helena P.: Geheimlehre, Calw 2000.
Bloch, Ernst: Das Prinzip Hoffnung, Frankfurt 1985 a.
Bloch, Ernst: Das Materialismusproblem, seine Geschichte und Substanz, Frankfurt 1985 b.
Böhme, Gernot/Schiemann, Gregor (Hrsg.): Phänomenologie der Natur, Frankfurt 1997.
Böhme, Gernot: Bios/Ethos. Über ethikrelevantes Naturwissen, Bremen 1999.
Bohm, David: Die implizite Ordnung. Grundlagen eines dynamischen Holismus, München 1985.
Bohr, Niels: Atomtheorie und Naturbeschreibung, Berlin 1931.
Born, Max: Physik im Wandel meiner Zeit, Braunschweig 1983.
Bosshard, Stefan Niklaus: Erschafft die Welt sich selbst?, Freiburg 1985.
Brandom, Robert B.: Begründen und Begreifen. Eine Einführung in den Inferentialismus, Frankfurt 2001.
Braun, Edmund/Rademacher, Hans: Wissenschaftstheoretisches Lexikon, Graz 1978.
Braun, H.-J./Holzhey, H./Orth, E. W. (Hrsg.): Über Ernst Cassirers Philosophie der symbolischen Formen, Frankfurt 1988.
Breuer, Reinhard: Das anthropische Prinzip. Der Mensch im Fadenkreuz der Naturgesetze, Frankfurt 1984.
Broglie, Louis de: Licht und Materie, Hamburg 1949.
Brumlik, Micha: C. G. Jung, Hamburg 1993.
Brüntrup, Godehard: Mentale Verursachung, Stuttgart 1994.
Bruno, Giordano: Über die Ursache, das Prinzip und das Eine, Stuttgart 1986 (= ^{1}1583).
Bultmann, Rudolf: Das Problem der Entmythologisierung der neutestamentlichen Verkündigung, München 1985 (= ^{1}1941).
Capra, Fritjof: Das Tao der Physik, München ^{9}1987 (= ^{1}1975).
Capra, Fritjof: Wendezeit, München ^{11}1986 (= ^{1}1982).
Capurro, Rafael: Information, München 1978.
Carnap, Rudolf: Der logische Aufbau der Welt, Hamburg 1998 (= ^{1}1928).
Carnap, Rudolf: Mein Weg in die Philosophie, Stuttgart 1993 (= ^{1}1963).
Carnap, Rudolf: Einführung in die Philosophie der Naturwissenschaften, Frankfurt 1986 (= ^{1}1966).
Carrier, Martin/Mittelstraß, Jürgen: Geist, Gehirn, Verhalten. Das Leib-Seele-Problem und die Philosophie der Psychologie, Berlin 1989.
Cassirer, Ernst: Freiheit und Form, Darmstadt 1961 (= ^{1}1916).
Cassirer, Ernst: Idee und Gestalt, Darmstadt 1971 (= ^{1}1921).
Cassirer, Ernst: Philosophie der symbolischen Formen, Darmstadt ^{10}1994 (^{1}1923–^{1}1929).
Cassirer, Ernst: Wesen und Wirkung des Symbolbegriffs, Darmstadt ^{8}1994 (= ^{1}1956).
Cassirer, Ernst: Symbol, Technik, Sprache, Hamburg 1985 (^{1}1927–^{1}1933).

Cassirer, Ernst: Versuch über den Menschen, Hamburg 1996 (= [1]1944).
Cassirer, Ernst: Zur Metaphysik der symbolischen Formen. Nachgelassene Manuskripte und Texte, Band 1, Hamburg 1995.
Chargaff, Ernst: Ernste Fragen, Stuttgart 2000.
Charon, Jean E.: Der Geist der Materie, Frankfurt 1988.
Churchland, Paul M.: Die Seelenmaschine. Eine philosophische Reise ins Gehirn, Heidelberg 1997.
Clayton, Philip: Rationalität und Religion, Paderborn 1992.
Cramer, Friedrich: Chaos und Ordnung, Frankfurt 1993 (1993 a).
Cramer, Friedrich: Der Zeitbaum, Frankfurt 1993 (1993 b).
Daecke, Sigurd M. (Hrsg.): Naturwissenschaft und Religion, Mannheim 1993.
Davidson, Donald: Wahrheit und Interpretation, Frankfurt [2]1994.
Davies, Paul: GOTT und die moderne Physik, München 1986.
Davies, Paul: Prinzip Chaos, München 1988.
Davies, Paul: Die Urkraft, München 1990.
Davies, Paul: Der Plan Gottes, Frankfurt 1995.
Dennett, Daniel: Consciousness explained, New York 1993.
Dennett, Daniel: Philosophie des menschlichen Bewußtseins, Hamburg 1994.
Dijksterhuis, E. J.: Die Mechanisierung des Weltbildes, Berlin 1956.
Dinter, Astrid: Vom Glauben eines Physikers. John Polkinghornes Beitrag zum Dialog zwischen Theologie und Naturwissenschaft, Mainz 1999 .
Dretske, Fred: Naturalizing the Mind, Cambridge MA 1995.
Driesch, Hans: Geschichte des Vitalismus, Leipzig [2]1922.
Drieschner, Michael: Carl Friedrich von Weizsäcker zur Einführung, Hamburg 1992.
Drieschner, Michael: Moderne Naturphilosophie, Paderborn 2002.
Drieschner, M./Görnitz, Th./Weizsäcker, C. F. v.: Reconstruction of Abstract Quantum Theory, in: International Journal of Theoretical Physics, Vol. 27, No. 3, 1988.
Duhem, Pierre: Ziel und Struktur der physikalischen Theorien, Hamburg 1998 (= [1]1907).
Dürr, Hans-Peter (Hrsg.): Physik und Transzendenz, München [3]1989.
Dürr, Hans-Peter: Naturwissenschaftliche Erkenntnisse und Wirklichkeitserfahrung, in: Schaber, J. (Hrsg.): Torheit des Glaubens – Frömmigkeit des Wissens, Leutesdorf 2001, S. 13–45.
Eccles, John: Wie das Selbst sein Gehirn steuert, München 1996.
Einstein, Albert: Mein Weltbild, Zürich 1953.
Einstein, A./Born, H. & M.: Briefwechsel 1916–1955, München 1969.
Einstein, Albert: Aus meinen späteren Jahren, Stuttgart 1979.
Einstein, Albert: Über die spezielle und die allgemeine Relativitätstheorie, Braunschweig [23]1988 (= [1]1917).
Einstein, Albert: Grundzüge der Relativitätstheorie, Braunschweig [6]1990 (= [1]1922).
Einstein, A./Infeld, L.: Die Evolution der Physik, Hamburg 1995 (= [1]1938).
Elpfandt, A./Wolters, G.: Denkmaschinen?, Konstanz 1993.
Engels, Friedrich: Dialektik der Natur, Berlin 1955.
Enomiya-Lassalle, H. M.: Zen. Weg zur Erleuchtung, Freiburg [3]1971 (= [1]1960).

Enz, Charles P./Meyenn, Karl von (Hrsg.): Wolfgang Pauli. Das Gewissen der Physik, Braunschweig 1988.
Erbrich, Paul: Zufall, Stuttgart 1988.
Erkelens, Herbert van: Wolfgang Pauli und der Geist der Materie, Würzburg 2002.
Esfeld, Michael: Einführung in die Naturphilosophie, Darmstadt 2002.
Esfeld, Michael: Holismus in der Philosophie des Geistes und in der Philosophie der Physik, Frankfurt 2002.
Essler, W. K.: Analytische Philosophie Band I, Stuttgart 1972.
Essler, W. K.: Wissenschaftstheorie (Band I–IV), Freiburg 1971–1982.
Esterbauer, Reinhold: Kontingenz und Religion, Wien 1989.
Esterbauer, Reinhold: Verlorene Zeit – wider eine Einheitswissenschaft von Natur und Gott, Stuttgart 1996.
Evangelische Akademie Mühlheim an der Ruhr (Hrsg.): Vom Sinn im Zufall. Zum Dialog zwischen Wolfgang Pauli und Carl Gustav Jung (Ms.), Tagung vom 8.–10. 5. 1998.
Evers, Dirk: Raum – Materie – Zeit. Schöpfungstheologie im Dialog mit naturwissenschaftlicher Kosmoslogie, Tübingen 2000.
Falkenburg, Brigitte: Teilchenmetaphysik, Mannheim 1994.
Feigl, Herbert: Principles and Problems of Theory Construction in Psychology, Pittsburgh 1951.
Feyerabend, Paul: Wider den Methodenzwang, Frankfurt 1976.
Feynman, Richard P.: Vom Wesen physikalischer Gesetze, München ²1993 (= ¹1965).
Fierz, Markus: Naturwissenschaft und Geschichte, Berlin 1988.
Fischer, Ernst Peter: Wolfgang Pauli, Freiburg 2000.
Fodor, Jerry: The Elm and the Expert. Mentalese and its Semantics, Cambridge MA 1994.
Foerster, Heinz von: Sicht und Einsicht, Heidelberg 1999.
Fraassen, Bas van: The empirical stance, London 2002.
Frank, Philipp: Das Kausalgesetz und seine Grenzen, Frankfurt 1988 (= ¹1932).
Franz, Marie-Louise von: Psyche und Materie, Einsiedeln 1988.
Frege, Gottlieb: Begriffsschrift und andere Aufsätze, Hildesheim 1971 (= ¹1879).
Frege, Gottlob: Funktion, Begriff, Bedeutung. Fünf logische Studien (Hrsg.: Günter Patzig), Göttingen ¹1994.
Fromm, Erich: Das Menschenbild bei Marx, Frankfurt 1977.
Fromm, Erich: Sigmund Freuds Psychoanalyse, Stuttgart 1979.
Gabriel, Gottfried: Zwischen Logik und Literatur, Stuttgart 1991.
Gaiser, Konrad: Platos ungeschriebene Lehre, Stuttgart ³1998 (= ¹1962).
Gamm, Gerhard: Nicht nichts, Frankfurt 2000.
Ganoczy, Alexandre: Suche nach Gott auf den Wegen der Natur, Düsseldorf 1992.
Ganoczy, Alexandre: Chaos, Zufall, Schöpfungsglaube, Mainz 1995.
Geck, Helmut: Die Theologie im Horizont der Kybernetik, in: Göttinger Quellenhefte 7/1970.
Geier, Manfred: Der Wiener Kreis, Hamburg 1992.
Gierer, Alfred: Die Physik, das Leben und die Seele, München 1988.
Gleick, James: Chaos – die Ordnung des Universums, München 1988.
Gleick, James: Richard Feynman, München 1993.

Gobrecht, Heinrich (Hrsg.): Aufbau der Materie, Berlin [2]1980.
Goethe, Johann Wolfgang: Gesamtausgabe in 45 Bänden, München 1961ff.
Gold, Peter/Engel, Andreas K. (Hrsg.): Der Mensch in der Perspektive der Kognitionswissenschaften, Frankfurt 1998.
Goodman, Nelson: Weisen der Welterzeugung, Frankfurt [4]1998.
Görnitz, Thomas: Carl Friedrich von Weizsäcker, Freiburg 1992.
Görnitz, Thomas (Hrsg.): Die Sterne sind glühende Gaskugeln und Gott ist gegenwärtig, Freiburg 1995.
Görnitz, Thomas: Quanten sind anders, Heidelberg 1999.
Graeser, Andreas: Ernst Cassirer, München 1994.
Grüske, Karl-Dieter (Hrsg.): Vademecum zu dem Klassiker der Spieltheorie, Düsseldorf 2001.
Günter, Gotthard: Beiträge zur Grundlegung einer operationsfähigen Dialektik, Bd. I–III, Hamburg 1976ff.
Guitton, Jean/Bogdanov Grichka und Igor: Gott und die Wissenschaft, München 1993.
Habermas, Jürgen: Theorie des kommunikativen Handelns I & II, Frankfurt [4]1981.
Habermas, Jürgen: Nachmetaphysisches Denken, Frankfurt 1992.
Hacking, Jan: Einführung in die Philosophie der Naturwissenschaften, Stuttgart 1996.
Haken, Hermann: Erfolgsgeheimnisse der Natur, Frankfurt 1984.
Hauser, Linus: Logik der theologischen Erkenntnislehre, Altenberge 1996.
Hauskeller, Michael: Alfred North Whitehead zur Einführung, Hamburg 1994.
Hawking, Stephen W.: Eine kurze Geschichte der Zeit. Die Suche nach der Urkraft des Universums, Hamburg 1988.
Hegel, G. W. F.: Werke in 20 Bänden, Frankfurt 1970.
Heidegger, Martin: Sein und Zeit, Tübingen 1979.
Heidegger, Martin: Vorträge und Aufsätze, Pfullingen [5]1985 (= [1]1954).
Heisenberg, Werner: Physik und Philosophie, Berlin 1959.
Heisenberg, Werner: Der Teil und das Ganze, München 1973.
Heisenberg, Werner: Die Ordnung der Wirklichkeit, München 1989.
Heisenberg, W.: Physikalische Prinzipien der Quantentheorie, Mannheim 1991 (= [1]1958).
Hempel, Carl G.: Philosophie der Naturwissenschaft, München 1974.
Hempel, Carl G.: Aspekte wissenschaftlicher Erklärung, Berlin 1977.
Henrich, Dieter: Konzepte, Frankfurt 1987.
Herrigel, Eugen: Zen und die Kunst des Bogenschießens, Konstanz 1948.
Hermann, Armin: Planck, Hamburg 1973.
Hiersig, Heinz M. (Hrsg.): Lexikon Ingenieurwissen, Düsseldorf 1995.
Hilpert, Konrad/Hasenhüttl, Gotthold (Hrsg.): Schöpfung und Selbstorganisation, Paderborn 1999 .
Hoffmeister, Johannes (Hrsg.): Briefe von und an Hegel Bd. 1, Hamburg 1952.
Höffe, Ottfried (Hrsg.): Aristoteles, Lehre vom Beweis oder Zweite Analytik, Hamburg 1992.
Hösle, Vittorio: Die Krise der Gegenwart und die Verantwortung der Philosophie, München 1990.

Hösle, Vittorio: Philosophiegeschichte und objektiver Idealismus, München 1996.
Horkheimer, Max/Adorno, Th. W.: Dialektik der Aufklärung, Frankfurt 1969.
Jammer, Max: Der Begriff der Masse in der Physik, Darmstadt 1964.
Jammer, Max: Einstein und die Religion, Konstanz 1995.
Janich, Peter/Kambartel, Friedrich/Mittelstraß, Jürgen: Wissenschaftstheorie als Wissenschaftskritik, Frankfurt 1974.
Janich, Peter: Grenzen der Naturwissenschaft, München 1992.
Janich, Peter: Das Maß der Dinge. Protophysik von Raum, Zeit und Materie, Frankfurt 1997.
Janich, Peter: Informationsbegriff und methodisch-kulturalistische Philosophie, in: Ethik und Sozialwissenschaften 9 (1998), Heft 2.
Jantsch, Erich: Die Selbstorganisation des Universums, München ^{4}1988.
Jonas, Hans: Organismus und Freiheit, Göttingen 1973.
Jonas, Hans: Macht oder Ohnmacht der Subjektivität?, Frankfurt 1987.
Jonas, Hans: Philosophische Untersuchungen und metaphysische Vermutungen, Frankfurt 1992.
Jordan, Pascual: Der Naturwissenschaftler vor der religiösen Frage, Hamburg ^{6}1972 (= ^{1}1963).
Jung, Carl Gustav/Pauli, Wolfgang: Naturerklärung und Psyche, Zürich 1952.
Jung, Carl Gustav: Gesammelte Werke, Bd. I–XX, Olten 1966ff.
Jung, Carl Gustav: Erinnerungen, Träume, Gedanken, Zürich 1962.
Jung, Matthias: Hermeneutik zur Einführung, Hamburg 2001.
Jung, Walter: Schülervorstellungen im Physikunterricht, in: physica didactica 12, Heft 4, 11 (1985).
Jung, Walter: Alltagsvorstellungen und das Lernen von Physik und Chemie, in: NiU-P/C 34 (1986), Nr. 13.
Kanitscheider, Bernulf (Hrsg.): Sprache und Erkenntnis. Festschrift für G. Frey, Innsbruck 1976.
Kanitscheider, Bernulf: Philosophie und moderne Physik, Darmstadt 1979.
Kanitscheider, Bernulf (Hrsg.): Moderne Naturphilosophie, Würzburg 1984.
Kanitscheider, Bernulf: Kosmologie, Stuttgart ^{2}1991.
Kanitscheider, Bernulf: Von der mechanischen Welt zum kreativen Universum, Darmstadt 1993.
Kanitscheider, Bernulf: Im Innern der Natur, Darmstadt 1996.
Kant, Immanuel: Werkausgabe (Hrsg. Wilhelm Weischedel), Frankfurt 1982.
Kather, Regine: Ordnungen der Wirklichkeit, Würzburg 1998.
Kaulbach, Friedrich: Einführung in die Philosophie des Handelns, Darmstadt ^{2}1986.
Keidel, Wolf D.: Biokybernetik des Menschen, Darmstadt 1989.
Keil, Geert: Kritik des Naturalismus, Berlin 1993.
Keil, Geert: Quine zur Einführung, Hamburg 2002.
Keil, Geert/Schnädelbach, Herbert (Hrsg.): Naturalismus, Frankfurt 2000.
Klages, Ludwig: Der Geist als Widersacher der Seele, Bonn 1961.
Köhler, W. R./Mutschler, H. D. (Hrsg.): Ist der Geist berechenbar?, Darmstadt 2003.
Krämer, Sybille: Sprache, Sprechakt, Kommunikation, Frankfurt 2001.
Krebs, Angelika (Hrsg.): Naturethik, Frankfurt 1997.
Krishnamurti, Jiddu: Ausgewählte Texte (Hrsg. Christian Meiser), München 1988.

Kropac, Ulrich: Naturwissenschaft und Theologie im Dialog, Münster 1999.
Krüger, Lorenz/Falkenburg, Brigitte (Hrsg.): Physik, Philosophie und die Einheit der Wissenschaften, Heidelberg 1995.
Küppers, Bernd-Olaf: Der Ursprung biologischer Information, München 1986.
Küppers, Bernd-Olaf (Hrsg.): Ordnung aus dem Chaos, München 1987.
Küppers, Bernd-Olaf: Natur als Organismus. Schellings frühe Naturphilosophie und ihre Bedeutung für die moderne Biologie, Frankfurt 1992.
Küppers, Günter/Krohn, Wolfgang: Die Selbstorganisation der Wissenschaft, Frankfurt 1989.
Kuhn, Thomas S.: Die Struktur wissenschaftlicher Revolutionen, Frankfurt 1996 (= [1]1969).
Kutschera, Franz von: Gottlob Frege, Berlin 1989.
Kutschera, Franz von: Die falsche Objektivität, Berlin 1993.
Kutschera, Franz von: Grundlagen der Ethik, Berlin 1999.
Kutschera, Franz von: Platos Philosophie, Band I–III, Paderborn 2002.
Lacan, Jacques: Das Seminar, Freiburg 1978ff.
Lakatos, Imre: Die Methodologie der wissenschaftlichen Forschungsprogramme, Wiesbaden 1982.
Leiber, Theodor: Kosmos, Kausalität und Chaos, Würzburg 1996.
Lewis, David: Die Identität von Körper und Geist, Frankfurt 1989 (= [1]1983).
Lightman, Alan: Und immer wieder die Zeit. Einsteins Dreams, München 1995.
Liesenfeld, Cornelia: Philosophische Weltbilder des 20. Jahrhunderts, Würzburg 1992.
Link, Christian: Schöpfung, Gütersloh 1991.
Lorenz, Konrad: Die acht Todsünden der zivilisierten Menschheit, München 1973.
Lorenzen, Paul: Grundbegriffe technischer und politischer Kultur, Frankfurt 1985.
Lorenzen, Paul: Lehrbuch der konstruktiven Wissenschaftstheorie, Mannheim 1987.
Lucadou, Walter von: Psyche und Chaos, Frankfurt 1995.
Lüke, Ulrich: Bio-Theologie. Zeit – Evolution – Hominisation, Paderborn 1997.
Lukács, Georg: Prolegomena zur Ontologie des gesellschaftlichen Seins, Darmstadt 1984.
Lurker, Manfred: Wörterbuch der Symbolik, Stuttgart [5]1991.
Lutz-Bachmann, Matthias: Postmetaphysisches Denken?, in: Zeitschrift für philosophische Forschung Bd. 56, Heft 3.
Lyre, Holger: Informationstheorie, München 2002.
Macrae, Norman: John von Neumann, Basel 1994.
Marcuse, Herbert: Der eindimensionale Mensch, Darmstadt 1967.
Maritain, Jacques: Die Stufen des Wissens oder durch Unterscheiden zur Einung, Mainz (ohne Erscheinungsjahr).
Mayr, Ernst: Eine neue Philosophie der Biologie, München 1991.
McDowell, John: Geist und Welt, Frankfurt 2001.
Metzinger, Thomas: Subjekt und Selbstmodell, Paderborn 1993.
Megenberg, Konrad von: Buch der Natur, Frankfurt 1990.
Meier, C. A. (Hrsg.): Wolfgang Pauli und C. G. Jung. Ein Briefwechsel 1932–1958, Berlin 1992.

Meyer-Abich, Klaus M. (Hrsg.): Für Carl Friedrich von Weizsäcker zum 70. Geburtstag, München 1982.

Meyer-Abich, Klaus Michael/Krohn, Wolfgang (Hrsg.): Einheit der Natur – Entwurf der Geschichte. Begegnungen mit Carl Friedrich von Weizsäcker, München 1997.

Millikan, Ruth: Language, Thought and Other Biological Categories, Cambridge MA 1984.

Minsky, Marvin: Mentopolis, Stuttgart 1990.

Mittelstaedt, Peter: Philosophische Probleme der Physik, Mannheim 1963.

Mittelstaedt, Peter: Sprache und Realität in der modernen Physik, Mannheim 1986.

Mittelstraß, Jürgen (Hrsg.): Enzyklopädie Philosophie und Wissenschaftstheorie, Mannheim 1980ff.

Moltmann, Jürgen: Gott in der Schöpfung. Ökologische Schöpfungslehre, München 1985.

Monod, Jacques: Zufall und Notwendigkeit, München [4]1979.

Moravec, Hans: Mind Children, Hamburg 1990.

Mormann, Thomas: Rudolf Carnap, München 2000.

Muck, Otto: Rationalität und Weltanschauung. Philosophische Untersuchungen (Hrsg. W. Löffler), Wien 1999.

Münkler, Herfried: Thomas Hobbes, Frankfurt 1993.

Mumford, Lewis: Mythos der Maschine. Kultur, Technik und Macht, Frankfurt 1986.

Mutschler, Hans-Dieter: Spekulative und empirische Physik. Aktualität und Grenzen der Naturphilosophie Schellings, Stuttgart 1990.

Mutschler, Hans-Dieter: Physik – Religion – New Age, Würzburg [2]1992 (1992a).

Mutschler, Hans-Dieter: Mythos Selbstorganisation, in: Theologie und Philosophie 1 (1992) (1992b).

Mutschler, Hans-Dieter: Zwei Kulturen sind besser als keine. Wider die physikalistischen Ganzheitslehren, in: Merkur, Heft 11, 47. Jahrgang, November 1993.

Mutschler, Hans-Dieter: Gott neu buchstabieren. Zum Leben und Werk Karl Rahners, Würzburg 1994.

Mutschler, Hans-Dieter: Frank Tiplers Physical Eschatology, in: Zygon Vol. 30 (3), Chicago September 1995 (1995a).

Mutschler, Hans-Dieter: Schöpfungstheologie und physikalischer Feldbegriff nach Wolfhart Pannenberg, in: Theologie und Philosophie 4 (1995) (1995b).

Mutschler, Hans-Dieter: Die Gottmaschine. Das Schicksal Gottes im Zeitalter der Technik, Augsburg 1998.

Mutschler, Hans-Dieter (Hrsg.): Karl Rahner: Sämtliche Werke Bd. 15; Verantwortung der Theologie. Im Dialog mit Naturwissenschaften und Gesellschaftswissenschaft, Freiburg 2002 (2002a).

Mutschler, Hans-Dieter: Naturphilosophie, Stuttgart 2002 (2002b).

Mutschler, Hans-Dieter: Zur Herrschaft der Computermetapher, in: Scheidewege. Jahresschrift für skeptisches Denken, Jahrgang 32 (2002/2003).

Mutschler, Hans-Dieter: Gibt es Finalität in der Natur?, in: Kummer, Chr. (Hrsg.): Die andere Seite der Biologie, Norderstedt 2003.

Nagel, Ernest: The Structure of Science, London 1961.

Nagel, Thomas: Der Blick von Nirgendwo, Frankfurt 1992.
Nagel, Thomas: Letzte Fragen, Mainz 1996.
Nestle, Wilhelm: Vom Mythos zum Logos, Stuttgart 1975.
Neumann, John von/Morgenstern, Oskar: Spieltheorie und wirtschaftliches Verhalten, Würzburg 1961 (= [1]1944).
Newton, Isaac: Mathematische Grundlagen der Naturphilosophie, Hamburg 1988 (= [1]1687).
Noble, David F.: Eiskalte Träume. Die Erlösungsphantasien der Technologen, Freiburg 1998.
Oehler, Klaus: Charles Sanders Peirce, München 1993.
Oelmüller, Willi (Hrsg.): Theodizee – Gott vor Gericht?, München 1990.
Oelmüller, Willi (Hrsg.): Worüber man nicht schweigen kann. Neue Diskussionen zur Theodizeefrage, München 1992.
Oelmüller, Willi: Negative Theologie heute. Die Lage der Menschen vor Gott, München 1999.
Paetzold, Heinz: Ernst Cassirer. Von Marburg nach New York, Darmstadt 1995.
Paetzold, Heinz: Die Realität der symbolischen Formen, Darmstadt 1994.
Pannenberg, Wolfhart: Systematische Theologie, Band I–III, Göttingen 1998ff.
Pannenberg, Wolfhart: Wissenschaftstheorie und Theologie, Frankfurt 1987.
Pape, Helmut: Kreativität und Logik. Charles S. Peirce und das philosophische Problem des Neuen, Frankfurt 1994.
Pauli, Wolfgang: Aufsätze und Vorträge, Braunschweig 1961.
Peacocke, Arthur: Gottes Wirken in der Welt, Mainz 1998.
Peirce, Charles S.: Phänomen und Logik der Zeichen (Hrsg. Helmut Pape), Frankfurt [3]1998.
Peirce, Charles S.: Naturordnung und Zeichenprozess (Hrsg. Helmut Pape), Frankfurt 1991 (= [1]1884ff.).
Penrose, Roger: Computerdenken, Heidelberg 1991.
Penrose, Roger: Schatten des Geistes, Heidelberg 1995.
Picht, Georg: Ist Humanökologie möglich?, in: Eisenbart, Constanze (Hrsg.): Humanökologie und Frieden, Stuttgart 1979, S. 14–123.
Pirsig, Robert M.: Zen und die Kunst, ein Motorrad zu warten, Frankfurt 1995 (= [1]1976).
Planck, Max: Wissenschaftliche Selbstbiographie, Deutsche Akademie der Naturforscher Leopoldina, Halle 1990 (= [1]1948).
Planck, Max: Vorträge und Erinnerungen, Darmstadt [5]1983 (= [1]1933).
Polanyi, Michael: Implizites Wissen, Frankfurt 1985.
Polkinghorne, John: The Interaction of Science an Theology, Princeton University Press, Princeton/New Jersey 1987.
Polkinghorne, John: Science and Creation, London 1988 .
Polkinghorne, John: Reason and Reality, Philadelphia 1991 .
Polkinghorne, John: Science and Christian Belief, London 1994.
Polkinghorne, John: Beyond Science, Cambridge 1996.
Polkinghorne, John: Belief in God in an Age of Science, London 1998.
Polkinghorne, John: Gott ist das Letztgültige, in: Bild der Wissenschaft 12/1999, S. 49–51.

Popper, Karl: Logik der Forschung, Tübingen 1976.
Popper, Karl: Objektive Erkenntnis, Hamburg 1983.
Popper, Karl/Eccles, John: Das Ich und sein Gehirn, Berlin 1982.
Poser, Hans: Wissenschaftstheorie. Eine philosophische Einführung, Stuttgart 2001.
Prigogine, Ilya: Physique et Métaphysique, in: Connaissance scientifique et Philosophie. Académie royale de Belgique. Colloque 16./17. V. 1973; Palais des Académies 1975.
Prigogine, Ilya/Nicolis, Grégoire: Die Erforschung des Komplexen, München 1987.
Prigoginge, Ilya: Vom Sein zum Werden, München 1979.
Prigogine, Ilya/Stengers, J.: Dialog mit der Natur, München 1981.
Prigogine, Ilya/Stengers, Isabelle: Das Paradox der Zeit, München 1993.
Propyläen Technikgeschichte, Berlin 1997ff.
Putnam, Hilary: Language and Reality, Philosophical Papers, Vol. II, Cambridge 1975.
Putnam, Hilary: Realism and Reason. Philosophical Papers, Vol. III, Cambridge 1983.
Putnam, Hilary: Words and life, Cambridge MA 1994.
Putnam, Hilary: Für eine Erneuerung der Philosophie, Stuttgart 1997.
Putnam, Hilary: Repräsentation und Realität, Frankfurt 1999.
Quine, W. v. O.: Grundzüge der Logik, Frankfurt 1974.
Quine, W. v. O.: Ontologische Relativität und andere Schriften, Stuttgart 1975.
Quine, W. v. O.: Von einem logischen Standpunkt, Frankfurt 1979.
Quine, W. v. O.: Wort und Gegenstand, Stuttgart 1980.
Quine, W. v. O.: Theorien und Dinge, Frankfurt 1985 (= [1]1981).
Quine, W. v. O: Unterwegs zur Wahrheit, Paderborn 1995.
Rager, G./Quitterer, J./Runggaldier, E.: Unser Selbst, Paderborn [2]2003.
Rahner, Karl: Schriften zur Theologie (16 Bände), Einsiedeln 1954ff.
Rapp, Hans Reinhard: Mensch, Gott und Zahl. Kybernetik im Horizont der Theologie, Hamburg 1967.
Rehmann-Sutter, Christoph: Leben beschreiben, Würzburg 1996.
Richter, Klaus/Rost, Jan-Michel: Komplexe Systeme, Frankfurt 2002.
Ricken, Frido: Religionsphilosophie, Stuttgart 2003.
Riedl, Rupert: Die Strategie der Genesis, München 1976.
Riedl, Rupert: Evolution und Erkenntnis, München 1982.
Rohs, Peter: Feld – Zeit – Ich. Entwurf einer feldtheoretischen Transzendentalphilosophie, München 1996.
Ropohl, Günther: Eine Systemtheorie der Technik, München 1979.
Ropohl, Günther: Die unvollkommene Technik, Frankfurt 1985.
Ropohl, Günter: Technologische Aufklärung, Frankfurt 1991.
Ropohl, Günter: Ethik und Technikbewertung, Frankfurt 1996.
Rorty, Richard: Der Spiegel der Natur, Frankfurt 1987.
Roth, Gerhard: Das Gehirn und seine Wirklichkeit, Frankfurt [2]1995.
Runggaldier, Edmund: Was sind Handlungen?, Stuttgart 1996.
Runggaldier, E./Kanzian, C.: Grundprobleme der Analytischen Ontologie, Paderborn 1998.

Russell, Bertrand: Probleme der Philosophie, Frankfurt 1967 (= [1]1912).
Russell, Bertrand: Mystik und Logik, Stuttgart 1952.
Russell, Bertrand: Die Philosophie des logischen Atomismus, München 1976.
Russell, Bertrand: Das ABC der Relativitätstheorie, Frankfurt 1993 (= [1]1958).
Russell, Bertrand: History of Western Philosophy, London 2002 (= [1]1946).
Russell, Bertrand: Philosophische und politische Aufsätze, Stuttgart 1971.
Saunders, Peter Timothy: Katastrophentheorie, Braunschweig 1986.
Schäfer, Lothar: Das Bacon-Projekt, Frankfurt 1999.
Schäfer, Lothar: Karl R. Popper, München 1988.
Scheibe, Erhard/Süßmann, Georg: Festschrift für Carl Friedrich von Weizsäcker zum 60. Geburtstag, Göttingen 1973.
Scheibe, Erhard: Between Rationalism an Empiricism, Berlin 2001.
Schelling, F. W. J.: Werke, Darmstadt 1980ff.
Schindler, Klaus: Mathematik für Ökonomen, Wiesbaden 1996.
Schlick, Moritz: Allgemeine Erkenntnislehre, Frankfurt 1979 (= [1]1918).
Schlick, Moritz: Grundzüge der Naturphilosophie, Wien 1948.
Schmidt, Jan: Chaosfähige Natur in der nachmodernen Physik, in: Scheidewege 29 (1999), S. 103–125.
Schmidt, Jan: Was umfaßt heute Physik? Aspekte einer nachmodernen Physik, in: Philosophia Naturalis 38, 2001, S. 271–297.
Schopenhauer, Arthur: Metaphysik der Natur, München 1984 (= [1]1820).
Schrödinger, Erwin: Was ist Leben?, Bern 1946.
Schrödinger, Erwin: Die Natur und die Griechen, Hamburg 1956.
Schrödinger, Erwin: Meine Weltansicht, Frankfurt 1961.
Schrödinger, Erwin: Was ist ein Naturgesetz?, München 1962.
Schubert, Gotthilf Heinrich: Ansichten von der Nachtseite der Naturwissenschaft, Eschborn 1992 (= [1]1808).
Schüz, Mathias: Die Einheit des Wirklichen. Carl Friedrich von Weizsäckers Denkweg, Pfullingen 1986.
Schwemmer, Oswald: Ernst Cassirer. Ein Philosoph der europäischen Moderne, Berlin 1997.
Searle, John R.: Geist, Hirn und Wissenschaft, Frankfurt 1994.
Searle, John R.: Geist, Sprache und Gesellschaft, Frankfurt 2001.
Seiffert, Helmut/Radnitzky, Gerard: Handlexikon zur Wissenschaftstheorie, München 1989.
Singe, Georg: Gott im Chaos, Frankfurt 2000.
Singer, Wolf: Das falsche Rot der Rose, in: Spiegel 1/2001.
Singer, Wolf: Der Beobachter im Gehirn. Essays zur Gehirnforschung, Frankfurt 2002.
Smart, J. J. C.: Sensations and Brain Processes, in: Philosophical Review 68, 141–156, 1959.
Snow, Charles P.: Die zwei Kulturen, Stuttgart 1967.
Söling, Caspar: Das Gehirn-Seele-Problem, Paderborn 1995.
Spaemann, R./Löw, R.: Die Frage Wozu?, München 1981.
Stachowiak, Herbert: Gedanken zu einer kybernetischen Theologie, in: Humankybernetik, Beiheft 34 (1993).

Stegmüller, Wolfgang: Probleme und Resultate der Wissenschaftstheorie und analytischen Philosophie, Berlin 1974ff.
Stegmüller, Wolfgang: Hauptströmungen der Gegenwartsphilosophie, Stuttgart [7]1989.
Steiner, Rudolf: Die Geheimwissenschaft im Umriß, Dornach 1972.
Stepanians, Markus: Gottlob Frege, Hamburg 2001.
Stiller, Wolfgang: Ludwig Boltzmann, Frankfurt 1989.
Stock, Alex: Poetische Dogmatik, Paderborn 1996ff.
Stöckler, Manfred: Reductionism and the new theories of self-organization, in: Schurz, G./Dorn, G. J. W.: Advances in scientific philosophy, Amsterdam 1991.
Stöckler, Manfred: Hat sich Werner Heisenberg zu Recht auf Platon berufen?, in: Geyer, Bodo (Hrsg.): Werner Heisenberg. Physiker und Philosoph, Heidelberg 1993, S. 335–343.
Strathern, Paul: Oppenheimer und die Bombe, Frankfurt 1999.
Strauß, Botho: Beginnlosigkeit, München 1997.
Strawson, P. F.: Einzelding und logisches Subjekt, Stuttgart 1972.
Strawson, P. F.: Analyse und Metaphysik, München 1994.
Swedenborg, Emanuel: Die himmlischen Geheimnisse, Zürich 1957.
Swinburne, Richard: Die Existenz Gottes, Stuttgart 1987.
Teilhard de Chardin, P.: Das göttliche Milieu, Freiburg 1985 (= [1]1962).
Teilhard de Chardin, P.: Der Mensch im Kosmos, München 1969 (= [1]1959).
Tetens, Holm: Geist, Gehirn, Maschine, Stuttgart 1994.
Thomas von Aquin: Die Gottesbeweise, Hamburg [2]1986.
Tipler, Frank J.: Die Physik der Unsterblichkeit, München 1994.
Tugendhat, Ernst: Vorlesungen über Ethik, Frankfurt [3]1995.
Vogeley, Kai: Repräsentation und Identität, Berlin 1995.
Vries, Josef de: Grundbegriffe der Scholastik, Darmstadt 1980.
Wehr, Gerhard: Carl Gustav Jung, München 1985.
Weinberg, Steven: Die ersten drei Minuten, München 1980.
Weinberg, Steven: Der Traum von der Einheit des Universums, München [2]1992.
Weinberg, Steven (1999a): Es gibt keinen Beweis für Gott, in: Bild der Wissenschaft 12/1999, S. 48–51.
Weinberg, Steven (1999b): Die Welt ist kalt und unpersönlich, in: Der Spiegel 30/1999, S. 191–194.
Weißmahr, Béla: Ontologie, Stuttgart [2]1991.
Weißmahr, Bela: Philosophische Gotteslehre, Stuttgart [2]1994.
Weizenbaum, Joseph: Kurs auf den Eisberg, München 1991.
Weizenbaum, Joseph: Die Macht der Computer und die Ohnmacht der Vernunft, [9]1994 (= [1]1977).
Weizsäcker, C. F. v.: Zum Weltbild der Physik, Stuttgart 1958 (= [1]1943).
Weizsäcker, C. F. v.: Die Geschichte der Natur, Göttingen [5]1962 (= [1]1948).
Weizsäcker, C. F. v.: Die Tragweite der Wissenschaft, Stuttgart 1964.
Weizsäcker, C. F. v.: Die Einheit der Natur, München [4]1984 (= [1]1971).
Weizsäcker, C. F. v.: Wege in der Gefahr, München 1976.
Weizsäcker, C. F. v.: Der Garten des Menschlichen, München 1977.
Weizsäcker, C. F. v.: Der bedrohte Friede, München 1984 (= [1]1981).

Weizsäcker, C. F. v.: Wahrnehmung der Neuzeit, München 1986.
Weizsäcker, C. F. v.: Die Zeit drängt, München 1986.
Weizsäcker, C. F. v.: Aufbau der Physik, München 1988 (= [1]1985).
Weizsäcker, C. F. v./Gopi Krishna: Die biologische Basis der religiösen Erfahrung, Frankfurt 1998 (= [1]1971).
Weizsäcker, C. F. v.: Der Mensch in seiner Geschichte, München [2]1994 (= [1]1991).
Weizsäcker, C. F. v.: Zeit und Wissen, München 1995 (= [1]1992).
Weizsäcker, C. F. v./van der Waerden, B. L.: Werner Heisenberg, München 1977.
Wellmer, Albrecht: Gibt es eine Wahrheit jenseits der Aussagenwahrheit, in: Wingert, Lutz u. a. (Hrsg.): Festschrift für Jürgen Habermas, Frankfurt 2001.
Wertheim, Margaret: Die Himmelstür zum Cyberspace, Frankfurt 2001.
Whitehead, A. N.: Abenteuer der Ideen, Frankfurt 1971 = [1]1933.
Whitehead, A. N.: Wissenschaft und moderne Welt, Frankfurt 1988 = [1]1925.
Whitehead, A. N.: Prozeß und Realität, Frankfurt 1987 = [1]1929.
Wiener, Norbert: Kybernetik. Kommunikation und Kontrolle in Tier und Maschine, Düsseldorf 1963 (= [1]1948).
Wiener, Norbert: Gott & Golem Inc., Düsseldorf 1965.
Wilson, Edward O.: Die Einheit des Wissens, Berlin 1998.
Wind, Edgar: Das Experiment und die Metaphysik, Frankfurt 2001 (= [1]1934).
Wittgenstein, Ludwig: Tractatus logico-philosophicus, Frankfurt 1980.
Wittgenstein, Ludwig: Philosophische Untersuchungen, Frankfurt [2]1980.
Wolf, Ursula (Hrsg.): Eigennamen. Dokumentation einer Kontroverse, Frankfurt 1993.
Wright, Georg Henri von: Erklären und Verstehen, Frankfurt 1974.
Wright, Georg Henri von: Normen, Werte und Handlungen, Frankfurt 1994.
Wuchterl, Kurt: Handbuch der Analytischen Philosophie und Grundlagenforschung. Von Frege zu Wittgenstein, Stuttgart 2002.
Zoglauer, Thomas: Geist und Gehirn, Göttingen 1998.
Zumstein-Preiswerk, Stefanie: C. G. Jungs Medium. Die Geschichte der Helly Preiswerk, München 1975.